Poetica de la Poblacion Marginal:

Teatro Poblacional Chileno: 1978-1985
Antologia Critica

Diego Muñoz, Carlos Ochsenius, Jose Luis Olivari, Hernan Vidal

The Prisma Institute
Literature and Human Rights No. 3

C.E.N.E.C.A.

This volume is no. 3 of the series
Literature and Human Rights, published by
The Prisma Institute, Inc.
3 Folwell Hall
9 Pleasant Street SE
Minneapolis, MN 55455

Cover and logo design: Studio 87501, Santa Fe, New Mexico

ISBN 0-910235-22-8
ISSN 0893-9438 Series Literature and Human Rights

Cataloging-in-Publication Data
    Poética de la población marginal. Teatro poblacional chileno,
1978-1985 : antología crítica / Diego Muñoz ... [et al.]. -- 1st ed.
        p.   cm.   -- (Literature and human rights, ISSN 0893-9438 ;
no. 3)
    Bibliography: p.
    Includes index.
    ISBN 0-910235-22-8 : $14.95
    1. Chilean drama--20th century. 2. Community plays, etc.--
Chile. I. Muñoz, Diego. II. Prisma Institute (Minneapolis, Minn.)
III. Series.
    PQ8069.P64 1987
    862--dc19   87-34585
                                                                      CIP

POETICA DE LA POBLACION MARGINAL

VOL. I: FUNDAMENTOS MATERIALISTAS PARA UNA HISTORIOGRAFIA
ESTETICA
VOL. II: SENSIBILIDADES DETERMINANTES
VOL. III: TEATRO POBLACIONAL CHILENO: 1978-1985. ANTOLOGIA
CRITICA

Los tres volúmenes comprendidos bajo el título general de *Poética de la población marginal* reúnen trabajos generados en un seminario auspiciado por el Institute for the Study of Ideologies and Literature y dirigido por el Profesor Hernán Vidal durante los trimestres de otoño e invierno del año académico 1986-1987 en el Department of Spanish and Portuguese, University of Minnesota. El seminario exploró las bases para una hermenéutica materialista, según la cual se leyeron e interpretaron estudios provenientes de las ciencias sociales sobre la población marginal en Latinoamérica, especialmente en Chile, a partir de las categorías estéticas de los géneros narrativos y retóricos. El proyecto tiene el propósito de introducir a los medios académicos la problemática de la producción cultural en las poblaciones marginales latinoamericanas. Parte central de este experimento estuvo dedicado a la posibilidad de recuperar una capacidad predictiva sobre la estética de toda producción artística posible, y quizás todavía no concretada, originada en las poblaciones marginales. Esta dimensión predictiva hasta ahora ha sido abandonada por una historiografía estética que se concibe a sí misma como disciplina científica.

El volumen I elabora la teoría general sobre la que se basaron los estudios colectados en el volumen II. El volumen III reúne 22 piezas teatrales producidas en poblaciones marginales chilenas, precedidas por estudios literarios, teatrales y sociales complementarios. Aunque cada uno de estos volúmenes puede ser leído como una unidad en sí, como totalidad ellos representan un texto único y continuo.

Índice en breve

INDICE

PROBLEMATICA EN TORNO AL
TEATRO POBLACIONAL

Diego Muñoz

El teatro poblacional chileno constituye una de las tantas manifestaciones culturales de carácter popular que comienzan a surgir en Chile hacia finales de la década del setenta, entre ellas el Canto Nuevo y la producción de retablos hechos de arpillera. A tres años de haberse iniciado el drástico recorte al presupuesto gubernamental y la eliminación de la mayor parte de los subsidios como manera de contener la inflación y la crisis económica general (política económica conocida como política de "shock", iniciada en abril de 1975),[1] emerge en la capital un teatro popular producido y consumido por sectores social y culturalmente excluidos de los supuestos beneficios del modelo de sociedad propugnado por el régimen militar. Hacia 1978 ya existen numerosos grupos de teatro constituidos por jóvenes estudiantes, cesantes, trabajadores y dueñas de casa, quienes, reunidos inicialmente en torno a un soporte de la Iglesia Católica comienzan a hacer representaciones y divulgar "teatralmente" problemas contingentes de sus respectivas comunidades.

Puesto que esta producción teatral representa las prácticas cotidianas de aproximadamente la mitad de la población de Santiago, y que el propósito de los distintos grupos no es crear "textos dramáticos", sino que, a través de un proceso de creación esencialmente colectivo, exponer situaciones y problemas puntuales pertinentes a su barrio o comunidad, es necesario examinar estas representaciones en el marco socio-cultural y político global de la sociedad chilena del presente. Señalemos desde un comienzo que estamos en presencia de una práctica cultural de sectores sociales marginales que a través de la representación dramática de su quehacer cotidiano buscan un modo de organización y concientización que les permita constituirse en sujetos sociales con proyectos de transformación de la sociedad. Sus representaciones extraen imágenes tipificadas de su vida cotidiana, del modo como se evidencian en la conciencia de variados sectores populares y pasan a constituir un campo de lucha ideológica y política en el conjunto de la sociedad.

Las gradaciones de la conciencia social de estos sectores populares se manifiestan inicialmente en su expresión teatral mediante un marcado localismo, en cuanto su preocupación tiende a centrarse en los problemas de una comunidad o población específica, en una atención preferencial a los problemas de supervivencia, a la formación de comunidades o asociaciones de carácter solidario orientadas tanto a la supervivencia como a dar solución a problemas culturales ("comités de vivienda", "comedores populares", "círculos de salud", "jardines parvularios populares"), y finalmente a las dificultades que enfrentan tanto las organizaciones sindicales como los partidos políticos. Sin embargo, el principio que estructura y engloba la praxis teatral poblacional es la *reivindicación*, expresada mediante una forma discursiva de naturaleza popular y democrática. Es decir, a través de la creación de un universo simbólico-dramático, los sectores populares aspiran a reconstituir su identidad como actores sociales. Sin duda, su acción reivindicatoria estará determinada por el grado de conciencia social que manifieste cada sector poblacional específico, limitando o favoreciendo el proceso de interacción entre lo estrictamente local y los proyectos o las propuestas de alcance nacional planteados por las alianzas y organizaciones sociales y políticas opositoras al régimen militar. De este modo, el teatro poblacional producido entre los años 1978-1985, como praxis cultural colectiva de los propios pobladores, se convierte en una forma discursiva que rescata su experiencia histórica de los últimos años, los identifica como agentes de cambio y los propone como parte dinámica de un sujeto social en proceso de consolidación.

Ciertamente, cualquier aproximación al teatro poblacional de este período que sea social y culturalmente significativa es necesario hacerla escapando a planteamientos puramente estéticos en el sentido privativo del término. Las condiciones materiales y sociales que han motivado su surgimiento, el carácter colectivo de su producción y consumo, la naturaleza reivindicatoria frente al orden social vigente y las visiones de mundo y propuestas ideológicas expresadas en él, constituyen una estética teatral que demanda nuevas formas de aproximación basadas en el reconocimiento de que esta práctica cultural es un campo de lucha ideológica rescatado y manejado por los sectores populares, y que en el plano global de la sociedad constituye un elemento popular importante en la formación de una cultura nacional.

Por otro lado, no podría examinarse el teatro poblacional chileno del período indicado sin tener como marco de referencia el fenómeno de la marginalidad, elemento inherente al sistema capitalista en general y al capitalismo dependiente que predomina en los países latinoamericanos en particular. Al hablar de sectores marginales de la población, es necesario reconocer que gran parte de la población de Chile y de América Latina constituye de diversas maneras el "sector marginal", y que éste seguirá existiendo en tanto no se alteren las relaciones sociales de producción en beneficio de las grandes mayorías desposeídas. Es precisamente la magnitud y masividad de la marginalidad originada bajo el capitalismo dependiente, lo que otorga mayor significación a cualquier práctica cultural surgida de estos sectores sociales. No obstante su relevancia continental, sus manifestaciones culturales han permanecido mayoritaria-mente fuera de los estudios académicos literarios hispanoamericanos, sea en universidades nacionales como extranjeras, llegando a convertirse en una cultura o literatura "marginal" respecto a los corpus literarios reconocidos como válidos para las sociedades latinoamericanas.

El estudio del teatro hispanoamericano no escapa a este fenómeno. Una revisión de trabajos y revistas especializadas arroja un saldo mínimo en favor de las expresiones teatrales de carácter masivo y popular. La tendencia predominante es privilegiar el estudio de las grandes figuras del teatro latinoamericano en sus diferentes épocas (Florencio Sánchez, Osvaldo Dragún, Rodolfo Usigli, Augusto Boal, Egon Wolff, René Marqués, Enrique

Buenaventura, Griselda Gambaro, José Triana, Enrique
Solari, Alfredo Dias Gomes, Jorge Díaz y otros), o el trabajo
de grupos teatrales profesionales o semiprofesionales
institucionalizados (Teatro Popular de Bogotá, Teatro
Experimental de Cali, Teatro ICTUS, El Galpón, Grupo la
Candelaria, Libre Teatro Libre y muchos otros).[2] Es
evidente entonces la necesidad de integrar expresiones
culturales como el teatro poblacional chileno al escrutinio
especializado, no porque pueda o no satisfacer las
exigencias estéticas de una crítica centrada en "lo literario"
o en "lo socio-histórico", sino porque constituyen la
expresión de grandes mayorías desposeídas del continente
que tienen algo sustancial que decir respecto a proyectos de
transformación de la sociedad en la cual viven.

Al proyectar el teatro poblacional chileno de este
período dentro del desarrollo del teatro hispanoamericano
de los últimos treinta y cinco años, habría que situarlo
fuera de las categorías ya perfiladas a nivel continental
posterior a la Segunda Guerra Mundial. A partir de la
década de los cincuenta y gran parte de los sesenta, a
medida que se agudiza la dependencia económica de los
países latinoamericanos e irrumpen en la escena política
las alianzas populares con vistas al socialismo, surge un
teatro de clase media que revela una visión de la historia
como un proceso estancado, irrenovable y aparentemente
ilógico, dominado por fuerzas extrañas e incontrolables.
Hacia fines de los sesenta, cuando, a pesar de la Alianza
para el Progreso, la Revolución Cubana se ha convertido
en un hito histórico irreversible y su influencia se ha
expandido por toda Latinoamérica, se manifiesta un teatro
profesional que plantea problemáticas populares conocido
como el Teatro de Conjunto. Mediante la creatividad
colectiva de sus miembros se articulan visiones de mundo
que responden a sectores populares pero que están filtradas
a través de la conciencia de pequeños grupos teatrales aún
de clase media. Simultáneamente, y avanzando hacia la
década de los setenta, se manifiesta un teatro de figuras
individuales engarzado a movimientos políticos populares en los cuáles se mezclan el grotesco, el absurdo, el
melodrama y el realismo para hacer resaltar la
irracionalidad de las estructuras de dominación

prevalecientes en Latinoamérica (es el caso, por ejemplo, de A. Boal o E. Buenaventura). En este marco, el teatro poblacional chileno podemos entenderlo como una cuarta categoría, surgida hacia fines de los setenta, que obedece directamente a las necesidades colectivas contingentes de vastos sectores de la población en condiciones materiales y sociales extremadamente precarias. Su surgimiento representa la eliminación total de "conciencias mediadoras" ajenas, o de agentes sociales que hablan por los "sin voz", como es el caso del teatro profesional producido entre 1973 y 1980. En este teatro profesional, la penetración de los sectores populares a la escena dramática se efectúa con la mediación de escritores profesionales de clase media, lo que implica, por un lado, una amplia posibilidad de distorsión de la realidad popular, y por otro, la ausencia de los propios sujetos de la marginalidad en el proceso producción-consumo del teatro. Es lo que ocurre por ejemplo con Tres Marías y una Rosa (David Benavente y Taller de Investigación Teatral, 1979), en la cual, pese a su contenido antinaturalista y humanizante en el contexto de la marginalidad, es una obra cuya recepción se mantuvo fundamentalmente ajena a los sectores populares.[3] Por su parte, la producción de Juan Radrigán, escritor de extracción popular y "uno de los dramaturgos chilenos más prolíficos" del presente que integra la problemática de "los marginados", también continúa siendo un teatro esencialmente presenciado por la clase media, no obstante las representaciones de sus obras por grupos profesionales y aficionados en centros comunitarios, sindicatos y escuelas.[4] Con el teatro poblacional se rompe este patrón de utilización de "conciencias mediadoras" que hablan por otra clase social (escritores y compañías teatrales profesionales), o de la creación individual que asimila el fenómeno de la marginalidad, pero que sus obras no son mayoritariamente consumidas por los propios "marginados" (J. Radrigán). El teatro poblacional, entonces, permite la constitución de agentes culturales colectivos y populares, en cuanto son los propios pobladores quienes producen y consumen su práctica cultural.

MARGINALIDAD Y MOVIMIENTO POBLACIONAL

Para los efectos de este trabajo, habremos de definir *marginalidad* aquel estado de participación limitada, parcial, permanente o intermitente en el aparato de producción, distribución y consumo de bienes materiales y culturales como consecuencia de las formas de acumulación de capital propias de sistemas capitalistas dependientes y subdesarrollados. Sobre los sujetos de este estado de marginalidad se ha dicho que "la población-mano de obra marginada, es secretada por cada uno de los sectores económicos y por cada una de sus ramas, y en consecuencia, esta población no es solamente numéricamente grande, sino que es colocada ocupando un nivel marginal a lo largo de todo el sistema. Deja de ser, así, un grupo dentro de un sector, para constituirse en un conjunto de grupos en cada sector y, de ese modo, en todo un estrato nuevo que atraviesa el cuerpo entero de la sociedad".[5] En cuanto al proceso mismo de marginalización, se ha acotado que éste, "desoculta con mayor claridad que otros, el proceso general de acentuación y de profundización de la articulación dependiente de la economía latinoamericana, puesto que la diferenciación y expansión del polo marginal se deriva de la hegemonía monopolística en la estructura global, esto es del desarrollo casi exclusivo sólo de los niveles más estrechamente controlados por los intereses del capitalismo monopolista internacional".[6] Al respecto, cabe hacer notar que la concepción de la "marginalidad" para la autoridad militar pareciera reducirse a la expresión habitacional. En consecuencia, se supone que un plan como el Programa Nacional de Erradicación de Campamentos daría como resultado la eliminación definitiva de la marginalidad urbana.[7] Por nuestra parte, usamos el concepto *pobladores* para referirnos a aquellos sectores sociales que experimentan este estado de exclusión o participación limitada en la sociedad, cuya forma más visible es su residencia ya sea en "conventillos" y "cités", en "poblaciones callampas" y en "poblaciones" y "campamentos". Los dos primeros corresponden a pasajes y casas antiguas deterioradas y divididas en pequeños espacios en los que viven generalmente varias familias. Las "poblaciones callampas" son colectivos habitacionales que datan de los años cuarenta, surgidos a raíz de "tomas" (ocupaciones) de terreno en la periferia de las ciudades. Constan de viviendas de material ligero y carecen de elementos sanitarios adecuados. Se las ha caracterizado como "viviendas precarias que surgen de la noche a la mañana invadiendo terrenos libres o aquéllos que por sus condiciones físicas naturales presentan un escaso o nulo valor comercial. Las callampas van organizando un habitat incontrolado, regido por las normas culturales de sus habitantes, equipando las viviendas de acuerdo a sus medios y desarrollándose en lucha permanente contra la represión física y las amenazas jurídicas".[8] Las "poblaciones" equivalen a conjuntos habitacionales urbanos terminados y financiados por agencias u organismos privados o estatales, o a áreas urbanas destinadas a la construcción gradual, equipadas total o parcialmente con matrices sanitarias. Finalmente, los "campamentos" corresponden a "una agregación de viviendas precarias, inicialmente levantadas con material rústico (latas, plástico, madera, cartón, etc.) carentes de los más esenciales servicios (agua, luz, alcantarillado, fuentes de consumo, locomoción, etc.). Mediante presión sobre las instituciones estatales generalmente logran ser dotadas de vivienda provisoria mínima y de algunos servicios esenciales".[9]

El término "pobladores" se refiere a trabajadores, subempleados, cesantes, estudiantes, dueñas de casa, jubilados y al sector de los "allegados". Este último grupo lo integran esencialmente familias jóvenes que comparten una vivienda o un terreno con otras familias. El término *poblacional* lo usamos para indicar toda actividad relativa a las prácticas cotidianas de los pobladores.

Surgimiento de las "poblaciones marginales"

Un breve repaso a la historia de las "poblaciones marginales" implica examinar brevemente el desarrollo de las "poblaciones callampas" y los "campamentos". Como dijimos más arriba, el surgimiento de las "callampas" se remonta hacia la década de los cuarenta, como resultado de la migración masiva hacia la ciudad y el desplazamiento espacial de los sectores populares durante el período de industralización sustitutiva de importaciones. Se ha señalado 1946 como el año que marca el inicio de las "tomas" de terreno a partir de movilizaciones organizadas en La Legua, San Miguel, Los Nogales, Sanjón de la Aguada, Lo Valledor y Recabarren. En 1957 se produce una de las mayores ocupaciones de terrenos cuando un total de 3.240 familias ocupan los terrenos de La Feria-San Miguel. La política de movilización y presión desde las bases populares definida por el Partido Comunista durante los años del Frente Popular, juega un papel importante en el proceso de expansión de las "callampas" que se produce entre los años 1952 y 1959.[10] No obstante la creación de la Corporación de la Vivienda en 1953 (CORVI) y de la formulación de los planes nacionales de vivienda a partir de 1954, establecidos con el propósito de eliminar las "callampas", se produce un notorio incremento de esta clase de habitaciones en aproximadamente quince años. El número de vivienda callampa urbana que en 1952 alcanza a 34.533 en todo el país, en 1968 casi se ha triplicado y llega a 99.723 viviendas de este tipo.[11] En general, las distintas políticas habitacionales de los tres gobiernos anteriores a 1973 no logran dar solución al problema de la vivienda. Mientras que en el gobierno conservador de Jorge Alessandri se privilegia la capacidad económica individual para adquirir una vivienda teniendo como objetivo final el "hacer propietario" y promover la actividad del sector privado de la construcción, durante el gobierno reformista de Eduardo Frei se pone en práctica una política de construcción de viviendas populares financiadas por el Estado, en la cual la responsabilidad final de la construcción recae sobre los empresarios privados. El Estado cumple un papel de intermediario entre las demandas de los sectores populares y el sector empresarial. El resultado de esta política, dada la baja rentabilidad de la construcción de viviendas populares, es la producción de un superávit de viviendas para la clase media y un déficit de éstas para los sectores populares. Como parte del proyecto global democratacristiano de "organizar al pueblo" y de su política social asistencialista enmarcada dentro de la estrategia de la "promoción popular", es que se fomenta el programa de "Operación Sitio". A través de él, entre 1965 y 1970 aproximadamente un 20% de la población de Santiago tiene acceso a un sitio destinado a la auto-construcción de una vivienda.[12] Sin embargo, los límites de esta "solución" y el carácter general de la acción gubernamental hacia fines de la década del sesenta estimulan el resurgimiento de la "tomas", las cuales son violentamente reprimidas por el gobierno. Durante 1970, año de la contienda electoral que dará el triunfo a Salvador Allende, se producen 220 tomas a lo largo del país, según registros del propio Cuerpo de Carabineros.[13] Siguiendo el principio de la "vivienda como un derecho" de todo ciudadano, el gobierno de la Unidad Popular establece el "Programa Habitacional de Emergencia 1970-71" tendiente a favorecer no sólo la construcción de viviendas populares, sino la actividad de la pequeña empresa y a la vez paliar la tasa de cesantía existente en los campa-mentos, a través de la formación de brigadas de trabajadores de la construcción. Pero no obstante la directa participación del Estado en la construcción de viviendas, la entrega de miles de "mediaguas" con cierto equipamiento urbano (habitaciones transportables de madera y techo de cartón alquitranado, usualmente de dos piezas), y la asignación de sitios y soluciones temporales, el problema habitacional sobrepasa la acción del gobierno y resurgen las "tomas". A partir de 1974 se produce un drástico cambio tanto en la participación del Estado como en las maneras de entender y enfrentar el problema de la vivienda para los sectores populares. Imbuida en la filosofía del libre mercado, la postura oficialista respecto a la vivienda es que ésta ya no es un derecho sino un bien transable que se adquiere en el mercado a través del esfuerzo y el ahorro. Por lo tanto, el papel del Estado es facilitar el acceso a la vivienda a los pobladores mediante la dotación de infraestructura y servicios básicos ciñéndose a los programas de "radicación" de campamentos, y al otorgamiento de los "subsidios habitacionales". Estos últimos fueron rechazados por los propios pobladores por "inoperantes y demagógicos" en el Pliego de los Pobladores de Chile de 1981.[14] Al respecto cabe citar las palabras de un poblador del campamento Santa Elvira, cerca del aeropuerto de Pudahuel, en donde el sesenta por ciento de los hombres están cesantes. "Pa' tener subsidio habitacional hay que juntar arriba de 20 mil pesos. La otra vez fui, llevé dos mil pesos y no me los aceptaron. Tengo una libreta con 300 pesos, no me alcanza pa' más. Todo lo que gano es pa' alimentar los niños muy mal".[15] Por otro lado, el gobierno militar impulsa la construcción de las llamadas "casetas sanitarias", constituidas por viviendas de autoconstrucción por etapas que incluyen baño, cocina y conexión con las redes de agua potable, electricidad y alcantarillado, y las "viviendas básicas" entregadas a familias erradicadas esencialmente hacia las áreas periféricas de la zona sur de Santiago. Estas últimas son viviendas otorgadas con título de dominio individual que varían entre 18 y 36 metros cuadrados de construcción. A pesar de los distintos programas impulsados por el régimen militar para "erradicar la marginalidad", ésta continúa manifestándose dramáticamente. Así, el número de familias erradicadas de los campamentos en la Región Metropolitana en el año 1982 alcanza a 5.775, en circunstancias que en ese mismo año sólo en el Gran Santiago el número total de familias que viven en "campamentos" es de 51.924.[16] La grave situación económica y las degradantes condiciones de vida de muchos pobladores va a motivar 19 "tomas" de terrenos en trece comunas distintas entre el periodo 1980-85. En ellas participaron unas nueve mil 797 familias (más de 50 mil personas) y sólo tres logran consolidarse: los campamentos Juan Francisco Fresno, Raúl Silva Henríquez y 23 de Agosto. Las demás son desalojadas violentamente por la policía produciéndose detenciones, heridos y muertos.[17]

Como se puede apreciar, las "tomas" de terrenos constituyen históricamente un medio de presión al Estado utilizado por los sectores populares para dar solución a la necesidad de obtener una casa propia. Durante los años sesenta tanto los partidos de izquierda como la Democracia Cristiana y la Iglesia constituyen mecanismos de negociación con el Estado para que en definitiva se conceda a los pobladores la propiedad del espacio físico "tomado". A partir de 1974, esa posibilidad queda cancelada una vez que las "tomas" son declaradas un atentado inaceptable contra la propiedad privada y las leyes del mercado capitalista en su versión neoliberal entran a regir la adquisición de la vivienda de acuerdo al poder adquisitivo individual.

Neoliberalismo y "urbanidad deteriorada"

Al modelo de economía implementado por el régimen militar se lo ha llamado neoliberalismo o "economía social de mercado". Dentro de este tipo de economía, el Estado actúa bajo el principio de "subsidiariedad" originado en la doctrina que establece que el hombre es anterior y superior al Estado. Tal como lo expresa un ideólogo del régimen, "el Estado es temporal e histórico, en tanto que el hombre trasciende al tiempo y a la historia".[18] Aplicado este principio al campo económico, el papel que asume el Estado es determinar el marco institucional y técnico de la economía de mercado, en tanto que los aspectos esenciales de la actividad económica quedan en manos de la iniciativa privada. De este modo, se afirma, es el mercado a través del "libre juego" de la oferta y la demanda el que orienta la economía, teniendo como objetivo general una mayor eficiencia tanto en el uso como en la asignación de recursos. En definitiva, es el mercado el que resuelve todas las cuestiones relacionadas con qué, cómo, cuánto, dónde y cuándo se produce. La propiedad de los medios de producción, teóricamente, puede ser privada, colectiva o cooperativa. En el caso chileno, este problema se ha resuelto optando por la propiedad privada altamente concentrada de aquéllos.

El objetivo inmediato y a largo plazo de la aplicación de este modelo económico es el deshacerse de las formas de intervención estatal desarrolladas en el país desde los años treinta, en nombre de una normalización de los mercados, de una vuelta a la eficiencia económica y del resguardo de las libertades individuales. La consecuencia directa es una gran concentración de capitales productivos y financieros en manos de los llamados "grupos económicos". Estos grupos controlan la actividad de numerosas empresas en diversas ramas de la economía, mantienen una diversificación de su patrimonio a fin de reducir riesgos y asegurar una mayor rentabilidad, ejercen una acción directa sobre el Estado y orientan sus actividades de acuerdo al barómetro económico y socio-político nacional en cuanto éste pueda afectar el mantenimiento de sus conglomerados industriales. En la práctica, esta concentración de capitales se traduce en el restablecimiento del capitalismo monopolista de Estado dependiente, proceso iniciado a fines de los sesenta e interrumpido a partir de 1970 cuando fue reemplazado por el desarrollo de un tipo de intervención estatal de carácter democrático-revolucionaria de orientación socialista.

El predominio del neoliberalismo iniciado el año 1975 experimentará los primeros síntomas de su caída hacia mediados de 1981, cuando los términos de intercambio comercial se ven drásticamente afectados, haciendo que para fines de ese mismo año el 70% del valor de las exportaciones se designen al pago de intereses y amortizaciones. Durante este mismo año la deuda externa aumenta espectacularmente en un 35% y como consecuencia de la notoria disminución del ingreso de capitales externos se desata la crisis a mediados de 1982. La producción nacional cae en 24%, la desocupación alcanza a un tercio de la fuerza de trabajo y la inflación supera el 20% anual. Como paliativo el gobierno se ve obligado a devaluar la moneda, lo que junto a una caída de la demanda de productos a nivel nacional hace que el sector empresarial no pueda cumplir con los compromisos adquiridos en moneda dura (dólares) y el Estado tenga que intervenir en el rescate de la banca privada y de todo el aparato financiero nacional. Hacia 1983, después de una década de gobierno militar y de ocho años de vigencia del neoliberalismo anti-intervencionista, se ha desvanecido "la utopía capitalista de la sociedad autorregulada" y se buscan nuevos elementos teóricos de justificación y ajuste del neoliberalismo. En cualquier caso, se tratará de cambios que no tienen nada que ver con la justicia social ni la democracia y que mantienen la exclusión de las capas medias y naturalmente de los sectores populares. Estos últimos reciben los mayores impactos de este modelo económico, produciéndose un dramático empeoramiento de sus condiciones de vida.[19]

Si se considera que de una población de más de cuatro millones de habitantes en Santiago en la actualidad, aproximadamente dos y medio millones pueden clasificarse como pobladores, es decir, el 57.1%[20], es necesario reconocer la enorme significación social, económica, política y cultural del quehacer cotidiano de este sector de la población en las distintas esferas de la vida urbana capitalina. A pesar de su importancia, el modelo de desarrollo económico impulsado por el régimen militar tiene un efecto devastador precisamente entre los pobladores, quienes experimentan una creciente y masiva pauperización evidenciada hacia 1978 y que tiene sus expresiones más elocuentes en la calidad y el modo de vida en las poblaciones: condiciones habitacionales degradantes, desempleo, disminución en la participación del consumo, hambre y desnutrición. Los testimonios de los propios pobladores sobre las condiciones de vida en los campamentos son irrefutables: "Y aquí estamos, como verdaderos navegantes a la deriva, ahogados en las infecciones de los pozos negros, sacando electricidad clandestina contra nuestra voluntad, sin nada de lo que debería tener mínimamente una población"; "Son gente que llevan dos o tres días sin comer nada de nada."; "Carne de perro se ha comido harta, había momentos en que la gente no tenía qué echarle [a la olla], al comienzo sobre todo. No había ni una cosa y si se veía un perro más o menos lo mataban no más para comerlo."; "Voy por las carnicerías y pido. Me dan sobras, a veces huesos, un poco de grasa... en algunas me dejan recoger del suelo lo que cae cuando cortan, son como hilachas de grasa, cualquier cosa sirve, también en las verdulería me dan lo que botan, lo que no venden y sirve pa'una sopita, pa'eso..."; "Nuestra pelea aquí es luchar para tener una vivienda como corresponde a un ser humano, mire como estamos; si parecemos animales apiñados". Pero tal vez la mejor

imagen global de los campamentos sea la que proporciona
M. Budnik:

> No hay un árbol que haga sombra en verano, no hay una
> plaza, algo verde que provenga de la naturaleza.
> Todo tiene el color café claro de la tierra, de las tablas de
> las mediaguas, del gris de los infaltables parches de cartón
> para evitar la penetración del viento, del negro oscuro de las
> fonolitas y el barro.
> No hay alcantarillado. Los pozos negros son parte de los
> escasos metros cuadrados de cada familia. Se llenan, se
> rebalsan de estiércol y orina, de aguas servidas, son tapados
> con tierra y abiertos otros.
> Las pestes, las epidemias, las infecciones cohabitan codo a
> codo especialmente con los niños, pero difícilmente alguien se
> salva.
> En algunos sectores hay un pozo negro por familia, en otros
> uno por cada seis, siete, diez y más familias. Algunos han sido
> cerrados con tablas, en un intento de aislar las moscas, el olor,
> las infecciones.[21]

En el campo de la vivienda se produce un aumento
indiscriminado del hacinamiento causado por la presencia
masiva de los allegados. Se calcula que más de 250 mil
familias viven allegadas tanto en campamentos como en
poblaciones, es decir, aproximadamente 1 millón 125 mil
chilenos distribuidos a lo largo de todo el país. De este
total, el 60% estaría localizado en la capital y el 40%
restante en las demás regiones.[22] Por otro lado, se
evidencia una sistemática disminución del gasto público
en el área de la vivienda y en 1979 éste se ha reducido a un
5 % del gasto público total, comparado a un 10 % en el año
1974.[23] Como una manera de paliar el problema
habitacional, en 1978 el Estado inicia la implantación del
Programa de Subsidio Habitacional que mencionáramos
anteriormente. Sin embargo, de un total de 43,083
postulantes inscritos ese mismo año, los beneficiados sólo
llegan a 10 mil. Esta proporción se repite en 1980.[24] En
relación a la tasa de desempleo, se ha estimado que éste
alcanza al 13,9% de la fuerza laboral durante 1978 y
sobrepasa el 30% en 1983 (incluidos el PEM y el POJH).[25] El
incremento en la desocupación y el subempleo trae como
consecuencia una alteración en los patrones de consumo y

una notable disminución cuantitativa de calorías consumidas. En el año 1978, la participación en el consumo de los hogares más pobres del Gran Santiago, que llegan al 20% del total de hogares, alcanza apenas al 5,2 % y hacia 1980 ha disminuido al 4,7 %.[20] Paralelamente, en un estudio realizado ese mismo año se revela que el 58,7 % de la población del Gran Santiago carece de los requerimientos calóricos mínimos anuales y en el sector más pobre el déficit de calorías llega al 28,6 % (-663) en relación a los requerimientos mínimos establecidos.[26] Como un paliativo ante el problema del hambre surgen masivamente las ollas comunes y hacia 1986 se estima que existen más de 700 ollas comunes en Santiago, que atienden a unas cinco mil familias, según un alto dirigente del Movimiento Poblacional Dignidad.[27]

Sin embargo, paralelamente al desarrollo de este cuadro de intensa y creciente marginalización, fenómeno que afecta también y de distintas maneras a sectores de la clase media, los pobladores inician un proceso de reorganización social tendiente a canalizar sus demandas y que abarcará vastas áreas de su quehacer cotidiano.

El Movimiento Poblacional a partir de 1974

Al hablar de un "Movimiento Poblacional", es necesario dejar constancia del hecho de que se reconoce la existencia de una variedad de organizaciones que a través de los últimos trece años han ido surgiendo y moldeando sus planteamientos y su quehacer cotidiano en función de sus demandas reivindicativas y del desarrollo político a nivel nacional. Inicialmente, el proceso de reorganización poblacional se articula en función de una prestación de asistencia social y de amparo, defensa y denuncia ante las arbitrariedades gubernamentales respecto a la violación de los derechos humanos. En líneas generales, el panorama organizacional de los pobladores durante el período 1973-76 se caracteriza por su gran dispersión y atomización, un marcado asistencialismo y su naturaleza denunciatoria-testimonial. La lógica de las acciones de la mayoría de las instituciones y organizaciones surgidas en este período

está regida por la "lógica de los hechos"; es decir, no hay
un plan preconcebido y todo resulta ser una "respuesta de
emergencia a una situación de emergencia". Sus acciones
se orientan específicamente a la satisfacción de lo que se ha
denominado las "necesidades más sentidas". O sea, "los
problemas vinculados a la cesantía, el hambre, la
desnutrición, la salud y todos aquellos que afecten los
derechos fundamentales de los pobladores". Posteriormente, durante el bienio 1976-78, a medida que los efectos
de la política de shock impuesta a partir de abril de 1975 se
hacen más evidentes, la acción poblacional se orienta a la
formación, reformulación y aumento cuantitativo de las
llamadas "organizaciones solidarias". Es decir, se trata de
organizaciones de pobladores que mantienen una estrecha
relación con instituciones eclesiásticas y que funcionan al
margen de las organizaciones oficiales, como lo son los
comedores infantiles, los talleres, las bolsas de cesantes y
los grupos culturales. Junto a la preocupación constante
por la supervivencia centrada en el problema de la
cesantía y el hambre, preocupación que marca la primera
fase de este bienio, la actividad de las instituciones
poblaciones está dirigida a los problemas de la vivienda, la
educación, la cultura y la salud. Los parámetros que rigen
la acción institucional de los pobladores durante estos dos
años superan el nivel de la mera supervivencia para llegar
a plantearse objetivos más amplios como son: "apoyar la
organización popular", "capacitar" y "elevar la conciencia
social" del sector poblacional.[28] Pero no obstante los
esfuerzos organizativos desplegados hacia diversos
campos del mundo poblacional, es evidente que la política
económica de gobierno tiene un efecto extremadamente
negativo entre los pobladores, que se manifiesta, entre
otras cosas, en un "cansancio a organizarse". Se reconoce
que la gran mayoría de las familias pobladoras no participa
en ningún tipo de organización y hacia fines de 1976
muchas de ellas parecen haber llegado a un agotamiento
de energías para demostrar lo que E. Gumucio llama los
"amores fundamentales": el amor a la vida, el amor
conyugal o familiar y el amor a la comunidad.[29] Posterior a
un notorio estancamiento de las organizaciones solidarias
"tradicionales" (comedores, bolsas de cesantes) que se

evidencia entre 1978-79, se produce el surgimiento masivo de comisiones y comités de vivienda que intentarán ciertas iniciativas de coordinación zonal y la formación de una Coordinadora Metropolitana de Vivienda. Al finalizar la década se aprecia una tendencia general a seguir promoviendo y fomentando la organización popular integrando proyectos o actividades que den prioridad aspectos educativos, pues el comportamiento individual entre los pobladores expresa esencialmente tendencias que fomentan el aislamiento en la "pobreza y marginación social", promueven una adaptación al sistema llegando a concordar con el orden establecido, y sólo minoritariamente una tendencia a vivir y sobrevivir con otras personas, "encontrando en la organización, o en los grupos, una necesidad vital como personas y un camino en el que expresan su deseo de liberación".[30]

La primera mitad de la década de los ochenta está marcada por importantes cambios tanto en las preocupaciones como en el nivel de participación organizada de los pobladores. Por un lado, desde comienzos de los ochenta se discute el tema de cuál es el papel que le corresponde a las organizaciones populares de base en la constitución de un "sujeto colectivo y popular", y por otro, a medida que se reconoce que la dispersión y falta de vinculación entre esas organizaciones constituye un obstáculo fundamental que salvar, se multiplican los esfuerzos por consolidar diversas coordinadoras de pobladores, organizadas según criterios territoriales y tipos de organización. La movilización masiva organizada de pobladores alcanza su punto culminante con la toma de terrenos y el consiguiente establecimiento de los campamentos Raúl Silva Henríquez y Cardenal Fresno en el año 1983, año en que, además, se inician las Protestas Nacionales. El clima político del año siguiente favorece la "irrupción masiva del sector poblacional en las dinámicas de protesta". Al mismo tiempo, se evidencia la consolidación de 18 coordinadoras territoriales en Santiago. Luego de un período de autocrítica en el cual se percibe que el "activo poblacional" (los dirigentes poblacionales) se ha involucrado demasiado en la búsqueda de una superestructura de carácter político, desatendiendo las demandas inmediatas de los pobladores, se refuerza la tendencia a retomar el trabajo de coordinación de las organizaciones de base. A esto obedece la realización de los llamados "Congresos Territoriales" y "Congresos de los Referentes" durante 1985. Entre ellos cabe destacar los congresos efectuados por la Zonal de Pobladores de Pudahuel y San Miguel, y el Congreso de la Juventud Popular de la Comuna de la Granja, realizado en julio de 1985. En octubre de este mismo año, las cuatro organizaciones metropolitanas de pobladores existentes, tres de las cuales constituyen el Comando Unitario de Pobladores más el Movimiento de Pobladores Solidaridad, firman un pliego en el cual plantean demandas relacionadas con trabajos, vivienda, las deudas, la democratización de las Juntas de Vecinos que desde 1973 han estado bajo la tutela del régimen militar, y se exige poner fin a las continuas violaciones a los derechos humanos. Esto marcará un hito a nivel nacional, por cuanto el sector de pobladores logra un espacio social y político entre las organizaciones de oposición al régimen militar.

Al examinar la evolución de las distintas organizaciones que constituyen el Movimiento Poblacional se perciben procesos que integran no sólo las reivindicaciones locales específicas, sino además los problemas y discusiones de carácter político a nivel nacional. Experiencias recientes parecen demostrar que la política ha dejado de ser considerada como algo ajeno, que hay que excluir de las organizaciones poblacionales, fenómeno que se manifiesta fuertemente durante la segunda mitad de los años setenta, sino que se la entiende como "principio organizador" de las acciones de los pobladores. Al respecto, cabe citar las siguientes observaciones de V. Espinoza:

> El examen de los procesos de movilización política, ha revelado una involución desde una dinámica que acentuaba en los procesos directamente políticos, hacia un corte más clásico donde se enfatiza en las reivindicaciones más inmediatas a nivel de base y en la acción representativa a nivel de los espacios políticos y sociales de la oposición a nivel nacional. Este proceso revela que a nivel de la organización social la

preocupación por la movilización política no cae en la abstracción, sino que busca integrar creadoramente los elementos de reivindicación específica con los de acción política. En los casos que aquella articulación logra producirse, se da origen a movilizaciones de gran envergadura que no sólo se proponen objetivos generales, sino que también actúan por la solución de sus demandas específicas, a diversos niveles. La política, de esta manera, aparece como un elemento integrador de diversas prácticas, antes que como un elemento ajeno. En tales condiciones, *resulta posible hablar de la política como un principio organizador de la acción a nivel poblacional*. Acción que no es la subsistencia reproductora del sistema, sino que acción conflictiva en la búsqueda de mejores condiciones de vida.[31] (Enfasis nuestro)

Este entendimiento y el alto grado de organización y articulación de las organizaciones de pobladores alcanzado en los últimos años,[32] convierte a este sector social en una "fuerza explosiva capaz de desequilibrar coyunturas", para decirlo en palabras del autor citado anteriormente, y en "motores para la construcción de un futuro democrático". Parte de esta "fuerza explosiva", que ha ido adquiriendo formas más definidas con el correr de los últimos años, ha sido impulsada por las distintas manifestaciones culturales que los propios pobladores han creado. Entre ellas, las representaciones teatrales, que surgen como otro elemento orgánico dentro del movimiento poblacional, aunque aparentemente no haya un relación bien cohesionada entre ambos.

TEATRO Y MOVIMIENTO POBLACIONALES: RELACION ORGANICA

Como lo señala C. Ochsenius en el trabajo adjunto a esta antología, desde los inicios del teatro poblacional se aprecia una gran dispersión y una ausencia de instancias de integración entre los distintos grupos teatrales. Este problema será atacado a través de la organización de encuentros o festivales zonales de teatro poblacional, en muchos casos promovidos por instituciones culturales ajenas o más bien exteriores a la realidad poblacional misma. Sin embargo, esta falta de cohesión grupal no implica una desconexión estructural o ideológica con el Movimiento de Pobladores a nivel general, pues se da entre ambos una organicidad basada en parámetros bien definidos, como la composición de los grupos y el momento en que éstos surgen, la función social asignada al teatro, la modalidad de trabajo creativo, y la evolución temática e ideológica de las representaciones.

Desde el momento en que se constituyen los grupos teatrales más formalizados, a partir de 1977, surgen como parte integrante de la inquietud de los pobladores por proporcionar alternativas culturales que promuevan valores contrapuestos a aquellos prevalecientes en los medios de comunicación masiva. Mediante la integración de sus reproducciones/creaciones a los actos solidarios hacia fines de los años setenta, y luego como expresión cultural con identidad propia, el teatro poblacional va creando instancias de comunicación y muestras de trabajo colectivo en y desde la base social misma de la cual nace. Es a través de la elaboración dramática de sus propias experiencias y observaciones de la realidad en las poblaciones y campamentos, que los estudiantes, trabajadores, cesantes, dueñas de casa y "monitores" con entrenamiento profesional que forman estos grupos de teatro, logran establecer los vínculos orgánicos entre su realidad vital inmediata y los planteamientos, aspiraciones y contradicciones de todo el sector poblacional, tal como se manifiestan y consolidan en sus distintas organizaciones. Al poner en escena diversos aspectos de su propia vida cotidiana, los pobladores están agregando otra modalidad de acción en el marco social determinado por el régimen militar. Mediante el doble proceso de consumo y producción de maneras de representar las relaciones sociales existentes en la sociedad chilena actual, los pobladores crean lo que Michel De Certeau denomina "modos de operar" dentro de ella. Según De Certeau, habría dos modalidades fundamentales a través de las cuales los individuos "operan" socialmente: las *estrategias* y las *tácticas*. La diferencia entre ambas radicaría en el hecho de que las primeras se constituyen en base a una relación de poder que postula un espacio (locus) delimitado como propio y que sirve para el establecimiento de relaciones con una "exterioridad" concebida en términos de blancos y amenazas. Las "tácticas", por otro lado, serían acciones calculadas pero autónomas, dada la carencia de un espacio físico propio, determinadas por la "ausencia de poder" y que operan dentro del espacio apropiado por el enemigo. De acuerdo a De Certeau, las "tácticas" constituirían el "arte del débil" y en el marco de las relaciones sociales chilenas corresponderían a las distintas expresiones de la praxis cotidiana de los pobladores.[33]

Si pensamos el teatro poblacional en el marco del autoritarismo, estas categorías de la práctica social nos permiten darnos cuenta de que tanto la producción como el consumo del teatro de los sectores populares constituyen "tácticas" de funcionamiento que los pobladores han adoptado para obrar dentro de la sociedad autoritaria. Hacer y presenciar representaciones teatrales se convierte en un "modo de operar" que les permite, desde una posición de debilidad, apropiarse de su propia realidad y de diversas formas discursivas disponibles en la sociedad para elaborar representaciones simbólicas que favorezcan sus intereses. Estos sectores populares crean un discurso autónomo que promueve sus visiones de mundo y entra a luchar por un lugar en el espacio cultural delimitado por el más fuerte. Esta "táctica" operacional de los pobladores integra, por un lado, el trabajo colectivo que incluye la investigación, la recolección de datos, la observación y el registro de prácticas cotidianas entre los pobladores, el registro de testimonios, la experiencia individual en la comunidad local, la lectura bíblica y de los medios de comunicación masiva. Por otro, implica la integración de los aspectos degradados y degradantes de la realidad poblacional (alcoholismo, prostitución, drogadicción, miseria, hambre, presencia de los "soplones" y de los trabajadores vendidos), y de las múltiples manifestaciones "solidarias-humanizantes" que han surgido a través de los últimos años (talleres laborales, comedores populares, huertos comunitarios, ollas comunes, comprando juntos, bolsas de cesantes, trabajo para un hermano, comités de abastecimiento, de deudas, de luz, y de agua, y las organizaciones culturales y relacionadas con la vivienda).

Además de la composición mismas de los grupos teatrales, de la integración de la modalidad de trabajo colectivo al proceso de producción de sus representaciones, elemento promovido por las organizaciones poblacional mismas, y de la funcionalidad social de este teatro como un "modo de operar" en la sociedad, la organicidad con el Movimiento Poblacional se asienta también en el plano temático-ideológico delineado en las representaciones. Reconociendo la diversidad de "visiones de mundo" elaboradas en el teatro hasta 1985, se puede afirmar que, en líneas generales, éste integra las grandes preocupaciones y objetivos del Movimiento Poblacional: educar, crear conciencia, promover la organización popular, buscar la unidad, luchar por sus derechos. Evidentemente, los principios organizativos y planteamientos ideológicos de muchas de las represen,taciones han evolucionado conforme ha cambiado la realidad socio-política y cultural de los últimos años, especialmente a partir de 1983 cuando se inician las protestas "mensuales", pero persisten en ellas los elementos básicos que las organizaciones de pobladores aún consideran válidos.

Todo este trasfondo es lo que va a caracterizar y condicionar el surgimiento del teatro poblacional. Dado el hecho de que esta manifestación cultural comienza a hacerse evidente precisamente a partir de 1978, podríamos señalar que ésta encaja perfectamente dentro de la procupación existente en el sector poblacional por los problemas relacionados con la educación y la cultura. Es decir, el teatro poblacional aparecería así como una extensión natural hacia el campo intelectual de las diversas acciones que los pobladores realizan en otras áreas. No obstante, reconociendo que ésta es una apreciación que se ajusta a la realidad, resulta insuficiente si nos planteamos el problema de la producción de cultura entre sectores sociales populares que experimentan un exacerbado estado de marginalidad y la imposición de patrones de comportamiento social, político y cultural coercitivos. Se hace necesario por lo tanto, comprender este teatro dentro de los parámetros que rigen la producción de cultura de los sectores marginales bajo el Estado autoritario en vigencia.

MARGINALIDAD Y PRODUCCION CULTURAL

Históricamente, siendo Chile una formación social estructurada en clases y basada en una economía capitalista dependiente, los sectores marginales han constituido un elemento necesario para la subsistencia y perpetuación del sistema. Dentro de lo que se ha denominado el Estado de Compromiso, elemento constitutivo esencial de la sociedad chilena hasta 1973, estos sectores participan, tangencialmente, en el proceso de acumulación de capital y autoformación de la sociedad a través de su intermitente participación en la producción y consumo de bienes materiales, y mediante sus diversas manifestaciones culturales. Las formas discursivas creadas por estos sectores dentro del Estado de Compromiso, cumplen la misma función que las de otras clases o sectores sociales, es decir, afirmar, cuestionar o legitimar un orden de cosas y a través de ese mismo proceso autolegitimarse como actores sociales. Si aceptamos la idea de que las actividades económicas de los marginados constituyen un "polo marginal" de la economía global, en cuanto éstas no constituyen una parte esencial en la productividad sobre la cual se fundamenta el sistema (los trabajos artesanales por ejemplo), también deberíamos entender su producción cultural como un "polo marginal" dentro del ámbito de la cultura nacional. Es decir, su actividad cultural no incidirá dramáticamente en las tendencias culturales globales de la sociedad, y podrá existir lateralmente sin llegar jamás a integrar o superar la cultura dominante, esencialmente porque no se constituye como una subcultura de esta última. Por otra parte, es la propia composición social de los sectores marginales la que eventualmente determinará el carácter de su producción cultural. Así, puesto que la población marginada está compuesta por capas proletarias y grupos de clase media en proceso de proletarización, su cultura revelará o "prolongará" la cultura generada por las otras clases populares existentes en la sociedad, primordialmente la cultura de la clase trabajadora. Obviamente, el producto final revelará los procesos de asimilación y modificación de distintos elementos provenientes de la cultura dominante. Sin embargo, parte importante de la naturaleza de este polo cultural marginal la constituye la capacidad de dar cuenta de su condición de marginalidad. Teóricamente, en una situación en la cual la organización social de los marginados se estructura en función de un asistencialimo estatal o familiar, fenómenos que se privilegian en un Estado de Compromiso, los sectores marginados tendrían menor capacidad para desarrollar modelos de percepción social que expliquen de un modo eficaz su condición de marginalidad. Por el contrario, en un contexto en el cual se elimina o se debilita el paternalismo, y por el contrario, se privilegia la acción colectiva (comunitaria) creativa como medio para satisfacer las necesidades básicas, los modelos de percepción social creados por los marginados explicarían más eficientemente su estado de marginalidad. Desde este punto de vista, dado que bajo el Estado autoritario se ha producido una notable disminución de los programas asistenciales que podrían beneficiar a los pobladores, y puesto que éstos han iniciado variadas prácticas colectivas tendientes a satisfacer sus necesidades fundamentales, deberíamos suponer que su praxis cultural tenderá a dar cuenta de los mecanismos que rigen su estado de exclusión dentro de la sociedad. En lo que respecta al teatro, tal objetivo se logra sólo parcialmente puesto que dependerá de los diversos modos en que los pobladores experimentan y toman conciencia de su estado de marginalidad.

CONCIENCIA DE LA MARGINALIDAD BAJO EL AUTORITARISMO

La dinámica social que impone el autoritarismo no sólo hace que el poblador se sienta excluido de la "sociedad", sino que ésta lo hace sentirse, simultáneamente, "perseguido por ella, en especial por el Estado a través del

SERVIU, CHILECTRA, Carabineros, etc." y altamente "dependiente del gobierno" en lo que respecta a la salud, educación, vivienda, trabajo y subsistencia. Esta relación de "persecusión" y "dependencia", el sentimiento de "relegación masiva" que ha provocado el programa de radicación y erradicación de campamentos en muchos pobladores y la poderosa influencia de la visión de mundo oficialista expresada en los medios de comunicación masiva, hace que los pobladores revelen una notoria distorsión de la conciencia respecto a su ubicación en la estratificación de la sociedad en particular, y en relación a las condiciones de marginalidad en términos generales. Al respecto, es ilustrativo un estudio realizado en diversas poblaciones de Pudahuel por la Vicaría de la Zona Oeste del Arzobispado de Santiago. En este estudio, en el cual se entrevistó a una muestra representativa de 82 personas de distintas edades y sexo, se señala la existencia de cuatro tipos de conciencia social, entendida ésta "sólo en cuanto autoevaluación y percepción verbal de la estructura social y las relaciones de clase y poder (particularmente su estructura de clase, sus causas y la percepción de los proyectos sociales derivados: capitalismo y socialismo). Cuando hablamos de conciencia social estamos apuntando a la descripción de la conciencia declarada y manifiesta".[34] El primer tipo de conciencia señalado en el estudio antes mencionado es la "conciencia tradicional", es decir, "se trata de una conciencia de origen tradicional sin una clara percepción crítica de la sociedad, sin aspiraciones definidas, que potencialmente puede generar una actitud bastante pasiva y conformista si sólo se autoubica como clase pobre. En tanto se perciba como clase trabajadora tiene un potencial transformador, pero como pesa muy fuerte la conciencia de estrato puede degenerar en una conciencia de ascenso y acomodo al sistema". De la muestra estudiada, más del 20% corresponde a esta categoría. El segundo tipo es lo que se denomina la "conciencia de ascenso social". Mediante ella se reconoce la exitencia de una clase media en la sociedad y se tiende a pensar que "la iniciativa más importante del individuo es intentar movilidad social ascendente y no la transformación social, por cuanto no se perciben causas estructurales de la división de clases". Un 25% de los entrevistados en el estudio señalado representan este tipo de conciencia. El tercer tipo es la "conciencia crítica" y en ella se tiende a "percibir causas estructurales de las injusticias, con una acertada conciencia de sus derechos [de los pobladores] y del valor y dignidad del trabajo manual. El abuso y explotación de que son objetos, captados críticamente, les lleva a una conciencia de clase. Para ellos la única salida de esta situación está en la transformación social". De la muestra, entre 10% y un 12% corresponden a esta categoría. El cuarto tipo es lo que se denomina "conciencia precaria", y a través de ella no se percibe ni la existencia ni las diferencias entre las clases sociales. Dentro de este tipo de conciencia hay una tendencia a no identificarse con ninguna clase social, excepto parcialmente con la clase media, lo que llevaría a un "grado máximo de disgregación" y de "alienación" o "inconciencia". Los pobladores que están dentro de esta categoría, "ni siquiera tienen conciencia de estrato, menos tienen aspiraciones o proyectos hacia el futuro". La "conciencia precaria" vendría a constituir "una conciencia casi vegetativa y pasiva". Este estudio reveló que el porcentaje de pobladores que manifiesta más coherentemente este tipo de conciencia, oscila entre el 22 y el 25%.

Al relacionar las condiciones globales de la marginalidad con la práctica teatral de los pobladores, habría que reconocer que ésta revela la presencia del tercer tipo de conciencia señalado anteriormente. Así, el teatro poblacional aparece esencialmente como el producto del trabajo de un sector con "conciencia crítica" expresada en distintos grados y sobre diversas áreas del "mundo poblacional". A medida que el proceso político lo va permitiendo, se aprecian intentos de dar una explicación "dramática" de los mecanismos que dan origen y estructuran la marginalidad. Es el caso, por ejemplo, del trabajo realizado por el Grupo de Teatro "Litre", de Chillán, durante 1985.

PROPUESTA DE LECTURA PARA EL TEATRO POBLACIONAL:
1978-1985

Como señalamos al comienzo, intentar comprender la
significación socio-cultural del teatro poblacional chileno
producido durante los años 1978-85, requiere ir más allá de
un examen puramente estético de esta expresión cultural.
Las categorías de análisis literario basadas solamente en
clasificaciones de géneros (como la comedia, la tragedia y el
sainete), y las distintas aproximaciones analíticas
intratextuales del "texto dramático" que reconocen sólo el
producto terminado y que han dado excelentes resultados
en el estudio del teatro de clase media, sin duda resultan
insatisfactorias si se quiere dar cuenta de la significación de
este teatro no como fenómeno literario, sino como praxis
cultural de un sector marginal de la población chilena en
un momento histórico en el cual junto con haberse
exacerbado la marginalidad, han sido eliminados los
mecanismos de participación dialógica con el Estado, bajo
el régimen militar. Nuestro objetivo, entonces, no es hacer
una lectura exhaustiva que dé cuenta de las especificidades
literarias y estéticas de cada obra que hemos incluido en
esta antología. Se trata mas bien de proponer una "lectura
cultural" de este teatro, es decir, intentar comprenderlo
como universo simbólico de relaciones sociales que
expresa "visiones de mundo" que responden a las
necesidades puntuales de los distintos sectores marginales
de la población chilena actual, quienes aspiran a
constituirse en sujetos sociales capaces de transformar el
orden social que los margina, de acuerdo a sus diferentes
grados de conciencia social. Hacer este tipo de lectura
necesariamente implica considerar dos problemas
fundamentales: primero, que las categorías estéticas con
que normalmente opera el crítico literario académico son
el resultado secundario de la praxis social de agentes
colectivos organizados. Es decir, la acción transformadora
de la naturaleza, de la sociedad y de la personalidad, de
acuerdo con objetivos sociales conscientemente definidos,
dota al espacio de un sentido teleológico que a su vez
otorga significación a los diversos modos de
comportamiento dentro de la sociedad. La estética

entendida como disciplina privativa de "lo bello" en la realidad elabora sus categorías narrativas (lírica, drama, narrativa) y retóricas (tragedia, melodrama, comedia, grotesco, etc.) a partir de una reflexión sobre la praxis humana. Sin embargo, a través del proceso de acumulación y elaboración de tales categorías académicas, proceso que responde a tendencias y necesidades propias de la disciplina, su origen social se pierde de vista y adquieren una discursividad autorreferencial. El problema con que nos enfrentamos, por el contrario, es volver a captar la significación de esas categorías desde la praxis social misma, en este caso, desde la praxis social de los pobladores. En este sentido, podemos comprobar que estas categorías acumuladas académicamente no siempre calzan con las necesidades del juicio directo de la acción humana concreta. Por lo tanto, habiéndolas usado en este estudio, nos hemos visto forzados a adecuarlas a nuestra tarea.[35] Segundo, debemos considerar cómo esta praxis cultural poblacional se inserta en la cultura chilena, teniendo como parámetros esenciales las relaciones entre el concepto de *marginalidad* señalado anteriormente y la noción de *cultura nacional*.

Entendemos por *cultura nacional* el conglomerado de proyectos y universos simbólicos que los distintos sectores y clases sociales de una determinada formación social intentan universalizar con el propósito de preservar, modificar o administrar los mecanismos a través de los cuales dicha formación social se reproduce económica, política e ideológicamente. Una *cultura nacional* poseerá un carácter democrático integrador en la medida en que el poder social hegemónico tienda a promover alianzas y proyectos económicos y sociales que aspiren a satisfacer las necesidades materiales y espirituales de las mayorías, a diferencia de la naturaleza excluyente de la cultura nacional oficializada durante los años de régimen militar.[36] Esta no sólo privilegia a ciertas minorías asociadas al capital financiero transnacionalizado, sino que carece de objetivos democráticos y elementos que tiendan a congregar expresiones culturales divergentes. En efecto, la tendencia predominante en la cultura oficializada militarmente se fundamenta en una distribución controlada del conocimiento que circula en la sociedad, restringiendo así las posibilidades para producir visiones totalizadoras que postulen planteamientos alternativos a aquellos promovidos por la autoridad militar. Esta práctica de exclusión o de "integración desigual" del conocimiento, característica de sociedades capitalistas dependientes como la chilena, en las cuales el Estado revela la hegemonía de una clase social sobre otras, origina "zonas privilegiadas" y "zonas marginales" de la cultura. Tal situación, "plantea el problema de cuáles clases y relaciones definen el carácter de la nación y su cultura, y de cuáles grupos sociales o regionales pueden quedar anexados sin expresarse a través de la misma, como pobladores marginales del territorio más que como miembros efectivos de la nación."[37]

Una vez definida la cultura nacional como alternativa democrática a un modelo de sociedad dictatorial que favorece los intereses de sectores corporativos-monopolistas-financieros, a partir de septiembre de 1973, los sectores marginales de la población buscarán maneras de promover proyectos que les permitan articular sus aspiraciones a partir y a pesar de las fragmentaciones de la conciencia que ellos evidencian. Como se muestra en el estudio que señalábamos anteriormente, los ideales y aspiraciones de los sectores marginales muestran un alto grado de vaguedad, incoherencia e inestabilidad, y aparecen marcados por las poderosas desviaciones que les impone la cultura dominante de otras clases sociales. Este fragmentarismo de la conciencia, elemento constitutivo de las capas marginales creadas por el capitalismo, constituye el componente fundamental de lo que se ha llamado la conciencia nacional popular. A través de este tipo de conciencia se expresan las contradicciones y experiencias de las grandes masas de trabajadores explotados cuyas aspiraciones no pueden ser satisfechas dentro de los parámetros de funcionamiento del sistema capitalista.[38] La consecuencia directa de este tipo de conciencia fragmentada se revela en la incapacidad de estos sectores de articular un discurso que logre conformar actores y planteamientos de alcance global para transformar la sociedad. Prueba de ello son las visualizaciones de las posibles "salidas de la crisis" que expresan ciertos dirigentes poblaciones. Para algunos, se trata de una vuelta a la democracia sobre la base de una concertación de fuerzas en un Pacto Social o Pacto Político. En el primero, se unirían pobladores, empresarios, trabajadores y todos los sectores interesados en restablecer un régimen democrático; el pacto de carácter político se trataría mas bien de un acuerdo entre partidos políticos con el propósito de "echar abajo la muralla" o "derrocar al dictador". Para otros dirigentes, como el dirigente comunitario, el papel de los partidos políticos debiera estar casi ausente, y su aspiración mayor es establecer un tipo de democracia "idílica" en la cual Chile, fundado en la Unidad Nacional, recupere su "chilenidad" y vuelva a ser "un país de hermanos". Para un tercer grupo, no se trata de lograr un pacto social, una concertación política, ni la Unidad Nacional, sino la unidad de clase (proletaria) y construir una "nueva democracia" dentro de los marcos de un sistema socialista.[39]

De esta realidad de conciencias divergentes surge la necesidad de conformar vanguardias políticas con claro entendimiento de los mecanismos de dominación, capaces de formular estrategias y tácticas totalizadoras tendientes a la liberación nacional. La habilidad de los pobladores para llegar a constituirse o adherirse a una vanguardia política, sin duda estará determinada esencialmente por el grado de cohesión logrado entre las organizaciones poblacionales, en la medida en que aquellas capas con mayor conciencia socio-política planteen alternativas aglutinadoras para la acción. Cualquiera sea el grado de cohesión alcanzado, el proceso de constitución de esas vanguardias incluye el reconocimiento de las diversas instancias organizativas que se dan los pobladores a partir de 1975, año en que surgen las primeras organizaciones solidarias de supervivencia.

Si consideramos que el orden disciplinario bajo el autoritarismo ha provocado el corte de las posibilidades de elección para satisfacer las necesidades fundamentales (materiales y espirituales), ha impuesto la circulación de valores congruentes con un modelo de sociedad no participativa y ha eliminado para los sectores marginales las oportunidades de elaborar planes de vida que se extiendan más allá de su mera subsistencia, debemos concluir que durante los últimos trece años se ha producido un cercenamiento de los aspectos esenciales que necesita un individuo para constituirse como persona. La extrema precariedad de las condiciones de vida en las que se desenvuelven los pobladores los priva de los derechos humanos fundamentales de tener un espacio habitacional y condiciones sanitarias apropiados; alimentación y vestuario de acuerdo a sus necesidades; acceso al trabajo, a la educación y a la cultura. A esta materialidad degradante del espacio físico se agregan las vejaciones, los allanamientos, las detenciones, los desaparecimientos y las relegaciones a que los pobladores son sometidos sistemáticamente. Esta negación de la "dignidad" personal hace que las actividades reivindicativas de los pobladores aparezcan formando parte de un proceso de *reconstitución de la persona*, mediante el cual se restablecen las posibilidades mínimas de elección y de tener y desarrollar valores y planes de vida de acuerdo a sus propios intereses y nivel de conciencia. Este proceso de reconstitución como personas se consolida a través de la participación única o simultánea en organizaciones comunitarias de fuerte tendencia solidaria-comunitarista (ollas comunes, clubes deportivos, comprando juntos, talleres artesanales), organizaciones culturales (grupos de canto y teatro), organizaciones de carácter religioso centradas en torno a grupos de reflexión, capacitación y concientización denominados *comunidades de base*, y en organizaciones socio-políticas con una clara definición de clase, cimentadas en células partidarias, grupos paramilitares y coordinadoras poblacionales territoriales. Los planteamientos de estas últimas organizaciones privilegian la concientización, organización y movilización masiva de los pobladores, y aparecen como "vanguardias" dentro del sector poblacional.

Este proceso de reconstitución de la noción de persona través de la participación en una o varias organizaciones con objetivos diversos (las ollas comunes y las organizaciones de derechos humanos, como el Movimiento contra la Tortura "Sebastián Acevedo"), revela los traslapes de conciencia social que se producen entre los pobladores. En muchos casos, esta superposición de niveles de conciencia se traduce en planteamientos de alcance nacional que encajan dentro de la línea de pensamiento de lo que se ha llamado *Teología de la liberación*. Esta formulación teórica, que es un intento por analizar y comprender la realidad latinoamericana "a la luz de la fe", surge en el marco de los planteamientos del Concilio Vaticano II (1962-65) y de la reunión del Episcopado latinoamerico en Medellín (Colombia) en el año 1968. Entendiendo la situación de miseria y opresión de las grandes mayorías del continente como el producto del "pecado personal y social", la *Teología de la liberación* opta por "mirar la realidad desde los pobres" y se siente solidaria con su liberación integral en "nuestro mundo", a través del trabajo de las comunidades eclesiales de base. Reconoce que no basta la constatación de esta realidad de pobreza e injusticia, sino que hay que buscar las causas de por qué millones de latinoamericanos viven en esta situación, como se aprecia en un documento de la III Conferencia del Episcopado Latinoamericano en Puebla, México, 1979. En él se establece que "esta pobreza no es una etapa casual, sino el producto de situaciones y estructuras económicas, sociales y políticas, aunque haya también otras causas de la miseria".[40] Las palabras de una mujer pobladora que se declara "militante de izquierda y cristiana" son ilustrativas de esta modalidad de pensamiento. Haciendo un recuento de su evolución política personal, sostiene que "después del golpe militar llega N. Gutiérrez que me ayudó a comprender que mi compromiso cristiano no podía ir separado del social y político... mi motivación ha sido hacer un mundo mejor a través de este compromiso con Cristo..." Luego, refiriéndose a su identidad cristiana y a la relación entre fe y política, afirma "Jesús nos viene a salvar. ¿De qué? De la estructura social que nos oprime, ¿y cuál es? Lo ha dicho el Vaticano: el sistema capitalista..." Junto con este reconocimiento de un compromiso religioso-político que sobrepasa los márgenes de las necesidades puntuales de una comunidad local, la conexión con la noción de vanguardias políticas se evidencia en las palabras de esta misma pobladora al sostener que "los partidos van a jugar un rol muy importante porque son los llamados a darle forma a un sistema de sociedad...", "...los partidos están hechos para conducir al pueblo... ¿cómo hacer entender a la cúpula política que mientras no bajen a recoger lo que el pueblo está viviendo no se va a lograr la mayoría necesaria?"[41] Semejante nivel de lucidez de conciencia social revela Clotilde Silva, dirigente del Movimiento de Mujeres Pobladoras, cuando señala "Yo creo que en este período es cuando las mujeres más hemos aprendido de economía, hemos entendido a qué obedecen las situaciones que estamos viviendo, que no son casuales, que no es obra de la mala suerte sino que obedece a un sistema fríamente calculado y que es el que provoca esto de la marginación".[42]

Estas distintas modalidades y niveles de la conciencia popular se articulan literariamente en un lenguaje realista que tiende a superar las visiones de mundo imbuidas de un naturalismo decimonónico modernizado, impuestas desde el Estado autoritario.

Realismo y superación del naturalismo

La visión global de la sociedad expresada a través del teatro poblacional se encuadra dentro de la tendencia literaria denominada "realismo". Esencialmente, el realismo se lo puede definir como "la producción de una visión totalizadora de la realidad social que [permite] una tipificación de los modos en que los individuos y los grupos pueden insertarse en su funcionamiento para cumplir aspiraciones de bien común".[43]

Este modo de conocer la realidad se fundamenta en la experiencia corporal, afectiva e intelectual de cada poblador, a través de la cual se gestarán distintas modalidades de totalización del conocimiento de la realidad poblacional, como se evidencia en el teatro y en el manual de monitoría teatral que adjuntamos en este trabajo. Este realismo, conformado en las poblaciones a partir de las experiencias cotidianas específicas e inmediatas, origina gradaciones de totalización del conocimiento expresadas mediante variaciones de representación realista de la realidad.[44]

Como se sabe, siguiendo uno de los postulados del positivismo de fines de siglo que sostiene que el conocimiento de la realidad es posible a través de la observación y "descripción objetiva" de ella, el naturalismo constituyó un intento por conocer la realidad reconociendo la ingerencia ineludible de determinismos ambientales, sociales y genéticos. Esto implicaba crear un mundo de ficción literaria en el cual los personajes aparecían siendo incapaces de superar su condición de seres siempre manejados por fuerzas ajenas a su control y condenados a vivir en un mundo abyecto. Las acciones de los personajes adquirían un sentido manipulador enmarcado dentro de un psicologismo que implicaba establecer un diagnóstico y cura de las pasiones humanas. De acuerdo con la utopía positivista de lograr armonizar y equilibrar las fuerzas sociales en una etapa "orgánica", se establecía la utopía de la lectura en cuanto el hecho de leer se asumía como una manera de superar la existencia de mundos imperfectos. Esta tradición naturalista decimonónica de nuevo adquiere vigencia en Chile con los drásticos efectos de la aplicación de la Doctrina de la Seguridad Nacional y la implementación de las políticas económicas neoliberales impulsadas por el gobierno militar. Ambas permiten la reintroducción de un darwinismo social inédito en la historia reciente del país, que establece un mundo de seres cosificados, a merced de la voluntad de los detentores del poder y de las "leyes naturales del mercado". Sin embargo, la introducción de elementos naturalistas en el teatro poblacional no se hace para reafirmar un determinismo positivista de la historia, ni para corroborar un conocimiento pasivo de la realidad, sino para hacer hincapié en la capacidad humana, específicamente de los pobladores, de transformar el mundo. En este sentido, la expresión teatral se convierte en una plataforma de lanzamiento hacia una búsqueda de modos de superación del mundo real irracional y deshumanizado impuesto y promovido por el régimen militar. Para ello, se utilizan visiones melodrámaticas, satíricas, antigrotescas y épicas de la sociedad en las cuáles coexisten el sentimentalismo, las distorsiones de la realidad, los estados de extrema abyección, la degradación material y moral, el humor y proyectos de humanización colectiva.

Sensibilidad melodramática y búsqueda de una humanización

Como representación artística de la realidad, el melodrama supone la presencia de agentes desconocidos que influencian y distorsionan la realidad, de acciones sociales cargadas de sentimentalismo, de seres extrovertidos, en muchos casos envilecidos, que están sujetos a violentas vicisitudes, y un mundo en donde los conflictos se plantean y se resuelven en un plano moral o psicológico. Aunque hay elementos melodramáticos en casi todas las obras incluidas en este trabajo, creemos que tres de ellas, *Esquina*, *Testimonio* y *Tres cuentos pa'un Mapocho*, articulan mejor un mundo congruente con este tipo de sensibilidad artístico-social.[45]

Los hechos históricos acaecidos en Chile durante los últimos años, y que han repercutido directamente en las condiciones materiales y sociales en la vida de los pobladores, motivan la inclusión en el teatro de aspectos como la desintegración familiar, la bajeza de las acciones, la presencia de seres anónimos que vagan sin rumbo y la alusión a agentes manipuladores de las acciones individuales, en muchos casos con abierta o velada referencia a representantes de la autoridad. En efecto, uno de los motivos recurrentes es la metáfora de la familia. La utilización de esta metáfora para explicar el ordenamiento y funcionamiento de la sociedad se utilizó en el teatro de clase media de la década de los cincuenta. En esa época la figura paterna se consideraba el depositario de la sabiduría, la justicia y la experiencia, lo cual le permitía, incluyendo la participación intermediaria de la madre, mantener el orden familiar. A un nivel macrosocial, el padre era reemplazado por el Estado, la madre por las instituciones mediadoras entre los individuos y el Estado, y los hijos eran los ciudadanos un tanto inexpertos que necesitaban como guía todos los atributos paternos. A partir de 1973, este esquema familiar de funcionamiento de la sociedad no responde a la realidad. Los despidos masivos de trabajadores, las movilizaciones de numerosas familias de un sector a otro de la ciudad o de una ciudad a otra en busca de trabajos o simplemente tratando de escapar de la represión, y obviamente la directa intervención gubernamental en la vida familiar a través de persecusiones, desaparecimientos y relegaciones, hace que la figura paterna pierda su papel hegemónico dentro de la familia, y que la figura de la madre se eleve a la categoría de ejecutor de las acciones y decisiones familiares. Sin embargo, ella también debe enfrentar la injerencia de fuerzas extrañas, desintegradoras y adversas que impiden una reorganización familiar. Es el caso de Chela en la obra *Esquina*, y de Teresa en *Tres cuentos pa'un Mapocho*. La primera debe encarar la destrucción familiar causada por el hecho de que Beto, su esposo, se ha convertido en "sapo" (vigilante entre la comunidad afín al gobierno), y debe abandonar el pueblo donde viven. Teresa, esposa de un arenero (trabajador que vive de la venta de arena que saca de las orillas del río Mapocho), se enfrenta a un conflicto familiar con su esposo y a la destrucción material de su "choza" provocada por una crecida del río. En ambos casos es la figura de la madre la que irradia sabiduría y mayor conciencia de las causas de las desventuras familiares. Beto, esposo de Chela, aparece representado como un ser manipulable, inmerso en un mundo de necesidades y ensoñaciones, y acaba siendo convencido de que trabaje como "sapo" en su barrio. Aunque sus acciones están motivadas por una conciencia elemental de querer satisfacer las necesidades básicas de su familia, su incapacidad para discernir entre su realidad inmediata y su mundo de fantasía lo lleva a "venderse" a sí mismo y a "vender" a sus propios amigos. En el momento en que su mujer le hace ver la gravedad de su error y las implicaciones de su "trabajo", Beto exclama: "¡Qué hice, mujer, qué hice! Yo nada más vi el billete. La gente como uno no resiste, no se aguanta con el ruido del billete nuevo. Es como cuando uno va a morir, porque apenas vi la plata, pasaron mis cabros bien vestidos por la cabeza;

pasaste tú; pasaron toas mis hilachas, pasó la esquina, mi maldito tufo a vino... too, too pasó y ya no supe más... ¡Santa María, qué hice, qué hice!"

Por su parte, Pedro, el arenero esposo de Teresa, se revela como un ser confundido, sin clara conciencia de cuáles son las causas de sus infortunios. No se plantea el problema en términos de tener o no tener derecho a una vivienda o de que su situación familiar es parte de una cuadro social más amplio dentro del sistema capitalista, sino que ve la "fuerza extraña" de la naturaleza como la causa última de la inundación de su choza y expresa una mezcla de desesperanza y alivio por lo que les ha sucedido. Se queja de que todo esté mojado, pero simultáneamente reconoce el aspecto positivo de la inundación, pues ésta les permitirá poder solicitar la ayuda municipal para los damnificados del temporal. (*Lo bueno de esta cuestión es que ahora podemos pedir ayuda con la cuestión del temporal y los damnificados, pero ¡qué vamos a hacer más adelante cuando el temporal pase!... ¿Con qué excusa vamos a pedir ayuda?...*") En general, la identificación de los agentes externos que controlan y manipulan las relaciones sociales del mundo ficticio se hace a través de menciones como "los giles de la Muni" (funcionarios de la Municipalidad), "la naturaleza", "el río", o una referencia a que "algo tiene que estar fallando".

El mundo representado en Testimonio, es un mundo cargado de dramatismo y sentimentalismo producto de la situación de extrema miseria y hambre que enfrentan los personajes. La familia aparece asediada por agentes externos que convierten a los individuos en máquinas, con una conciencia que alterna entre un mundo de sueños y realidades. Una vez que Mercedes le reprocha a Juan, su esposo, su apego al pasado (*¿Qué sacas con vivir del pasado? Los cabros están aquí, es presente, todo continúa. Lo tuyo fueron sólo sueños.*), éste se da cuenta de que su situación no es exclusiva, sino que se extiende más allá de su ambiente familiar. Sin embargo, su percepción de la realidad es que las privaciones y humillaciones han eliminado la sensibilidad humana y han convertido a los individuos en seres-objetos. (*Somos tantos y no somos nada, llenos de frustraciones y humillaciones, y así*

seguimos andando, como máquinas, casi sin aliento.) En
este mundo pleno de insensibilidad, la figura de la madre
encarna simultáneamente una visión "realista" y
religiosa-mariana del mundo. Junto con señalarle a Juan
de que ahora "es presente", la figura de Mercedes se eleva a
la categoría de mártir al realizar el sacrificio máximo de
dejar de comer y finalmente morir para que su familia
pueda alimentarse y continuar viviendo.

No obstante el predominio del modo melodramático de
representación de la realidad en las tres obras indicadas,
ésta siempre acaba siendo cuestionada en función de una
posible sensibilidad humanizadora. Esto tiene su punto de
referencia en el tipo de relaciones "darwinianas"
establecidas en Chile a partir de 1973 y a las cuales nos
referíamos anteriormente. El intento de superar este
mundo envilecido, se manifiesta en estas representaciones
teatrales mediante directas apelaciones al público. La
norma es que uno o varios de los personajes se dirija a la
audiencia y comunique su preocupación a través de
preguntas, exclamaciones o afirmaciones que pretenden
"hacer pensar" o confirmar una relación de solidaridad o
unidad entre los presentes a la representación (actores y
espectadores). Lo que expresan los personajes al final de
estas tres obras sin duda aspira a despertar en la audiencia
una sensibilidad solidaria y humanizadora que sobrepase
los límites de la degradación de la sociedad. (¡*Todos
tenemos derecho a la vida!; ¡Oigan!... disculpen la
preguntita... ¿Qué culpa tiene el Mapocho?; ¿Creen ustedes
que la gente como uno queda sola? ¿Qué cosa es la
soledad?... no, no estoy sola. Están ustedes, los siento,
escucho su respiración, aquí están sus rostros y veo igual el
rostro mío. No, no estoy sola, no estoy sola...*).

Sátira, poder y democracia

En los tiempos de Aristóteles a la sátira se le reconocían
ciertos poderes mágicos para expulsar el mal, y se la incluía
en representaciones rituales dedicadas a aumentar la
fertilidad de la tierra, de los rebaños y de la gente.
Obviamente, la evolución de este tipo de representaciones,

o si queremos, de literatura o de "tono" literario, ha modificado su uso original y en los tiempos modernos hablar de sátira implica una variedad de elementos, entre los que cabe destacar una comunidad de valores, ideas, creencias o intereses entre quienes representan la sátira y quienes la observan. Esta comunidad de valores permitirá que se valide la crítica o la aberración individual o social que se pretende ridiculizar. Pero junto a la existencia de esta comunidad de valores y creencias, la sátira supone la presencia de una audiencia "anestesiada", insensible, producto de las costumbres o de la realidad cotidiana, e intenta evocar en ella un mezcla de humor y desobediencia a la autoridad, basados en un sentido de lo absurdo o grotesco de las cosas. Por otro lado, en la sátira siempre se identifica un "objeto de ataque", al cual se lo describe o apela en un lenguaje muchas veces "tabú" que provoca en los auditores (o lectores) un "remezón" y un subsiguiente despertar de su estado letárgico.[46]

Si pensamos en los niveles de conciencia de los pobladores, y en sus aspiraciones de "crear conciencia", "organizar" y "movilizar" a los cuales nos referíamos anteriormente, podremos comprender mejor por qué éstos han recurrido a la sátira como una de las formas de representación de la realidad. Examinando las cinco obras incluidas dentro de esta categoría, *El concurso, Homenaje a un trabajador*, LCI-LCO *Liceo*, la adaptación de la obra de A. Boal *Cómo José Silva descubrió que el Angel de la Guarda existe, y Juan y María*, nos damos cuenta que a través de la sátira se plantean aspectos relacionados con el poder dictatorial expresado en distintos niveles y formas dentro de la sociedad y con la posibilidad de crear ciertos mecanismos democráticos populares.

El mundo representado a través de la sátira identifica meridianamente a los agentes externos que ejercen una influencia decisiva en las acciones de los personajes. Así, el poder y la autoridad local aparecen personificados en una inspectora de liceo, en el representante de una empresa, en una visitadora social de las agencias de desarrollo social del gobierno. Pero, además, se establecen las conexiones de la estructura de poder a nivel nacional con los pilares del sistema capitalista a escala mundial, cuando se representa, por un lado, la dependencia de la economía nacional de las compañías multinacionales y su efecto en las relaciones cotidianas individuales, y por otro, la influencia de patrones de comportamiento importados de países capitalistas avanzados, sintetizados en la metáfora del "concurso". Esta idea de un mundo manipulado desde el exterior se integra a la sátira a través del papel que desempeña el Angel de la Guarda como protector de los intereses del capital transnacionalizado, en *Cómo José Silva descubrió que el Angel de la Guarda existe*, y mediante la participación en el jurado para elegir a Mis Economía 1982 de uno de los exponentes del neoliberalismo Mr. Ronaldo Frioman. Debemos señalar que el nombre de este personaje sintetiza la fusión de las políticas injerencistas implementadas durante la presidencia de Ronald Reagan en los Estados Unidos, y la economía de libre mercado explicitadas por el economista norteamericano Milton Friedman y que fueran aplicadas en Chile a partir de los primeros años de gobierno militar.

En el ámbito local el problema del poder en estas cinco obras se concentra en torno a la metáfora de "la vida en un hilo". La vida de los personajes está marcada por violentos altibajos determinados por el criterio arbitrario de terceros que tienen el poder de elevar a una categoría de "ganador" de un concurso, de ser el "homenajeado" en el trabajo, de sumergir a un individuo en la angustia de ser "suspendido" del liceo sin causas lógicas, de ser dejado "en pelotas" en la calle, o de resultar el "elegido" para recibir la ayuda económica del gobierno. El tipo de relaciones que se establece en LCI-LCO *Liceo* es sin duda representativo de la naturaleza del poder visualizado en estas representaciones. Como institución educacional pública, los liceos han sido históricamente recintos caracterizados por ser instituciones representativas de la democracia bajo lo que se ha llamado el Estado de Compromiso o Estado Benefactor. Su carácter democrático lo determinaba el hecho de que a él asistían alumnos de distintas clases sociales, predominantemente de la clase media y de la clase trabajadora, y en ellos se gestaba la participación estudiantil a través de los Centros de Alumnos, que generalmente repetían en el liceo las luchas políticas de la sociedad en general. La representación dramática de la vida en el liceo hacia 1982, fecha en que se produjo la obra LCI-LCO *Liceo*, se estructura en torno a relaciones absolutamente irracionales. Los personajes, la inspectora y los alumnos del establecimiento educacional, actúan en un mundo dominado por el absurdo y la irracionalidad en el cual éstos últimos han dejado de ser parte activa en el proceso educativo y están limitados a obedecer sin cuestionamiento lo estipulado en los reglamentos del colegio. Se establece así una relación de autoridad-subordinado en la cual el papel de la autoridad es velar por el mantenimiento del orden y el del subordinado sólo acatar órdenes.

La sátira al poder establecido funciona además mediante la integración a la representación de distintos tipos de discurso del poder, sintetizados en el discurso del representante de la empresa en *Homenaje a un trabajador*; en el de la inspectora, en LCI-LCO *Liceo*; de Mr. Frioman, del animador del concurso, de Miss Libertad de Mercado, en *El concurso*; en el discurso del Angel de la Guarda en *Cómo José Silva descubrió que el Angel de la Guarda existe* y en el de la visitadora social en *Juan y María*. El discurso del representante de la empresa es el que engloba con mayor nitidez la visión de mundo promovida por el neoliberalismo en el sentido de apelar a una comunidad de intereses entre trabajadores y empresarios que le brinda al trabajador la oportunidad de demostrar su abnegación y amor al trabajo, a la vez que lo convierte en socio y "guardián de los bienes de nuestra comunidad fabril". En el momento de hacer entrega del premio en un acto de homenaje a un trabajador, y luego de dirigirse a las "autoridades" locales (Secretario General de las Organizaciones del Derecho al Descanso, Presidenta Nacional de las Damas de Morado, Capitán de la Selección Nacional, Presidenta del Centro de Madres "Mujeres Abnegadas" y otras), el representante de la empresa declara:

> El motivo de esta solemne ceremonia es elegir, congratular, felicitar y enaltecer el valor y lealtad del hombre de trabajo, representado en Norberto Torres, un trabajador que ha entregado su vida al buen cumplimiento de los principios y

> normas vigentes desde la fundación de la empresa, allá por el
> año 1974. Cuando se puso la primera piedra, ya este esforzado
> guardián de los bienes de nuestra comunidad fabril,
> encontrábase aquí. Siempre aportando, siempre alerta,
> siempre servicial, siempre dispuesto a cumplir los mandatos de
> quienes dirigen nuestras vidas. Así como Fresia se rindió a los
> pies de Caupolicán, este humilde trabajador se postró a los
> cimientos de esta modesta obra. Hemos mencionado algunas de
> las cualidades de este fiel y abnegado hombre, que se hace
> presente en estos momentos para recibir un sencillo pero
> emotivo obsequio.

A través de la sátira se ridiculiza la visión de las
relaciones laborales como "armoniosa conjunción de
intereses" que tiende a crear la ilusión de la co-propiedad y
de la ausencia de las diferencias de clase, e impide
cualquier cuestionamiento de la propiedad de los medios
de producción.

La problemática de la democracia está planteada en
torno a la metáfora del "concurso", de la participación
estudiantil en el liceo y de la "elección" del trabajador que
recibe el homenaje. Tanto en los países capitalistas
avanzados como en los subdesarrollados, la idea del
"concurso" constituye uno de los mecanismos más
frecuentes a través del cual se crea la ilusión de
participación y posibilidad de realizar los "sueños"
personales. El concurso se convierte en un microcosmos
de la estructura "democrática" de la sociedad, en el cual los
individuos tienen la libertad de elegir o ser elegidos. Para
los países de economía capitalista dependiente el concurso
es un medio a través del cual se transfiere la cultura
desarrollada en los centros del capitalismo mundial, y se
crea la ilusión, a nivel nacional, del contacto con el
"progreso" y la cultura internacional. La implicación
última, supuestamente, es que mediante esta simbiosis
entre la cultura nacional y la cultura internacional el país
está ejerciendo su derecho democrático de insertarse en la
cultura mundial. En El concurso esta problemática está
representada satíricamente por la composición del jurado,
en el que se combina lo nacional con lo internacional.

Esta sátira de la democracia es superada con la
representación hecha en LCI-LCO *Liceo*. En ella se
bosquejan mecanismos de participación popular en el

ambiente escolar a través una representación "dentro" de otra. Varios alumnos que han sido llamados a la Inspectoría y que finalmente serán suspendidos sin previa explicación, participan en una teórica asamblea del liceo en la cual ellos proponen ciertas pautas para reorganizar democráticamente el funcionamiento del colegio. La visión de una ·democracia participativa y popular se articula en torno a la memoria histórica centrada en la figura de Luis Emilio Recabarren, luchador social que a comienzos de siglo fundara el Partido Obrero Socialista, partido que posteriormente se convirtiera en el Partido Comunista de Chile (1922).

Como puede verse, el uso de la sátira que hacen los pobladores en estas representaciones les permite visualizar la realidad chilena en distintas dimensiones. Logran ventilar preocupaciones cotidianas sobre la modalidad de dominación del poder militarizado en los lugares de trabajo, de estudio, de recreo y en la propia casa. Intentan desvelar los mecanismos de dependencia y dominación al establecer las relaciones entre la cultura nacional oficializada y la cultura proveniente de países capitalistas avanzados. Y finalmente, esbozan pautas de democratización a partir del cuestionamiento de la irracionalidad de las relaciones sociales que se promueven en un liceo.

El grotesco y la lucha por la vida

La manera de entender y representar la realidad conocida como "grotesco" se fundamenta esencialmente en extremas distorsiones de las acciones individuales y colectivas, y de las dimensiones temporales y espaciales en que los individuos se desenvuelven. La realidad se percibe como una constante repetición de ritos ceremoniales en las que el tiempo parece haberse estancado (*tiempo muerto*), y en las cuales los individuos actúan como seres autómatas que han perdido su capacidad de creación individual y colectiva para transformar esa realidad. Se los muestra como seres escindidos que no logran articular armoniosamente sus prácticas cotidianas, sus sentimientos y sus procesos racionales en una realidad inundada por el absurdo e imágenes extravagantes y de mal gusto.[47] En la obra *En la vega las papas queman*, que es la que mejor ilustra el perfil de lo grotesco bosquejado anteriormente, el mundo dramático se articula en torno a las metáforas de la muerte, y el absurdo. Para relatar la vida de los trabajadores del Programa de Ocupación para Jefes de Hogar (POJH) y de la feria, en Santiago, se crea un mundo en que coexisten imágenes de seres "cocinados" en un incendio, de individuos que como "calaveras" vivientes deambulan entre la vida y la muerte, de historias acerca de seres desfigurados (el Care Chancho o el Care Vieja) que acechan por las calles para devorar a los niños, y de conciencias individuales que ya no cumplen ningún papel en la sociedad sino que aparecen separadas de su corporeidad enterrada en los basurales. Lo absurdo se integra a través del trabajo ritual de los obreros del POJH que repiten una misma acción una y otra vez con el único propósito de crear una imagen pública de progreso y gran actividad laboral. Este diálogo entre Perlita, un obrero del POJH, y Juana, vendedora de la vega, es elocuente al respecto:

> JUANA —¿Usté es el que traaja allí? (*Apunta con la cabeza.*)
> PERLITA —(*Dándole un mordisco al pan*) Sí, de la semana pasá.
> JUANA —Echan má tierra que un remolino poh.
> PERLITA —Wi wi poh patrona... pero qué poh... a nosotro los mandan, ¿qué vamo aserle?
> JUANA —Sí poh (*silencio*) too el tiempo arreglan aquí... llegan unos pocos y... echan alquitrán... encementan y se van; llegan otro y sacan too lo que hicieron los otro y se van. A usté le tocó encementar de nueo... pero siempre es pa pior.
> PERLITA —Es que nosotro no la bíamos arreglao poh. (*Sobradamente levanta los brazos.*)
> JUANA —Ahí está poh, por eso era la cosa poh.

La utilización de este modo "grotesco" de percibir y representar la realidad de parte de los pobladores, se puede entender como un intento de asumir críticamente la realidad cotidiana del presente y proyectarse hacia maneras de superarla en el futuro. El trabajo cultural de representación artística de la realidad poblacional a través de la metáfora de la muerte es posible comprenderlo precisamente como un esfuerzo por triunfar sobre la muerte misma, por vencer la realidad exterior. El Tata, personaje de *En la vega las papas queman*, visualiza el mundo en términos que ponen en juego el trinomio *realidad = muerte = vida* (*Yos toy muerto y quiero vivir; Quiero morirme; La vía lo enseña too... por eso quiero morirme y nacer mañana.*), y que revelan una concepción de la vida que se extiende más allá de los meros procesos vegetativos y de supervivencia individuales. En diálogo con Perlita, el Tata sostiene:

> TATA —Esta no es na vía (*seco*), ¿acaso le llamai vía a esta cochiná?
> PERLITA —Yos toy vio.
> TATA —No basta.
> PERLITA —¿Qué no basta?
> TATA —Que estí vio, sino que vivai de verdá.
> PERLITA —¿Y morirse uno vie de verdá?
> TATA —Sí.
> PERLITA —Usté tá loco.
> TATA —Vo tai loco.
> PERLITA —¿Qué espera con morir?
> TATA —Ya te lo ije, nacer.
> PAERLITA —¡Qué raro!
> TATA —Vo tampoco entendí.

Finalmente, a través del símbolo del "sol chiquitito", que volverá a nacer entre los hombres, se proyecta la victoria de la vida sobre la muerte, y se inicia la búsqueda del hombre que "ríe como un manantial", que es el "hombre de verdá".

Hacia una épica popular

La naturaleza esencialmente colectiva de las actividades poblaciones, sea en sus manifestaciones de supervivencia, comunitaristas, o en organizaciones políticas, hace pensar en una sensibilidad literaria que permita la proyección de sus inquietudes como un viaje colectivo hacia una meta común. La épica, como modalidad narrativa que pone a prueba las virtudes extraordinarias de un héroe y le permite guiar a su pueblo o comunidad hacia la búsqueda de un mundo mejor, es un modo de representación de la realidad a través del cual los pobladores logran proyectar hacia el futuro sus proyectos de transformación de la realidad. La sabiduría, el conocimiento, la autoridad y la pasión del héroe lo convierten en un ser capaz de salvar grandes obstáculos en beneficio de una causa q u e beneficiará a su pueblo. El carácter masivo y en algunos casos estrictamente religioso de las acciones de los pobladores representadas en este teatro, nos retrae a la caracterización de la épica hecha por Castelvetro (*Poetica d'Aristotele vulgarizzata et sposta*, 1576), y Torquato Tasso (*Discorsi del Poema Epico*, 1594) en la segunda mitad del siglo XVI. Alejándose de la épica aristotélica centrada en las hazañas de un héroe, Castelvetro sostenía que la épica podía incluir las acciones de una o varias personas, incluso las acciones de toda una raza. Por su parte, T. Tasso afirmaba que la épica debía preocuparse de relatar los hechos heroicos del cristianismo.[48]

Los diferentes grados de conciencia poblacional al cual nos referíamos anteriormente se revelan también en el carácter que adquieren las obras que articulan mejor una estructura y planteamientos épicos. Así, es posible hablar de una *épica humanista de la peregrinación* (*este último término que surge del mismo lenguaje de los grupos teatrales*), expresada en obras como *Otoño 1981. Urgente... respondan, Dios se ha hecho hombre, Uno nunca sabe, Ultima estación,* y *La realidad;* de una *épica culturalista* en obras como *Viva el club;* de una *épica étnica* en *Obra teatral* (obra bilingüe en mapuche y español), *Obra teatral II* (del Grupo Litre) y en *Traición por humillación;* y de una *épica sindicalista-gremialista y de clase* en obras como

El sindicato de trapo, Multisectorial del sur, Discrimina-ción a la postrada y *Obra teatral I.*

La épica humanista de la pegregrinación

Esencialmente, esta forma de representación se asocia a grupos que han mantenido algún vínculo con organizaciones eclesiásticas, aunque no necesariamente sucede así. Es un tipo de épica colectiva fundada en una visión del mundo como un lugar en sombras y pleno de sufrimientos, en donde los individuos realizan un "peregrinar errante" hacia un mundo de perfección. A lo largo de este peregrinaje los individuos deben ponen a prueba sus capacidades humanas para amar y respetar al prójimo, alabar la vida y condenar la muerte. Se hace hincapié en la posibilidad concreta de fundar un mundo humanizado a través del trabajo colectivo y en la idea de la vida como un *vía crucis.* En la obra *Otoño 1981. Urgente... respondan,* se exhibe un mosaico de experiencias individuales relatadas frente al público, mediante el cual se va creando la imagen de un sufrimiento colectivo y un "caminar juntos" hacia un mundo mejor. Se pone énfasis en que, no obstante el dolor, "la vida es bella" y siempre triunfará la amistad y el amor (*La vida es bella, y a verás/como a pesar de los pesares/tendrás amigos, tendrás amor/tendrás amigos*). Utilizando la idea del héroe en desgracia frente a un mundo vil que acecha la vida de los niños, se proclama el derecho a la vida ante el "infanticidio" decretado por la autoridad (Herodes/ Augusto) en *Dios se ha hecho hombre.* O se usa la idea de la peregrinación simbolizada en un viaje en tren "sin retorno", en el cual, a través de un diálogo entre dos amigos casuales que se conocen en el vagón de un tren, se presenta la lucha entre la posibilidad de superación del mundo degradado y el estancamiento y consecuente destrucción individual dentro de ese mundo de drogadicción y muerte (el bien y el mal), como sucede en *Ultima estación.* En esta obra y en *Uno nunca sabe* la transformación de la conciencia individual constituye el elemento vital mediante el cual se puede lograr una refundación de la sociedad en general. En esta última obra, la épica colectiva se centra en torno a una transformación de la conciencia a nivel individual y familiar. El viaje épico se manifiesta simbólicamente en un viaje a través de la conciencia de los padres e hijos que al final logran verbalizar una relación de relativa armonía, después de muchas discusiones y altercados a causa de responsabilidades juveniles, permisos, drogas y otras alienaciones. Así, se logra trascender la degradación del mundo familiar e iniciar la humanización del mismo. En *La realidad*, las artesanas fabricantes de arpilleras (ornamentos hechos de tela rústica, lanas y pedazos de géneros recortados con motivos que representan variados aspectos de la realidad poblacional) experimentan en distintas dimensiones el viaje épico hacia los momentos de humanización representados en las reuniones para planificar distribuir y revisar sus trabajos. Después de enfrentar serios obstáculos en su casa provocados por el hambre, la dependencia de los hijos y del marido, o las humillaciones en las calles al salir a coleccionar botellas o diarios para venderlos y reunir algo de dinero, las arpilleristas participan momentánea pero regularmente en un mundo pleno de humanización, realizando un trabajo solidario y colectivo. Las largas caminatas en las calles cargando botellas o periódicos, el andar golpeando de casa en casa pidiendo cosas remiten a la idea de la peregrinación y del vía crucis en camino a un mundo de redención.

La épica culturalista

Recordemos que una de las inquietudes poblacionales es crear organizaciones culturales relacionadas con el canto, el teatro y la recreación infantil. La creación de instituciones que puedan convertirse en instancias de desarrollo intelectual, especialmente para el sector poblacional juvenil, constituye una necesidad de primera importancia dada la efectiva influencia "anestesiante" de los medios de comunicación masiva (televisión), la adicción a las drogas, el alcoholismo y la prostitución. Esta preocupación encuentra su expresión teatral en la obra *Viva el club* del Taller Teatral Deportivo Puente Alto. La obra se articula como un mundo de seres dispersos, anónimos y degradados que deben efectuar un recorrido a lo largo de su conciencia, para finalmente encontrar un camino de acción común que los lleva a desarrollar su proyecto comunitario de mantener un club deportivo que organiza y promueve actividades culturales como hacer artesanía y tener un departamento femenino. Siguiendo la norma épica de comenzar el relato de los hechos *in medias res*, la obra se inicia con la descripción de un mundo conflictivo centrado en la vida familiar dominada por las tensiones que provoca la inactividad de un hijo en la casa:

> PADRE —El que me hace ofuscarme eres tú... te pasai todo el día viendo tele, y pensando en puras leseras. ¿Por qué no te ubicai en la realidad y salís a buscar trabajo por ahí? Además, ¿por qué no bajaste antes la tele si ya me escuchaste?
>
> JUAN —Parece que viene con todas las malas pulgas hoy día.
>
> PADRE —¡Qué malas pulgas y ocho cuartos! (*pausa*)... uno se saca la mierda todo el día trabajando, para educarlos, alimentarlos, vestirlos, y cuando llega a la casa, ¿qué es lo que encuentra? ¡Un huevón vago, echao viendo tele... que ni siquiera lo saluda a uno con cariño!... (*Bebe y come*) El día de mañana te vai a casar, vai a tener familia y... ¿cómo los pensai educar y alimentar?... ¿Acaso los vai a poner a ver tele para que se coman los réclames aliñados con las cebollas de las comedias?

Este mundo degradado se homologa en el funcionamiento interno del club en donde reina la desorganización y las cosas sin sentido mostradas a través de una larga discusión sobre el color que será pintada la sede, en circunstancias que el club no tiene dinero para pagar el arriendo del local y sus miembros deben hacer abandono de él. La contrapartida de este mundo se presenta como la llegada a la tierra soñada en la cual se visualiza la cultura como instrumento de autocuestionamiento y autoanálisis que favorece el desarrollo personal y colectivo. (*Ella [la cultura] nos ayuda a muchas cosas, como ser, aclarar lo que en realidad nosotros queremos.*) La realización común de este proyecto representa la victoria del colectivismo sobre el individualismo desintegrador y la recuperación de la dignidad como "personas" (*Bueno, lo importante de todo esto es trabajar juntos y crecer juntos... como grupo y como personas...*).

La necesidad de una épica étnica

La inclusión de obras teatrales mapuches en esta antología, práctica contraria a lo que se ha hecho tradicionalmente en los estudios de literatura y cultura chilenas, se relaciona con el uso del concepto de marginalidad explicitado anteriormente. Como señaláramos, el fenómeno de la marginalidad es parte inherente de las economías capitalistas dependientes latinoamericanas, y se refiere a la población-mano de obra que participa limitadamente en el aparato de producción, distribución y consumo de bienes materiales y culturales. Desde este punto de vista, la población mapuche, cercana a un millón de personas, constituye claramente un sector marginal de la población chilena, del mismo modo como lo son los pobladores urbanos o el campesinado. Obviamente, no estamos definiendo la marginalidad en términos de la falta de acceso a una vivienda, como lo ha hecho el régimen militar, sino como un estado que forma parte del sistema económico-político global de la sociedad. De esto se deprende que las expresiones culturales mapuches, como las obras teatrales que hemos incluido en este trabajo, también hay que entenderlas como elemento constitutivo de la problemática de la marginalidad a nivel nacional.

Una expresión teatral que plantea las inquietudes y visiones de mundo de la población mapuche retrae nuestra propuesta a la cuestión de la formación de una cultura nacional en la se que reconozca la diversidad étnica en el país, no como mero objeto idealizado (lo que sucede en los textos escolares, por ejemplo), sino como componente dinámico y creador de la cultura chilena. Históricamente, la población araucana (o mapuche) ha experimentado un proceso continuo de exclusión socio-cultural y político-económica que se remonta a la llegada de los españoles al extremo sur de Chile en la primera mitad del siglo XVI. A partir de ese momento, los araucanos inician una prolongada lucha que se mantiene hasta nuestros días por la mantención de sus territorios y la supervivencia de su gente y su cultura . El largo proceso de expropiación de las tierras indígenas a través de las "mercedes de tierra", las "encomiendas" o las "donaciones", y de exterminio de la población mapuche iniciado con la conquista y consolidado durante la colonia tiene un punto culminante durante la segunda mitad del siglo XIX, cuando al calor de los conflictos internos de la oligarquía por controlar el Estado se inician las campañas de "Pacificación de la Araucanía", que sólo vendrán a culminar en 1883. Con estas campañas se pretendía liquidar definitivamente toda resistencia a la instauración del Estado oligárquico, que establecería una economía minero-agrícola exportadora y que finalmente iría a asegurar el ingreso del país al sistema capitalista mundial como proveedor de materias primas. El resultado de estas campañas militares de "pacificación" es una extensa liquidación de la población araucana, masivas expropiaciones de tierras y el establecimiento de comunidades territoriales habitadas por numerosas familias, conocidas como "reducciones". El despojo progresivo de las tierras en poder del pueblo mapuche se legaliza a partir de 1927 (ley 4.169), con la creación de un Tribunal Especial para dividir las comunidades indígenas y permitir la transferencia de tierras a particulares no mapuches. Como resultado de las insistentes protestas por este despojo iniciadas por el propio pueblo mapuche, se dicta en enero de 1961 otra ley que prohibe la enajenación de tierras a personas que no sean indígenas (ley 14.511). La creación en 1972 del Instituto de Desarrollo Indígena (IDI), favorecido por una nueva legislación de ese mismo año basada en las expectativas de los propios mapuches (ley

17.729), implica un drástico vuelco del patrón de apropiaciones y divisiones territoriales que se ha mantenido hasta ese momento, y se dispone como objetivo central del Consejo de dicha institución "la restitución de los terrenos usurpados a la comunidades indígenas". En marzo de 1979, sin participación ni previa consulta al pueblo mapuche, se dicta un decreto ley que modifica la ley anterior (decreto-ley 2.568), cuya finalidad es dividir la propiedad indígena, distribuyendo hijuelas en "propiedad individual y exclusiva".[49] Al finalizar el año 1979, la evaluación que hace el Consejo Económico y Social de las Naciones Unidas sobre el impacto de la nueva legislación en el pueblo mapuche es de una claridad meridiana. En su informe anual de los derechos humanos en Chile se sostiene que:

> ...las nuevas formas legales se han dictado sin la participación ni consulta al pueblo mapuche y que han tenido muy poco en cuenta la tradición histórica, la idiosincracia, las formas de propiedad y de trabajo del pueblo mapuche y menos aún sus necesidades y el desarrollo de su propia cultura. Por el contrario, el decreto-ley 2.568 se preocupa por incorporar a la comunidad mapuche a las estructuras socioeconómicas establecidas en los últimos años en todo el país, privándola de toda forma de protección y de salvaguardia de su identidad y de su integridad, así como de la ayuda al desarrollo de la comunidad mapuche. La situación de extrema pobreza en que se encuentran estas comunidades autóctonas, así como la obligación de incorporarse, por decisión unilateral del gobierno, a un sistema socioeconómico y cultural que no es el propio, amenazan seriamente su existencia como grupo étnico.[50]

Concentrada la población mapuche mayoritariamente en una zona agrícola entre Cautín y Llanquihue, continúa siendo un enclave al cual no se le reconoce mayor gravitación en la vida económica, política y cultural del país. En los años ochenta, pareciera repetirse la historia centenaria de movilización forzada a consecuencia de la implantación de nuevos signos de la "civilización blanca" en los escuálidos territorios que aún habita el pueblo mapuche. Datos recientes señalan que aproximadamennte dos mil familias de Huilliches de la zona sur del país serían erradicadas de sus tierras para dar paso a la construcción de una planta hidroeléctrica.

Cuando pensamos en que "la cultura, la lengua, el modo de vida de los mapuches está ligado profundamente a la pertenencia de la tierra, sobre todo al sistema comunitario de trabajarla",[51] según lo expresa el dirigente indígena José Luis Quiyupal, comprendemos que la existencia misma de esta minoría étnica y cultural ha estado históricamente enmarcada en la lucha por recuperar y mantener sus tierras. Esta se constituye "no en un valor de cambio, sino en la base de sustentación de su cultura y de su autonomía étnica". Cualquier intento de eliminar la relación *propiedad colectiva de la tierra - identidad étnica*, implicará un atentado con características de genodicio cultural. Desde una perspectiva mapuche de mayor lucidez, que tiende a restituir y consolidar esa identidad, pareciera reconocerse que el único medio de lograrlo es a través de la inserción en proyectos sociales totalizadores que aspiren a la transformación del Estado, y desde él, consolidar la concepción de lo que sería una cultura nacional integradora.

A partir de esta historia de exterminio, exclusión, miserias y humillaciones creemos que es posible hablar de una *épica étnica*, en cuanto la problemática central de obras como *Obra teatral* del Grupo de Jóvenes Campesinos Mapuches de Temuco, *Obra teatral II* del Grupo Litre de Chillán y *Traición por humillación*, del Grupo AD-MAPU (todas producidas durante 1985), es la visión de la conquista de un mundo desde la perspectiva y para los intereses de la población mapuche. Las dos primeras de estas obras se estructuran en torno al regreso del héroe a su mundo degradado después de permanecer lejos adquiriendo conocimientos que pondrá al servicio de su pueblo (en este caso se trata de la asistencia a la escuela o a cursos para dirigentes en la ciudad). Las virtudes del héroe se ponen a prueba con la salida al exterior, pues en un momento debe decidir si retornar a su pueblo o abandonarlo para siempre. Pedro, en *Obra teatral II*, y Pilmaiken en *Obra teatral* deciden retornar para iniciar el viaje colectivo hacia la conquista de un mundo fundado en la unidad de la raza mapuche. (*Claro que yo he*

*aprendío hartas cosas, pero ésas las aprendí pa'ayudarle a
mi gente y a eso me vine, por eso estoy con usté aquí
ahora.*) Pilmaiken, por su parte, será quien establece con
mayor claridad el proyecto épico para toda la comunidad
mapuche, una vez que su amiga, Camila, decide seguir
estudiando cansada ·de trabajar con patrones que la
explotan:

> PILMAIKEN —Entonces seremos cuatro que
> pensamos igual y mañana seremos muchas más y
> así podremos unir a nuestro pueblo,
> recuperaremos lo bueno de nuestro pueblo y
> lucharemos juntos para levantar nuestra raza.

A su vez Huentecol Catrilaf, en *Traición por
humillación,* parece repetir el drama histórico de su raza al
tener que enfrentar a tres fuerzas que impiden su
liberación: el nuevo ávido invasor de sus tierras (Azócar),
la pasividad y resignación divulgada por la religión
católica (Profesora) y la traición histórica de sus propios
descendientes que entregaron sus tierras al "huinca
traidor". Huentecol se proyecta a sí mismo como el héroe
pleno de sabiduría al interpelar a sus "hermanos"
(público) para que "levanten la vista" y no caigan en las
trampas del "traidor". Su lucha individual se tipifica
elevándose a un plano de proyecto colectivo al invocar a
su pueblo a seguir por el camino correcto: *¡Hermanos, acá
está nuestro camino!*

Hacia una épica sindicalista-gremialista y de clase

La evolución de la conciencia política y organizativa de
un sector de los pobladores ha dado origen a múltiples
actividades y organizaciones que responden esencialmente
a intereses de clase. A través de instituciones como la
Coordinadora Metropolitana de Pobladores, la Coordinadora de Agrupaciones Poblacionales (COAPO), el Movimiento Poblacional Dignidad, el Movimiento Poblacional
Solidaridad y el Movimiento de Mujeres Pobladoras
(MOMUPO), los pobladores logran articular colectiva-

mente proyectos que obedecen a preocupaciones localistas y regionales desde la perpectiva de que las soluciones a sus problemas necesariamente deben incluir la organización de base con una orientación de clase. La conciencia social y política heterogénea entre los pobladores se manifiesta en el hecho de que estas organizaciones tienden a estar alineadas con partidos o alianzas políticas ideológicamente afines. Esto implica asumir su situación de marginalidad de maneras distintas, en cuanto para algunos pobladores se trata de crear organizaciones reivindicativas desde una perspectiva comunitarista/gremialista que no cuestiona los mecanismos del sistema capitalista causantes del sector marginal de la población, que es lo que ocurre con las organizaciones de tendencia Demócrata Cristiana. Para otros, alineados esencialmente con los partidos de izquierda, el problema central es precisamente éste, es decir, las organizaciones poblacionales deben insertarse en un proyecto más amplio, orientado hacia el reemplazo del capitalismo en el país por alguna forma de socialismo. Estos planteamientos dan origen a un esfuerzo por privilegiar el gremialismo o el sindicalismo por un lado, y por otro, las alianzas políticas con proyectos de largo aliento que implican la transformación del Estado y de la sociedad.

Estas preocupaciones encuentran su expresión en el teatro en obras como *El sindicato de trapo, Multisectorial del sur, Obra teatral I* (del Grupo Litre), y en *Discriminación a la postrada.*

Las dos primeras encajan dentro de lo que hemos denominado épica sindicalista-gremialista. Estructurada en torno a la idea del poder hegemónico representado por Felipe y su mujer. El sindicato de trapo proyecta la imagen de un héroe colectivo posible, constituido en base a la unidad de los "hombres de trapo". Es un mundo deshumanizado, en el cual los hombres se han convertido en "muñecos" de las fuerzas del mal, simbólicamente representados por uno de esos hombres-muñecos colgado como adorno en la casa de Felipe, miembro de la clase alta. La posibilidad de superación de ese mundo yace en la conciencia y compromiso de lucha de este "muñeco", quien decide salir por las noches y organizar al resto de los hombres-muñecos (el público) en un sindicato. Se asume la concreción potencial de un héroe colectivo sindicalista que se ha constituido a partir de una toma de conciencia del público al verse a sí mismo en el escenario como "hombres de trapo". Esta problemática adquiere rasgos diferentes en *Multisectorial del sur* al incluirse en ella planteamientos indigenistas. Cada personaje de esta obra aparece como un héroe caído en un mundo que lo aprisiona, y en el cual debe realizar un recorrido en busca de la humanización a través del trabajo colectivo gremial. Pedro Pescador recorre las aguas del mar para después descubrir que no puede vender el pescado pues la gente no lo compra; el Despojado Juan Huilliche viaja por las tierras que le han sido arrebatadas en beneficio de la "civilización"; el Buscaminas de Oro Puro debe abandonar su ciudad y salir a recorrer tierras extrañas en busca de trabajo; y Juan Labriego y Eugenia vagan inútilmente por la ciudad tratando de vender sus papas y artesanía. Este mundo de privaciones que impide la realización de las capacidades y virtudes individuales (imposibilidad de estudiar de los niños), y en donde reina la desorganización y la falta de conciencia, será vencido por la unidad del conocimiento, la sabiduría y la experiencia de todos estos héroes individuales en la creación de una organización gremial que les trae la "libertad": una multisectorial (*Me parece que oyera campanas nuevas. Es como si llegara un aire de libertad.*).

En *Obra teatral I* (del Grupo Litre) y en *Discriminación a la postrada* se bosqueja una épica centrada en un claro cuestionamiento del Estado capitalista en su versión represiva, financiera-monopolista actual. Como algunas de las obras anteriores, *Obra teatral I* se constituye como un viaje a través de la conciencia individual a lo largo del cual se van develando los mecanismos de dominación de un mundo que está hecho para favorecer el control de unos individuos sobre otros. Las fuerzas del mal representadas por el poder hegemónico del Estado y sus distintas modalidades de manipulación (CNI, Central Nacional de Informaciones; AFP, Asociaciones de Fondos de Pensiones; UF, Unidades de Fomento; POJH, Programa de Ocupación para Jefes de Hogar; PEM, Programa del

Empleo Mínimo), aparecen inicialmente triunfando e impidiendo este viaje hecho por uno de los personajes, Juan. Pedro, en quien se concentra la sabiduría y el conocimiento, y posee la capacidad de prever el mundo futuro, logra vencer la influencia enceguecedora de aquellas fuerzas maléficas y conduce a su amigo hacia las puertas del mundo soñado: Juan acaba por comprender cómo funciona el Estado que los mantiene dominados. Esta experiencia trasciende la individualidad para convertirse en un proyecto colectivo de significación para toda la sociedad, a través de las palabras finales de Pedro en las que visualiza la posibilidad de un Estado de los trabajadores:

> PEDRO —¡Claro pues! Si ellos son el Estado ahora, y el Estado tiene que crear sus propios mecanismos de defensa del orden. Bueno, pero no lo picaneo más iñor porque si no se le va a calentar el mate. Salú por haber llegado a una conclusión que no tiene que olvidar. Cuando el Estado lo organicemos nosotros va a servir a los intereses de los trabajadores. Mientras no ocurra, no tenimos na que esperar de él. ¡Salú, compadrito!

Aunque *Discriminación a la postrada* es una obra del grupo AD-MAPU que la podríamos incluir en la categoría de la *épica étnica* pues plantea la problemática de la discriminación al pueblo mapuche, en ella se articula una visión del mundo desde una perspectiva de clase. Teniendo como eje estructural la discriminación milenaria de que ha sido víctima la población mapuche, se crea un mundo deshumanizado e insensible a sus necesidades, en donde Nahuel y su madre enferma, Ihluen, deben probar sus virtudes al enfrentar las injusticias y la mala atención en un hospital de la ciudad. Mediante diálogos y recuerdos de Nahuel, se establece el marco épico del viaje del héroe hacia un mundo alternativo, simbolizado con el viaje de Nahuel y su madre desde una pequeña comunidad mapuche cerca de Chol-Chol hasta la ciudad.

No obstante establecerse la visión de la sociedad como un cuerpo "en desequilibrio" y articular la obra dentro de la dualidad étnica "ustedes" (huincas=hombre blanco) y "nosotros" (los mapuches), se establece una perspectiva de clase en el marco del realismo lukacsiano en cuanto la experiencia particularizada de Nehuel pretende ser universalizada a través de la interpelación final al público: "¡Dense cuenta de la realidad! No cierren los ojos a las injusticias, la discriminación tantas veces dirigida a nuestras gentes, y tomen conciencia, ustedes los explotados de la tierra, que juntos lograremos equilibrar la sociedad".

Las superposiciones de la conciencia social, expresadas a través de la participación de los pobladores en distintas organizaciones y en el carácter de las mismas, y la integración del discurso del poder autoritario a la producción teatral, dan origen a una multiplicidad de voces ideológicas complementarias o en conflicto en las representaciones. Este conglomerado de voces corresponde a lo que M. Baktin llama *heteroglosia*.[52] Según Baktin, una obra literaria articula en una tensión dialógica de fuerzas centrífugas y centrípetas la diversidad lingüística de las distintas clases sociales existentes en una sociedad. Las fuerzas centrífugas determinarían un eje de estratificación de los lenguajes sociales que reproduciría en la obra literaria las jerarquías sociales que existen realmente en la sociedad y que están apoyadas en la estructura económico-política vigente. Tomando este concepto de la *heteroglosia* como un conjunto de voces articuladas en torno a un eje estratificador, descubrimos que en el teatro poblacional este eje está dado por la naturaleza popular-nacional de este discurso. El teatro poblacional se convierte así en un discurso ideológico de los sectores marginales, que teniendo como elemento unificador la interpelación a sí mismos, se engarza con los proyectos sociales y políticos actuales que aspiran a formar parte de la cultura nacional. En el plano de las instancias discursivas populares, el teatro poblacional se constituye en un mecanismo de recuperación para los sectores marginales de la posición de sujetos de su propio discurso y facilita la posibilidad de articular una visión de mundo centrada en la práctica creadora y transformadora de sí mismos.

Como lo especificamos anteriormente, este trabajo no pretende ser una lectura exhaustiva de las obras de teatro poblacional incluidas en esta antología. El objetivo central ha sido reunir y ofrecer un corpus de material no tradicional, proporcionando ciertos parámetros de conocimiento que permiten enmarcar y enriquecer su lectura. Estimamos que cualquier estudio acabado de este material, tendría que considerar los planteamientos y las orientaciones analíticas delineadas aquí. Por otro lado, dada la situación de extrema dispersión y limitada organicidad entre los distintos grupos teatrales poblacionales, hemos estimado pertinente incluir una visión englobante de las experiencias institucionales de teatro poblacional hasta 1982, expresada en el trabajo de Carlos Ochsenius titulado *Experiencia del Teatro Poblacional: 1973-1982*. Además, incluimos un breve manual de monitoría teatral de José Luis Olivari, *Investigación-Montaje en Teatro Popular: Cuaderno de Capacitación*, pues es la comprobación más exacta de la sensibilidad realista utilizada por numerosos grupos en su trabajo creativo.

NOTAS

[1] Pilar Vergara, Auge y Caída del Neoliberalismo en Chile. Facultad Latinoamericana de Ciencias Sociales (FLACSO), Santiago, Chile, noviembre 1985. págs. 71-89.

[2] Una revisión a los estudios literarios sobre el teatro hispanoamericano de los últimos veinticinco años refuerza este planteamiento de privilegiar a los dramaturgos o grupos teatrales consagrados, en desmedro de las expresiones teatrales populares de base. Ver por ejemplo, la serie *Latin American Theatre Review.*

[3] Consultar el estudio global más reciente del teatro profesional chileno hasta el año 1980, *Teatro chileno de la crisis institucional : 1973-1980 (Antología crítica)*, María de la Luz Hurtado, et al., Minnesota Latin American Series, University of Minnesota y Centro de Indagación y Expresión Cultural y Artística (CENECA), Santiago, Chile, 1982.

[4] Ver *Teatro de Juan Radrigán* (*11 obras*). Centro de Indagación y Expresión Cultural y Artística (CENECA) y Universidad de Minnesota. Editorial Universitaria, Santiago, Chile 1984.

[5] Aníbal Quijano, *Imperialismo y marginalidad en América Latina*. Lima, Mosca Azul Editores, 1977, pág. 194.

[6] Aníbal Quijano, op. cit., pág. 281.

[7] "Programa Nacional de Erradicación de Campamentos, tendiente a eliminar en forma definitiva la marginalidad urbana". El Mercurio, 26 de agosto de 1982. Citado en Sergio Rojas R., "Políticas de erradicación y radicación de Campamentos. 1982-1984 . Discursos, logros y problemas". Documento de Trabajo, Programa FLACSO-Santiago de Chile, No. 215, agosto, 1984, pág. 5.

[8] B. Aguirre y F. Sabatini, "Discusión sobre políticas de desarrollo en las áreas de asentamiento precario de Santiago". Documento de discusión, Centro de Investigaciones y Planificación del Medio Ambiente (CIPMA), Santiago de Chile, octubre, 1981, págs. 4 y 5.

[9] J. Duque y E. Pastrana, "La movilización reivindicativa urbana de los sectores populares en Chile: 1964-1972". *Revista Latinoamericana de Ciencias Sociales*, No 4, diciembre, 1972, pág. 263.

[10] En un período de siete años se duplica el número de familias que viven en "poblaciones callampas" en el Gran Santiago. De un total de 16.502 familias en 1952, el número alcanza a 32.307 en 1959. Rosenbluth, G. "Problemas socio-económicos de la marginalidad y la integración urbana". *Revista Paraguaya de Sociología*, Año 5, No. 11, 1968, pág. 36. Citado por Teresa Valdés en "El problema de la vivienda. Políticas estatales y movilización popular". Documento de Trabajo, Programa FLACSO-Santiago de Chile, No. 195, noviembre, 1983, pág. 23.

[11] Alvarado L., et. al., "Movilización social en torno al problema de la vivienda", EURE, No. 7, Santiago, abril, 1973, pág. 49.

[12] B. Aguirre y F. Sabatini, op. cit., pág. 9-10.

[13] Dos de las "tomas" más conocidas ocurridas a fines de los sesenta son: Herminda de la Victoria, en Barrancas, 1967, y Pampa Irigoin, en Puerto Montt, 1969. La cifra, correspondiente al año 1970, la ofrece T. Valdés en op. cit., pág. 35, según datos del Equipo CIDU, 1972.

[14] Sobre la evolución de las poblaciones callampas y el desarrollo de las políticas gubernamentales respecto a ellas, consultar el excelente trabajo de Teresa Valdés, citado anteriormente. El Pliego de los Pobladores de Chile de 1981, en su inciso b) de los Principios Generales

estipula "Rechazar por inoperantes y demagógicos los subsidios habitacionales, en especial el Subsidio Habitacional Variable, demostrado en la reciente experiencia". Teresa Valdés, op. cit. pág. 73.

[15] Miguel Budnik, "Los marginados". revista HOY, fascículo No. 3, Santiago, s/f pág. 70

[16] Datos sobre familias erradicadas entre 1979-84 proporcionados por la Intendencia Metropolitana. La Segunda, 1° de agosto, 1984, incluidos por S. Rojas en "Políticas de rrradicación y radicación de Campamentos, 1982-1984. Discursos, Logros y Problemas". Documento de Trabajo, Programa FLACSO-Santiago de Chile, No. 215, agosto, 1984, pág. 17. La información acerca del número de familias en "campamentos" la entrega T. Valdés en op. cit. pág. 65.

[17] Miguel Budnik, "Los marginados". revista *Hoy*, Santiago, Chile, fascículo No. 2, s/f, págs. 61 y 62. El autor entrega una lista completa de "tomas" de terreno, de bloques de viviendas y apartamentos ocurridas durante el período 1980-85.

[18] Arturo Fontaine, revista *Qué pasa*, Santiago, Chile, No. 22, julio 1977, pág. 17.

[19] Ver "La crisis de la ideología liberal". Pilar Vergara, op. cit. págs. 231-60. Además, "Balance de una década: Lo que el modelo nos dejó". Revista *Hoy*, Santiago, Chile, 7-13 de septiembre, 1983, pág. 30.

[20] Vicente Espinoza, "Dinámicas de Conflicto en los Sectores Populares Urbanos". Documento de Trabajo, No. 51, octubre, 1985, pág. 10.

[21] Miguel Budnik, "Los marginados". revista *Hoy*, Santiago, Chile, fascículo No. 1, s/f, pág. 13. Las citas correspondientes a los pobladores aparecen en este fascículo número 1, pág. 6, y en el número 2 citado anteriormente, págs. 47 y 60.

[22] Sergio Wilson P., *El drama de las familias sin casa y los allegados*. Santiago de Chile: Fundación para la Acción Vecinal y Comunitaria, AVEC, 1985, pág. 38.

[23] J. Marshall, *Gasto Público en Chile 1969-1979*, Colección Estudios CIEPLAN 5. Tagle, 1982, pág. 15. Citado por Teresa Valdés, op. cit. pág. 49.

[24] Teresa Valdés, op. cit. pág. 52.

[25] Meller, P., et. al., *Evolución del Empleo en Chile, 1974-1978*. Estudios CIEPLAN, N° 2, Santiago, Chile, diciembre, 1979. Manuel

72 DIEGO A. MUÑOZ

Délano, "Andrés Passicot: Se está reactivando". revista *Hoy*, Santiago, Chile, 7-13 de septiembre, 1983, pág. 32.

[26] M. Schkolnik, *Informe sobre la Situación Económica de los Trabajadores*. Serie Estudios Económicos, N° 5, Vicaría Pastoral Obrera-PET, enero, 1981. Citado por Eduardo Morales en "Algunos Indicadores de Niveles de Vida en Campamentos de las Comunas del Gran Santiago". Documento de Trabajo, Programa FLACSO-Santiago de Chile, No. 178, mayo 1983, págs. 6 y 7. Consultar también el Informe de Coyuntura Económica, VECTOR, septiembre, 1981.

[27] Miguel Budnik, "Los marginados". revista *Hoy*, fascículo No. 7, Santiago, Chile, s/f, pág. 207.

[28] Leopoldo Benavides y Daniela Sánchez, "Instituciones y acción poblacional, 1973-1981". Material de Discusión, Programa FLACSO-Santiago de Chile, No. 37, noviembre, 1982, pág. 55.

[29] E. Gumucio, "El cansacio de los pobres", en Reflexiones para la solidaridad y la esperanza. *Reflexiones*, No. 3. Vicaría de la Solidaridad, Arzobispado de Santiago. Santiago, noviembre 1976.

[30] Documento interno de diagnóstico. Equipo de Solidaridad, Arzobispado de Santiago, Vicaría Oeste, 1980. Citado por L. Benavides y D. Sánchez, op. cit. pág. 79.

[31] Vicente Espinoza, "Dinámicas de Conflicto en los Sectores Populares Urbanos". Documento de Trabajo, *Sur*, octubre, 1985, No. 51. págs. 74 y 75.

[32] A juicio de J. Hidalgo, dirigente poblacional, hay unos 200 mil pobladores organizados en Santiago en la actualidad, y de acuerdo a V. Espinoza, hacia 1985 los pobladores habían logrado tal vez el grado más alto de organización en toda su historia. M. Budnik, "Los marginados", revista *Hoy*, Santiago, Chile, fascículo No. 7, s/f, pág. 207. y V. Espinoza, 1985, pág. 81.

[33] Michel De Certeau, *The Practice of Everyday Life*. Trans. S.F. Rendall (Los Angeles: University of California Press, 1984).

[34] Cristián Parker, et. al., *Rasgos de cultura popular en poblaciones de Pudahuel*. Arzobispado de Santiago, Vicaría Zona Oeste, febrero, 1981, págs. 192-199.

[35] Nuestra concepción de la estética materialista está fundada utilizando las proposiciones de H. Vidal en *Sentido y práctica de la crítica literaria socio-histórica: Panfleto para la proposición de una*

arqueología acotada, Institute for the Study of Ideologies and Literature, Minneapolis, MN, 1984.

[36] Nuestra definición de "cultura nacional" está basada en los planteamientos de Nils Castro, "Tareas de la cultura nacional", *Casa de las Américas,* Año XXI, septiembre-octubre, 1980, N° 122, y en las propuestas hechas por H. Vidal en op. cit., 1984.

[37] N. Castro, op. cit. págs. 4 y 5.

[38] N. Castro, op. cit.

[39] Consultar el trabajo de Paulina Saball y Eduardo Valenzuela, "Pobladores 3, El Grupo Comunitario". Documento de Trabajo SUR/CADIS, No. 46, agosto, 1985, y el de Eugenio Tironi, et al., "Pobladores 4. La acción reivindicativa". Documento de Trabajo SUR/CADIS, No. 47, agosto, 1985, especialmente págs. 45-52.

[40] Sobre la Teología de la Liberación consultar, Gustavo Gutiérrez, *A Theology of Liberation* (Orbis Books, Maryknoll, New York, 1973). Carlos Barraza, *¿Qué es la teología de la liberación?* Santiago de Chile. Ediciones Paulinas, diciembre, 1985. Victor Codina, *¿Qué es la teología de la liberación?* Ediciones Rehue, s/f.

[41] Esta pobladora aparece identificada como "Adriana" P. Saball y E. Valenzuela, op. cit.

[42] Miguel Budnik, "Los marginados", revista *Hoy,* Santiago, Chile, fascículo No. 7, s/f, pág. 206.

[43] Hernán Vidal, *Poética de la población marginal: Fundamentos para una historiografía estética materialista.* Minneapolis: Prisma Institute, Series Literature and Human Rights No. 1, 1988. Como se puede apreciar, ésta es una definición basada en los planteamientos de G. Lukács. El realismo decimonónico, por otra parte, se fundamenta en los principios filosóficos del positivismo, corriente de pensamiento que se extendiera por Hispanoamérica hacia fines del siglo diecinueve en conjunción con el liberalismo, y que fuera posteriormente superada por las tendencias modernistas y vanguardistas.

[44] Haciendo una categorización de las sensibilidades como modos de comprender la realidad que se dan entre los dirigentes poblacionales, H. Vidal reconoce la existencia de diversos tipos de realismo. Un *realismo burocrático-individualista,* un *realismo pastoril-comunitario,* un *realismo trágico-cristiano;* y un *realismo épico-liberador.* El primero correspondería a una "sensibilidad rudimentaria" de pobladores altamente sospechoso de los partidos políticos, con mentalidad profesionalista-técnica, que limitan su campo de acción a una intercesión

legalista ante la autoridad frente a problemas vecinales individuales. El *realismo pastoril-comunitario*, con ciertos rasgos similares al anterior, entendería la sociedad en términos de un pasado de plenitud cercenado por las políticas del gobierno militar y de los partidos de izquierda centradas en el gobierno de la Unidad Popular. Por otro lado, la sociedad sería "una familia de seres unidos por el amor cristiano", en la cual habría un orden jerárquico basado en "los roles y funciones sociales que les ha tocado en destino cumplir". El *realismo trágico-cristiano* comprendería las estructuras de la sociedad como el resultado de un *pecado social* que es necesario eliminar pues atenta contra el plan de Dios. Ese realismo aparece explicitado en documentos que circulan entre comunidades de base de la capital, y que recogen el pensamiento de la Conferencia Episcopal de Puebla (1979). Al respecto, cabe citar extensamente lo que se especifica en algunos de estos documentos: "En este momento en la historia del hombre latinoamericano", vemos "cómo el más devastador y humillante flagelo, es la situación de inhumana pobreza en que viven millones de latinoamericanos expresada, por ejemplo, en la mortalidad infantil, falta de vivienda adecuada, problemas de salud, salarios de hambre, el desempleo y subempleo, desnutrición, inestabilidad laboral, migraciones masivas, forzadas, desamparadas" (Puebla # 29).

"Esta situación es producto de SISTEMAS y NO de una persona determinada. Es el producto de un largo tiempo de dominación y explotación por una clase poderosa que controla los medios de producción, información, comunicación. Todos los hombres están esclavizados en la relación opresor-oprimido y esto es, en el fondo, la relación que está contra el plan de Dios y que llamamos el PECADO SOCIAL [...] Pero no hay que resignarse a la realidad de esta situación de pecado social. Es verdad que no podemos determinar el tipo de sociedad en que nacemos, pero esto no significa que no podemos transformarla. Como personas comprometidas con el proyecto del hombre es nuestro deber luchar por cambiar profundamente las estructuras que esclavizan al hombre. Como dicen nuestros pastores en Puebla: "Esta realidad exige, pues, conversión personal y cambios profundos de las estructuras que respondan a las legítimas aspiraciones del pueblo hacia una verdadera justicia social; cambios que, o no se han dado o han sido demasiado lentos en la experiencia de América Latina" (Puebla # 30). Finalmente, la categoría del *realismo épico-liberador* correspondería a "una opción de conquista revolucionaria del poder estatal para refundar la cultura nacional de acuerdo con una sensibilidad neoclásica socialista." H. Vidal. op. cit., 1988.

[45] Peter Brooks, *The Melodramatic Imagination* (New York, Yale University Press, 1976).

[46] Gilbert Highet, *Anatomy of Satire* (Princeton, New Jersey. Princeton Univerity Press, 1962). *Satire: Modern Essays in Criticism*. Ronald Paulson, editor (Englewood Cliffs, N. J., Prentice Hall, 1971).

[47] Wolfgang Kayser, "An attempt to Define the Nature of the Grotesque", *The Grotesque in Art and Literature*, trad. al inglés por Ulrich Weisstein (1957; reimp. New York: MacGraw-Hill Co., 1966).

[48] Northrop Frye, *Anatomy of Criticism* (Princeton, New Jersey. Princeton Univeristy Press, 1957. Third Edition, 1973) págs. 33-34. *Princeton Encyclopedia of Poetry and Poetics* (Enlarged Edition. Alex Preminger, et. al. editores. Princeton, New Jersey. Princeton University Press, 1974). *The Hero in Literature*, Victor Brombert, ed. (A Fawcett Premier Original, Fawcett Publications, Inc., 1969).

[49] Los siguientes artículos de Cristian Vives resultan iluminadores para comprender la evolución de la legislación sobre la problemática mapuche, "Proyecto de ley sobre indígenas: ¿Integración o asimilación?" *Mensaje*, No. 274, noviembre, 1978. "Mapuches: un pueblo amenazado", *Mensaje*, No. 278, mayo, 1979. "Legislación indígena: Eliminación de una cultura", *Mensaje*, No. 290, julio, 1980.

[50] Informe del Consejo Económico y Social de las Naciones Unidas. Protección de los Derechos Humanos en Chile, noviembre, 1979, art. 352, pág. 161.

[51] Cristian Vives, op. cit., 1980, pág. 335.

[52] "Discourse in the Novel", *The Dialogic Imagination. Four Essays by M. M. Bakhtin.* Michael Holquist, ed. (Austin, Texas: University of Texas Press) 1981.

EXPRESION TEATRAL POBLACIONAL 1973-1982

Carlos Ochsenius

INTRODUCCION

Teatro y organización popular

La actividad teatral poblacional ha cumplido, luego de 1973, un papel de significación en el proceso de organización y movilización anti-autoritaria de este sector popular. Como se sabe, es uno de los más duramente afectados por las políticas del régimen autoritario.

Si bien la formación de grupos teatrales o el montaje de una obra dramática no ha tenido en muchos casos una motivación directamente ideológica o política, de hecho han contribuido a generar espacios independientes de expresión, reunión y formación social tanto para sus promotores, como para la comunidad a la que pertenecen. Espacios que, con el tiempo, han fomentado o evolucionado hacia la constitución de organizaciones poblacionales mayores (sociales, culturales), de funcionamiento más permanente.

Sin embargo, lo anterior no quiere decir que no existan en el ámbito poblacional grupos o montajes que no respondan a esta lógica de hacer del teatro un instrumento de pensamiento y acción "contestataria". Las hay, pero en sectores populares, ello no resulta una realidad muy frecuente. En efecto, la misma precariedad de recursos en que se mueve la práctica teatral aficionada de origen popular, desprovista de apoyo gubernamental o universitario como antaño, la hace buscar un camino de desarrollo autónomo. Y concretamente, encontrar infraestructura, capacitación, canales de difusión por sus propios medios o por los que pueden proveer instituciones sociales o agrupaciones culturales inde-pendientes a las oficialistas (Iglesias y organismos asistenciales, centros académicos, organizaciones popu-lares). Este encuentro, a veces puramente instrumental e informal, ha servido para potenciar las líneas de acción de unos y otros y por tanto, la colaboración mutua. Todo ello, sin una buena cuota de tensiones y conflictos. Pero así y todo, instituciones y organizaciones han encontrado en el teatro una buena herramienta, ya sea de difusión de sus "concepciones de mundo" hacia el resto de la comunidad o de recreación y educación hacia sus miembros. A su vez, los grupos teatrales han encontrado en estas instituciones un medio facilitador de su labor, al prestarles salas de ensayo y de actuación, algunos elementos técnicos, contactos, capacitación, etc.

Este encuentro también ha permitido ir generando una cierta perspectiva de hacer teatro en función de la realidad y problemas del sector poblacional en sus esfuerzos por mejorar sus condiciones de vida.

Por este motivo[1] resulta difícil separar lo que ha sido la trayectoria del teatro poblacional, sin tomar en cuenta el contexto desde el cual surge bajo el período autoritario. Esto es, la evolución, objetivos y obstáculos que han tenido las organizaciones populares. Pues son éstas las que constituyen el principal sujeto productor y receptor del teatro poblacional: un sujeto necesariamente colectivo.

Trayectoria de las organizaciones culturales populares: 3 períodos

En un artículo anterior[2], señalábamos que la trayectoria seguida por estas organizaciones podría periodizarse, para fines de análisis, en tres grandes momentos.

El primero (1975-76), caracterizado por el surgimiento espontáneo de diversas manifestaciones artísticas, realizadas en gran parte por ex-militantes políticos, agentes o líderes sociales populares. Manifestaciones que con el tiempo alimentan la actividad "solidaria" en el medio poblacional, conformando un circuito autónomo de producción y difusión artística y un formato expresivo privilegiado: el "acto" o festival solidario. Producto de ello es que surgen las primeras organizaciones culturales cuya finalidad era articular a los grupos emisores con los receptores: la base social que comenzaba a nuclearse en estas primeras fórmulas organizativas de emergencia.

Un segundo momento (1977-79), surge de la proliferación de estas organizaciones. Se caracteriza por el esfuerzo consciente de convertirlas en un espacio o frente político de reemplazo, cuya visión es la de reclutar nuevos miembros, formarlos ideológicamente, levantar líderes públicos, y obtener presencia en determinadas coyunturas de lucha anti-autoritaria. Todo ello siguiendo el mismo modelo histórico con que las agrupaciones políticas y gremiales populares se habían construido bajo el anterior régimen democrático. Así, la organización cultural aparece como la instancia más adecuada para ofrecer una instancia activa al orden autoritario y levantar desde allí un movimiento nacional opositor[3].

Un tercer momento (1980-82), se caracteriza por la crisis en que se sumen las organizaciones culturales así concebidas. Crisis que se alimenta de varios elementos. Pueden mencionarse, por una parte:

—la impotencia con que el movimiento opositor advierte los nuevos avances del régimen autoritario para consolidarse indefinidamente en el poder.

—la apertura de espacios directa o abiertamente políticos, que ya no necesitan parapetarse tras la actividad artístico-cultural.

Por otra parte, muchos integrantes de estas organizaciones y, sobre todo, sectores de base que se habían aglutinado alrededor de ellas en calidad de "públicos", comienzan a cuestionar varias de las opciones seguidas hasta el momento:

—el hecho que las organizaciones privilegien la mera recepción de mensajes artísticos, producidos por otros sectores, sin fomentar la expresión artística propia del medio popular.

—el contenido invariable de muchos de estos mensajes, cuya única temática es la exhortación "a la organizacíon y a la lucha" frontal contra el Estado.

Estos elementos inician al mismo tiempo un período de búsqueda de nuevas propuestas organizativas, ideológicas y expresivas en la actividad artístico-cultural popular, produciendo rupturas y transformaciones en las formas hasta entonces vigentes de "hacer arte" y "hacer política" en el contexto del orden autoritario.

Práctica artística y dinámica de reconstrucción y renovación de identidad popular (a modo de hipótesis)

Intentando interpretar la trayectoria seguida por las agrupaciones culturales de acuerdo a las concepciones de arte, cultura y política que cada una releva, podría decirse que:

En un primer momento, la acción política de los sectores populares se vuelve expresión y difusión artístico-cultural. Pues a través de un lenguaje no censurado públicamente y más rico en significaciones emotivas, subjetivas y vivenciales como el artístico, un sector activo políticamente manifiesta el quiebre de sus destinos personales y colectivos, ante la derrota del proyecto popular y el advenimiento del orden autoritario. El encuentro de estas manifestaciones artísticas con las primeras organizaciones solidarias abre así un nuevo espacio de circulación para la práctica artística en el mundo popular: el espacio artístico solidario. Este se vuelve ritual de reconocimiento recíproco entre distintos sectores sociales, antes unidos en torno a un proyecto histórico y ahora dispersos y amenazados. Ritual a través del cual se reconstruye simbólicamente una identidad perdida, un discurso mítico que establece para estos sectores una unidad de origen y de destino, que reconstruye, en fin, un "nosotros". En este sentido la actividad artística popular es ya una actividad política, si se entiende a esta última en una doble acepción. Tal como señala Norbert Lechner[4], la política no es sólo acción instrumental para conseguir un determinado fin (transformaciones del Estado, o de sus estructuras económico-sociales), sino también comunicación simbólica que afirma un movimiento de comunidad, de pertenencia a un orden. En este caso, a un orden previo al autoritarismo.

De esta manera, en los primeros años luego de 1973, arte y política se confunden o refunden: hacer política es hacer arte, y vice-versa.

En un segundo momento, la práctica artística comienza a ser funcionalizada a la tarea de reconstrucción orgánica e ideológica de las fuerzas sociales y políticas populares, tal como se entendía en años previos a 1973. Esto es de acuerdo a diversos "frentes", constituidos en base a la inserción laboral o territorial históricas de dichos sectores: sindical, estudiantil, poblacional. A los que se agrega ahora, con plenos derechos, el frente cultural.

En este contexto, la misión de la actividad artística era proporcionar apoyo al fortalecimiento interno y la proyección "hacia afuera" de las organizaciones populares emergentes, fueran éstas sociales o culturales. La primera, a través de ofrecer un quehacer concreto a sus miembros; por ejemplo, integrar un taller o conjunto artístico. Lo segundo, al difundir sus resultados a otros grupos organizados que lo demandasen.

Este proceso de funcionalización de la práctica artística a la reconstrucción orgánica de los sectores populares no reparaba demasiado en el tipo de organización que se aspiraba a reconstruir. Esto es, ni la matriz de relaciones sociales que ésta generaba en su interior, en términos de democracia interna, participación, eficacia, etc., ni los fines o proyecciones políticas en el ámbito nacional o sectorial, se veían reflexionadas y discutidas colectivamente. Se actuaba con el implícito que la organización era buena por y en sí. O mejor, era buena de la única manera conocida por el movimiento popular pre-autoritario. De un lado, la representación de intereses corporativos generales de un sector o frente supuestamente homogéneo, de acuerdo a un esquema organizacional con fines reivindicativos. De otro, la delegación del poder y la toma de decisiones en los niveles superiores de la organización, de acuerdo a una figura piramidal y jerárquica (casi militar) de la gestión grupal.

Pero en fin, como haya sido esta manera de organizar la actividad artística y sus resultados, el hecho es que también aquí —y no sólo a través del material expresivo contenido en las obras artísticas— operaba un proceso de reconstrucción simbólica de una identidad popular histórica.[5] Aunque los tiempos hayan cambiado y el objeto de la organización popular también, el sujeto popular busca afirmarse como tal, reconstituyendo condiciones similares de relación consigo mismo y con la sociedad al interior de estas organizaciones. Con ellos pretende marcar, a pesar de la ruptura autoritaria, un elemento de continuidad con su pasado inmediato.

Acá, finalmente, hay una nueva forma de concebir y materializar la relación entre arte y política. Ambas prácticas ya no se refunden en una sola: producir y recibir mensajes en momentos y condiciones especiales de congregación pública, como el acto o festival solidario. Hacer política es organizarse para intentar copar o derrocar al Estado. Y hacer arte es sólo una actividad facilitadora para dicho fin, en términos que permite convocar gente o incluso integrarlas a las organizaciones emergentes, casi con independencia de lo que el mensaje expresivo pueda afirmar. Se da, pues, una relación de exterioridad entre práctica artística y política.

En un tercer momento, la manera como hasta entonces se ha querido reconstituir una identidad popular a través de la expresión y la organización artístico-cultural entra en crisis. El sujeto popular, especialmente de base, sin tradición de participación o liderazgo político anterior, no resulta convocado o interpelado por las instancias organizativas ni los mensajes estéticos ofrecidos. La ampliación y renovación de estos últimos cuestiona, a su vez, la relación instrumental entre arte y política. Busca integrar por sí misma, a través de su forma de ser producida y difundida, un horizonte ético-político renovado. Lo mismo ocurre con algunas de las organizaciones culturales populares: buscan replantearse sus fines políticos y sus modos de gestión interna. De este camino de desarrollo separado se esboza una nueva síntesis:

La política se asume no sólo como una actividad instrumental, reducida a la "conducción" de unos sujetos ya plenamente constituidos, sino como espacio de comunicación a través del cual se constituyen sujetos. Así entendida, el momento organizacional se transforma en ámbito de encuentro que permite a sus miembros expresar, discutir y reflexionar sobre sus vivencias, problemas y aspiraciones, para de allí generar líneas mancomunadas de acción. La política se vuelve cultura, entonces, como espacio de creación de hegemonía a escala micro-social. La práctica artística, a su vez, encuentra acá su razón de ser y su aporte: devolver la capacidad expresiva, comunicativa y reflexiva al propio sujeto popular de base. Ello a través de métodos colectivos, participativos y democráticos para que, efectivamente, fomenten en él un sentido de pertenencia y de protagonismo en las transformaciones de sus múltiples condiciones de opresión.

Pues bien, por todo lo anterior es posible concluir que la práctica artístico-cultural popular, y en especial la poblacional, se ha desarrollado en el período autoritario como un factor significativo de reconstrucción y renovación de identidades sociales. Concretamente, en este caso, del sujeto y el proyecto popular derrotado en 1973 ante la implantación del régimen autoritario.

Ello se ha manifestado en dos aspectos simultáneos e interrelacionados: tanto en la generación de unos discursos artísticos[6] en los cuales el sujeto popular vuelve a nombrarse, a apelarse y convocarse públicamente, a protagonizar una historia como en la generación de una particular manera de congregarse para crear, difundir o hacer circular estos discursos en la sociedad local y nacional. En ambas dimensiones, una organizativa y otra expresiva, se advierte el mismo afán por reconstruir un sujeto y un proyecto colectivo capaz de ser alternativa al orden autoritario vigente.

La práctica teatral, como veremos, por su inserción o conversión en instancia organizativa independiente del sector poblacional[7] y por su desarrollo expresivo (temáticas, lenguaje escénico, perspectiva ideológica, etc.), no está ajena a la evolución seguida por el conjunto de las organizaciones culturales y su papel en estos procesos de reconstrucción/ renovación de identidades sociales.

Eso sí que guardando especificidad de acuerdo a su propia historia como práctica de producción artística en el mundo poblacional.

EL INCIPIENTE TEATRO POBLACIONAL POST -73 (1975-1980)

Expresión teatral y acto solidario

Durante varios años, se ha dicho, la práctica artística se canaliza exclusivamente a través del acto o festival solidario, en cuya realización se juega la capacidad tanto organizativa como creativa de los primeros núcleos organizados de la población.

Un lugar de primera línea en estos actos lo ocupa la expresión musical, enrielada casi sin excepción en la ruta de la "Nueva Canción Chilena y Latinoamericana" de la década del 60 y del llamado "Canto Nuevo" que le sucedió luego de 1973.[8] La poesía, la plástica, la danza y el teatro comparten un papel secundario entre los grupos de extracción popular. La capacidad de masificación de la canción en este medio puede ser atribuida a diferentes factores. Por una parte, a que es un género breve, de fácil creación o interpretación por su menor complejidad instrumental, vocal y poética. En segundo lugar, por la existencia de un amplísimo espectro de repertorio e intérpretes, que lograron difundirse a través del disco y del audio-cassette,venciendo incluso la censura imperante en los medios de comunicación masiva. Y no menos importante, la sensibilidad con que ese movimiento musical acompañó y recogió el período de movilización popular que vivió el país, especialmente entre 1968 y 1973. Hasta el punto que proceso de cambio y canción se enlazaron tal vez con una profundidad inédita en la historia del movimiento popular chileno. No ocurrió con la misma fuerza y prontitud de ésta, en el caso de otras disciplinas o géneros artísticos.

El teatro, por ejemplo, a pesar de su gran expansión en ese período, en su emisión como en su recepción, no pareció concentrar a un grupo homogéneo de creadores como referentes de la actividad aficionada. En gran parte debido a la crisis en que se debatía el teatro profesional — tanto universitario como independiente[9]— y al relativo corto tiempo en que el movimiento aficionado emergente se decició a buscar una alternativa propia y específica, aproximadamente desde 1970.[10]

Incide también en el problema el hecho que de las búsquedas dramáticas y escénicas de ese período no quedó prácticamente ningún registro al que recurrir —ni escrito ni audiovisual.

Así, el teatro post 73 se desenvuelve en ausencia de repertorio o de creadores de referencia como el caso de la música. De allí que su práctica en el medio popular haya sido menos asidua y sistemática y guardando pocos lazos de profundidad o desarrollo con respecto a su pasado reciente. Prácticamente la única continuidad se dio en términos individuales en el caso de unos pocos monitores o autores, que con experiencia en el medio aficionado, escaparon a la suerte masiva del exilio. Tampoco en este período los grupos profesionales independientes pudieron cumplir su rol de guía de la actividad aficionada, arrinconados como estaban en el circuito de las salas céntricas "de bolsillo".

Todos estos elementos hacen que el teatro en el medio popular vuelva a prácticas tal vez menos avanzadas, e incluso anteriores a 1970.

Una producción teatral de emergencia

En los primeros actos solidarios, a la fecha la única ocasión de representación teatral en sectores poblaciones, el teatro es realizado por grupos informales, esto es, constituidos especialmente para la ocasión, y su realización escénica se resuelve en el sketch que prolonga la vigencia del viejo sainete; la lectura dramatizada; el monólogo o pequeña representación de textos literarios breves, sean estos poemas (el más recurrido es Neruda), fábulas o cuentos infantiles; y, con mayor frecuencia, pasajes de la historia bíblica. A través de estos formatos expresivos, el tema de la solidaridad entre iguales, enfrentados a una misma situación de privación y miseria, suele ser frecuente. Eso sí que asumido a través de una referencia marginal y oblicua, o embozada a través de la metáfora.

Todas estas representaciones son muy breves, montadas con escasísimos recursos escénicos, escenario sin plataforma, luz funcional, uno que otro elemento de utilería y vestuario y telón pintado como escenografía. La mayoría de las veces poco ensayadas. Constituyen un acto puramente expresivo que surge del y para el momento. Aunque en algunas de ellas es posible rescatar el esfuerzo por aludir críticamente y de manera más elaborada y directa la condición de vida del sujeto popular.[11]

Vigencia de modos de producción teatral pre-autoritarios

Avanzando hacia los años siguientes, la expresión teatral poblacional se complejiza y diversifica. Reaparecen con mayor visibilidad modos de producción ya conocidos en el período pre-autoritario anterior. Concretamente dos: una que se arrastra desde las políticas de "extensión" teatral hacia el medio popular implementadas por los teatros universitarios; y su contrarreacción, en la década del 60, en términos de un teatro militante, de difusión ideológica en base a temáticas político-contingentes.

Aproximadamente desde 1970 surgen grupos teatrales más formalizados. Usualmente integrados por personas de niveles superiores de calificación educacional (estudios secundarios o universitarios), sean éstos residentes en el barrio o población o colaboradores con la acción social de Iglesias o de nacientes agrupaciones comunitarias del sector. En ellas se advierte el interés por dotar a la expresión teatral de mayor realce y rigurosidad. Así, generalmente comienzan por representar obras de autores chilenos —"clásicos o contemporáneos"— sacados de algún texto escolar o manual especializado. Repertorio éste en que se busca rescatar aunque sea una genérica expresión y aproximación a personajes, situaciones o conflictos de anclaje nacional o popular.

Se pueden citar, a modo de ilustración, algunos de ellos: *Un crimen en mi pueblo* (Armando Mook); *Nadie puede saberlo* (Enrique Bunster); la versión de la *Cenicienta* de Rubén Sotoconil; *Animas de día claro* (Alejandro Sieveking); *Viña* (Sergio Vodanovic); *La señora* (Diógenes Villatoro).

Esta producción, más extensa en su duración y ambiciosa en su puesta en escena, genera una cierta autonomización de la expresión teatral con respecto al acto solidario. Además de ocupar un lugar más destacado en este último tipo de espectáculo, comienza a difundirse de manera autónoma en otras ocasiones. Como es el caso de los primeros festivales de teatro aficionado organizados por Centros Artísticos Independientes (Centro Imagen, Taller 666) y luego organizados en su propio sector por agrupaciones artísticas de base con ocasión de diversas festividades locales o nacionales.

Pocas de estas representaciones pretenden reflejar de manera explícita el momento social o político contingente o abordar problemáticas globales atingentes a los sectores populares tanto de ayer como de hoy, en Chile como en el resto del mundo. Las escasas excepciones entre 1977 y 1978 no pueden hacerlo todavía en espacios amplios ni masivos, sino sólo en ocasiones y locales especiales y ante un público muy restringido. Como ejemplos pueden mencionarse la *Fábula de perros y conejos* (autor desconocido), que trata el tema de la represión política y la tortura y una síntesis histórica dramatizada de la confederación campesina "Ranquil", desde su fundación hasta 1973. Pero ya terminada la década, y con los primeros años de la nueva, circulan con menor dificultad obras de autores conocidos como *El hombre que se convirtió en perro* (Osvaldo Dragún); *El ángel* (una adaptación de la obra de Augusto Boal: *De cómo José Silva descubrió que el Angel de la Guarda existe*) y *Esperando al zurdo* (Clifford Odetts). Obras que ilustran de manera "didáctica" la lógica de la explotación y atomización que impone la empresa capitalista, tanto a nivel nacional como mundial, sobre la masa asalariada.

Este tipo de repertorio, en el que se combina mayor complejidad escénica y dramática con una perspectiva social explícita, se ve reforzado en su vigencia con el mayor acceso que obtienen los grupos aficionados al teatro profesional independiente. En efecto, a partir de 1979 pueden verse montadas obras o escenas de ellas pertenecientes a compañías como T.I.T., Taller de Investigación Teatral, (*Los payasos de la esperanza*),

Imagen (*Cuestión de ubicación*, de Meza y Radrigán) o el Telón (*El invitado*, de Radrigán).[12]

Mientras tanto no se desarrollaba esta última opción de síntesis, las primeras celebraciones de efemérides cívicas y sociales democráticas, así como el aparecimiento de jornadas de protesta antiautoritaria, incitan a la creación de un nuevo tipo de obra. Frecuentemente de creación colectiva y breve duración, dichas obras se acercan a un formato de denuncia y agitación acerca de la larga lista de derechos conculcados por el régimen (libertad individual, de expresión, acceso al empleo, al salario justo, a la educación, a la vivienda, etc.). O también, muy ligado a este contenido, a la ilustración didáctica acerca del hecho o personaje histórico recordado. Estas obras, ya puede decirse, son el producto de la labor de múltiples talleres auspiciados por organizaciones artísticas de base. No pertenecen a los primitivos grupos informales agrupados en torno a la parroquia ni a los que se estabilizaron luego con mayor autonomía en torno a la difusión del repertorio nacional y latinoamericano, con o sin énfasis en una perspectiva social explícita. Son grupos que al conformarse o integrarse a agrupaciones artísticas mayores, evolucionaron en esta nueva dirección. Su producción, con respecto a la de los otros grupos, implica un desafío algo más contundente: recurrir menos a textos previos y autores consagrados para dar paso a una creación original. En ésta, aunque sin constituir la nota dominante, se presencia una cierta innovación escénica, especialmente en el terreno de la actuación. Por tratarse de obras propias, la construcción y representación de personajes se desempeña con fidelidad, autenticidad y desenvoltura. En algunos casos incluyen resueltamente otros recursos, como es la expresión corporal, los efectos sonoros y la expresión musical. Por otra parte, a este tipo de obra se la quiere dotar de un intencionamiento social y político preciso. Acá la inventiva no parece resultar tan fértil: la perspectiva social favorable al cambio acaba, recursos más o menos, en la exhortación a "la organización y a la lucha". Porque al final, cualquiera sea la temática inicialmente planteada o la pericia seguida por los personajes, el desenlace es el mismo. Todo conflicto, por menor o tengencial que parezca, remite invariable-mente a uno mayor, el de la dictadura, su prolongada vigencia o su derrumbe inmediato. Y esto último, como se sabe, es fácil provocarlo... sobre el escenario. El problema empieza después, cuando acaba la representación.

Por ello, y a poco andar, los grupos que han evolucionado en esta dirección comienzan a chocar con un problema que se agudiza junto con la vuelta de los años ochenta. El de su capacidad de influencia tanto a nivel de los públicos como de los nuevos grupos aficionados que surgen entre los jóvenes pobladores.

Los asistentes a las representaciones resultan siempre los mismos y cada vez más inmunizados con este mensaje reiterativo, especialmente si la coyuntura política no parece marchar a favor de las movilizaciones populares. Ante esto no faltan quienes comienzan a mostrar su frustración y desencanto con lo que aparece como una negación puramente verbal al autoritarismo, negación que no entrega al mismo tiempo pistas de superación viables y concretas, accequibles aquí y ahora a cualquier mortal y no a una mítica figura heroica individual o masiva como las aparecidas en la escena. Y si tampoco esto no fuera posible, entonces mostrar a través de la obra o de cualquier personaje una actitud vital de apertura e inquietud por encontrar esas pistas más allá de las recetas conocidas o del fácil refugio en la nostalgia o la esperanza. Ni Paraíso Perdido ni anuncio profético del Reino... Estas parecían ser las reflexiones de algunos críticos a la labor teatral aficionada.

Los grupos jóvenes

Por otra parte, en estos años ha ido creciendo el interés de la gente por hacer teatro. Pero, contra los esperado, los nuevos grupos que aparacen en la población demuestran interés más por el sketch, de ánimo estrictamente recreativo, que por otro tipo de expresión teatral. Obritas que tienden a reproducir personajes, situaciones y diálogos como los que aparecen en los "shows" televisivos, aunque en ocasiones también dejan traspasar una mirada crítica a los mismos. Otros grupos emergentes proceden de modo distinto. Se inclinan a recoger ciertas problemáticas de interés y actualidad en el medio popular —como la descomposición de la familia, la drogadicción, la prostitución— pero que lo hacen desde una perspectiva moralizante, en la que es reconocible la influencia del discurso católico tradicional sobre estas materias.

Estos problemas comienzan a ser visualizados por los grupos teatrales más antiguos y por las agrupaciones culturales. Su respuesta inmediata es demandar mayor instrucción teatral a las instituciones o colaboradores que los apoyan. Los escasos monitores existentes, en su mayoría preparados en años previos a 1973, multiplican sus esfuerzos.[13] Pero su acción es limitada, como limitado es también lo que se espera de ellos. De un lado, la entrega de elementos técnicos para mejorar el desempeño actoral del colectivo aficionado y cuidar la fluidez y coherencia del montaje. De otro, imprimirle una perspectiva ética o social crítica al autoritarismo, más o menos enfática de acuerdo a cada caso (y de acuerdo al anfitrión: párroco, institución de apoyo, organización autónoma). Esto es, la síntesis entre el modo de producción profesional con temática "social" o política. Pero son contados con los dedos de la mano los instructores que ocupen un método de trabajo integral, que estimule al grupo aficionado a encontrar una línea teatral propia, original, basada en su propia experiencia vital, realidad e inquietudes tanto expresivas como sociales.

Funciones sociales y formatos expresivos

Así, al comienzo del año 80, el panorama teatral en el medio poblacional se desenvuelve cumpliendo unas mismas funciones y de acuerdo a unos géneros más o menos cristalizados: a la posición recreativa le cabe el sketch; a la de "educación religiosa" en su versión tradicional, la escena bíblica; a la más involucrada en un proceso de liberación popular, la creación colectiva cuyos temas apuntan, sobre todo, a la crítica de valores mercantiles propios de la sociedad de consumo.

En seguida, a la función "artístico-cultural" le corresponde la difusión de obras de "repertorio". Y a la política, la creación colectiva de denuncia sobre las políticas del régimen. Pocos grupos escapan a este esquema, produciendo síntesis diversas.[14]

Conflictos entre los grupos

Cerca de treinta grupos teatrales en la ciudad de Santiago aparecen mostrando obras de uno u otro tipo. Su conexión es escasa y sus relaciones tensas y conflictivas. Recogiendo los "motes" que era frecuente escuchar de parte suya para calificar a sus compañeros, podría decirse que grupos "recreativos", "beatos" (cristianos), "culturistas" y "puntudos" (políticos), comparten y se disputan el escenario poblacional.

A ojos de los "políticos" las tres restantes son "inconscientes", por cuanto no asumen en su quehacer artístico el problema social y político contingente o no lo hacen desde una perspectiva "correcta". Algo parecido esgrimen los cristianos, especialmente en su crítica a los políticos. Estos no asumen en sus concepciones y prácticas un compromiso con ciertos valores humanistas universales que trasciendan o redimensionen la lógica estricta del enfrentamiento político, y reducida estrictamente al problema de la organización. A su vez, para los culturistas, el quehacer teatral de los demás no refleja una vocación ni una dedicación por la práctica artística misma, descuidando la calidad y profundidad del producto entregado. Por su parte los recreativos encuentran a las demás una "lata", aburridores, más o menos siempre machacando sobre lo mismo en un estilo lúgubre y grave.

Finalmente, recreativos, cristianos y culturistas ven en la labor de los "políticos" el peligro de atraer tras de sí a la represión, la que acabaría por igual con la de todos ellos, al menos por un tiempo (la represión en el ámbito poblacional no resulta tan selectiva como en los barrios de sectores de clase media). En suma, no parece haber acuerdo posible.

Tras la polémica queda intocado el problema de fondo: la búsqueda de un proyecto teatral amplio y diversificado, que, entre otras cosas, incorpore el elemento lúdico y el humor como una función legítima para el teatro popular, pero al cual también cabe exigírsele intencionamiento social y político. Opción que tampoco implica desdeñar la preparación y calidad estética del producto teatral, pero sin que ello signifique aplastar la expresividad natural del colectivo aficionado para adoptar de manera imitativa gestos, movimientos y lenguaje con que otros sectores sociales han caracterizado al sujeto popular en las producciones profesionales de teatro o de televisión.

Por último, pocos son los que a la fecha vislumbran que la eficacia política y social pueda desarrollarse —dentro y fuera del teatro— dentro de una "visión de mundo" abierta a considerar elementos ideológicos o valóricos como los aportados, entre otros, por el cristianismo. Especialmente en este tiempo, con aquél comprometido con la defensa activa de los derechos humanos.

Recapitulación

Entre los años 1975 y 80 la expresión teatral poblacional es efectuada por dos tipos de colectivos, unos informales, esto es, que se congregan esporádicamente para realizar un montaje y luego se disuelven; y otros formales, cuyo objetivo principal como grupo es hacer teatro. Resalta en los grupos formales el interés por reflotar modos de producción teatral que habrían sido desarrollados con anterioridad a 1973 en los sectores populares.El primero de ellos puede caracterizarse por:

—montar obras de autores conocidos del repertorio chileno y latinoamericano

—ponerlas en escena de acuerdo a los cánones más o menos tradicionales del teatro profesional (espacio escénico acotado "a la italiana"; escenografía, utilería y vestuario "de época", parrilla de luces, etc.).

—seleccionar obras que asumen una perspectiva crítica genérica a determinados aspectos del sistema social o cultural vigente. Con el tiempo, y de acuerdo a los autores, esta crítica puede hacerse más radical y contingente (como es el caso de obras como las de Radrigán, por ejemplo).

Un segundo modo de producción evoluciona, en cambio, hacia:

—textos creados colectivamente

—de acuerdo a un problema contingente se esté viviendo en el mundo popular.

—puesta en escena simplificada al máximo reduciéndola casi a los puros recursos de la actuación.

—perspectiva ideológica precisa, que apunta no sólo a la crítica, sino a las exhortaciones, a la transformación de determinadas estructuras macro-sociales (económicas, políticas) de dominación sobre los sectores populares.

A su vez, la gran variedad de grupos informales que aparecen tanto en el comienzo como a finales del período, evidencian vestigios de otras formas de producción teatral, en cuanto a géneros temáticos, recursos expresivos y perspectivas ideológicas. Resaltan acá géneros humorísticos tradicionales breves, como el sketch y el sainete, que no asumen una perspectiva ideológica definida aunque, sí a veces, una sátira oblicua al momento político-social presente. Y, como fruto de la influencia católica en el medio popular, géneros como la dramatización de pasajes bíblicos o la creación colectiva de temáticas locales o cotidianas (como la familia o los medios de comunicación masiva), en las que asume una perspectiva de crítica cultural-valórica.

Como se decía, cada una de estas producciones, así como las características de sus grupos emisores, se dan en sentido o función específica a la práctica teatral: de difusión cultural, educación política, educación religiosa, recreación.

Ahora bien, tanto producciones como grupos, cualquiera fuera sus intenciones y funciones, coexisten no sólo dentro del mismo ámbito social como la población, sino también dentro de un mismo circuito orgánico de difusión hacia su comunidad; esto es, el acto solidario, que de tanto en tanto organizan diversas agrupaciones del sector. Estas son las que proveen a esta expresión teatral de un espacio físico de exhibición, y de un público más o menos estable (los integrantes o periferia de esa misma agrupación).

Como el énfasis de estas últimas era consolidarse internamente y legitimarse hacia su exterior, no importaba en un comienzo ni las temáticas, ni los lenguajes expresivos, ni las formas de producción que con grupos teatrales ponían a su disposición. Todos eran igualmente acogidos. Pues lo que importaba era, antes que nada, hacer un acto de presencia física: mostrar lo que se sentía o se era capaz de crear; o si no era así, lo que se fuere capaz de traer a la población de parte de grupos artísticos "invitados". Más adelante las organizaciones comenzarían a preocuparse más por los contenidos ideológicos de las producciones artísticas difundidas. Pero más que cada una en particular, por el mensaje del conjunto del "acto o festival solidario". Allí lo más importante era nombrar lo que se veía eran las bases de sustentación del régimen autoritario (represión, tortura, pauperización, cesantía); así como las bases posibles de su reversión (solidaridad, unión, organización y lucha).

Ello valía para cualquier expresión artística, tanto para el canto, la coreografía, la poesía o el teatro, y para el caso de la última expresión, a través de cualquier anécdota, metáfora u otro recurso expresivo. Por ello, en el principio, podían coexistir sin problemas el sketch, la dramatización de textos literarios de diversos contextos históricos y culturales, la obra del repertorio escolar o del teatro profesional nacional. Todos resultaban igualmente válidos para provocar adhesiones y de paso, si fuera posible, "crear conciencia". Incluso para el teatro u otra manifestación artística aislada tampoco era demasiado importante portar un mensaje de índole social, porque si éste no existía, no faltaba en el acto solidario otra manifestación que lo recordase (era lo que generalmente se llevaba los aplausos más cerrados). Pero hacia fines de la década, y dada la evolución seguida por estas organizaciones, el tipo de muestra artística que favorecen asume una dirección privilegiada: el de la denuncia o el testimonio de lucha contra el régimen autoritario. Pues era éste, en verdad, el tipo de mensaje artístico que mejor calzaba con el modelo de organización que se intentaba reconstruir. El retraso con que se implementaba se debía, tal vez más que a una concepción diferente, a un problema de oportunidad histórica. En los años más cercanos a 1973 no existían intérpretes ni público ni espacios públicos donde se pudiera representar tales obras, sin temer una violenta represión en contra. Tampoco existían a la fecha referentes cotidianos en la vida de los sectores populares que pudieran avalar empíricamente una producción de estas características. En cambio, en la coyuntura política entre 1979 y 1980 permitieron finalmente que ésta irrumpiera, abandonándose otros formatos y géneros desarrollados con anterioridad, y cuyo desarrollo pudiera haber estimulado nuevas síntesis, tanto expresivas como ideológicas.

Lo anterior no significa que otras tendencias artísticas no continúen manifestándose. En el caso del teatro, al menos, esto ya se ha descrito. En el ámbito poblacional el sketch y la dramatización de inspiración cristiana resultan con el tiempo bastante recurrentes.

Pero esta actividad resulta más bien tolerada que estimulada por los dirigentes de las organizaciones artísticas de base. Toleradas en un principio como mal menor, pues su aparición no constituía un problema por el que pasara la "contradicción fundamental" del momento: la articulación de un frente político antiautoritario. También tolerada como una necesidad coyuntural, por cuanto estas expresiones eran bien recibidas por una "masa" a la que buscaba acceder para "conducir", o con el fin de no restarse adhesiones y solidaridades espontáneas de grupos artísticos populares.

Finalizando la década, ante el relativo aumento de estas expresiones espontáneas, de la tolerancia se pasó a la desconfianza o a la franca hostilidad. La actividad artística poblacional parece desprenderse más y más de quienes deberían constituir sus legítimos conductores y enrielarse en prácticas que las alejan, al parecer, de los desafíos políticos del momento.

Esta percepción provoca el quiebre del hasta entonces espacio natural de encuentro o coexistencia entre los grupos, con sus secuelas de dispersión, de crítica y recelos mutuos, pero también de desarrollo por separado de las diversas experiencias artísticas y teatrales poblacionales.

A modo de conclusión: teatro y reconstrucción de identidad popular

De todo este primer período de práctica teatral, a través del cual una parte importante del sector poblacional intentó reconstruirse como sujeto social definido y portador de un proyecto alternativo, quedan varias lecciones. Esto es, en los tres planos comprometidos en dicho proceso de reconstrucción: el espacio de encuentro entre grupos artísticos y públicos (el acto solidario); la instancia organizativa que la sostenía y finalmente el modo de producir teatro por parte de los grupos emisores en esas condiciones.

El acto solidario hacia fines de los años 80 presenta diversos problemas:

—se basa en la pura muestra de producciones artísticas ya terminadas, sin ofrecer un ámbito de reflexión para los grupos realizadores respecto a los objetivos y medios más adecuados de su labor creativa, de acuerdo a las expectativas y necesidades de sus públicos.

—fomenta en los públicos una actitud pasiva de ser meros receptores de una producción, muchas veces alejada de sus preocupaciones y necesidades expresivas. El público no puede sugerir modificaciones, reflexionar sobre lo que les muestran, ni menos intentar expresarse por sí mismos.

—no porta una perspectiva ética y política definida, sino una multiplicidad de las mismas, que no dialogan, sino que compiten entre sí.

A su vez, las organizaciones que se plantearon en un principio servir como mediadoras entre la "oferta" de espectáculos artísticos y una base social más o menos organizada como públicos, comienzan a percatarse de la necesidad de acercar más las modalidades de esa producción a las necesidades reales de ese público, avanzar en la organización más permanente de este último. Así se llega a concebir que la mejor producción es aquella que denuncia las injusticias del régimen y anuncia la estrategia de cómo enfrentarlo, bajo el supuesto que de esa manera el público emulara a las acciones propuestas sobre el escenario. Tomadas estas opciones, sin embargo, se esbozan sus insuficiencias:

—los grupos artísticos, especialmente los de más reciente formación, se resisten a adoptar esta línea de producción pues privilegian otras funciones del arte como igualmente significativas.

—los públicos tampoco parecen necesitar "recetas", generalmente de transformación del orden vigente, sino líneas de acción menos ambiciosas pero más efectivas para alterar colectivamente sus actuales condiciones de vida. Incluso parecen valorar tanto como ello, las funciones de recreación, de participación y de diálogo sobre aspectos más cotidianos de su realidad.

Finalmente, los dos modos de producción teatral más desarrollados en este período también acusan dificultades para superar estos problemas. En el primer caso, el de los grupos de difusión del repertorio teatral más profesional, se advierte que:

—no fomentan la creatividad y expresividad propia de los integrantes del colectivo teatral.

—provocan a veces una escasa identificación entre las problemáticas y los personajes planteados en las obras con las situaciones y características de los pobladores que constituyen el público.

En el segundo, el de los grupos de agitación y difusión político-ideológica más explícita, se observa que:

—las temáticas planteadas son demasiado generales, que en vez de fomentar en el público un principio activo de modificación lo paralizan ante la enormidad o dificultad del cambio propuesto

—que ese cambio propone, sutilezas más o menos, la adscripción del público a proyectos e instancias orgánicas en que éste no contribuye a elaborar o implementar de acuerdo a sus propias necesidades, capacidad y experiencia acumulada

—a su vez, la vigencia de otras expresiones teatrales surgidas en la base muestran que otras necesidades no están siendo abiertas por estos dos modos de producción.

Como puede ser, por ejemplo, la recreación y el juego entre actores y espectadores, la referencia a temas cotidianos, la forma organizativa más suelta y fluida que presentan los grupos informales, o la perspectiva ética que ve en el proceso de liberación popular no sólo el cambio de estructuras sociales sino también de los modos de concebir al hombre dentro de ellas.

En fin, todos estos elementos van a marcar el desarrollo posterior del teatro poblacional. A la vuelta de los 80, se inicia una gran cantidad y variedad de experiencias que intentarán, consciente o inconscientemente, aportar a dar pistas a los problemas esbozados en este primer período. Con ello comienza una progresiva renovación en las formas de entender y realizar el teatro en la población.

TENDENCIAS DEL TEATRO POBLACIONAL AL AÑO 82

Tal vez sea esta disciplina artística una de las que más rápido evoluciona en el ámbito poblacional a partir de 1980. Hay por de pronto, en todo el período, grupos que desaparecen, que se dividen, que se refunden y otros tantos nuevos que recién comienzan. Lo mismo ocurre con sus motivaciones para realizar teatro, con sus modos de abordarlo expresiva e ideológicamente y de usarlo —en contacto con los públicos— en diversas instancias y espacios sociales. En suma, con respecto al período anterior, se asiste a un aumento de la práctica teatral y a una diversificación de la misma.

Desarrollaremos lo dicho en tres aspectos: el tipo de grupos y reproducción escénica, los espacios e instancias de representación y los usos o funciones sociales y culturales que tiende a satisfacer dicha producción teatral. Finalmente haremos un comentario acerca de algunos de los problemas y desafíos que enfrenta el teatro poblacional en el nuevo contexto de los años 80.

Los grupos teatrales

Los grupos teatrales aumentan y se diversifican en su carácter. A los escasos colectivos que han logrado sobrevivir más allá de 2 ó 3 años de funcionamiento continuado, se agregan otros tantos de reciente formación. En todos ellos existe una motivación común: hacer teatro dentro y para la población, barrio o comuna a la que pertenecen. Acá se produce una opción más decantada por el desarrollo de esta expresión artística que en el período anterior. Lo que se manifiesta en la mayor dedicación que se le presta al ensayo o creación de obras, sean colectivas o de autores chilenos y latinoamericanos contemporáneos, al interés por capacitarse en métodos y técnicas de representación, de acceder a la producción teatral profesional de carácter nacional, tanto asistiendo a las salas convencionales como organizando presentaciones de estos grupos en su población o barrio, en la voluntad de darse a conocer ante diferentes públicos del ámbito poblacional, ojalá durante el año.

Esta opción no significa relegar a segundo plano una motivación de índole social, en términos de promover a través del teatro una visión crítica sobre variados aspectos de la realidad nacional o popular o de sugerir cursos posibles de modificación. Lo que ocurre es que esta motivación trata de asumirse dentro de los límites y posibilidades que ofrece el lenguaje artístico, y en este caso, la representación teatral misma. Así, se recurre menos al aprovechamiento de esta última como pretexto para vocear un "mensaje" oculto tras los velos de la metáfora o a través de un sorpresivo parlamento imperativo en la boca de algún personaje. Mensaje que, por el contexto de la representación, es conocido y esperado por todos los asistentes. Se busca, por el contrario, avanzar en el montaje o creación de obras cuyo desarrollo y resolución —si lo hay— permitan abordar un conflicto acotado y explícito, cuya línea de evolución así como la caracterización de sus protagonistas se desprende de los antecedentes puestos en escena. Ojalá identificables ambos, conflictos y personajes, con los que pueden observarse en la realidad del sector social al que pertenecen los grupos aficionados.

Aunque sus resultados no siempre se consignan a plena satisfacción, estos elementos constituyen un desafío declarado por muchos de ellos.

En gran medida, la labor más continuada y abierta de este tipo de colectivo teatral ha ido despertando en otros grupos del sector el interés por hacer teatro. Especialmente entre adolescentes "sueltos" o nucleados en torno a entidades juveniles independientes de acción pastoral o social. Aquí las motivaciones son variadas. Los jóvenes ven en el teatro una instancia que puede satisfacer sus necesidades de auto-expresión, de intercomunicación o simplemente de encuentro, en un clima de confianza y apoyo mutuo, de participación en una tarea común, que además les abre una posibilidad de conocimiento y reflexión sobre su realidad personal y colectiva.

Estos grupos que recién comienzan, y dada la juventud de sus miembros, no tienen una gran producción que mostrar. Son colectivos que se encuentran todavía volcados hacia su interior, constituyéndose como grupo, capacitándose con la ayuda de algún monitor (en algunos casos un integrante de un grupo de mayor trayectoria), reflexionando y ensayando posibilidades de quehacer teatral. Cuando la hay, la producción es muy sencilla: una dramatización en base a improvisaciones sobre problemas que enfrentan en su realidad inmediata (familia, amistades, colegio, barrio); el montaje de algún texto dramático breve, más o menos atingente, de acuerdo al caso, a su situación vital. Muchas veces se recurre acá a obras infantiles en el ánimo de ofrecer una alternativa de recreación de este vasto sector de la población popular.

Lo importante es que estos grupos tienen un referente más cercano de acción teatral popular, gracias a la actividad de los grupos de mayor trayectoria y a las representaciones de grupos profesionales o semi-profesionales que circulan con mayor regularidad en el ámbito poblacional.[15] Pues muchos de estos círculos aspiran a darse continuidad y desarrollo alrededor de la práctica teatral. Al menos, por el momento. Por ello se conciben como "grupos en formación".

Con matices distintos se muestra el caso de numerosos grupos que practican el teatro de modo informal y ocasional. Y cuyo interés no es el de capacitarse para llegar a constituir un grupo teatral propiamente tal. Se trata de integrantes de agrupaciones sociales o comunitarias emergentes (comité de salud, de vivienda, de cesantes, talleres productivos-artesanales, etc.), que han comenzado a usar el teatro bajo dos formas. Como momento de recreación y comunicación interna o como instrumento educativo en programas o actividades de capacitación.

Tanto participantes como animadores de tales experiencias, realizadas entre los años 81 y 82, reconocen en el teatro un instrumento útil para:

—estimular el conocimiento mutuo, de un modo más personalizado, espontáneo y directo, lo que permite profundizar lazos de unión y de cooperación y fortalecer el compromiso y la participación al interior de las organizaciones

—objetivar y compartir problemas cotidianos vividos por los integrantes de las organizaciones, permitiendo discutirlos, analizarlos críticamente y buscar soluciones alternativas

—despertar la capacidad de observación y de investigación acerca de la realidad circundante, permitiendo formarse un juicio u opinión crítica sobre la misma

—evaluar los resultados de un trabajo o actividad de capacitación, tanto en términos temáticos como de dinámica grupal.[16]

Estas experiencias, si bien permanecen al interior de una agrupación o colectividad específica, están indicando un uso alternativo del lenguaje teatral en sectores populares, al menos en Chile hoy. De ellas han salido producciones que han sido mostradas hacia el exterior de la agrupación con buena receptividad. Cuando ha sido así, la motivación de algunos grupos se ha reforzado en cuanto a seguir comunicando sus experiencias a través del teatro. Incluso se han organizado instancias especiales —como festivales— para dar a conocer este tipo de producción a un público más amplio.[17] Así, al año 82, es posible diferenciar cuatro tipos de grupos teatrales en el ámbito poblacional:

—grupos teatrales formalmente constituidos y que cuentan con una cierta trayectoria y experiencia acumulada

—grupos teatrales juveniles en formación, cuyo referente comienza a ser la actividad de los primeros

—grupos informales cuyo objetivo no es hacer teatro, pero que lo utilizan ocasionalmente para comunicarse entre sí o con su entorno (comunidad de origen, otras agrupaciones afines)

—grupos que utilizan el teatro como instrumento de apoyo a procesos de aprendizaje o de capacitación.

Ocasiones y espacios de representación teatral

Esta variedad de grupos ha repercutido en la ampliación y diversificación de los espacios e instancias de representación teatral. Ya no sólo se hace o se presencia teatro en fechas muy determinadas, y en espacios más o menos acotados como salones de actos parroquiales o comunitarios. Cualquier pieza o patio puede ser adecuado, y en ocasiones tan diversas como paseos, convivencias, celebraciones, reuniones, misas, cursos o jornadas de capacitación. Asimismo, el tipo de festival se ha enriquecido: los hay "internos" a una o varias organizaciones y los hay públicos en torno a una temática determinada (como es el caso de la salud) o de tema "libre". Incluso han existido algunos en torno a un género: como el sketch organizado por grupos juveniles de una zona. Otros grupos teatrales, todavía en forma tímida y ocasional, se han aventurado a ocupar la calle como escenario natural para sus representaciones.[18]

Nuevas síntesis expresivas e ideológicas

El aparecimiento de estas nuevas dinámicas de quehacer teatral ha ido progresivamente dejando atrás los conflictos y desinteligencias que dividían a los grupos poblacionales en el período anterior. Se tienden a diluir y a formar nuevas síntesis en las cuatro funciones conferidas al teatro (recreación, desarrollo "estético", educación política y religiosa), que se vehiculizan a través de formatos expresivos más o menos rígidos asociados, a su vez, a visiones de mundo incompatibles y en disputa.

En primer lugar la función recreativa se asume ahora como legítima en el quehacer teatral cualquier sea su práctica, que no está vinculada a personas despreocupadas por la realidad social ni por su modificación en favor de los sectores populares; que tampoco esta función tiene que expresarse a través de un único género teatral: el sketch o juguete cómico. La función recreativa tiende a verse como una necesidad vital, tanto de actores como de los públicos, que tiene que ver con una actitud positiva de soltura, de juego, de creatividad expresada tanto en las relaciones vividas al interior del colectivo social o teatral, como eventualmente en su producción escénica.

En esta última se ha visto perfectamente compatible el abordar temáticas de indudable significación social o política, con puestas en escenas en que prima un desarrollo ágil, liviano e imaginativo, en las que se ocupan con propiedad recursos expresivos como el canto, la expresión corporal, el baile y el humor.

Puede citarse aquí el caso de un grupo de la zona sur que, en breves quince minutos, traza un recorrido crítico por la historia de la organización popular de su sector bajo el autoritarismo. Un narrador, tres actores con la cara pintada de rojo que miman lo adelantado por el narrador ayudándose de letreros y leyendas, bastan para este fin. Este es un tipo de obra que puede prestarse para discusiones con el público y para darse en todo tipo de espacio, incluyendo la calle.

Otro ejemplo puede ser el del grupo "La excavación" (Zona Norte). En su creación colectiva *Esto de jugar a la vida* enfrentan una amplia gama de problemas vividos en su población: el sometimiento de la mujer y los hijos a la autoridad arbitraria del marido, el sometimiento de éste a condiciones inhumanas de trabajo en la fábrica, la corrupción económica y moral de los empresarios, la discriminación de la familia popular en los servicios de salud, la drogadicción y la prostitución juvenil. Todo ello a través de escenas breves, con diálogos precisos, elementos escenográficos y vestuario sólo indicativos y supliendo la economía de recursos y de parlamentos con una fluidez de gestualidad, movimientos y expresión corporal. La escena de la fábrica, por ejemplo, es sólo mimada.

Ya dentro de un género humorístico, algunos grupos han superado el esquema del viejo sketch, con sus típicos chistes verbales, peripecias de equivocaciones y también con sus aluciones marginales a la coyuntura social y política. En un estilo que recuerdan los montajes lúdicos de Aleph o la expresividad irreverente y desprejuiciada de las representaciones estudiantil-universitarias del período 77-80, se encuentra la creación del grupo "Siempre Libre" (Zona Oeste), dedicada al tema de los ídolos juveniles en su versión actual: los "trusts" místico-empresariales. Tema, en que también se ha inspirado un actor aficionado para crear un personaje que comenta la actualidad nacional desde una perspectiva tan satírica como heterodoja: un "krishna" marginal de población.

Por la originalidad del tema y la autenticidad de su expresión escénica habría que mencionar al grupo "Cachillahueñe" (Zona Norte) y su sketch: *El fantasma de la creativida*. La anécdota sirve para ilustrar el momento que vivía la organización cultural a la que pertenece. A una reunión ordinaria de la misma ha llegado sólo una persona que espera largo rato sin que aparezcan sus compañeros. Se pregunta qué hacer, si irse o seguir esperando.

Ni lo uno ni lo otro parecen una buena solución. En esto aparece el Fantasma de la Creatividad quien lo interpela: "Esperar siempre a los demás, paraliza. No importa que haya uno, dos o unos pocos para realizar una labor que se cree válida. Si es así, hay que asumirla de todas maneras. Lo importante es que se adapte a las condiciones reales existentes. Por eso no hay que plantearse grandes metas, logrables en un hipotético futuro, sino las que son capaces de cumplirse aquí y ahora. La falta de medios, de recursos, de gente, de receptividad se suple con imaginación... con creatividad".

Aparece otro compañero, tan desanimado como el primero ante la falta de asistentes a la reunión. El primero lo convence para realizarla de todas maneras y sacar de ella un principio de acción común. Se deciden a montar un sketch sobre la experiencia que han vivido recién, y mostrarla a cuantos puedan. Así, teatro y realidad terminan por fundirse.

Mensaje algo ingenuo tal vez, pero positivo para unos colectivos de adolescentes que, a la fecha, soñaban con derrocar a la dictadura con las puras ganas...

En segundo lugar, la preocupación por otorgar mayor cuidado en la selección de las obras y a la preparación de la puesta en escena ha sido reabsorbida por los grupos que han optado por el teatro como su principal actividad dentro de la población, entendiéndose que ello representa un aporte a la vida interna de la misma y un elemento que los diferencia de las prácticas informales de teatro (también el público ha empezado a ponerse más exigente). Pero esta opción ha comenzado a entenderse de un modo algo distinto que en el pasado. No significa adoptar unas temáticas, recursos expresivos o un estilo de actuación alejados de la experiencia y vivencias del grupo o de su expresividad natural. Al contrario, algunos de éstos muestran más selectividad en el tipo de textos dramáticos a montar y mayor audacia para adaptarlos con libertad, tomando en cuenta tanto sus posibilidades interpretativas como lo que juzgan son los problemas del momento dentro de la población. De esta manera, muchos grupos de cierta trayectoria incursionan también en la creación original. En ellas es visible, por ejemplo, el esfuerzo por representar con menos estereotipos y mayor fidelidad las situaciones y personajes que extraen de su realidad. Hay casos en que este esfuerzo se ve apoyado por métodos de observación, de documentación e investigación. Acá cabe mencionar especialmente a los grupos "Engranaje" (Zona Oriente) y "El Refugio" (Zona Oeste). El primero, integrado por trabajadores y cesantes de Lo Hermida, se ha especializado por años en seleccionar temáticas y personajes de entre sectores específicos de la población. Por ejemplo: el conflicto entre la dirección del colegio y un grupo de estudiantes secundarios y, últimamente, las condiciones de vida y de trabajo de los choferes de micro. Acá todo el trabajo se dirige a reconstruir sintéticamente la situación real escogida y a interpretar lo más fielmente posible los caracteres motrices, gestuales y de expresión verbal de sus protagonistas.

El método seguido es una adaptación del formalizado por el Taller de Investigación Teatral (T.I.T.) en su primer montaje[19] y transferido al grupo poblacional por un monitor, un ex-actor de esa compañía.[20]

Sin recurrir a un método tan exhaustivo, El Refugio ha puesto en escena cuatro testimonios, recogidos en base a entrevistas de gente de su población. Todos de hondo dramatismo: el de la mujer de un detenido-desaparecido; el de un adolescente, cuyo único interés es el fútbol, y convertido casualmente en asesino de su padre; el de un homosexual que se prostituye en el "barrio alto" y el de varias mujeres que han tenido que abortar. Acá, a diferencia del primer grupo, el esfuerzo de actuación es más sencillo. Los actores narran frente al público el testimonio recogido, respetando la sintaxis y el vocabulario originales. Lo que pudiera ser un espectáculo monótono o apagado es desmentido por una brillante puesta en escena. De una parte, un conjunto folclórico abre la representación y enlaza cada testimonio con canciones y temas instrumentales al parecer originales. De otra, los actores en romería circulan por todo el espacio escénico, y deteniéndose cada tanto para que uno de ellos narre su testimonio.

El espectáculo asume así un fuerte carácter ritual, que recuerda al efectuado con ocasión de Semana Santa (Vía Crucis). Asimismo, el enfoque de la obra, transmitida a través del canto y la recitación, recoge el motivo católico del pueblo como peregrino de esta vida, vida marcada por el dolor y el sufrimiento. Con todo, el espectáculo no resuma resignación. Al contrario, provoca un sentimiento de comprensión y solidaridad hacia unos seres que cotidianamente negamos e invita a revisar nuestra actitud y concepciones acerca de los motivos de su sufrimiento, todos considerados "tabú" en el marco del orden social y cultural vigente.

Esta obra ha sido representada en numerosas ocasiones, incluyendo misas y liturgias.

En tercer lugar, se está dando una paulatina reconceptualización empírica de la función educativa, sea religiosa, sea política. De un lado, la educación resulta una necesidad que puede aplicarse a una vasta gama de problemáticas, todas de interés para el sujeto popular en la medida que surgen de su realidad cotidiana. De otro lado, que en cualquiera de éstas es posible rescatar un punto de interrogación y de cuestionamiento hacia la organización social, política o cultural vigente. Y por último, que la función educativa va más allá de introducir insistentemente unos contenidos de "verdad", elaborados por una élite especializada sobre una "masa" que supuestamente los desconoce. Que tiene que ver con el fomento de una actitud vital de observación y reflexión crítica, de transformación de las propias percepciones y conductas habituales de acuerdo a la experiencia y saber acumulado de todos los interesados. De allí, por ejemplo, que se comiencen a realizar foros y reflexiones colectivas luego de la representación o a montar obras abiertas --sin desenlace--, precisamente para estimular la participación del público en su resolución. Volveremos sobre esto más adelante.

Para terminar, los cambios en la coyuntura política, las revisiones ideológicas que ésta da lugar en determinados ámbitos de la izquierda, así como los avances de un compromiso cristiano de inspiración "liberadora" en la base popular, han ido borrando diferencias entre ambos sectores. Y su producción teatral porta una visión de mundo que refunde y amplía hacia nuevas problemáticas, valores cristianos con ideario democrático y socialista. Por ejemplo, el tema de la solidaridad, punto de encuentro obligado entre ambas visiones de mundo en el Chile post-73, se ve extendido, en el caso de la obra recién comentada, hacia unos sectores que uno u otro discurso habría negado tradicionalmente. También está el caso de otro grupo teatral, perteneciente a una comunidad cristiana de base, que introduce en la misa dominical el tema de la cesantía y de la organización sindical. Así como otros tantos grupos y obras que comienzan a interrogarse abiertamente sobre la vigencia de postulados y prácticas democráticas al interior de las organizaciones políticas o sociales populares, o incluso en las relaciones sociales (familiares, laborales, vecinales, etc.) de quienes se dicen "de izquierda" o "cristianas".

Con todo, todas éstas son tendencias que responden a procesos de significación cualitativa antes que de presencia masiva. De hecho, muchos grupos teatrales así como su producción escénica no muestran los cambios recién esbozados.

Nota sobre la evolución del género de denuncia

Lo anterior es particularmente visible en un tipo de producción teatral a que dan origen los grupos teatrales formales, especialmente en el caso de creaciones originales. Nos referimos al género de denuncia —tan recurrido en el período anterior.

Aquí se aprecian dos líneas divergentes. Una que tiende a problematizar un aspecto de la realidad social de los sectores populares (empleo, salario, salud, vivienda, educación), en la cual, más que denunciarlo a la autoridad para que ésta lo solucione, o para decir una vez más que las clases dominantes son "malas" y que los dominados sufrimos —todos lo sabemos— o exhortar a su aniquilamiento por medio del enrolamiento a una única organización de lucha, se trata de buscar o sugerir soluciones colectivas propias, por provisorias y parciales que sean. Ello se ha desarrollado de dos maneras. Presentando el conflicto, pero sin resolución para que en conjunto con el público se interroguen acerca de las causas del problema y de sus alternativas de superación posible o también sugiriendo una alternativa de solución "ideal" de acuerdo a la opinión del colectivo teatral para luego confrontarla con la del público asistente. En ambos casos, la obra termina con un foro en el que se invita a los espectadores a expresar sus sentimientos, reflexiones y vivencias sobre el tema planteado en la obra. Una línea opuesta han seguido otros grupos. En ellos se muestra un conflicto generalmente global: la explotación, la injusticia, la represión, en el cual un personaje "modelo" convence rápidamente a los afectados a erradicarlo luchando en contra de los responsables y venciéndolos. Pero comprobado está que así todo resulta bien en el escenario y que acabada la representación todo vuelve a su cauce normal, se ha introducido una innovación. La exhortación verbal hacia el público —sarcástica o directamente agresiva— por no ser, en el fondo, como los personajes de ficción: "¡Qué van a hacer éstos, si son todos unos cobardes, míralos!" o "¡Levántense mierda, despierten!". En este tipo de espectáculo se puede apreciar el desdoblamiento sobre la escena de toda una concepción política: el de la separación tajante entre la vanguardia lúcida (representada en la obra por un personaje y en la realidad por el colectivo teatral) y la masa "inconsciente", ya sea redimida al seguir al héroe (en la escena, otros personajes) o traidora por no hacerlo (el público).

Más allá de las agudas diferencias entre ambas modalidades existe una preocupación común. La necesidad de superar la manera de denuncia para avanzar en la búsqueda de alternativas de superación al conflicto dramatizado con ayuda o participación del público. El problema es que esta transformación es todavía verbal, no teatral. Cuesta mostrar en la escena procesos de cambio reales de conciencia o de conducta. En un caso, se opta conscientemente por diferirlo hacia la discusión posterior que se sostiene con el público. La representación aborda sólo entonces el problema —su diagnóstico— o se le agrega una solución hipotéticamente ideal. Falta en este último esquema dramático una "imagen de tránsito", como diría Boal.[21] Esto es, visualizar en escena cómo pasamos de esta situación negativa actual a esa otra positiva futura.

Por otra parte, los foros no resultan una práctica todavía muy efectiva. Ello debido a la falta de hábito de los actores populares —tradicionalmente no organizados o de generaciones más jóvenes— para expresarse públicamente, a la desconfianza o el temor, o a su propia auto-desvalorización como sujetos "pensantes". Generalmente ocurre que en los foros habla un pequeño número de personas (dirigentes sobre todo), mientras el resto se limita a escuchar o a interrogar a los actores sobre aspectos secundarios. Por ejemplo, su trayectoria como artistas aficionados. Falta acá preparar previamente un ambiente propicio para la discusión, ya sea anunciando el tipo de obra que se va a representar, motivando al público a requerir más información sobre el tema tratado, o introduciendo durante la representación técnicas sencillas que relajen al público y faciliten su participación.

El segundo caso es patético por su ineficiencia. De una parte, este tipo de representación es casi clandestina, al que asiste un número pequeño de espectadores, todos conocidos del grupo teatral (amistades, familiares, compañeros de organización). Como el mensaje de la obra no se dirige en verdad a ellos, se pierde la razón de ser del efecto de "shock" que se quiere producir en los espectadores. Pues el escaso público comparte de antemano la misma visión del colectivo teatral. De allí, que no se produzca ninguna acción transformadora, salvo el aplauso final. El mensaje teatral no hace sino reforzar un concenso previamente existente.

El héroe no es usualmente el personaje que sufre con igual intensidad o recurrencia el hecho denunciado. Es un agente externo al grupo oprimido. O si lo es, se encuentra separado de éste por una "conciencia" privilegiada, superior, acerca de la dominación y de cómo superarla. En seguida, para esta concepción la "conciencia" respecto de las propias necesidades y carencias resulta un problema de discurso. En estas obras el principio de cambio está dado por el convencimiento que provocan en los demás las palabras del héroe. Las palabras, ya sea por su coherencia o por su tono enfático y decidido, convocan, apelan, movilizan... y triunfan. No son tampoco una elaboración colectiva entre el héroe y sus iguales. Resultan el fruto de una "iluminación" individual repentina, súbita, ya sea espontánea, ya sea adquirida —no se sabe cómo— de otra parte. Finalmente, comunicar esta "conciencia-discurso", hacerla extensiva a un grupo o a una colectividad no significa otra cosa que la exhortación imperativa, autoritaria, agresiva. "O estás conmigo o contra mí", pareciera decir el héroe. Asimismo, el colectivo teatral ejercita su vocación concientizadora a través de la agresión calculada para provocar en el público el efecto vivido por los personajes de ficción. Y el público responde con el mismo ardor. Terminada la representación aplaude a rabiar... y se marcha a casa.

Pero, de otra parte, aún suponiendo que este tipo de obra se destine a un público amplio y heterogéneo, con diversos niveles de conciencia social o política, el problema no se soluciona. Esto es, mostrar procesos de transformación en el escenario para estimular los de la platea. Pues si bien éstos se ven afirmados doblemente en el curso de la representación teatral, siguen expresándose verbalmente: la exhortación del héroe al resto de los personajes y luego la del grupo teatral a los espectadores. Como imagen de realidad resulta inverosímil, pues nadie cambia como efecto de palabras sino a través de una experiencia vital. Como recurso "concientizador", ineficaz. O lo que es peor, de un dudoso carácter político. Lo que se muestra en escena en un mero acto de sometimiento del sujeto popular a un nuevo sujeto autoritario.

Al menos en el primer caso se es más honesto y consecuente: se deja fuera del escenario lo que resulta difícil representar, porque su concreción en la realidad también lo es. Por este camino, sin embargo, como las propuestas por Boal en su "teatro del oprimido", puede estimularse al público para que "actúe" en vez de verbalizar las alternativas de acción que sugieran una vez acabada la representación.[22]

Hacia nuevas funciones culturales y sociales del teatro

Las prácticas teatrales surgidas en este último período parecieran apuntar a satisfacer ciertas funciones sociales y culturales que, aunque embrionarias y parciales, resultan significativas por su aporte tanto al desarrollo de los sectores populares como al de esta expresión artística. Funciones que amplían las fomentadas históricamente por Iglesias y organizaciones sociales o políticas populares y que renuevan las concepciones y métodos tradicionales de hacer teatro.

Estas funciones pueden entenderse como facilitadoras de los siguientes procesos:

1. Desarrollo personal, grupal y organizacional

El hecho de integrar un colectivo teatral estable o de preparar esporádicamente un espectáculo teatral por parte de grupos informales, permite vivir una experiencia de participación colectiva nada despreciable si se toma en cuenta la aguda atomización y aislamiento del sujeto popular. Esto es, una experiencia en la que se promueve la creación o el esfuerzo de vínculos, de lealtades y solidaridades entre sus miembros, el conocimiento y el apoyo mutuo, fomentando con ello la cohesión grupal. También permite expresar y confrontar opiniones, proyectos y aspiraciones de vida (personales y colectivos); proponer, implementar,evaluar tareas que comprometan al colectivo; tomar decisiones y generar liderazgos en conjunto, etc. Se enriquece con ello la vida interna de las organizaciones populares o se le ayuda a proyectarlas con un signo positivo hacia su comunidad de origen (barrio, clase, generación, etc.).[23]

Esta dimensión de la actividad teatral parece ser una de las más demandadas por las agrupaciones integradas por sectores nuevos, como jóvenes, mujeres o "marginales" que carecen de experiencia en la formación de hábitos y de instancias de participación democrática.[24]

2. Educación popular

Tanto a través de dramatizaciones realizadas por diferentes grupos de aprendizaje o programas de capacitación, como de ciertas obras colectivas creadas por grupos de teatro formales, el teatro comienza a usarse como herramienta pedagógica en un sentido "liberador". Esto es, que se proponen que el grupo mismo o eventualmente el público convocado (comunidad, agrupación) problematice y reflexione colectivamente sobre un aspecto de su realidad e intente superarlo iniciando un curso de acción transformadora de acuerdo a sus posibilidades actuales, a sus recursos y creatividad propios.[25]

3. Comunicación popular

Imposibilitados de tener acceso a la producción o al consumo de medios de comunicación indirectos y masivos más afines --virtualmente monopolizados por las fuerzas políticas y económicas de apoyo al régimen autoritario -- o empeñados en contrarrestar en algo sus orientaciones, algunos grupos populares comienzan a usar el teatro como un medio vivo de comunicación a escala "micro-social" (sectorial, territorial, organizacional, etc.).[26] Esto es, un medio que permite dar a conocer y confrontar informaciones, reflexiones y opiniones sobre problemas de la realidad popular, local o nacional.[27]

4. Emancipación cultural

Finalmente, el teatro se está esbozando en una función de rescate y proyección del lenguaje, modos de expresión, de trabajo, de vida, "visiones de mundo", y personajes pertenecientes a diversos sectores que conforman el mundo popular. Contribuyendo así a reconstituir, de un modo más amplio y diverso, una identidad social fragmentada y distorsionada permanentemente por el uniformador sistema cultural de masas prevaleciente. Esta tarea resulta clave para estimular un sentimiento de auto-valoración del sujeto popular, como protagonista de una historia, de un saber, de una experiencia vital que le es propia, que al ser rescatadas mediante el teatro o cualquier disciplina artística, científica o comunicacional, entran en confrontación crítica con aquellas otras "oficiales" provistas por dicho sistema cultural dominante. (En el cual no dejan de participar necesariamente aparatos "privados" y "no-oficialistas" como Iglesias y partidos políticos.) Esta función resulta clave para contribuir a que el sujeto popular se asuma como un actor político independiente y significativo. Pues la acción política es siempre doble: superación o cambio de la organización social vigente, actualizada por el Estado y sus distintos aparatos, así como superación y cambio de los discursos y concepciones mediante los cuales cada aparato de poder (familia, escuela, sistema urbano, medios de comunicación y recreación masiva, etc.), interpela al sujeto popular en la dirección de su sometimiento, obediencia o consenso pasivo.

Con todo, se trata de procesos embrionarios que no han recibido intencionamiento explícito, ni menos sistematización. Por lo mismo, escasos grupos teatrales y organizaciones de base están en condiciones de orientar y evaluar conscientemente su acción de acuerdo a estos elementos. Lo corriente es encontrar experiencias y grupos que satisfacen de hecho algunas de estas funciones, pero la ausencia de sistematización y evaluación hace que no se retomen o profundicen en la experiencia siguiente. También ocurre que el énfasis del grupo recae sobre una sola de estas funciones sin asumir las restantes. No se capta que cada una de aquellas, si bien tienen validez por sí misma, en conjunto forman a su vez un proceso continuo e integrado. En otras palabras, que conforman un proyecto de producción y difusión teatral que recoge las exigencias de renovación del quehacer artístico de acuerdo a los nuevos desafíos políticos del período. Volveremos más adelante sobre este punto.

Recapitulación y conclusiones: Expresión teatral y proceso de renovación de identidad popular

Entre los años ochenta y ochenta y dos se aprecia una notable transformación de la práctica teatral poblacional, tanto en términos cuantitativos como cualitativos. Los grupos y experiencias aumentan y se diversifican, aportando cada cual nuevos hallazgos en las distintas esferas comprendidas en las organizaciones y expresión teatral de base.

En primer lugar, cabe mencionar un efecto significativo de democratización de la práctica teatral, por cuanto se amplía la capacidad de los sectores poblacionales para realizar y recibir el hecho teatral en diversos espacios y ocasiones de su vida comunitaria. Se descubre con ello que el teatro:

—puede ser realizado (creado, no sólo difundido a través de una puesta en escena) por cualquier tipo de grupo o colectivo de base importando poco su calificación educativa o su conocimiento previo de esta disciplina artística. Basta para ello una mínima asesoría o capacitación. Hacer teatro en la población ha dejado de ser patrimonio de grupos formales o de círculos informales en los que primaba un líder con mayores conocimientos y destrezas artísticas.

—puede efectuarse en cualquier espacio, no sólo en la versión "popular" de la sala profesional (salón parroquial normalmente), o en el escenario "solidario" (por lo general, al aire libre). Cualquier sitio puede ser adaptado para este fin, con tal que asegure comodidad para actores y espectadores.

—puede efectuarse en diversas instancias u ocasiones de la vida comunitaria. Esto es, en lo que la comunidad poblacional se congrega y reúne no necesariamente como "público teatral", sino como lo que es cotidianamente: asistentes a una misa, miembros de un club o agrupación vecinal, alumnos de un taller de capacitación, etc.

—puede efectuarse ante cualquier tipo de público, no sólo ante los adultos, los ya organizados o comprometidos con una determinada opción política o ideológica, o ante aquellos que tienen hábitos como "espectadores teatrales".

A través de varias experiencias en las cuales estos elementos han estado de algún modo presentes, se aprecia que el teatro ha comenzado a acercarse más a la vida cotidiana de los sectores poblacionales, pudiendo insertarse con creatividad en lo que es la cultura propia del barrio. Democratizado como lenguaje expresivo y como medio de comunicación, se demuestra que el teatro posibilita a muchos ser sus productores o destinatarios, en tan diversas como habituales ocasiones y espacios por las que transcurre la vida colectiva y de acuerdo a los diferentes requerimientos que esta última puede demandar.

En segundo lugar, se ha producido una ampliación de los recursos expresivos-escénicos del teatro, y una diversificación de géneros y de temáticas:

—los recursos que comienzan a ser usados tienen que ver sobre todo con la actuación: la expresividad del actor ha crecido en términos de incorporar la música, el canto, la danza, la mímica y otras vías de comunicación noverbal (corporal). Con ello la agilidad de las puestas en escena ha ganado. Lo mismo que, la atención del público. Menos desarrollados son los recursos que necesitan mayor tecnología como luces, escenografía. Estas prácticas no existen.

—los géneros a través de los cuales los grupos poblacionales presentan sus vivencias son cada vez menos rígidos. Mezclan todo tipo de situaciones, y tratadas de una manera libre: dramáticas, trágicas, satíricas. Se rompe la correspondencia entre cierta función del espectáculo (recreativo, educativo, político) con un género determinado. Lo usual es que las tres funciones estén contenidas en una misma representación.

—una similar ampliación ocurre con las temáticas planteadas en las obras. Cada vez más se cae en la cuenta que no existe una temática privilegiada para el sector popular. Cualquiera que refleje preocupaciones reales y sentidas, en cualquier aspecto de la realidad popular, es usualmente bien acogida. Con ello la concepción misma de la "realidad popular" se ve complejizada. Ya no sólo se observan conflictos que afecten a su situación estrictamente material de vida, o en las relaciones éstas últimas con determinadas estructuras macro-sociales (el Estado, la economía), sino también 'se presentan situaciones en que se rescata la manera particular en que éstas u otras condiciones afectan la "subjetividad" personal o colectiva del sector popular. También se observa en muchas temáticas puestas en escena, que se rompe la escisión entre problemas "públicos" y "privados". En cualquiera que sea el problema seleccionado para un montaje, cabe la posibilidad de visualizar si refuerza la opresión o la subordinación del sujeto popular o si abre perspectivas de liberación. Más importante entonces que la temática, es su forma de abordarlo, de manera que conduzca a la reflexión o la proposición ya sea de concepciones o de conductas de cambio.

Con estos elementos se relativizan bastante las aproximaciones tradicionales respecto de lo que debe ser un teatro popular. Mejor dicho, de acuerdo a ·qué canon estético resulta apropiado y útil comunicar una experiencia de vida del sujeto popular. Estos años han producido, en cambio, una gran libertad expresiva en términos tanto escénicos, dramáticos como temáticos. Los recursos escénicos empleados, los géneros y modos de estructuración dramática, así como las temáticas, variarán de acuerdo a la experiencia, la creatividad, la expresividad y sensibilidad propias de sus realizadores y sus destinatarios, y de acuerdo a los espacios y ocasiones en que ambos se encuentran. Variarán, en fin, de acuerdo a la cultura local en la cual ambas se reconocen. Así la experiencia poblacional desmiente de hecho que se cumpla una función desfavorecedora de una proceso o perspectiva de transformación a través de un modelo único de expresión dramático-escénica que informa de unas temáticas recurrentes.

En tercer lugar, se comienza a descubrir que favorecer una perspectiva de transformación de los sectores populares a través del teatro, tiene que ver, más que con un determinado producto artístico acabado, con los procesos que éste favorece tanto al interior de un grupo en el momento de su producción, como en la comunicación de ese grupo con otros grupos (públicos) en el momento de su difusión. Se ha visto en estos años que la práctica teatral puede facilitar en productores y destinatarios:

—un ambiente relajado, suelto, lúdico a través del cual se da una buena oportunidad para que los participantes expresen sus experiencias y puntos de vista.— una actitud de observación e indagación acerca de los conflictos que más afectan al sujeto popular, descubriendo sus causas y proponiendo vías posibles de solución. Con ello, el teatro se observa como un instrumento de diagnóstico de la realidad de un sector poblacional en determinado momento.

—una actitud de reflexión crítica respecto de la propia forma de pensar o actuar del sujeto popular, permitiendo analizar cuánto hay en él de asimilación inconsciente de los patrones culturales dominantes y cuánto hay de esfuerzo o búsquedas de emancipación. En este sentido, el teatro puede también servir como instrumento para evaluar el papel de cada cual en la conservación o cambio de sus concepciones o situaciones de vida. Por este camino, algunas obras han llegado a cuestionar o redimensionar "corpus" ideológicos cristalizados en la cultura popular, como ciertas versiones vulgarizadas o parciales de democracia, socialismo y cristianismo.

—un ambiente en el cual es posible no sólo debatir líneas posibles de superación a determinados problemas del sujeto popular, sino también simular cuál pueden ser sus resultados si es que son puestos en práctica en la realidad. Acá, el teatro se esboza como instrumento de ensayo de proposición de acción.

Estos procesos son los que dan contenido a lo que llamábamos "nuevas funciones" del teatro popular, pues intencionándolos y desarrollándolos pueden contribuir a que:

—se conforme un grupo de base de funcionamiento democrático participativo y auto-regulado.

—se rescate la experiencia y saber acumulado de los integrantes del grupo para descubrir y analizar críticamente su realidad, identificar problemas y necesidades y proponer pistas mancomunadas de superación.

—se confronte esta experiencia grupal con la de otros miembros de la comunidad (públicos) para encontrar juntos una mejor identificación de los problemas y necesidades comunes, sus causas y soluciones posibles.

—se fomente, con todo ello, lazos más profundos de identidad al interior de los distintos sectores de la población, encontrando un lenguaje común a través del cual sea posible articular necesidades y aspiraciones comunes de vida más acá de aquellas generalmente imputadas o manipuladas por los grupos y aparatos que detentan el poder.

Si se observa bien, este conjunto de hallazgos y transformaciones en la manera de hacer teatro prefiguran, de modo consciente o no varias ideas-fuerzas mediante las cuales algunas organizaciones populares comenzaron a revisar sus concepciones y prácticas políticas a la vuelta de los años 80. Rompiéndose así una relación intrumental entre teatro y política, puesto que, de hecho, una y otra actividad se quiere orientar bajo propósitos similares. Entre ellos cabe mencionar:

—Al interior del mundo popular coexiste un único sujeto y o clase que condensa todas las aspiraciones y necesidades de transformación históricas. El mundo popular - y para qué decir el "poblacional" —está conformado por un sujeto múltiple y heterogéneo, que manifiesta distintos intereses, necesidades y aspiraciones; pertenece a historias, tradiciones y culturas diversas, se mueve en estructuras de dominación y explotación específicas y diferenciadas. Todo lo cual supone no solo respetar esa diversidad, sino partir de ella para iniciar procesos de cambios múltiples, cuya articulación programática, organizativa está por contruirse.

—La proposición e implementación de procesos de cambios no compete exclusivamente a un destacamento especial y privilegiado, que guarda relaciones de exterioridad con los sujetos populares concretos. Esto es, no son producto solamente de una vanguardia profesional por lo demás, bastante fácil de controlar o hacer desaparecer en regímenes autoritarios. La propuesta e implementación de proyectos y estrategias de cambios es un proceso colectivo, de masas, en la que participan ojalá todos los interesados.

—El proyecto de cambio no compromete aspectos parciales o priviligiados de la realidad popular que, una vez transformados, automáticamente eliminarían a los restantes.La realidad de la opresión y la explotación es múltiple, compleja y diversa. Por tanto, las luchas por su erradicación lo mismo. Abarcan un sinnúmero de aspectos y niveles presentes en la vida colectiva. El autoritarismo por ejemplo, si se habla de un fenómeno o estructura política o la lógica de mercado, permea por igual un conjunto de relaciones y actores sociales no reducibles al ciudadano frente al Estado, o al trabajador frente a la empresa. Está presente en las relaciones familiares, educativas, recreativas, comunicacionales, etc.

y por tanto, comprometen a sujetos múltiples como mujeres, jóvenes y niños, pobladores, estudiantes, consumidores, etc.

La estrategia de cambio no sólo implica una acción de fuerza (presión, reivindicación, enfrentamiento) sobre el Estado, sino sobre un conjunto de aparatos de la "sociedad civil", en la cual la acción no es de fuerza, sino de creación de consensos (hegemonía). Este es el terreno y la importancia del trabajo cultural popular. Pues, tras cada aparato que gobierna la vida de los sectores populares, hay una concepción, un discurso que lo orienta y y significa socialmente. Por ejemplo, tras el centro de madres, fomentado desde el Estado por organismos privados, hay una concepción determinada operando respecto de cuál es el rol de la mujer en su familia, en la comunidad local y en la sociedad nacional. Y así por delante. Identificar esos discursos, especialmente en su operación fáctica en el propio sujeto popular, desmontarlos y al último tiempo levantar unos propios es una tarea política.

No sólo se trata de elaborar discursos propios, alternativos a los dominantes, sino de crear las condiciones e instancias orgánicas, desde las cuales generar esos discursos. Esto es, un discurso democrático cae en el vacío si no es producido y comunicado en instancias democráticas y participativas de producción y comunicación. Esas condiciones e instancias son posibles de crear desde hoy y no bajo un eventual cambio macro-social futuro. Pues, si no es así, nada ni nadie asegura que ese cambio se produzca o se oriente efectivamente en el sentido deseado.

A pesar de lo dicho, resulta exagerado afirmar que se está en presencia de un proyecto teatral alternativo, conforme a los esfuerzos paralelos por renovar las concepciones y prácticas políticas del movimiento popular. Ello porque el desarrollo de los grupos y experiencias comentados no alcanzan todavía ni la solidez ni la coherencia interna, ni el alcance masivo suficientes como para revertir las prácticas teatrales más tradicionales. Los hallazgos descubiertos son en general parciales y aislados, y de una significación más cualitativa que cuantitativa. Aunque en germen, la experiencia de los grupos no ha llevado a orientarla concientemente de modo que:

—la representación teatral se asuma menos como un "espectáculo" esporádico y cerrado, que un medio de intervención creativa y educativa de los espacios y ocasiones naturales de congregación o movilización de la comunidad poblacional.

—el proceso de producción y difusión de este tipo de obra fomente, tanto al interior del grupo como hacia los públicos, las cuatro funciones señaladas de manera sucesiva.

—se capte que la práctica teatral, así concebida, resulta un aporte político relevante, en términos de contribuir a ampliar y renovar las identidades sociales del mundo poblacional, a constituir nuevos sujetos colectivos de entre ese medio. Aporte que trasciende un mero momento coyuntural de la lucha antiautoritaria, para esbozar una nueva forma de hacer política. En este caso, desde el teatro.

BALANCE Y PERSPECTIVAS: NUEVOS DESAFIOS DEL TEATRO POBLACIONAL

Debido a lo último señalado en el capítulo precedente y, sumado a que múltiples grupos no asumen las nuevas tendencias esbozadas, la práctica teatral poblacional adolece de una serie de contradicciones e insuficiencias. Su superación representa, pues, un desafío en los años venideros. Algunas de esas insuficiencias son:

1. *La ausencia de democratización interna* del grupo teatral, lo que impide que todos sus miembros aporten sus expectativas, dudas críticas y sugerencias a la marcha del colectivo, asuman distintas responsabilidades y tomen parte activa en las decisiones del mismo. Se advierte en muchos grupos la existencia de roles rígidos y jerárquicos de funcionamiento: unos pocos mandan (generalmente el monitor o el director) y el resto obedece; algunas opiniones valen más que otras (acá las respaldadas en la "autoridad" del conocimiento, sea técnico-artístico o

político). Las decisiones son tomadas por una o muy pocas personas. A su vez, cuesta integrar nuevos miembros al grupo o socializar sus hallazgos y experiencia a otros que recién se forman. Todos estos problemas afectan la cohesión del grupo, su permanencia en el tiempo, su capacidad para crecer y multiplicarse y su posibilidad para adaptarse con flexibilidad y creatividad a los permanentes obstáculos que se les presentan. En consecuencia, se asume poco que un grupo teatral puede y debe ser, como cualquier otro grupo de base, *una escuela de participación y gestión democrática*, centrada en el desarrollo de las capacidades y aspiraciones de todos sus miembros. Se asume poco, en fin, que un sujeto que se pretende portador de un proyecto alternativo al autoritarismo se constituye empíricamente en instancias y prácticas que contienen desde el primer momento la direccionalidad de ese proyecto. Si no es así, el discurso democrático cae en el vacío. Resulta contradictoria e inoperante la acción de un grupo, cuyo mensaje teatral se quiere antiautoritario, cuando su funcionamiento cotidiano, sus relaciones internas e, incluso, su relación con el público, lo desmiente.

Es improbable entonces que dicho teatro pueda cumplir una función educativa o "concientizadora" tanto para sus ejecutores como para sus espectadores.

2. *La función educativa* implícita en el quehacer de un grupo se ve bloqueada en ocasiones cuando las temáticas u obras seleccionadas no son reflexionadas, confrontadas y modificadas a la luz de la experiencia y el conocimiento acumulado de sus integrantes. Con ello no sólo se inhibe la expresividad del grupo, sino también la posibilidad que éste elabore y difunda una conciencia crítica respecto del aspecto de la realidad contenido en la teatralización y que pueda ser útil a su transformación. Es cierto que hay ya bastantes experiencias en que esto ya no sucede así, especialmente con la proliferación de la creación colectiva en el caso de grupos formales de teatro y de programas de educación popular que ocupan el teatro como instrumento de apoyo. Pero acá es frecuente encontrar otro problema. El proceso educativo vivido por el grupo no es suficiente o convenientemente difundido hacia la

comunidad de origen, perdiéndose sus posibles efectos multiplicadores. Esto es, al *proceso de educación no le sigue como paso lógico uno de comunicación popular.*

3. La *función comunicativa* es una dimensión de la práctica teatral poblacional todavía poco explorada. Es frecuente encontrar acá dos problemas. En primer lugar, una comunicación disfuncional cuando las situaciones y personajes representados y, el lenguaje no sólo verbal sino escénico (gestual, corporal, luminotécnico, escenográfico, etc.), no se corresponden con el universo cultural de los espectadores. Si ello ocurre, es generalmente porque ese universo tampoco ha sido recogido de entre los propios integrantes del grupo teatral (exceptuando, se entiende, el caso de grupos que no pertenecen al medio social y cultural de los receptores). Superado en gran medida este primer problema, cuando el grupo ha realizado una creación propia, basada en el conocimiento, observación de su propia realidad, aún queda pendiente un segundo problema. El tipo de comunicación que se observa en variadas representaciones populares resulta bastante vertical y autoritario, limitándose las posibilidades y ventajas que ofrece un medio vivo y "cara - a - cara" como lo es el teatro para fomentar un tipo de comunicación alternativa. Como lo sucedido en otros equipos de comunicación de base, a los grupos teatrales les cuesta verse a sí mismos no como emisores distantes sino "como alguien que convoca a otros a dialogar a través de su iniciativa".[28]

Falta valorar al receptor como sujeto activo y no como "consumidor pasivo de un mensaje para lo cual es preciso motivarlo, darle espacio de participación, aprender a escucharlo, y enseñarle a escuchar". También falta comprender que el mensaje es una obra cargada de significaciones (expresivas, informativas, etc.) y no un mero envoltorio casi decorativo de ciertos contenidos privilegiados. Por tanto, que es importante analizarla críticamente de acuerdo a las expectativas y necesidades del público destinatario. Todo ello conforma un proceso de comunicación horizontal que parte de la comunidad, de su realidad, historia, cultura y lenguaje, y que vuela a ella sintetizada y elaborada por el grupo teatral.

Esta correa de transmisión -grupo-obra-comunidad- está muchas veces cortada. No se sustenta en lazos profundos de *identidad* o, mejor dicho, en la voluntad real de incentivarlos no sólo a través de la elaboración del mensaje teatral, sino también en la manera de difundirlo y usarlo como instrumento de animación más permanente al interior de la comunidad.

Si bien la mayoría de los grupos poblacionales que hacen teatro expresan un compromiso con el sector social y territorial al que pertenecen y aspiran a aportar a los esfuerzos por superar su situación de subordinación, pasividad y silenciamiento, este compromiso no se manifiesta integralmente en su práctica artística. Ha resultado difícil comprender que la propia comunidad o sector específico de origen (jóvenes/adultos; hombres/mujeres, trabajadores de diversas calificaciones e inserciones productivas) es la fuente y destino del trabajo creativo. Por lo tanto, que es de allí donde seleccionar las situaciones a representar; de allí extraer y elaborar un lenguaje expresivo y simbólico a utilizar en la escena; de allí aprender a convocar y difundir la representación de acuerdo a sus ritmos de vida, espacios y momentos de sociabilidad; de allí recoger la reflexión crítica hacia la labor y objetivos del colectivo teatral; de allí impulsar nuevas iniciativas de acción de acuerdo al debate y animación suscitado en o por la representación.

Pues, *es en todo este conjunto de procesos involucrados en el quehacer teatral —antes, durante y después de la representación misma— donde se juega la plena identificación entre las preocupaciones del grupo teatral y las aspiraciones y necesidades de la comunidad u organización a la que pertenece.* Requisito indispensable, a su vez, para promover un proceso emancipatorio.

En la dificultad de asumir así la labor del colectivo teatral se encuentran presentes al menos dos problemas. Por una parte, ocurre que la comunidad no se siente identificada con las preocupaciones del grupo con su manera de expresarlas, ni convocada a compartirlos y a buscar cursos de superación porque el grupo no ve en ella su principal interlocutor. Ello debido a que la desvaloriza de antemano como un sujeto actual o potencial de transformación social. Acá el grupo tiene por referente de su actividad a un reducido segmento de su entorno: el militante político (joven "en formación", o adulto "formado") o el (ex) trabajador sindicalizado. A este sujeto del grupo le habla, acoge sus problemas y refleja sus logros. Al resto de la comunidad no le queda más papel que escuchar e intentar transformar sus percepciones y quehacer de acuerdo a la imagen y semejanza de esos actores sociales. Este hecho se refleja en muchas obras poblacionales en donde chocan antiguas identidades sociales, cristalizadas históricamente, que el grupo tiende a reforzar, y otras nuevas, más amplias e integradoras que el grupo no se decide a incentivar. Como puede ser, por ejemplo, la identidad a través de la obra teatral que resulta del hecho de ocupar y compartir un espacio o territorio común, con todo lo que ello significaba para los pobladores: una historia de lucha, frustraciones y logros para apropiarse defender y desarrollar ese territorio a pesar, e incluso, en contra, de las políticas urbanas de éste u otro régimen. Territorio e historia común habitado y protagonizado por un sujeto múltiple y heterogéneo, que experimenta, por lo mismo, situaciones diversas y particulares de vida: tanto de opresión, como de resistencia y afanes de liberación en cada uno de los puntos en donde se enfrenta al poder institucionalizado, a los discursos y aparatos en que éste se apoya (familia, escuela, sistema urbano, sistema de salud, de recreación y comunicación de masas, etc.).

5. Si la representación teatral no asume estas preocupaciones, difícilmente puede cumplir una *función emancipatoria* al interior del ámbito poblacional, pues tiende a reforzar lo que esos aparatos y discursos definen como deseable y legítimo para los sectores populares. Pero esta función no acaba acá. Y éste representa un desafío para los grupos y experiencias teatrales que ya se han encaminado a través de su creación en la dirección esbozada. Lograr una mayor identidad con su comunidad o sector social, generando en conjunto una visión de mundo propia y alternativa a la dominante, no es tan sólo un problema de selección de las temáticas y de los lenguajes escénicos adecuados, o de generar a través de la

representación un espacio de diálogo y confrontación pública. Es necesario dar un nuevo paso, *traduciendo la creatividad artística en creatividad social*. Esto es, fomentando, una vez acabada la representación, la materialización real de las iniciativas de liberación prefiguradas en la acción teatral o debatidas a propósito de ella. De esta manera las identidades recreadas continúan perfilándose y construyéndose, no ya en el espacio acotado y artifical de la escena. Ello implica para el grupo teatral asumir un rol más permanente de animación comunitaria o sectorial, usando conscientemente la producción teatral como instrumento de ensayo y experimentación de nuevos cursos de acción y donde el protagonista no es el héroe dramático, o por su intermedio el grupo teatral, sino el poblador mismo.

¿Qué ocurriría si una obra, o un ciclo de ellas, que presenta el problema de los jóvenes al interior de la familia o del aparato escolar, puede transformarse, con las mediaciones necesarias, en un contenido posible de acción para un grupo u organización juvenil?

¿O si, a partir de una animación teatral, la comunidad poblacional decide enfrentar juntos una redada policial, la próxima movilización política, o la solución del problema de la falta de un local comunitario donde reunirse a través de la autoconstrucción? En fin, ejemplos como éstos pueden haber muchos. Falta en cambio concretizarlos.

6. Un factor de fuerte incidencia en todos estos problemas, y en su posible superación, recae sobre el rol, *concepciones y métodos de trabajo del monitor teatral de base*. Hasta el momento, las funciones emergentes del teatro poblacional no han encontrado en el monitor — salvo pocas excepciones— la persona que contribuya a facilitar su asunción como un proceso integrado e intencionado.

Esta última idea requiere, tal vez, mayor explicitación:

¿Por qué integrado? Porque cada una de estas funciones pueden ser entendidas como pasos u objetivos operacionales a cumplir en cada experiencia teatral. De tal modo que:

—la conformación de un estilo democrático de gestión y educación grupal sea la base orgánica del trabajo teatral.

—la experiencia vital de los integrantes del grupo, en tanto miembros de una organización, de la comunidad local o de la sociedad nacional, que enfrenta diversos problemas y contradicciones que inhiben su desarrollo, sea el "contenido" base de la dramatización a crear.

—el lenguaje, los símbolos, los conceptos, la expresividad natural de los integrantes del grupo —liberada de sus condicionamientos e inhibiciones—, sea el material escénico a elaborar en el montaje.

—los espacios y ocasiones propios de la comunidad sea el ámbito natural de la representación teatral, como ámbito en el cual la propuesta del grupo es re-elaborada de acuerdo a las experiencias y opiniones de los destinatarios.

—la animación social conseguida a través de esta forma de hacer teatro, se dirija a establecer una relación entre las experiencias y problemas planteados por el grupo y reelaborados por los destinatarios, con las condiciones de dominación que los determinan. Y concluya, de acuerdo a ello, con el debate o ensayo de posibles superaciones a dichos problemas, a través de una labor más permanente de formación en el sector destinatario.

¿Por qué intencionado?

Porque desarrollar experiencias teatrales de esta naturaleza requiere, como es obvio, de una conducción consciente del grupo o del monitor hacia el mejor logro de estos objetivos. Lo que implica, a su vez, el estudio, creación y manejo de distintas metodologías de trabajo (multi-disciplinarias) que posibiliten ese logro.

Volviendo más atrás, la corriente no es encontrar monitores que enfoquen su labor de la manera recién expuesta. Por el contrario, el monitor, "sea agente externo" o no al grupo, sigue viéndose a sí mismo como un instructor de determinadas destrezas técnicas, reducida a la mera puesta en escena y escritura de un guión dramático; o también, como un agente de adoctrinamiento político-ideológico del grupo y "censor" de sus montajes.

En ambos casos, uno derivado del modo de producción teatral profesional y del otro ya clásico "agit-prop", el acento recae sobre el producto teatral. No reparan, en cambio, en el proceso de producción y difusión de la obra:

en lo que éste como tal aporta al cambio de percepciones y conductas habituales en el grupo, los públicos y a la organización o comunidad a los que ambos pertenecen. Lo anterior no es casualidad ni asunto de cualidades personales. Responde a una concepción respecto a lo que debe ser una producción teatral de base: un "espectáculo",esporádico o continuado que se trata de asemejar al modelo profesional, disimulando lo más posible la escasez de recursos materiales y capacidades "estéticas" de los oficiantes. Y mejor todavía, para no soslayar su "función" social, un espectáculo que afirme o confirme a través de un personaje o de la situación dramática entera una determinada "tesis" (o consigna) político-ideológica. No surgida de un debate colectivo alguno, sino de la voluntad e información de una vanguardia especializada.

Se entiende que esta concepción implica, a su vez, la determinación más o menos unívoca de ciertos contenidos y estilos de capacitación.

Los contenidos se restringen al montaje de una obra de acuerdo a los cánones más o menos convencionales que sean de la preferencia del monitor. Nuevos contenidos de capacitación no se asumen, como pueden ser: el desarrollo de la participación e integración del grupo, de su lenguaje, expresividad y creatividad propias, la proposición de nuevas formas de difusión de la actividad teatral en la comunidad, de motivación y convocación de esta última a las representaciones, la participación del público tanto en la recepción crítica de la obra, de la labor del grupo, como eventualmente en la obra misma, etc. Por otra parte, el estilo pedagógico empleado en la monitoría suele ser bastante "escolar", reproduciendo en la relación monitor-grupo de base tendencias autoritarias manipuladoras o de instrumentalización mutua (clientelismo).[28]

Aun cuando existan valiosas excepciones a esta concepción y métodos de la monitoría, sigue pendiente como desafío reeducar a los monitores existentes y formar otros nuevos, surgidos de las experiencias de base. Ello de acuerdo a la sistematización y a la conversión en metodologías eficaces de trabajo de lo que creímos ver como tendencias latentes de renovación del actual teatro poblacional.

NOTAS

[1] Sumado a que otros tantos grupos y montajes teatrales, conscientemente están motivados por cumplir esta función, generalmente integrados o realizados por círculos de mayor participación y conciencia política, sea en un sentido democrático o socialista dentro de una perspectiva ideológica de origen cristiano o laico.

[2] "Agrupaciones culturales populares bajo el autoritarismo. Esbozo de periodización: 1975-82"; Santiago, CENECA, junio, 1983.

[3] Paula Edwards, "Juventudes políticas y organizaciones culturales", CENECA, en prensa.

[4] Norbert Lechner, "Especificando la política", Documento de Trabajo, FLACSO, enero, 1981.

[5] Así lo entiende Paulina Gutiérrez en su artículo, "Notas acerca de las agrupaciones culturales",CENECA, 1983.

[6] Poéticos, musicales, teatrales, artesanales, etc.

[7] El primitivo colectivo teatral es muchas veces germen de agrupaciones sociales o culturales mayores. En otros casos, en cambio, es la organización la que ampara o fomenta la creación de grupos teatrales.

[8] Véase al respecto: "El Canto poblacional", CENECA, 1981.

[9] Véase al respecto: "El Estado en la escena. Los teatros universitarios: 1940-73." CENECA, 1983. "El teatro independiente entre 1970-1980." CENECA, 1980.

[10] Véase Erwin Rau, "Breve reseña del teatro aficionado chileno" mecanografiado, Santiago, Chile, 1971; y Javier Ossandón, "El nuevo teatro aficionado" Revista EAC, No. 1, Santiago, Chile, 1970.

[11] Quizá una de las obras que mejor muestra este tipo de representación sea *La arpillera*, montada con ocasión del Mes de María en una Vicaría zonal. Acá el tema es el apoyo mutuo entre dos mujeres de cesantes que salen a trabajar por primera vez confeccionando arpilleras. No excenta de un similar enfoque de humor y emotividad, aunque mucho

más desarrollado, este mismo tema sería abordado posteriormente por *Tres Marías y una Rosa* (TIT-David Benavente).

[12] Este autor, en los años 80, es el más representado por conjuntos aficionados de Santiago y provincia.

[13] En el período siguiente sólo un centro independiente (Taller 666), y por un par de años, se preocupó de capacitar instructores teatrales para trabajar en el medio poblacional. La mayoría no residentes en el mismo.

[14] Véase Juan Vera "Aproximación al teatro poblacional", CENECA, 1981.

[15] Alumnos del Taller 666, El Telón, El Riel, entre otros.

[16] Véase al respecto los materiales de discusión del Programa de Educación Popular de ECO (Santiago, mayo-noviembre, 1981).

[17] Es el caso, por ejemplo, del "Encuentro de Salud y Expresión Popular" (1981, zona oeste) o de los festivales anuales de teatro de la Coordinadora Juvenil Santa Rosa (1980 en adelante, zona sur).

[18] Cuestión que, durante el año 81, ha comenzado a realizarse por parte de grupos profesionales (El Taller Urbano Contemporáneo es el de mayor trayectoria).

[19] *Los Payasos de la Esperanza*. Véase al respecto el testimonio preparado por CENECA, documento de trabajo No. 4, 1980.

[20] Ultimamente CENECA ha publicado un texto que resume y sistematiza esta experiencia. Véase José Luis Olivari "Investigación-Montaje: un camino en teatro popular", documento de trabajo, mimeo, diciembre, 1982.

[21] Augusto Boal, "Una experiencia de teatro popular en el Perú", en *Teatro del oprimido*, Tomo 1: Teoría y práctica. Editorial Nueva Imagen, México, 1980.

[22] Véase la modalidad de "teatro-foro" sistematizada por Boal. *Teatro del oprimido*, op. cit.

[23] Véase, por ejemplo, "Informe Jornada de Trabajo". Santiago, ACE julio-octubre, 1982, pág. 8, y "Encuentro Interzonal de Teatro Poblacional: Itinerario de una Experiencia". Santiago, CENECA, diciembre, 1981, pág. 19.

[24] Véase documentos ECO/ACE sobre realidad juvenil, preparado por Irene Agurto y Gonzalo de la Maza.

[25] Véase, por ejemplo, el capítulo dedicado a la dramatización en los materiales del Programa de Educación Popular de ECO.

[26] Este mismo fenómeno, a un nivel más desarrollado, se observa en el caso de la prensa.

[27] Véase al respecto el Boletín No. 4 del Servicio de Documentación Comunicación y Solidaridad, "El teatro y la dramatización: instrumentos de comunicación popular". Santiago, abril, 1982.

[28] Véase, por ejemplo, el informe "Una asesoría en comunicación poblacional: el desarrollo del equipo de comunicación Casazul de Talcahuano", mecanografiado, ECO, mayo 1982. A este texto corresponden las citas siguientes.

INVESTIGACION-MONTAJE EN TEATRO POBLACIONAL:
CUADERNO DE CAPACITACION

José Luis Olivari

> Porque el hombre que hace teatro entra en diálogo con el hombre que va al teatro y se pasa a otro nivel de conciencia. El teatro lo hacen todos, todos participan del hecho teatral. Es una realidad que forma parte de la realidad general. Quien toma conciencia de la realidad, desea transformarla, combatir activamente contra todo lo que mutila al hombre, lo mata, lo deshumaniza, lo enfrenta violentamente con los demás hombres y consigo mismo... Y el que no combate por esa transformación es un pedazo de hombre. El teatro sirve, también, para elaborar esa conciencia.
>
> Grupo "Libre, teatro, libre"
> (Córdoba, Argentina, 1972)

PRESENTACION

La elaboración del presente material forma parte de un primer intento por recopilar y sistematizar un conjunto de experiencias de narración y escenificación en sectores poblacionales, en las que se tuvo como punto de partida la investigación del medio social y cultural al que el grupo teatral pertenecía. Ello no por casualidad, sino buscando alguna respuesta a dos problemas interrelacionados que se observan en esa época en los grupos indicados.

1. Una ausencia de instrumentos (materiales de trabajo) que permitieran escudriñar y teatralizar un mundo rico en temas, contenidos, formas y elementos idiomáticos de diferentes sectores. Esta ausencia se palpaba en una desvalorización de sí mismos, por parte de los grupos, al no tener las herramientas suficientes para realizar un trabajo más profundo y preciso sobre su propia realidad.

2. La escasísima producción de obras de teatro existentes en bibliotecas, las cuales no siempre permitían convertir en realidad dramática una cultura popular.

Ante estas evidencias se optó por utilizar la investigación como instrumento para satisfacer un doble objetivo:

—Por una parte, rescatar y desarrollar en los integrantes del grupo teatral un conocimiento acerca de su mundo social inmediato (población).

—Por otra, elaborar y aplicar un método de narración y dramatización de esa realidad. De esta manera —pensábamos— se contribuía a construir un teatro cuyas formas y contenidos surgieron del propio grupo y, a través de él, reflejaran las experiencias y vivencias del sector social y cultural al que pertenecían. Esto último sin desmerecer aportes teatrales que se encaminan, por otros medios, hacia similares propósitos.

Así, en los años 1978-1982, comenzamos a desarrollar este trabajo dando origen a numerosas obras, algunas de ellas: *Lo llamaban el loco* (sobre la salud en la población); *Homenaje* (sobre los trabajadores 'vendidos' de una fábrica); *La pareja joven casada* (sobre las dificultades matrimoniales de jóvenes pobladores); *LCI-LCO, Liceo* (sobre los conflictos de estudiantes); *Viva el Club* (sobre la vida de un club de barrio).

Presentamos pues este material como un conjunto de proposiciones para abrir un camino teatral más, al servicio de una cultura popular.

LA INVESTIGACION: UN RECURSO NECESARIO PARA EL TRABAJO TEATRAL

¿Qué es investigar?

El término investigar sugiere a primera vista una actitud frente a las personas, cosas, lugares, en fin, frente al mundo que nos rodea. Esta actitud corresponde a un afán por conocer e interpretar, de manera profunda y ordenada, un aspecto de la realidad o un fenómeno dado que nos preocupa. Por consiguiente, nos proponemos desarrollar esta actitud para:

—*conocer mejor* el mundo popular del que formamos parte y en el que vivimos cotidianamente, pero que muchas veces no nos detenemos a observar para saber cómo es, quiénes lo forman, cuáles son sus problemas y su forma de enfrentarlos.

—*comunicar y difundir* ese conocimiento a todos los interesados, a través de una herramienta entretenida como el teatro.

¿Para qué investigar?

La investigación que proponemos persigue una doble finalidad:

—*estimular* la creación y difusión de un teatro cuya forma y contenido sea "constituir" una verdadera identidad popular. Ello a través del "re-conocimiento" y el desarrollo de la experiencia y el saber acumulados —tanto a nivel personal como colectivo— de los distintos sectores que conforman el mundo popular (pobladores, trabajadores, estudiantes, mujeres, etc.).

—*rescatar* la experiencia social y personal de distintos sectores como parte de la tarea mayor de preservar y difundir la historia popular.

No está demás señalar que la utilización de la investigación no sólo resulta útil para un grupo de expresión teatral, sino también para cualquier otro grupo de acción cultural o social, porque la información y conocimientos obtenidos pueden servir para analizar la realidad del sector u organización a la que se pertenece y servir de base, por lo tanto, para proponer e implementar nuevas líneas de acción en ellos.

¿Cómo investigar?

Vamos a trabajar conforme a una pauta de pasos, a una dinámica progresiva de averiguar, relatar, construir, interpretar y difundir un resultado (obra) con un público. Su finalidad es conseguir una cantidad de información —tanto en lo personal como en lo social— de una realidad que nos interese... y, con ella, construir un texto dramático capaz de ser comunicado a un público compuesto por quienes construyen día a día esa misma realidad.

EL PROCESO DE INVESTIGACION-MONTAJE

Primer paso
1. *Las fuentes: De dónde sale la información*

Un grupo de teatro está constituido por personas. Cada una de ellas posee una experiencia de vida que forma su historia. Esta puede expresarse a través de una cantidad de relatos de sus vivencias cotidianas, pasadas o presentes. He aquí la primera fuente de información, la más asequible.

Esta misma información se halla en todas aquellas personas que viven o trabajan en el sector donde funciona el grupo (vecinos, amigos, compañeros de trabajo, etc.), por lo que podemos establecer una segunda fuente de información, fuera del grupo de teatro. A este tipo de relatos los ubicaremos como "testimoniales". Ellos serán el material dramático primordial con que construiremos la obra.

Sin embargo, estas fuentes no son las únicas. Todos los días tenemos contacto con periódicos, radio, televisión, revistas, fotos, dibujos, etc.; leemos, miramos. Esta tercera fuente de información la utilizaremos como complemento, cuando sea necesario, a los relatos testimoniales.

Un ejemplo, lo constituye la investigación iniciada con un grupo de teatro poblacional de la Comuna de Ñuñoa.

> Cuando se dio comienzo al trabajo, se conversó sobre los distintos problemas que aquejan a dicho sector. Un integrante relató un caso real vinculado a un problema de salud y organización que ocurrió hace algunos años en su población. Como lo que interesaba al grupo era no sólo narrar un problema personal, sino que éste formaba parte de una situación general, se acudió a información escrita sobre porcentaje de enfermedades más comunes, condiciones de higiene, recursos y capacidad organizativa de salud existentes en la población. Fue valiosa la colaboración recibida del Policlínico del lugar,

como de instituciones de ayuda social que suministraron los datos requeridos.

a. Dos caminos de partida

Con estas posibilidades de extraer información, tenemos dos alternativas para decidir cómo avanzar en la investigación.

—Una posibilidad es que los miembros del grupo discutan cuáles son los temas o problemas que les preocupa investigar y, de acuerdo a su elección, comiencen a recolectar relatos que aporten al trabajo.

—La segunda alternativa es que soliciten libremente aportes de relatos a cada integrante y se discuta cuáles son los que contienen temas o problemas que motivan o inquietan mayormente al grupo. Mediante esta exploración se puede seleccionar uno o varios relatos que corresponderán al tema o problema elegido por el grupo.

b. Extrayendo la información

Todos los días nosotros vemos diferentes cosas, pero sólo nos fijamos en algunas; nos detenemos en ellas, ya sea porque las encontramos agradables, sorprendentes, o porque nos impresionan de una u otra forma. Puede decirse, entonces, que es muy distinto ver (una función de la vista) que mirar (utilizar esa función con una dirección, una intención y una conciencia). Precisamente al detenernos a mirar estamos realizando una selección.

Esa selección obedece a una serie de razones o motivos personales, los que ayudan a acumular un recuerdo o memoria de lo que nos afectó al mirar. Por ejemplo, cuando recorremos una feria en nuestra población, percibimos un gran número de imágenes: los puestos de los vendedores, las caseras, la calle, sus conversaciones, olores, colores, etc. Algunas de estas imágenes pueden llamarnos la atención y hasta podremos retener mínimos detalles, siempre que nuestra capacidad de fijarnos se acreciente y vaya siendo cada vez mayor y mejor.

Todos poseemos una memoria observadora latente, que puede entrenarse continuamente para aumentar nuestra capacidad narrativa y expresiva. Este entrenamiento consiste simplemente en poner a trabajar nuestros sentidos —vista, oído, olfato, gusto y tacto— en la percepción del mundo cotidiano.

Nuestra percepción puede ser orientada por tres categorías de estímulos que conviene considerar en el entrenamiento de la observación y la memoria.

Estímulos físicos

¿Qué fue lo que observé? (lugar, persona, animal, cosa, hecho, etc.)
¿Dónde estaba? (detallarlo)
¿Cómo era? (detallarlo)

Estímulos sensoriales

¿Cómo percibí con mis sentidos lo que observé? (colores, olores, sonidos, sabores, sensaciones)

Estímulos emotivos

¿Cómo me afectó lo que observé? (alegría, pena, miedo, reflexión, etc.)
¿Qué cosas pensé, soñé, dije o me dieron ganas de decir?

Toda la información que se recoja de cada categoría de estímulos es una información abarcadora. Está cargada de detalles que relatan formas, colores, olores, texturas, volúmenes, sonidos, palabras, ideas, sentimientos, etc. Todo va unido, "enganchado" en un solo gran relato. La división en categorías aquí propuesta es sólo una manera de completar la información que pudiera faltar durante la recolección. Sirve, además, como una ayuda para obtener mejor la información, y las preguntas contenidas en cada categoría son susceptibles de ser aumentadas, según las necesidades y propósitos de cada grupo.

Este mismo entrenamiento lo podemos hacer con las fuentes escritas. Frente a un artículo, cuento, trozo de relato, etc., también podemos efectuar una relación de percepción. Ese material puede recolectarse igual que los relatos orales y, poseerá también un valor dramático al ser escogido y entregado por su recolector como aporte a la investigación que emprende el grupo.

Segundo paso
La historia: En qué se convierte la información

Después de haber recolectado todos los relatos del grupo, los que debemos tener registrados de alguna forma (grabación en cassette, o apunte escrito), viene la pregunta lógica, ¿qué hacer con ellos?

Según sea la alternativa emprendida al comienzo de la investigación, los relatos deben ser examinados para descubrir los problemas o necesidades comunes que se desprenden de ellos. Seguramente habrá algunos más motivadores, con mayor poder para estimular nuestra imaginación. Aquí ocurre un nuevo proceso de selección, donde el grupo elige un modelo de relato, para el problema o tema central que tratará la obra. En este caso habrá un relato o un grupo de relatos que van a ser el eje principal de la historia.

A través de las discusiones de grupo se llega al tema principal, a partir del cual armaremos una historia (con personajes, lugares y situaciones), que no será una reproducción calcada de los relatos, sino que pasará a ser una analogía de la vida. En otras palabras, vamos a construir un mundo con características similares a lo que hemos observado, pero donde los hechos que se relatan, suceden de acuerdo a otra lógica.

> *Tiempo y espacio:* Todo ocurre velozmente y se pueden contar muchas cosas en poco tiempo. En una hora de representación podemos contar la historia de un hombre hasta su muerte, a través de una selección de los momentos más significativos de su vida, en una diversidad de lugares.
>
> *Contenidos:* Los acontecimientos extraídos de los relatos pueden ser acrecentados, e incluso transformados, ya que sólo son un "pre-texto" para crear otra realidad: la realidad imaginaria de la obra.

Aquí es donde comienza a jugar un papel importante la capacidad de imaginar, de crear. Sin embargo, esta historia análoga a la realidad no tendrá el carácter de pura fantasía, porque estará basada en los relatos recolectados, los que servirán de materiales de base y apoyo para alimentar la historia.

El desarrollo de la historia ha de ser simple. Como un pequeño cuento capaz de ser descrito en pocas palabras.

Como resultado de la recolección de relatos y material escrito del grupo teatral poblacional de Ñuñoa se construyó la siguiente historia:

> Una mujer de la población enferma gravemente. Un vecino se entera de su estado y, con otros se mueven para conseguir medicinas y víveres; todo esto gracias a un policlínico levantado por los pobladores. El marido de la enferma, cesante y alcohólico, a raíz de la ayuda prestada, se resiente con los vecinos y su esposa. Finalmente, al enterarse del mal incurable de su mujer, envia a sus hijos a participar en una olla común, y él se integra junto a otros cesantes, con la esperanza de recuperar su situación perdida.

Un elemento importante que hay que tomar en cuenta al construir la historia es el *"punto de vista"* de los que cuentan la historia.En el cuento descrito anteriormente están presentes:

—La posición de los vecinos, del policlínico, quienes deciden ayudar a la vecina tanto por razones humanitarias, como por una solidaridad de pertenecer a un mismo sector social.

—La posición del marido de la mujer, reventado y alcoholizado, señala su impotencia y desesperación cuando describe la destrucción de él y los suyos (falta de trabajo, prostitución, mala alimentación, pérdida de valores como personas, etc.)

—La posición de la mujer, agradecida de quienes la apuntalan, que enfrenta a su marido, llamándolo a deponer su amargura y aceptar la ayuda.

—La determinación de ambos, de reconciliarse y buscar un levantarse juntos, en un camino nuevo y difícil.

—El comentario final de la historia, reflejando la posición del grupo de teatro frente al tema, en boca del marido de la mujer; el valor de la dignidad de la persona por encima de todo.

Tercer paso

1. *La columna: La transformación de la historia en estructura narrativa*

Hasta el momento en nuestra investigación, tenemos una historia de unos personajes, con vivencias y conflictos ordenados en un sentido y ubicados en un tiempo y lugar determinado.Esta narración la dividiremos en episodios en los que se irán desarrollando los acontecimientos que se cuentan, tomando como base tres elementos:
—Cuántos personajes intervienen en cada episodio.
—En qué lugares ocurren los hechos de cada episodio.
—Qué temas trata cada episodio.

El grupo transformó la historia que hemos usado como ejemplo en dos episodios perfectamente delineados y ordenados en una columna vertical. Si bien la historia tenía un orden diferente de los hechos, se realizó esta otra forma de estructurar y que permitió "hacer funcionar" la narración para teatro.

Episodio 1

PERSONAJES: 2 mujeres vecinas. Una de ellas con conocimientos de primeros auxilios. Ambas miembros del Policlínico. 1 muchacho vecino.
LUGAR: Interior de casa de población, domicilio de una de las mujeres.
TEMAS: La carestía de la vida. Dificultades para conseguir medicamentos para el Policlínico. Conflicto de organización e integración en el trabajo de salud. Noticia sobre la vecina enferma. Movilización de la ayuda a ella y su familia.

Episodio 2

PERSONAJES: Mujer enferma. Marido de ella. Hijos. Vecinos Policlínico.
LUGAR: Interior de casa de población, domicilio de la mujer enferma.

TEMAS: Entrega de medicinas y alimentos. Consejos y cuidados de las vecinas. Situación socio-económica de la mujer y su familia. Fatalismo de su condición de vida. Narra el marido. Diálogo de marido y mujer. Sus dificultades y cómo enfrentarlas, educación de los hijos, alimentación, trabajo de ambos esposos, relación con los vecinos. Confesión de la mujer sobre su enfermedad, incurable y con secuela de invalidez. Crisis del marido. Acuerdo de aceptar la ayuda, pero con una integración a trabajar dignamente con los vecinos. Conclusión final sobre la solidaridad y la dignidad humana.

Una vez estructurada la historia, tenemos ya un material guía para improvisar con los integrantes que interpretarán y convertirán en hechos "vivos" los temas y situaciones que hemos armado de la historia.

Esta estructura en columna debe quedar escrita; cada episodio con todos los elementos que anotamos al comienzo de este paso. Puede que surjan nuevos temas personales o lugares. Hay que tener un criterio flexible para introducirlos, cuando aparezcan, en todos los pasos de la investigación. Eso sí que todas las transformaciones, supresiones o agregados que quieran hacerse, tendrán que guiarse por la columna central.

Como ejemplo, en el caso de la historia que utilizamos, el personaje del marido tuvo que revisarse varias veces, ya que aparecía en muchos momentos como una persona sin valores, en circunstancias de que él representaba a hombres de la población con una experiencia y una cierta conciencia. Estas modificaciones sirvieron bastante para mostrarlo en contraposición a una imagen típica que coloca al poblador en el rol de un mendigo institucionalizado.

Cuarto paso
El texto dramático: Cómo se escribe la obra

Hasta el momento tenemos escrita una estructura de episodios con una pauta de temas, lugares y personajes, además de una cantidad de relatos registrados por cada integrante.

Sin embargo, no podemos hablar que existe una obra ya terminada. Esta columna tiene que tener carne.

Entonces recurriremos a la improvisación. Pero para ello necesitamos que se construyan personajes, que den vida a cada episodio.

En el transcurso de los pasos anteriores los integrantes se habrán ya familiarizados con los personajes de la historia. Corresponde ahora la asignación de roles.

Lo más recomendable es permitir que cada integrante elija y asuma el personaje que más "siente" o que le interese interpretar.

Pero, si bien es cierto que los temas y la historia contienen bastante información para construir personajes, ello es todavía insuficiente. Es necesario emplear nuevos datos.

1. Construcción de personajes (gestos y lenguaje)

Cada persona posee un mundo de vivencias y tiene una forma de comportarse dentro de él. Siempre tiene una "actitud" en cada una de las mil pequeñas cosas que hace desde que abre los ojos, y aun cuando duerme. Esto significa, por ejemplo, que tiene maneras propias para sentarse a una mesa y comer. Lo mismo ocurre con el lenguaje. Existe toda una diversidad de formas de hablar, como asimismo de seleccionar las palabras cuando se quiere expresar una idea o un sentimiento.

Podemos decir que los personajes de una obra no son ficticios: son reales, existen. Corresponden a personas de carne y hueso, que a lo mejor viven a la vuelta de la manzana. Esas personas serán nuestros modelos para construir nuestros personajes.

Cuando al comienzo de la investigación aportamos nuestros relatos, éstos fueron extraídos de una realidad viva. Alguien que dijo o hizo algo. No fueron producto exclusivo de una invención. Por ello dirigimos nuestro mirar a dos características del *modelo:*

Su gesto

Corresponde a una imagen que tenemos de una persona con respecto a sus *acciones físicas* (su modo de pararse, caminar, tomar objetos, mirar, etc.). Esa peculiaridad se descubre cuando observamos las diferentes formas de "colocar" el cuerpo que tiene una persona cuando ejecuta algo. De manera que escogeremos de esa persona (el modelo) ciertos gestos que nos parezcan más propios y que ayuden a definir el personaje, que indudablemente no será igual al original observado, ya que seleccionaremos algunos *gestos particulares* suyos.

En la obra-ejemplo, al colocar en escena por primera vez el material investigado, el grupo se apoyó en la observación de algunas personas conocidas de su villa. Así, una de las integrantes, como no conocía personalmente a la mujer enferma de la historia, se basó en la observación de una vecina suya, la que le sirvió como modelo para la construcción de ese personaje. De esa forma se pudo improvisar los episodios con un personaje en construcción que tenía ciertos gestos particulares: una manera de quejarse y colocarse en la cama (ya que en gran parte de la obra aparecía acostada y enferma).

Su lenguaje

Corresponde a un léxico rico en términos, modos y palabras propias. Una forma de expresión oral, que nos permite también —decubrir— un "pensamiento-hablante" (la manera de decir lo que pensamos) e ir seleccionando lo particular que tiene cada persona al manifestarse.

Cuando se construyó el personaje del marido se seleccionó un modelo de hombre de la población, el cesante, con algunas situaciones en las que él se expresaba de una forma muy particular al dialogar con su mujer.

MARIDO —...Ahora me voy a tomar... los huevones lo único que me dicen es "juguemos brisca, juguemos plata". Bueno que me fue bien hoy día... gané como 50 pesos; ahí podemos comprar un litro de leche, y a ver si te reponís... (*a su hija*)... ¡Andá comprar un litro de leche para tu mamá que está enferma!... ¿que no veís?... culpa de Uds. no más que no ayudan... ¡Ya, andá comprar leche!

Indudablemente aquí juega un papel importante el grado de motivación que se desarrolla en cada integrante para hacer aflorar no sólo su espíritu de descubrimiento, sino también su capacidad creativa, en cuanto a aportar elementos personales hábilmente dispuestos, de manera que aparezcan fundidos con los del modelo observado. De allí surge una síntesis, una *copia transformada* del modelo original.

> El integrante que encarnaba el rol del marido recolectó una interesante combinación de gestos particulares, rescatados de amigos y conocidos de la población, además de gestos suyos. Esto le permitió comenzar con una pequeña construcción de personajes, que se fue afinando en el transcurso del montaje. Hubo gestos y palabras, que incluso fueron cambiados a medida que se iban "levantando" los episodios.
>
> Como resultado de ese trabajo, el personaje se mostraba en una actitud y un hablar violento, amargo y dificultuoso. Se percibía, porque hacía un esfuerzo bastante grande para mostrar en forma fluida su manera de expresarse, que era el resultado de su angustia y desesperación, agravada además por su estado alcohólico.
>
> En el texto definitivo de la obra ese comportamiento quedó escrito con puntos suspensivos entre frase y frase (...).
>
> MARIDO —Si me doy cuenta poh... ¿Pero qué querís que le haga?... si ya no sé qué hacer... además... ahora dijeron que los niños del comedor... no sé... yo nunca... el comedor, yo no... humillarme así, vieja...

La construcción de personajes es también una forma de investigación extendida a lo largo de las improvisaciones y escritura de la obra. El integrante que construye un personaje aporta interesantes datos de sus descubrimientos en cada improvisación. Ese material no sólo colabora en la construcción de los episodios, sino también toma parte importante de un conocimiento testimonial acumulado.

2. *Registro y escritura de la obra*

Existe una estructura narrativa que nos proporciona pistas para ir improvisando episodio a episodio. Por otro lado, hay personajes que se están construyendo conforme a los modelos observados. Viene entonces la tarea de ir escribiendo en forma paralela el texto de la obra. Los materiales que necesitaremos en esta etapa son una grabadora o radiocassette, lápiz y cuaderno. Cada improvisación que se haga debe ser grabada y luego traspasada al papel. Es la única forma de tener un registro claro y comprensible de lo que se vaya creando. Así, sobre ese material escrito podremos hacer las correcciones y/o modificaciones que sean necesarias. Ese texto trabajado servirá para los ensayos de montaje.

El primer problema a resolver es la relación de todo el material que los integrantes del grupo van a ir creando en las improvisaciones.

¿Cómo hacerlo? Volvamos a nuestra obra ejemplo.

> En la primera parte del episodio, cuando dialogan las dos mujeres del Policlínico, están los temas iniciales: la carestía de la vida, la cesantía de los maridos, problemas de los niños en la escuela, dificultades en la organización y equipamiento del Policlínico, etc., etc...

Cuando estamos improvisando cada episodio debemos tener en cuenta *qué se quiere demostrar*. Cada episodio debe ensayarse en escena, de manera que tengamos claro cuál es la idea central que se quiere establecer.

En la primera parte del episodio se pretendía dejar en claro dos cosas:

—La situación de salud de un sector, derivada de distintos factores.

—El cómo se enfrenta dicha situación.

> Todo el material que los personajes aportaban a ese episodio (carestía de la vida, cantidad de bronconeumonía en el invierno pasado, etc.) servía para ubicar la historia en ese contexto.
>
> Sin embargo, cada uno de estos temas era ampliado con aportes de cada integrante. Correspondía siempre a datos nuevos que surgían en la improvisación. Por ejemplo: con respecto al tema de las dificultades organizativas y de equipamiento del Policlínico, cómo redactar una carta para solicitar ayuda en medicamentos a los laboratorios. Este aporte fue entregado por una integrante que tenía estrecho contacto con las mujeres dirigentes del Policlínico de la Población.

Ahora hay que ir armando los textos (diálogos y monólogos). Cada uno de ellos tiene una palabra o frase "clave" que sirve de indicador para ubicar y recordar el contenido de lo que se dijo en tal o cual improvisación. Esto nos servirá para ir *fijando* el texto, y realizar así la escritura definitiva de la obra.

> En una oportunidad, improvisando el primer episodio de la obra, una de las integrantes que hacía el papel de una de las mujeres del Policlínico, exclamó: —¡Vecina, yo no sé dónde vamos a parar... hoy volvieron a subir el pan en el almacén de la esquina!—. Paralelamente, mientras se presenciaba la improvisación, en el cuaderno de apuntes del grupo se anotó la frase "volvieron a subir el pan", ya que se consideró como "llave" para abrir y señalizar el tema de la carestía de la vida. De esta forma, la integrante podía recordar con facilidad ese pasaje de la improvisación cuando había que repetirla. En otra ocasión se utilizó el colocar títulos a cada tema. Por ejemplo: cuando se improvisaba la segunda parte del primer episodio, donde interviene el muchacho que llega a la casa de las mujeres del Policlínico a avisar sobre su vecina enferma, a toda esa improvisación se le tituló "la avisá", la que a su vez tenía varios subtemas indicados con frases claves, "la bronconeumonía", "la inyección", etc.

Cada improvisación, al ser revisada (vista y escuchada), una vez decidido qué palabras o frases "claves" deben quedar, debe repetirse para fijar cuál va a ser el texto definitivo. Esa versión es la que, traspasada al papel, se distribuye a cada personaje para los ensayos de montaje

Quinto paso
El montaje: El texto se convierte en realidad escénica

Nos enfrentamos a la puesta en escena del texto ya terminado. Al calor de las improvisaciones, los integrantes del grupo plantearán cómo visualizan cada episodio en el espacio escénico, puesto que ya han aparecido esbozos de movimientos y ubicación de personajes.

Pero es indudable que tendrá que haber un ordenador y coordinador de todo este paso. El será quien guíe y determine ritmos, composición de personajes, escenografía, iluminación y concepción general del montaje de la obra.

Como primera medida estableceremos cuatro elementos en el montaje:

1. *Ritmo*

Cada personaje tiene un ritmo propio, al desplazarse, al hablar, incluso al permanecer en silencio. Ese ritmo, responde a un ritmo interior que lleva toda persona. Es un pulso que va desde un compás lento hasta uno muy rápido.

De igual manera, los episodios también poseen un ritmo general, el cual se produce cuando confluyen:

—Los ritmos de los personajes que aparecen.

—El ritmo de la situación (provocado por los hechos que ocurren).

Un episodio puede tener un ritmo determinado. El siguiente episodio puede tener otro. De esta forma, a lo largo de la obra, se va dando una diversidad de ritmos. Mientras mejor estén combinados los ritmos de los episodios, más ágil y entretenida será la obra. Ningún episodio es igual a otro. Cada uno tiene una forma de transcurrir propia.

El primer episodio tenía un ritmo tranquilo, de conversación normal. Incluso estaban los silencios naturales de un diálogo de pobladores al atardecer. Se improvisó y fijó una atmósfera de monotonía agradable. Esta situación se interrumpía con la aparición del muchacho que traía la noticia de la enferma.

A partir de ese momento, en el episodio se producía un cambio notorio. Se desencadenaba gradualmente un ritmo acelerado. Ocurría un levantarse de la mesa, y mientras se recogían las tazas de té, se tomaban los acuerdos y tareas de ayuda a la enferma y su familia.

El segundo episodio ofrecía un ritmo distinto: Todo sucedía entrando la noche; poca luz y un abandono total en el lugar; la mujer enferma quejándose suavemente a intervalos; el marido ebrio, canturreando bajito en un rincón, daban al episodio un ritmo de tensión oculta. El diálogo era entrecortado, entre el dolor de la mujer y la borrachera del hombre. A medida que se sucedían los hechos,—llegada de las vecinas del Policlínico, discusión de la pareja, confirmación de la invalidez de la mujer, crisis del marido y conclusión final de la historia—, se desplegaba una diversidad de ritmos que iban en progresión, hasta el estallido de la crisis.

2. Pausa

El uso de la pausa (silencio) en los diálogos o monólogos de cada episodio es importantísimo y constituye un elemento clave en el ritmo de cada episodio y, por consiguiente, en la visión de la puesta de escena en su totalidad.

Cuando se montó el episodio de las vecinas visitando a la enferma, se planteaba la inclusión del marido en un costado del cuarto semiescuchando la conversación de las mujeres, lo que otorgaba a la situación una tensión especial, que se expresaba en las pausas.

ENFERMA —...¡Ay, señora!...
VECINA —... El doctor me dijo que el caso suyo era bien... (*pausa*) está bien mal usted...
ENFERMA —¡Sí, señora!... (*pausa corta*)... me siento mal.
VECINA —Dejó un tratamiento para Ud. mientras... mañana... que le ponga unas inyecciones... (*pausa corta*) pero para este tratamiento Ud. tiene que alimentarse bien, tomar bastante leche... (*pausa corta*) comer huevos...
ENFERMA —Pero, ¿de dónde voy a sacar yo, señora, si no tengo nada?... Estoy toda enferma, me pescó este resfriado, y no sé qué cosa, y más encima no he podido ir a trabajar... (*pausa*). (*Se queja.*)

Estas indicaciones de pausa, no están colocadas en el texto original, ya que fueron descubiertas y luego incorporadas por los personajes en forma oral durante los ensayos de montaje. Sólo aparecen aquí para ejemplificar el concepto de pausa.

Este principio no sólo es aplicable al texto de la obra. También hay silencios (detenciones) en los movimientos, acciones físicas, desplazamientos de los personajes.

Después que la vecina administraba unas inyecciones a la enferma, no se producía movimiento alguno de la mujer y el marido durante algunos segundos. Sólo entonces el marido giraba su cabeza hacia donde salía la vecina y exclamaba:

MARIDO —¡Eeey, vecinita!... ¡Oiga!... (entre dientes)...

¡Puta la vieja metida!...

Al igual que los ritmos, las pausas pueden ser diferentes dentro de un episodio. Una adecuada combinación de pausas produce el ritmo que se necesita para cada episodio.

3. Composición, en el espacio escénico

Corresponde la tarea de ordenar la ubicación y desplazamientos de los personajes al ensayar cada episodio.

Se puede crear cualquier movimiento o colocación de los personajes, siempre que lo realicemos con nitidez. De esta forma, el público entenderá lo que pretendemos mostrar.

Lo indispensable es limpieza y claridad en lo que se ejecuta. Que el gesto y desplazamiento de un personaje sea limpio significa que éste debe ser preciso en sus movimientos al accionar en el espacio escénico.

> Cuando se montaba el segundo episodio, hubo que precisar muy bien los lugares de acción y recorrido de los personajes. Por supuesto que se llegó a ello después de muchas improvisaciones. Así, el marido aparecía en una silla a un costado del cuarto. La mujer, al centro acostada en un catre. Las vecinas entraban por un costado, contrario al de la ubicación del marido. Se resolvió hacer esta composición porque:
>
> a. Daba mayor libertad de movimientos al marido, pudiendo éste levantarse de la silla, caminar, manotear, etc.
>
> b. La mujer, acostada al centro, resaltaba con fuerza su imagen, y le permitía dirigirse a las vecinas por un costado, discutiendo con su marido por el otro.
>
> c. Las vecinas, apretujadas entre la cama y la entrada al cuarto, producían el efecto de incomodidad y abandono.

4. Espacio escénico y elementos escenográficos

Hay que agregar ahora el *lugar de representación* de la obra. Este puede ser un lugar cerrado, como también al aire libre.

El grupo ha ensayado la obra en su local de trabajo, el que puede convertirse en el lugar de representación, siempre que éste sea "preparado", para que el contacto con el público se dé en las mejores condiciones. Dos cosas son fundamentales: acústica e iluminación.

Respecto a la primera

Cuando el local de representación es grande y su construcción es de material que no absorbe con facilidad el sonido (cemento, pizarreño, vidrio, etc.), la voz humana rebota y se produce un pequeño eco que se llama *reverberancia*. Este tipo de locales debe ser acondicionado.

> En una ocasión, el grupo tuvo que presentarse en una capilla, la que por problemas de su estructura no ofrecía una buena acústica. Se decidió resolver el problema forrando las ventanas con papeles de diarios y frazadas que aportaron amigos del grupo, las que se repartieron en distintos puntos cerca del espacio escénico y "chuparon" la reverberancia.

Este problema disminuye bastante cuando se encuentra instalado el público, ya que los cuerpos y ropas de los asistentes absorben el eco. Cuando el local es pequeño, de poca altura, y su estructura en gran parte de madera, el problema desaparece.

De todas maneras, es conveniente llegar antes de la hora de presentación de la obra y probar la acústica del local. La operación consiste en ubicarse en el espacio de representación y lanzar hacia donde se ubica el público, palabras o trozos de los textos de la obra, en distintos volúmenes de voz. Otro integrante se ubica al fondo, en la última fila de asientos del público y va indicando cuál es el volumen adecuado, tomando en cuenta el carácter de la obra y de cada episodio. El volumen indicado va a ser el utilizado como pauta, por el resto de los personajes.

Es además recomendable "no correr el texto" (no lanzar apurado los diálogos o monólogos de los episodios) cuando se esté representando. Cada integrante debe planteárselo como un ejercicio permanente el hablar más lento cuando interpreta su personaje.

Con relación a la luz

Una obra debe estar iluminada de manera tal que sus personajes se vean, sobre todo sus rostros.

No interesa tanto el disponer de muchos tachos (foco o ampolleta encerrada en un tarro o envoltura de hojalata), sino el cómo utilizarlos. Tres tachos bien ubicados, de manera que "llenen" de luz el espacio de representación, pueden ser luz suficiente.

Como sugerencia, la disposición más simple y mejor es la frontal: colgarlos en línea frente al espacio escénico, a una altura mínima de 2 a 2.50 mts., y manteniendo una distancia de 1 metro entre cada uno. Si es un lugar al aire libre, pueden instalarse sobre postes (trípodes), pero éstos deben quedar a los costados para no obstaculizar la visión.

Cada tacho debe ser enfocado dirigiendo la luz hacia el rostro de los integrantes que se ubican en los puntos en que ocurrirán los episodios, de manera que ilumine todas las zonas de movimiento de los personajes.

Tanto los elementos que se utilicen, como los espacios que se armen para el desarrollo de la historia serán simples, de modo que no se necesite gran trabajo para conseguirlos o fabricarlos.

> Gran parte de la obra empleada como ejemplo se realizó con materiales baratos, o desechos, y en muchos casos no se utilizó nada en el espacio escénico.
> Un somier viejo en el suelo, con una frazada y una silla, era todo el mobiliario del segundo episodio. Hubo ocasiones en que se prescindió del somier y se utilizaron las bancas del local donde se presentó la obra.

En este aspecto, lo mejor es que el grupo plantee su propio proyecto de cómo ve la obra "puesta" en el espacio escénico.

De allí viene una segunda cosa, ¿con qué medios se cuenta para hacerlo? De nuevo, aquí se trabajará en un proceso de selección de los elementos indispensables para cada episodio.

> En el primer episodio, el mobiliario era una mesa (y cuando no la había se prescindía de ella) y 2 sillas. Una de las mujeres

tenía en sus manos un cuaderno y un lápiz. Estos dos elementos inmediatamente referían al público que ella era una dirigente de la población, sin necesidad de decirlo expresamente en la obra. La integrante que encarnaba el rol de esa mujer comenzó a utilizarlos desde los ensayos de montaje, como una necesidad de apoyo en la acción de su personaje.

De donde se hace necesario hacer notar que es conveniente que tanto los objetos como elementos de vestuario se usen desde los ensayos. Esto facilita las improvisaciones y el trabajo de interpretación de los personajes.

Sexto y último paso
La difusión: Cómo se conecta el grupo y su obra con un público

Todo este investigar y construir, ¿para quiénes se hace? ¿Cómo hacerlo para que sea adecuadamente recibido? ¿Cómo averiguar si se entendió o no?

Estamos en un paso delicado de la experiencia: el contacto e intercambio con un público.

Es preciso establecer entonces varias intenciones:

1) Dirigirse a un grupo de personas.

2) Hacer que estas personas reciban lo mejor posible al grupo y su obra.

3) Realizar con ellos un intercambio de experiencias.

Estas intenciones van a estar condicionadas principalmente por diversos factores como:

1. *La promoción del grupo y su obra*

El grupo y su obra deben darse a conocer. El público tiene que contar con una primera información, antes de presenciar la obra. Este factor puede ser abordado de diferentes formas —afiches, volantes, perifoneo ambulante, invitaciones personales, etc.—. Lo importante es que el público tenga una primera noticia de quiénes se presentan, de dónde vienen, cómo se formaron, y qué clase de teatro u obra realizan. Estos datos, entregados en forma breve, enriquecerán mucho el conocimiento del público sobre el grupo.

Cada grupo tiene su estilo de presentación. No hay normas ni recetas de cómo debe proyectarse su imagen donde quiera que vayan. Sólo debe existir una correspondencia entre sus condiciones materiales (sus capacidades) y los resultados posibles (obras). Un grupo de teatro que exhibe un teatro con sus propios medios, aprovechados al máximo, está mostrando en su sector una alternativa cultural, que se identifica con su realidad.

No se saca nada con mostrar aspectos técnicos avanzados (actuaciones al estilo de estrellas, o efectos de iluminación sensacionalistas o sofisticados) cuando lo necesario es un teatro que surge de un medio popular, con modos propios de hacer cultura, con una inventiva original en recursos técnicos. Por consiguiente, la imagen de un teatro debe ser consecuente con las condiciones socio-económicas de su sector.

2. *La relación del grupo con su sector (el medio donde vive o trabaja)*

Un grupo no sólo se comunica a través de su producción —sus obras —, sino también en un hacer por su sector.

El grado de compromiso con las apiraciones y logros del sector a que pertenece es otro factor del que dependerán las relaciones del grupo con su público.

Un grupo de teatro es expresión artística de una cultura popular, que se hace en la pelea diaria por obtener los medios materiales e intelectuales para todos.

Con su creatividad y conocimiento artístico, un grupo puede aportar mucho a esa cultura en su medio. Cada grupo puede desarrollar lo mejor posible su forma de trabajo para ligarse al quehacer de su comunidad.

a. *3 modos de dialogar la obra con un público*
El foro

Esta forma de encuentro con un público tiene buenos resultados de comunicación y, sobre todo, de intercambio de experiencia. Sin embargo, para que ello se produzca, hay que preparar el debate.

Si no se conoce previamente qué es lo que interesa "medir", y qué se pretende del público, difícilmente podrá el grupo tener un conocimiento del efecto de su trabajo, y por consiguiente de cómo mejorar, cambiar o confirmar sus proposiciones.

Durante la representación, tendremos sin duda algunos indicadores de las reacciones del público con respecto a lo que está mirando: si se rieron en los momentos pensados para ello o no, y por qué; si entendieron en silencio, y si no lo hicieron, qué pasó; si hubo aplausos fuertes y entusiastas, etc. Todo ello servirá para tener las primeras referencias.

Pero estos primeros indicadores son insuficientes. En el foro se puede averiguar e intercambiar mucho más. Por ejemplo, estructurar una pauta escrita de preguntas sobre:

La historia
—¿Qué se entendió de ella? ¿Cuáles fueron sus partes más interesantes o importantes y cuáles las menos? ¿Por qué?
—¿Qué validez tiene ésta con relación a la realidad del público?

Los personajes
—¿Qué opinión se tiene de cada uno de ellos?
—¿Son reconocibles en la realidad? ¿Por qué?

Los temas
—¿Cómo encuentran que están planteados?
—¿Cómo se proyectan o se asocian a nuestras vivencias?

Las alternativas
—¿Plantea la obra alguna alternativa?

—¿Qué conclusión puede decirse de la alternativa de la obra con relación a lo que nos presenta la realidad?

La pauta puede enriquecerse con nuevas preguntas, o adaptarse según el tipo de público asistente (infantil, juvenil, adulto).

Cuando las intervenciones de los asistentes a la representación se canalizan a través de la pauta, o simplemente ésta sirve

para abrir conversaciones más amplias sobre otros puntos derivados de los temas planteados en la obra, se produce una nueva acumulación de datos para el grupo. Los integrantes podrán así observar y comparar su investigación-montaje con los aportes de cada debate.

Queda algo que señalar. El público también puede tener preguntas con respecto al grupo, a lo que observó. Probablemente no las expresará en un comienzo, pero si el grupo "abre fuego" con sus interrogantes, en el transcurso del debate seguramente será el público el que indague. Quien conduzca el diálogo tendrá que considerar ambos intereses, para que se produzca un enriquecimiento para todos los participantes.

La entrevista

Otro instrumento de medición de la opinión del público es la entrevista, la que se estructura igual que la pauta de un foro, pudiendo enriquecerse con más preguntas que surjan del grupo.

Esta forma se recomienda cuando la obra va incluida dentro de un programa más amplio (música, canto, poesía, etc.), donde materialmente es imposible que se haga un foro.

En estas ocasiones se hacían las entrevistas a personas del público elegidas previamente. Consistían en reportajes efectuados en los intermedios de los actos o peñas culturales, animadas con queque y bebidas. Cuando se podía se grababan, en caso contrario, lápiz y cuaderno. Más tarde el grupo se reunía y los entrevistadores informaban al resto de los integrantes sobre las apreciaciones recogidas. Esto servía mucho para corregir partes de la obra, actuaciones de los personajes, fallas técnicas, etc.

Ensayos generales con público invitado

Cuando se trabaja con materiales tomados de realidades que involucran a personas, grupos, organizaciones del sector, se produce no sólo una obra con beneficios para el grupo de teatro, sino también para todos aquellos que hicieron posible la experiencia.

Durante el proceso de investigación, se ha acumulado una gran cantidad de valiosa información (relatos, documentos, dibujos, entrevistas, fotos, recortes, datos estadísticos, discusiones de grupo, etc.), que sirvió para alimentar la obra y el saber de sus realizadores. Este conjunto de conocimientos reunidos también servirá a todos aquellos que trabajan por la transformación de las condiciones de vida del lugar, ya que traspasa las fronteras de lo teatral, pasando a constituir un fondo de conocimientos que pueden ser confrontados y analizados en la perspectiva de sus protagonistas e informantes.

Por otro lado, los ensayos generales, antes que la obra sea entregada a un público masivo, tienen el valor y utilidad de enriquecer la investigación con los protagonistas reales de ella.

b. *Dos tipos de obras teatrales*
Obras abiertas y cerradas

Cuando se presentan obras que ofrecen posibilidades de transformaciones por parte del público, estamos ante una obra abierta. Así:

> En la obra que hemos utilizado como ejemplo, hubo discusiones en torno a la manera como terminaba. El público de la población cuestionó la intervención final del marido, considerando poco claro el mensaje de la historia. Le parecía muy confuso el mostrar a un borracho que sólo se desespera y acepta a regañadientes una ayuda ofrecida. Faltaba el comienzo de una toma de conciencia, y ver cómo enfrentaría esta nueva situación él y su mujer. Esto no aparecía en un

comienzo cuando se escribió la obra, pero luego se incorporó como resultado de esa confrontación con el público.

Este tipo de obras permite una *animación* del público para que entregue nuevos antecedentes que enriquezcan la obra, incluso llegando a representarlos por el mismo público, corrigiendo lo inexacto, en el mismo lugar donde hace poco se presentó el grupo.

Esta forma de contacto e intercambio se da especialmente cuando se tocan situaciones que la gente conoce y vive muy íntimamente, y por otro lado, el grupo estimula sabiamente a sus interlocutores a trabajar juntos en estos experimentos de transformación de la obra.

También está la obra cerrada que corresponde a materiales con temas y alternativas que proponen una interpretación de la realidad por un grupo o un autor. No quiere decir que en las obras abiertas no lo haya, pero en el caso de una obra cerrada hay una visión de mundo más elaborada, donde lo que interesa al grupo es *evaluar*, confrontar, lo que ha observado el público. Los mecanismos que se usan son el foro y/o la entrevista.

c. *Carta de difusión*

Obra: *Lo llamaban el loco*
CANTIDAD
Presentación 3
Foros 2
Entrevistas 6
Ensayos Generales con público 1

TOTAL público asistente 350 pers.

Esta carta contempla sólo la difusión fijada dentro del tiempo estimado para la experiencia (3 meses). La obra se siguió exhibiendo después en presentaciones esporádicas durante 1979 y 1980.

EPÍLOGO

Es ya de noche. Silencio y oscuridad. El local está vacío. Algunos barren el suelo, otros guardan las bancas donde otros se juntaron para ver la obra. Los tachos se descuelgan junto con trapos y papeles. La puerta se cierra.
—Chao, hasta el sábado.
Y a caminar con los bultos de teatreros.
TELON

APÉNDICE

Centro de documentación
Para el trabajo de investigación de materiales escritos, informaciones gráficas, etc., se recomienda la Hemeroteca, y la sección Periódicos de la Biblioteca Nacional. Alameda Bernardo O'Higgins-Miraflores.

Existe además una Biblioteca especializada sobre materiales teatrales: la de la Escuela de Teatro de la Universidad Católica de Chile (Campus Oriente, Diagonal Oriente 3300).

Otras fuentes de informaciones sobre distintos aspectos de la realidad nacional, las constituyen los achivos del:

GIA (Grupo de Investigaciones Agrarias) Ricardo Matte Pérez 0342

PIIE (Programa Interdisciplinario de Investigación en Educación)   Brown Sur 247

ECO (Educación y Comunicaciones) Concha y Toro 51

CIEPLAN Av. Colón 3494

SUR Román Díaz 199

CENECA (Centro de Indagación y Expresión Cultural y Artística) Santa Beatriz 106 Fono: 43772

Mayores consultas sobre estos centros de documentación en CENECA.

Antologia Critica

Sensibilidad Melodramatica y Busqueda de Una Humanizacion

Esquina (1984)

Testimonio (1985)

Tres cuentos pa' un Mapocho (1982)

ESQUINA

GRUPO DE TEATRO CASTRO
CHILOÉ (1984)

PERSONAJES

JUAN (*cesante*)
BETO (*cesante*)
IDA (*obrera del PEM*)
DESCONOCIDO (*desconocido*)
HOMBRE (*aparentemente desconocido*)
CHELA (*esposa de Beto*)

(*La obra transcurre en la esquina de una calle-ciudad-capital de la provincia de cierta región cualquiera de la zona sur de Chile. Es ya 1984. La ideal sería una escenografía pobre, es decir, sin nada... lo que estaría a tono con el Chile de los últimos años; sin embargo, siempre existe la posibilidad de que alguna compañía o grupo de teatreros aficionados consiga plata o un mecenas y represente la obra. En tal caso, rogaría la siguiente escenografía: la calle (O'Higgins con Gabriela Mistral), un tarro de basura —"LIMPIEZA ES CULTURA", I. Municipalidad—. Las paredes ojalá de tejuelas descoloridas. Una ventana de innumerables vidrios pequeños y marcos de adornos casi barrocos. Sobre o a un lado de la ventana, un letrero que indique el nombre de ambas calles y la altura. Y por último, si fueran tan amables, un semáforo (dibujado o hecho de latas y ampolletas corrientes) que durante toda la obra permanezca encendido en luz roja.*
Al subirse el telón o correrse las cortinas (que... no deben ser de seda), vemos en escena a dos obreros que, bueno, todavía no lo son, porque se encuentran sin empleo. Visten mal, semibarbudos, rostros casi alcohólicos. Uno de ellos tiene una pequeña radio pegada a la oreja.)

JUAN —¡No pasa na!

BETO —(*Oye la radio.*) ¡Anda la cresta. Cayó a la lona!

JUAN —Y pa peor, el camión de Becker ya ni viene. Parece que no sale a trabajar por el asunto de los miguelitos.

BETO —(*Absorto*) ... tres, cuéatrooo... ciiincooo...

JUAN —Estamos con la pena hasta el cogote. Por mí no es tanto, total... soy soltero y la municipalidá no viene a ser ni una: como lo que sea y cuando sea... pero...

BETO — ... sieeeteee (*Febril*) ... ooochooo, nueeeveee... y ...diez. ¡Sonamos! Nos quedamos sin ídolo; el campeón de Castro se nos fue a la lona y no se parará ya renunca más.

JUAN —¡Sí, y pa más recacha no viene el camión ése! (*Reaccionando*) ¿Qué? ¿De qué leseras hablas, oh?

BETO —De un combo en pleno hocico, un chopazo que mandó a la cresta nuestras ganas de tener un campeón.

JUAN —(*Irritado*) ¡Corta tu escándalo po! Yo hablando de cosas importantes y vos géeviando con tonteras.

BETO —Viejo, pero si esto es más importante que la misma mierda. Oye, se trata del prestigio de una ciudad entera. Nosotros no hemos tenío nunca na. Puchas, si ni siquiera tenemos una reina pal concurso de Santiago... ésta era nuestra gran oportunidá... ¡Mira viejo!...

JUAN —(*Interrumpiendo*) Nada. Me chorea cuando alguien no me escucha. El deporte es una cosa y la miseria, otra. (*Serio, cortante*) ¿Has comido algo hoy día?

BETO —No, pero...

JUAN —(*Interrumpiendo*) Punto. Con eso basta, pa qué más... ¡putas que soi pajarito!...

BETO —¿Y qué tiene que ver lo del box con lo que estai hablando po?

JUAN —(*Se pasea moviendo la cabeza.*) ¡Pajarito, mil veces pajarito! El güeón cagao' el hambre y preocupao' el deporte.

BETO —Y qué querí que haga po güeón. No me voy a estar puro amargando la vía... ¿pa qué? Así me olvido que no tengo pega; que dejé a mi vieja y a mis cabros; que no tengo un cinco; que tengo mucha hambre y sed y un montón de güevás más.

JUAN —¡Andate a la punta 'el cerro! Andas más perdío que el teniente Bello. Si yo no hablo de que te andes amargando la vía por cualquier cosa, lo único que te pido es que pongai los pies sobre la tierra. Las cosas están peor que nunca, no se puee hablar de mariposas o florcitas... esas güevás dejémosela a la tele. Ellos que hablen puro cielo y maravillas, nosotros no; nosotros no sabemos lo que es eso o ya no recordamos too aquello. Podría estallar la primavera cerca nuestro y la miseria no dejaría que entrara ni una flor o mariposa en nuestros ojos.

BETO —Yo te escucho no más... yo, oreja, claro... porque te aprecio más que mi perro.

JUAN —(*Lo empuja.*) ¡Sale pallá oh, no me queras tanto! ¡ja!... si tuviera cola te la muevo o me arrumo junto a ti con la cola entre las piernas.

BETO —O te pegas un pique por ahí y aprovechas de regar los arbolitos, así le echas una manito a la municipalidá. (*Se palmotean mientras ríen.*) A propósito, ¿supiste la últimas del Cholo?

(*Cholo, un borracho, se sienta en la escalera y duerme durante la mayor parte del primer acto.*)

JUAN —Apuesto que el médico encontró que tiene hígado y se murió de un ataque.

BETO —(*Ríe.*) No, pero...

JUAN —O le dio un traumatismo encéfalo cinzano.

BETO —Algo así, pero no a él.

JUAN —A ver... desengucha.

BETO —Es que su mujer, la "cicatriz con simpatía", ésa que tiene un tajo que le prolongó la sonrisa... ¿te acuerdas?... le pilló la garrafa que tenía pa la noche debajo e su casa. La bellaca, oye, ¡que no la fue a vaciar al patio! Claro, como estaba oscuro, no se dio ni cuenta que ahí había un pobre árbol. ¡Pa qué te cuento na!, al otro día el pobre manzano amaneció malo' el cuerpo.

JUAN —¡Putas que eres mentiroso! Mucha tele, viejo, mucha tele.

BETO —Y eso no es na. Dicen que cuando el Cholo fue a donar sangre pa un enfermo, tamién quedó la mansa escoba. De partida el enfermo quedó como penca e curao y al otro día tuvieron que darle un yastá pa que se le pasara la mona.

JUAN —(*Ríe, pero corta abruptamente su alegría. Mira al cielo.*) Después de too, Diocito no nos tiene tan botaos.

BETO —Ya te vas a poner raro.

JUAN —Oye, disculpa que te ande pegando mi tristeza, pero es que de repente me da rabia derrochar como si nada esta alegría. A veces siento esa cosita, ese ardorcito en mis adentros y, en serio, la retengo, la guardo pa cuando realmente la necesito. Viejo, ésta no es cualquiera esquina, son todas las esquinas de este Chile... y...

BETO —Tú siempre has sido raro, ¿ah? Como distinto, como si fueras de otro mundo. Más escueliao... sabís too lo que pasa. En serio, eso lo comentamos siempre con los cabros. A lo mejor tenís razón con eso de tu pena, yo... no sé, apenas sé de mí... ahora, del país, géeno... lo que sea, porque...

DESCONOCIDO —(*Es un hombre mal vestido. Al parecer anda un poco bebido, pero no borracho. Se encuentra en la última fila de la sala e interrumpe la escena anterior a grandes voces. Durante su trayecto hacia el escenario no cesa de silbar y hacer aparatosos gestos con las manos a fin de atraer la atención de los actores.*) Disculpen la molestia, pero es que yo na más iba pasando y como vi luces paré la oreja y pensé era mi obligación averiguar de qué se trataba tanta alcagéetería; ¡ah no!... yo no me iba a quedar con la espinita clavá... (*Se interrumpe. Nota que durante su intervención Beto y Juan se han estado dando de codazos y cuchicheos.*) ... perdón... ¿molesto?

JUAN —(*Aparte, a Beto*) Oye y ¿quién será este gallo? Según parece no entiende lo que pasa; a lo mejor es algún despistao.

BETO —No, no creo que sea para tanto; pero sea como sea, igual no más que estamos fritos.

DESCONOCIDO —(*Mete la cabeza entre los actores.*) ... ¿Y? ¿Molesto o no molesto? (*Al público*) ¡Este par de güeones no me da ni bola!

JUAN —No, hombre, déjame que hable. Mira, haremos como que todo es parte de la obra. (*Al desconocido y en todo aparatosamente amable y cordial)* ¡Hola po compadre Pello!... ¿y?, ¿cómo le baila?

DESCONOCIDO —*(Mira tras de sí, como buscando a alguien.)* Pello, ¿cuál Pello?... na que ver po, si yo me llamo e otra manera.

BETO —No te preocupís, viejo, sabemos que te llamai José; lo que pasa es que estamos puro echando el pelo... ¿cachai?, pura talla.

DESCONOCIDO —*(Extrañado)* ... ¿Joséeee? ¿Cuál José? No po, si así tampoco me llamo.

JUAN —*(Lo palmotea.)* Claro, Alberto, claro. Pero calma, calma que no es pa tanto.

DESCONOCIDO —*(Hace un gesto de rechazo con los brazos.)* Pero es que no po, si yo a ustedes no los he visto ni en peleas e perros. Oigan, yo né más pasé po y vi luces y entonces...

JUAN —Bien, Carlitos, bien... tenís toa la razón. Te comprendemos. Pero baja un poquito el volumen, no vis que estamos llamando la atención de la gente.

DESCONOCIDO —Pero es que yo, puchas, son ustées los que no entienden. Yo pasaba, né más y como vi luces... güeno, quise saber de qué se trataba el alboroto. Y los vi a ustées hablando e las cosas que justamente a mí me pasan. O sea, na e pega, hambre, más ganas de tomar que nunca, hijos desnutríos... y too lo demás. Entonces yo me dije... tengo, tengo que hablar con estos gallos.

BETO —Sin embargo, Rolando, te estábamos esperando. Claro, lo único es que no esperábamos que lo hicieras de esta manera. De todos modos...

JUAN —Lo que pasa, Hernán, es que tú nos desconciertas. Nadie sabe cómo vas a reaccionar, ni cuándo ni por qué...

BETO —Eso... entonces, pensando en tu posible mal genio, nos pusimos de acuerdo pa recibirte así... en tono tallero.

DESCONOCIDO —*(Mira al público, desconcertado.)* ¡Reflautas, qué amables! *(A los actores, efusivo)* ... no saben cuánto les agradezco. No siempre uno *(Sentimental)*... uno... ¿entienden?... uno, apenas una miga, apenas un poquito e polvo o barro o caca... no siempre uno tiene alguien que lo espere. Claro, por la tele hay un réclame que dice: "En tu hogar, dulce hogar,

alguien te espera: ¡CUIDATE! QUEREMOS QUE
VIVAS... POR FAVOR, QUEREMOS QUE VIVAS... "
(*Al público*) por favor... no te apartes de la ley... no
grites, no dispares tu pena contra nadie... cúidate:
queremos que vivas (*A los actores*) ... ustées, ¿tienen
alguien quien los espere? (*Al público*) ... y a ustées,
(*Gritando*) ¿les queda alguno que los espere?... ¿ah?,
¿ah?, ¿ah?...

JUAN —Oye, Beto, pásale el cigarro que acordamos. El
sabe, con eso nos deja tranquilos.

BETO —(*Sorprendido, pero luego entiende el juego.*)
¿ééh?, esteeee, ah, sí (*Se registra.*) ... aquí está: cigarros.
(*Estira la mano.*)

DESCONOCIDO —¡Chuatas, qué tiempo que no veía uno
de estos cigarros! Realmente se pasaron pa amables.
Cigarros... ja, aquí hay más cigarros juntos que en una
protesta.

BETO —Y ahora, chaíto... ahí nos vemos.

JUAN —Sí, hasta la vista. (*Saca un pañuelo casi blanco.*)
Chaíto...

DESCONOCIDO —Entiendo la indirecta. No se
preocupen... bah...(*Juan le dice algo al oído. El
Desconocido asiente.*) Bueeenooo, si usté así lo quiere.
(*Al público*) ¡Oigan!, ¿saben qué más? El señor acá me
dice que soy parte de no sé qué cosa y que por eso me
tiraron estos cigarros (*A Juan*) ... ¡listoco!, ¿me van a dar
más cigarros? (*Juan se toma la cabeza y le insiste al
oído.*) ¡Ah no, ya está bueno de leseras! Yo me voy. (*A la
platea*) Si yo pasaba no más, es que me interesó el tema y
me reciben como si me conocieran desde chico... y más
encima me dan cigarros... yo no entiendo ni jota. (*Baja
al escenario.*) ... Alberto, Pello, Carlos... bah, ya no sé ni
cómo me llamo.

(*Los dos despiertan a Cholo, con chistes. Vienen Los
Pacos.*)

JUAN —¿Y? ¿En qué estábamos?

BETO —No tengo la menor idea.

JUAN —Bien, pero algo habrá que podamos hacer... ¿o no?

BETO —Supongo.

JUAN —(*Remedando*) Supongo, pedazo e güeón. ¿Qué te cree? ¡No vamos a estar aquí puro hinchando!

BETO —Mmmmmhhhh. Espérate un cachito. (*Toma a Beto de un hombro. Señala con el dedo.*) ¿Cachas la cabra que viene ahí?

JUAN —(*Curioso*) ¿Cuál? No veo ni cresta.

BETO —Esa, ahí... ¿no vis que viene con una escoba en la mano?

JUAN —Ahhh...

BETO —Capaz no más que sea otro despierto más.

JUAN —Quizás, así como están las cosas ya no sé ni qué pensar (*La joven se acerca, viene barriendo la calle.*) ¿Y usté, mi linda? ¿De qué se las da?

IDA —¡Que no vis, oh! Aquí donde me ves no más... barriendo las leseras que ustées botan.

BETO —¡Chuta que es chora usté! ¿Ah? Ta bien que tenga sus presitas bien distribuidas (*Gesto con las manos*), pero no sea así, tan chúcara. ¿No ve que así después renadien la quiere?

IDA —Bah, el amor es hoy un artículo de última necesidá. Antes que un beso, de esos de ustées, pasaos a vino matagato, prefiero un peazo e pan o plata. Por eso estoy aquí po; por eso tengo que andar barriendo las porquerías que ustées botan.

JUAN —¿Ve que la embarra? ¿Ve que se equivoca? Ve que...

BETO —¡Guarda oh!... ¡parecís cordero con tanto beeee, beeee, beeee!

JUAN —Pero es, como dijo mi compadre que se murió de cirrosis, y sobre cuya tumba creció un parrón de uvas negras: "quien estuviere equivocado, reconociere su error"... algo así. Mire mijita, vea no más la facha a e uno. (*Se muestra.*) Esta ropa está más parchá que la esperanza del chileno. Somos más pobres que las ratas. No tenemos nada, lo perdimos todo. Pa que usté vea, oiga, no tenemos nada que botar... todo, todo nos sirve (*Apaciguándose*) ¿Qué me dice ahora, perdón... señora, señorita, viuda, separada o algo parecido?

IDA —Bueno, de todo un poco. Es que me casé, claro pero así no más, como se dice... sin papeleo. Luego tuve que dejar al Lucho. Es que era más tomaor que un allegao;

después, ¡que no se fue a morir el desgraciao!... Dios lo tenga en su santo reino. Como ven, de todo un poco; ¡ah!, pero eso sí, soy bien decente pa mis cosas le diré.

BETO —(*Galante*) ¿Y se puede saber su situación actual?

JUAN —¡Chis!, la media preguntita. Vos no agarrai una oh. Tenís más patas que cola e jubilaos. ¿Es que no te cruje la muliné? (*Gesto con el dedo en la cien*) ¿No vis que reciencito estamos conociendo a...? (*Se dirige a Ida.*) ¿Y cuál es su nombrecito, oiga, si se puede saber?

IDA —Ida

BETO —¿Y, así no más?

BETO —¿Sí, a ver cómo es eso?

IDA —Es que la historia es media larga. Según me cuentan, a un agéelo mío se le puso en la cabeza que me llamaran Rosadelaida, así, como se escucha... todo junto, parece que en honor a ciertos amoríos que el veterano tuvo en su juventú. Cuando lo supo mi agéela, oigan, quedó el ni que medio despelote. Como la vieja era la que roncaba en la casa, comenzó a llamarme Adela. La gallá del barrio me decía Rosi, hasta que vino el desgraciao del Lucho, que en paz descanse, y me empezó a llamar así: Ida. Me gusta, me gusta más que todos los otros nombres, fíjese; es como más romántico. Yo no lo sabía, fue al Lucho al que se le ocurrió un día que no teníamos nada pa echarle a la olla. El llegó y me vio la cara de preocupá que tenía. ¿Qué te pasa, vieja?, me dijo. Te noto como ida. Y así fue como quedé para siempre con este nombrecito.

JUAN —Yo lo acortaría más todavía.

BETO —No seai tonto po. Así se queda sin nombre... o sea, y pa variar, desaparece.

JUAN —Le pondría... Da.

IDA —¿Cómo?

BETO —A éste se le agotaron las pilas del cerebro.

JUAN —Le pondría Da, así no más... Da... o sea (*A Ida*) Da... me un cariñito, dame tu amor... dame un besito.

BETO —(*Ríe.*) Este es más lacho. (*A Juan*) ¡Eres más caliente que guatero el diablo!

IDA —Usté que es, ¿ah? (*Coqueta*)... parece espantapájaros, pero por lengua si que no se va a la calle. ¿Cómo es que no lo han pillao los de la Radio Chiloé o La Imagen? ¡Si hasta voz e locutor parece que tuviera! Claro, la ronquera debe ser por eso de tanto darle al Entre Ríos po.

BETO —¡No po, oiga, pa ser sincero!... tomamos, y harto que tomamos. (*Golpea la espalda de su amigo, en tono dicharachero.*) Pero lo nuestro no es tanto como vicio. A lo mejor después, quién sabe... uno se olvida que es persona y se deja botao. Pero es que... por la flauta, tenemos muchas razones pa tomar.

IDA —Claro, lo de siempre.

BETO —Déjeme seguir po.

IDA —Siempre igual, no hay borracho que no encuentre motivos y así, no paran nunca. Y cuando se chantan, ocurre que ya lo han perdío todo.

BETO —Ahora mismo, por ejemplo, hartazo frío que hace; entonces, qué nos cuesta un pique al Ruta 5, o al Buen Amigo... y listo. Con eso por lo menos calentamos un poco más que sea las cuantas tripas que tenemos.

JUAN —Sí, pero también hay otras cosas.

BETO —A ver, socio, dele no más. Le cedo la palabra. Pa qué nos vamos a tirar de las mechas. Hoy, y desde hace mucho tiempo, el diálogo es reimportante.

JUAN —Bueno, ¿y?

BETO —¿Qué po?

JUAN —¿Me vai a dar tribuna o querís que te esté esperando aquí como un santo güeón?

BETO —¡Calma, amigo, calma!... no te olvides, diálogo, diálogo.

JUAN —Yo lo único que sé es que derrepentito no más te va a llegar un combo en pleno hocico. Y no vai a saber de donde vino... igual que las balas.

IDA —Oiga don éste... ¿Y de qué balas habla usté?

BETO —Sí, sí.

JUAN —Mire, señorita, señora, viuda... bah, lo que sea, aquí donde usté me ve, yo soy un gallo letrao.

BETO —¡Cléaro! (*A Ida*) Le dicen el Lucketi.

IDA —¿Por qué?

BETO —Por la sopa e letras.

JUAN —¡Puchas que jodís la pita! ¡Córtala po, no seai ladilla!

IDA —Sí, ya po, deje que hable el caballero.

BETO —Ta bien, yo... cierre.

JUAN —(*Adopta una postura intelectual a todas luces grotesca, ridícula, con respecto a su apariencia personal.*) ... decía que soy medio letrao, o sea que sé leer y, claro, si a uno le enseñaron a leer... lee po... ¿o no?

IDA —Sí, pero siga.

JUAN —Ahora bien. El asuntito anterior era lo del combo loco y las balas que nadie sabe de dónde cresta vienen... ¿estamos?

BETO y NIñA —(*A coro*) Sí.

JUAN —Bien, como yo leo los diarios, se me metió la costumbre de informarme. Para bien o para mal, me informo, porque...

BETO —¿Sabís qué más? ¡Estai puro dándote vueltas! No has dicho nada.

JUAN —(*Lo toma del cuello, lo azota.*) ¡Diálogo, güeón, diálogo! ¿Acaso tú mismo no lo dijiste?

IDA —Ya po, déjense. No ven que así no vamos a llegar a ninguna parte.

BETO —(*Se arregla la ropa.*) ¡Está bien, está bien oh! Así quién no dialoga. Lo único que falta es que vayai cortao con tu amigo.

JUAN —Vos sabís que no. Mejor andá darle de comer a tus cabros que los tenís botaos en la población.

BETO —Diálogo, diálogo.

IDA —Siga no más don... ¿Cómo se llama el caballero?

JUAN —Juan, Juan Ancao pa servirla... en las buenas y en las de ahora. (*Se dan la mano.*)

JUAN —¿Así que no saben que en Santiago la gente está muriendo sin saber de donde cresta salen las balas? Desgraciaos no más. Si a mí no me importa su color, lo que me importa es tanta muerte inútil. La cosa está refea y siempre es el pobre el que paga los platos rotos.

IDA —Usté es harto sospechoso en sus ideas, le diré. Hartazo mal que huele. De repentito por ahí lo pillan hablando en voz alta y ¡zaz! ... quién sabe adónde llega a parar.

JUAN —¡Cléaro! Míreme, capaz que un pobre diablo como yo sea un peligro pal Estado.

BETO —No le sabía ésa a usté, compadre. La de problemas que puede tener. En cambio yo... aquí donde me ve, tranquilito, no mato ni una mosca.

JUAN —Si no se trata de molestar, saco e peras. Tú no entiendes; ¿no te dije que la gente muere sin que se haya metío en ninguna cosa? Si no se trata de revolver no más el gallinero. Y aunque fuera así. Pa morir, prefiero hacerlo molestando, antes que sin decir ni pío.

IDA —Lo bien que habla usté, ¿ah?

BETO —El Juan se las manda. Tiene su personalidá bien formá. (*A Juan*) ¡Oye!... ¿y qué cresta estai haciendo aquí entonces? A mí no me vengas con leseras, tú estudiaste.

JUAN —Es verdad. Pero llegué hasta segundo medio no más. Eso sí que era el capo del nocturno. No pude seguir, la situación...

IDA —¿Cuál?

JUAN —Esta po.

IDA —(*Se mira, barre.*) ¿A esto se refiere?

JUAN —Claro po. Eris muy joven, eris mujer... no tendrías por qué andar barriendo calles.

IDA —Yo quería ser abogá.

BETO —Los sueñitos. Pa eso hay que tener cabeza, y mucha, mucha plata.

JUAN —Déjala que hable po.

IDA —(*Su rostro se enciende.*) Yo tenía cabeza pal estudio, pero no se pudo. Mi viejo hizo lo que pudo, trabajó de estibador. Toda su vida trabajó en lo mismo y se fue doblando poco a poco, de viejo y de cansao, hasta que reventó en sangre por boca y nariz.

BETO —¿Y no tenía más familia que diera la cara por usté?

IDA —Sí, pero en esos casos nadie quiere cargar con la responsabilidad... cada uno se las rasca como puede... (*Poco a poco va entristeciendo.*) Nadie ayuda al desamparao, la gente como uno nace condena a a la miseria; su único futuro es la amargura de existir, las ganas de querer, ¿entienden?... de querer, y no poder. (*Llora.*)

JUAN —Ya po, mija, cálmese. No ve que vamos a terminar toos llorando. (*A Beto*) La embarramos.

BETO —No se ponga así. (*Intenta tocarla, pero retira las manos.*) Usté no es la única. ¡Cuántas hay igual que usté y peor aún!

JUAN —Sí, aquí me tiene como ejemplo.

IDA —(*Se seca las lágrimas con la manga.*) Usté, lo más bien que podría entrar al PEM. Le sobra cabeza como pa capataz.

BETO —Es cierto, cumpa. Te las sabís por libro.

JUAN —La necesidá tiene cara de hereje, dicen. (*Se enoja.*) ¡Pero nadie va a venir a comerse mis pulmones! (*A Ida*) ¡Eres mujer, mujer! ¡No eres estropajo!... y tanto que hablan de la mujer chilena... ahí la tienen, barriendo calles.

BETO —No estoy de acuerdo contigo. (*Juan hace ademán de enojarse.*) ¡Calma, calma! Estamos dialogando.

IDA —Yo tampoco estoy muy de acuerdo con sus palabras, fíjese. Claro, si no, no estaría aquí po.

BETO —Si no tengo qué comer, hago lo que sea.

IDA —Yo también. (*Reacciona.*) ¡Ah, no!... eso que están pensando si que no. Soy bien señorita pa mis cosas.

JUAN —Si yo estuviera en su lugar, a lo mejor no habría mas remedio. Pero es que tengo una cosita aquí en el pecho. Día a día me ha venido creciendo, supurando, echando sus raíces dentro mío. Ya no me conformo con cualquier cosa... ¡No!... yo siempre quiero ir más allá de las cosas. Esto que les digo duele como un diablo, en serio, y me deja mentirme, dejarme botao en la mentira. Aquello tiene un nombre que no sé... pero me gusta; en serio, duele, duele mucho pero gusta... conforma... con eso duermo en paz, sin sobresaltos, tranquilo. (*La conversación se interrumpe. Un tipo extraño, parco, de negro, se acerca a los obreros, quienes despiertan a Cholo para que se vaya de la esquina.*)

HOMBRE —¡A ver, a ver, a ver!... ¿Me permiten la intromisión? (*Observa a la muchacha.*) ¿Y tú?

IDA—Yo, ¿qué?

HOMBRE —¡En qué mundo vives, niña! ¿Es que has oído las noticias? El país necesita gente que trabaje. Y tú, aquí, chachareando de lo lindo.

IDA —¿Y qué? ¿No ve que ya no queda pa barrer? Está todo limpio.

HOMBRE —Siempre habrá algo por hacer. Te pagan, ¿no?

IDA —Es como si no lo hicieran.

HOMBRE —Paradita de cola, ¿ah? La cosa es bien simple. Si no te gusta... te vas... el país necesita gente que se esfuerce... pero tú, aquí, puro mandibulear con gestos... (*A Juan y Beto*)... perdón, ¿y cuál es su identidad?

BETO —Y eso... ¿qué cosa es?

JUAN —Quiere decir que cómo te llamas.

BETO —Ah, yo, Beto... y él, Juan.

HOMBRE —Juan y Beto, linda cosa. Juan y Beto qué, pues.

JUAN —Oiga, ¿y cuál es su interés en nuestra persona? Usted no es de nuestro estrato. Nosotros somos changueros no más.

HOMBRE —Se expresa bien el hombre, ¿ah? Así que son cargadores. Es decir, según la vulgaridad, simples hacelotodo. Chasquillas, eso es, chasquillas.

BETO —Así no más es. Lo que usté dice es nuestra profesión. Somos Ingenieros de Ejecución en Cargar y Descargar camiones.

HOMBRE —¡Chistocito el hombre! ¡Vaya, vaya! Todavía queda gente alegre en el país. Este país donde todo el mundo se queja de puro gusto.

JUAN —De puro gusto no, po oiga. No ve que estamos con la pobreza hasta el cogote. Si hasta los titulaos están en las cuereras. (*Beto le golpea con el codo.*) ... Si uno tiene qué comer, si hay pega, no hay de qué quejarse.

HOMBRE —¡Con que así están las cosas!, ¿eh? Así que Juan... (*A Beto*) y usted, ¿de qué se las da? ¿También es de los que se lo pasan llorando sus miserias?

BETO —¿Yo? No, yo estoy el descueve. Claro, no tengo pega, tengo hambre, no aparezco casi nunca por mi casa porque no tengo qué llevar... pero, aparte de eso, estoy del uno, viera usté. No, yo no me quejo. Hago lo que puedo... me las aguanto.

HOMBRE —Y está en lo cuerdo. Eso es ser chileno. Oigan, demás está quizás preguntarles cómo andan de billete.

BETO —Malón (*Echa fuera los bolsillos.*) ... ni un cinco... cero peso.

HOMBRE —Y a lo mejor, no le vendría nada de mal una luquita o dos... o tres.

BETO —(*Ríe.*) Las preguntitas, claro po... con eso haría maravillas... incluso hasta podría aparecerme por la casa. JUAN —(*Aparta a Beto.*) ¡Párate un resto! Todo muy lindo, como si fuera un sueño. Pero, oiga, ¿y qué tendríamos que hacer? Porque la cosa no va a ser así como así no más po.

BETO —No la embarres po. ¿No ves que ahora podremos arreglar nuestros problemas?

JUAN —Sí, pero a costa de qué. No seai tan fácil. (*Al hombre*) A ver, ¿cómo es la cosa?

HOMBRE —(*Saca un billete, lo estira y hace sonar.*) He ahí el gran detalle. Buena pregunta. Yo le dije antes, usted no es nadita de leso. Buena pregunta. La verdad es que lo que tienen que hacer no requiere gran esfuerzo.

JUAN —(*Reticente*) Diga no más.

BETO —Sí, esto se pone de lo más interesante.

HOMBRE —La cosa es fácil. ¿Cómo andan los oídos? ¿Ah?... ¿y los ojos?

BETO —¡El descueve!

HOMBRE —Perfecto. Ustedes nada más escuchan, ven y luego conversamos. Fácil, ¿no?... y no tienen que cargar y descargar camiones.

JUAN —Claro, ¿pero a qué se refiere? ¡Ah, no!... esto me huele a pescado podrido.

BETO —Pero es que son varias luquitas...

JUAN —Allá tú, yo apenas soy tu amigo. Lo que es yo, me corro. (*Se aleja un poco, se acerca a Ida que se había mantenido a cierta distancia. Un foco apunta a Beto y al Hombre que prosiguen conversando.*)

HOMBRE —Vamos al meollo del asunto.

BETO —Y eso, ¿qué significa?

HOMBRE —¡Vaya, vaya!... voy a tener que bajarme de nivel. Quise decir vayamos a la parte más importante de nuestro asunto. Usted, ¿acepta?

BETO —¡Clarímbamelo! ¡Clarombe patroncito!

HOMBRE —Bien, ahora lo que me interesa es que nos pongamos de acuerdo en lo siguiente: cuándo y dónde podemos contactarnos. Ahí le paso el resto de información y por cierto, sus luquitas. (*Hay un cambio de luces. Ahora el foco cae sobre Juan e Ida. Beto y el*

Hombre prosiguen dialogando, pero sólo se aprecian sus gestos.)

JUAN —*(Le pasa el brazo a Ida por la espalda.)* ¿Y? ¿Qué le parece la idea de juntarnos, ah?

IDA —*(Rogada)* Bueno, yo...

JUAN —*(Con entusiasmo)* Podríamos servirnos su sanguchito, su cervecita. *(Reacciona.)* Oiga, mijita, ¿usted le hace a la cerveza?

IDA —¿A qué quiere llegar con eso? No, si ya bastante tuve con el Lucho. Dejaba la pieza pasá a trago, fíjese. Con decirle que al otro día amanecíamos los dos malos del cuerpo.

JUAN —*(Ríe.)* Se pega sus tallas también, mijita, ¿ah?

IDA —No po, si esto no es pa la risa; un poco más y acabamos los dos haciéndonos el tratamiento anti-cólicos.

JUAN —*(Ríe más fuerte.)* ¿Sabe qué más? La palabra es anti-al-co-hó-li-co.

IDA —Eso mismo dije yo po.

JUAN —*(Sigue riendo.)*... A cada rato me gusta más. Como se dice, me está entrando entre ceja y ceja.

IDA —Y yo no sé por qué le aguanto sus leseras. No me gusta, me cae mal que me corrijan.

JUAN —*(Galante)* No se enoje po; si no lo hago por maldad. *(Se deja de oír sus voces. El foco apunta a Beto y al Hombre.)*

BETO —Quedaríamos, entonces, en juntarnos mañana por la noche.

HOMBRE —Perfecto. Confío en su discreción y responsabilidad. *(Severo)*... no vaya a ser cosita...

BETO —*(Las manos al frente)* No, ni... diablos, le doy mi palabra... yo soy bien derecho pa mis cosas. *(Caminan hacia un lado del escenario. Salen. Quedan Juan e Ida.)*

IDA —¡Bueno pal bla-bla que es usté!

JUAN —Herencia, pues. Debo haberlo sacado de mi agüela. Dicen que era más pelaora que cuchillo e mesa. Entonces, ¿a las ocho?

IDA —Será po.

JUAN —*(Le toma la barbilla.)* Sí, ¿qué otra cosa podemos hacer? Nosotros, los necesitaos, no tenemos más salida que juntar miseria con miseria. Puchas, a ver si con sus penas yo me olvido de las mías y al revés. De repente viendo el Gamboa, vemos, como quien dice, caer alguna estrella y se nos cumplen los deseos... porque a ti, a ti... oye, ¿te quedan deseos?

(*Corte de luz. Fin del primer acto.*)

SEGUNDO ACTO

(*Al abrirse el telón o encenderse las luces, vemos a Beto sentado en una silla. Hay también algunos bancos. La pieza es humilde y reina cierto desorden. Sobre una mesa se divisan unos platos, ollas, tazas, etc. Beto, cabeza gacha, mueve las manos.nerviosamente. Se ve mejor vestido que antes. Sobre un brasero hierve una tetera.Chela entra por un costado. Trae una chuica de agua, sin canasto, que deja sobre el piso, sin percatarse de la presencia de su conviviente.*)

BETO —(*Tose, como llamando la atención.*)
CHELA —(*Volviéndose*) ¡Apareciste, vago! ¡Te acordaste que tenías casa!
BETO —(*Cruza los brazos.*) Pero, mijita, tú sabes que...
CHELA —(*Saluda con la mano.*) ¡Hola, hola!. ¿Es que no sabís decir ni hola siquiera, bicharraco?
BETO —(*Intenta pararse.*) Ah, sí... yo...
CHELA —No, no. Quédate ahí no más, ya no necesito tus salúos; tampoco digas na si quieres. (*Un silencio cruza este momento. Ella prosigue con sus quehaceres. El, nervioso, se sacude su ropa. En todo momento intenta una sonrisa a todas luces falsa, imposible.*)
BETO —Como verás, vine. Tú sabes que yo no me fui lo que se llama del todo. Puchas, cómo te dijera... ¿no sé si me entiendes?
CHELA —No te vengas na haciendo el angelito. Si no hablas de una vez, qué te voy a entender na yo.
BETO —No es fácil, las palabras...
CHELA —Aprovecha ahora, mira que toavía estoy calmá.

BETO —(*Camina. Pone las manos al bolsillo, las retira, se las mira. Se vuelve hacia Chela.*) Bueno, si uno no tiene qué traer, entonces, bueno... ¿pa qué venir?, mejor morirse esperando lo que caiga en esa esquina.

CHELA —¿Y las changas? De seguro te tomaste esa plata oh. Oye, ¿qué géevá te crees tú? Si uno no vive na del aire po. (*Se acerca a Beto*) No sé si te contaron la peguita que encontró tu" flor de Chiloé", porque eso me decías, ¿no? flor, flor de las pampas sureñas o algo parecío. Dime, es que no sabes la peguita que encontró (*Irónica*) tu dulce mujercita.

BETO —(*Sorprendido*) ¡No guevées! No me vai a decir que te metiste al cabaret po.

CHELA —Cerquita que anduviste, te diré. Barrendera, güeón, barrendera e calles.

BETO —¡Ah, chuatas! Entonces es verdá que son hartas las gallas que trabajan en eso.

CHELA —¡Claro po! ¿Y de qué otra cosa se va a poder vivir?

BETO —Es que con el Juan, siempre vemos niñas que pasan con la escoba por la esquina. Pero generalmente son las mismas. (*Pensando*) ¿Cómo era que se llamaba la cabra del otro día?... (*Dando con el nombre*) ¡Ah!...Ida, eso es, Ida.

CHELA —¿Es que la conoces? No te le habrai lanzao po, esa chica es bien decente y no se va a meter con un desgraciao como tú... usao más encima.

BETO —¡Tai más tonta! Yo soy fiel, en serio... y oportunidades no me faltan.

CHELA —(*Irónica*) ¡Ja, ja!

BETO —Media tristona la cabrita esa oh. Bueno, ella sabe que así como están las cosas ya no se puede soñar con cosas lindas. No, conmigo no... con Juan sí, con él anduvo como se dice "calzoneando". Deben haberse juntao, por lo menos eso fue lo que alcancé a cachar.

CHELA —Claro, tú siempre pensando en la maldá. ¿Tú crees que toos van a ser degeneraos como tú?

BETO —Si es una cita no más, vieja... pero, después...

CHELA —Y por último, ¿qué po?, total el Juan es bien hombrecito pa sus cosas y la va a corresponder como Dios manda, no como tú, que no te veo ni por desgracia.

BETO —Tú no cambias, ¿ah? Siempre parando la cola, siempre dándome la contra... me caigo. El día que te mueras no vai a dejar a nadie tranquilo en el cementerio.

CHELA —Beto. Bien que sabes que eso no es verdá, lo que pasa es que decirte las cosas como son es para ti como un ají en esa parte floja tuya que se lo pasa too el santo día sentá. No po, a mí no me gusta andarme por las ramas. No me vas a negar que lai estao puro embarrando. Es un mes, dos o tres, ya perdí la cuenta, que no te has aparecío por aquí... y más encima me vienes con reproches... ¡Por la cresta que eres fresco oh!

BETO —Pero, te gusta, no te hagai la tonta, te gusta que haya vuelto.

CHELA —¡Clééro! ¡Cómo no me va a gustar! Cierto que me gusta y no sabes cuánto... con too lo que tengo que decirte, oye, tu presencia es como un sueño.

BETO —(*Se acerca.*) ¿Ve? Si yo sabía que mi vieja no se iba olvidar tan fácilmente e su muñeco.

CHELA —(*Lo empuja.*) Sale pallá mejor oh. Lo que pasa es que tenemos que aclarar algunas cosas. El cariño es lo de menos... (*Repara en la forma que, ahora, viste Beto.*) ¿Oye?, ¿y esa pinta?... asaltaste la Frontera.

BETO —(*Gira como modelando.*) ¡Encachao!, ¿no es cierto? (*Se muestra los pies.*) Mira, y también zapatos nuevos.

CHELA — ¿Y?

BETO — ¿Qué?

CHELA — ¿De aónde po?

BETO —¿Cuál?

CHELA —Eso po, la percha con que andai.

BETO —¡Ah!... (*Se pasea.*)... este, mira, es que el otro día (*Se agacha. Anuda sus zapatos.*)... estábamos en la esquina con el Juan oyendo las peleas. Entonces...

CHELA —Beto. No me vengas con rodeos, ¿ya? No vienes mucho por la casa, pero te conozco como mis deos. ¿Pa qué te escondes?

¿Crees que no roché cuando bajaste la mirá y te pusiste a abrochar tus pasaores? Y fue de puro gusto, porque estaban ya anudaos.

BETO —(*Se incorpora, intenta una sonrisa.*) Vieja... ¿sabes qué más?, mejor hablemos de otra cosa.

CHELA —Siempre igual.

BETO —¿Qué?

CHELA —Que toa la vía has sido el mismo desgraciao, pelagato, curao, flojo, feo, hediondo... y cobarde, si eso es lo que eres. Jamás, escucha bien, jamás has sido capaz de dar la cara como corresponde. Siempre igual...

BETO —Otra vez...

CHELA —Sí, siempre echando el poto pa las murras.

BETO —Pero, Chela, yo no vine a pelear. (*Se registra, saca dinero.*) ¿Ves? Platita, vieja, platita. No es mucho que digamos, pero alcanza pa vivir un poco más mejor...(*Mientras Beto sigue hablando, éste no se ha dado cuenta que ella ha bajado la cabeza y llora en silencio.*)... así ya no tendrás que andar con esa ropa toa vieja. Te vas a hacer la permanente y vas a tener rumas y rumas de vestíos y zapatos y medias... a lo mejor (emocionado) alcanza pa mandar los cabros a la escuela. A propósito, (*Ve a Chela.*)... ¿dónde están los...? ¡Oye!, ¿qué te pasa? (*Se acerca, le toca los cabellos.*) No me vai a decir que estai llorando.

CHELA —(*Lo rechaza*) ¡Déjame, déjame... maldito! (*Lo encara.*) ¡Te odio! ¡Peor aún, me das asco!... ¡No hay remedio, estás podrido, leproso por aentro!... ¡Me das asco, asco, asco, asco!, ¿me entiendes?... ¡asco!.

BETO —Querida, yo...

CHELA —¿Cómo fuiste capaz de hacerlo?

BETO —¿Qué cosa?

CHELA —Yo no lo creía. Pensaba que eran puros cuentos, chismes de las viejujas del barrio.

BETO —(*Irritado*) ¿Qué po, vieja, qué?...

CHELA —(*Sin oírle*) Tenía la esperanza que too fuera mentira, que vendrías como ahora, pobre... vago, pero limpio y no manchao de vergüenza.

BETO —¡Pero, por la cresta, vieja! (*Fuerte*) ¿De qué güevá estás hablando?

CHELA —(*Se limpia el rostro.*) Ya me contaron el trabajito que te conseguiste.

BETO —¡Ah!, era eso.

CHELA —¡Y lo dices como si né, desgraciao! ¿Es que te fallaron las orejas? ¡Porque con eso trabajas, sapo inmundo, con las orejas! ¿No?

BETO —¿Qué te han dicho?

CHELA —¡Qué no me dijeron, peazo e cochino! El otro día fui a la olla común a buscar un plato e comía y por né me sacan a patás pa fuera. Si hubieras visto la forma de mirar de aquella gente, el desprecio colgando de sus caras... me sentí basura... y too por tu culpa.

BETO —Sí, pero, ¿qué te dijeron?

CHELA —Ahí no más supe lo de tu trabajo. ¿Es que no sabes que Juan, tu propio amigo, fue uno de los que cayeron preso por el asunto del sitting. El estaba metío entre la gente no más, pero no aguantó las injusticias y se puso a gritar y echar garabatos... alguien lo acusó y lo llevaron preso... a lo mejor tú mismo lo soplaste, güeón.

BETO —Ah, sí... el Juan. ¿Pa qué se mete en leseras? Lo más bien que podía estar parao en nuestra esquina y no andar molestando a nadie... y menos dejarse arrastrar por esos delincuentes...

CHELA —(Furiosa) ¿Delincuentes? ¡Mírame, mírame, concha e tu madre! ¡Quiero un trabajo digno, comida y educación pa mis hijos... ¿soy un delincuente?, ¿ah?... ¡Dime qué soy, qué soy!, ¿ah?... ¡responde po!, ¿pa qué te quedai callao?

(Chela acaba dando gritos. Beto se desploma sobre una silla. La cabeza contra el pecho. Luego de un instante saca una voz un tanto monocorde.)

BETO —¡Qué hice, mujer, qué hice! Yo nada más vi el billete. La gente como uno no resiste, no se aguanta con el ruido del billete nuevo. Es como cuando uno va a morir, porque apenas vi la plata, pasaron mis cabros bien vestíos por la cabeza; pasaste tú; pasaron toas mis hilachas, pasó la esquina, mi maldito tufo a vino... too, too pasó y ya no supe más... ¡Santa María, qué hice, qué hice!

CHELA —¡Ah!, pero esto no se queda así. ¡Ahora mismo tomas tus pilchas y te vas, te vas de esta casa!

BETO —Chela, mis hijos, yo...

CHELA —¡Ahora te venís a acordar de tus hijos!, ¿cierto?

BETO —¡Ayúdame, vieja! ¡Haz algo por mí!... ¿no ves que ya no valgo nada?

CHELA —(*Enérgica*) ¡Te vas! (*Toma la escoba, intenta agredirlo pero al ver a Beto derrumbado se detiene. La escoba cae al piso.*) No hay remedio, Beto, ¿es que no vis que no hay remedio? ¿Qué sacas ahora con tu arrepentimiento?

BETO —Siempre te he querío... ¡mis hijos, mis hijos!...

CHELA —Y yo también. ¿Crees que me olvidaría la vez que me conociste? ¿O cuando me ibas a esperar a la salida del trabajo? No po, si no se trata de eso. Se trata de otra cosa, ahora nadie va a querer andar contigo... ¡ándate, viejo, ándate! Por favor no la embarres más, no hagas que las cosas empeoren.

(*Se oyen gritos de niños. Entra Tito y Mary. Corren a los brazos de su padre.*)

TITO Y MARY —(*A coro*) ¡Papito, papito!

BETO —(*Los abraza.*) ¡Mis guachos, mis guachos queríos!

MARY —¿Qué pasa? ¿Por qué pelean?

BETO —No, si no es pelea. (*A Chela*) ¿No cierto vieja que no estábamos peleando? (*Chela asiente con un gesto. Luego mueve algunas cosas. Habla mientras realiza sus tareas.*)

CHELA —Hijos, el papi parece que se va por un tiempo de Castro... (*A Beto*)... ¿y adónde decías que te ibas a trabajar, viejo?

BETO — ... Esteee..., ¡ah!, sí... a Quellón. Es por el asunto de los mariscos; en esta época se necesita mucha mano de obra en esos lados, (*A sus hijos*) pero no será por mucho tiempo, ya verán cuando regrese... cargao de plata y de regalos pa toos ustedes.

TITO —¿Y nosotros? No po papi, no te vayas.

MARY —Sí, no te vayas.

BETO —Vamos, cabros, no se pongan difíciles. Ustedes ya no son guagéitas y tienen que entender que too lo que hago es por su bien. Mírense no más como andan, no van a la escuela, y pasan harta hambre... total, su madre aquí presente sabrá cuidarlos como Dios manda. ¿Nocierto, vieja? (*Pausa*) Bueno, ya me tengo que ir...

(*Abraza a los niños. Le cuesta disimular sus emociones. Aprieta con vehemencia a sus hijos.*)

MARY —Pero, papi, si no te vas pa siempre po.

TITO —Ya po, ni que te fueras a la guerra. Mami, ¿qué le pasa al viejo?

CHELA —¡Ya, ya, ya... dejen a su papi! No vaya a ser cosita no más que por culpa de sus arrumacos lo deje la micro. Apúrate ya viejo, mira que los tipos del "Línea Azul" son repencas y no esperan ni un ratito.(*Beto se va retirando lentamente. Al pasar frente a su mujer la queda viendo como absorto. Ella baja la vista. En ese instante entran Juan e Ida. Beto los mira sorprendido, se lleva las manos a la cara y sale corriendo.*)

JUAN —¡Beto! (*Lo llama.*) ¡Beeetooo...!

IDA —Déjelo, mijito, déjelo... ése no merece que ni siquiera le dirijas la palabra.

CHELA —Es cierto, Juan, ése que acaba de salir no es el Beto que toos conocimos. A ése né más le queda el puro nombre. Y pensar que fuimos tan felices, era bueno, cariñoso. Luego vino lo del trago y too lo demás... la falta de trabajo, esa maldita cesantía que ha mandado a la cresta a tantos hogares... y no sólo eso, también ha hundido en la pobreza espiritual a nuestros hombres. ¡Déjalo, Juan, deja que se vaya!... ése que salió ya no vuelve más...

JUAN —Pero es que Beto... (*Vuelve a llamarlo. Luego se vuelve a Ida y Chela.*) A ver si me aclaran la película.

IDA —Pero si tú ya sabes.

JUAN —Sí, pero... puchas, que me lo diga él, quiero oírlo, de otro modo no lo creo... es mi amigo, ¿entienden?, mi amigo. (*Chela se acerca. Está seria. Toma una silla y se la ofrece.*) CHELA —¡Oigan! Tomen asiento. A lo mejor no están cansaos y soy yo la que cree sentirlo. Vamos, qué rota he sido, siéntense, acomódense, a ver si nos calmamos.

JUAN —Es mi culpa.

IDA —¿Qué cosa?

JUAN —Lo de Beto.

IDA —¡No, hombre!, ¿cómo se te ocurre?

JUAN —Sí, es mi culpa... cresta, no debí dejarlo solo aquella vez. (*Se toma la cabeza.*) Oye, Chela, sabís que yo caché al tiro que ese tipo andaba buscando un "sapiola". Por eso me corrí y la embarré... no debí dejarlo solo. (*A las mujeres*) ¿Nocierto que no debí dejarlo solo?, ¿nocierto?

IDA —Te estai martirizando de puro gusto, Juan. Bien sabes que el Beto se vendió porque quiso... no po, si tú no tienes na que ver en el problema.

CHELA —Es verdad, nadie más que él tiene toa la culpa...

JUAN —Si me quedo no pasa ni una cosa.

CHELA —¡Por la chita, Juan, cálmate! Oye, tú te pasas de bueno... ¿es que no entiendes? Ese cochino te vendió, y lo hizo así no más, sin pensar en nada.

JUAN —Y lo perdono, qué hacerle... lo perdono.

IDA —(*Le toma las manos.*) Tú sí, porque eres bueno. Pero, ¿y el resto de la gente? ¡Ah, no! Ellos no se van a olvidar tan fácilmente. El Beto está jodío, ése ya no es hombre ni es né, está marcao pa toa su vida, sucio y sucio pa siempre.

IDA —Parece que tocaron.

CHOLA —¡Beto!

IDA —Voy a ver.(*Chela y Juan prosiguen conversando. Sólo se aprecian sus gestos. Ida va por un costado. Habla en voz alta.*)

IDA —¿Cómo le va, Cholo? (pausa) Sí está, pero pase, pase no más. (*Cholo es el típico cesante de la esquina. Viste mal y su aspecto es bastante deplorable. Saluda de mano a todos los presentes.*)

CHOLO —Con permiso. Güenas, ¿cómo están toos?

CHELA —Diga no más, Cholo, ¿qué lo trae por aquí?

CHOLO —Es el Beto.

JUAN —(*Muy interesado*) ¿Es que lo viste? Cuenta, hombre, ¿cómo está?

CHELA —Sí, ¿cómo?, ¿cómo está?.

CHOLO —Lo hallé en la esquina. Ah, pero, oigan, yo no me trago na las cosas que se dicen por ahí del Beto. No, yo sé bien la calidad de amigos que tengo...

CHELA —Sí, sí, pero habla po.

CHOLO —Ta bien, ta bien... decía que lo hallé en la esquina, estaba sentao en la solera. ¿Saben que más?...

parece que... (*Hace el típico gesto del demente.*) IDA —¡A ver, a ver!... ¿Cómo es eso?

CHELA —Quiere decir que anda medio loco.

JUAN —Pero, déjenlo que hable.

CHOLO —Me dijo un montón de cosas raras. Con decirle que no caché ni una. Pero, lo que me dio julepe fue aquello que su vida ya no tenía sentío, que ahora estaba solo y que la muerte era una mujer, una hermosa mujer. Harto rara la cosita, ¿no?... ah, pero yo no creo na las habladurías e la gente, son más copuchentos. Por eso me acerqué. Oigan, yo les vengo a avisar no más, yo no sé na lo que le pasa... es que tuve miedo que le pase algo malo, ¿no ven que anda medio mal del mate?

CHELA —¡Qué locura! ¡Qué locura es ésa que lo hizo entrar en razón!

JUAN —¡Pobre Beto!... ah, pero yo me voy, tengo que hablar con él: no vaya a ser que cometa una locura.

IDA —Te acompaño.

CHOLO —Sí, vamos, vamos antes que sea tarde. (*Queda viendo a Chela.*) Y ustée, Chelita... ¿es que no viene con nosotros?

CHELA —Pa qué, Cholo, pa qué... ¿es que serviría de algo?(*Salen de la casa atropellándose. Chela queda inmóvil. Su mirada en el rincón de alguna parte. Toma la escoba, intenta barrer, no puede.*) Capacito no más que esté pensando en matarse. ¿Es que hay otra solución? ¡No, cómo va a ser capaz! (*Se pasea de un lugar para otro.*) A lo mejor la embarré con echarlo; pero, ¿qué otra cosa iba a hacer?... vivir con él no podía ser posible. (*Lleva sus manos a la cara.*) Dios mío, no quisiera que se muera... ¿y si vive?

¡No! ¡Ya no!... es imposible, está manchao, no hay remedio. (*Se detiene en el centro del escenario. Se pasa las manos por los brazos.*) ¿Y ahora? ¡Cresta que hace frío! Siempre hizo frío; ¿será que ahora siento el frío? (*Mira las paredes.*) Es la soledad, es la soledad que ahora se encariña con nosotros, el pasto en las paredes, la humedá, este silencio que aplasta too adentro. ¡No, yo no quiero que se muera! A lo mejor son puras leseras no más del Cholo... ¡Cuánta soledad y cuánto frío! (*Al público*) Me estoy quedando sola, ¿entienden?, sola como un palo. Recién me estoy dando cuenta que estoy sola. (*Se dirige a la platea, camina lento hacia la gente.*) ¿Es que estoy sola, ah? ¿sola?, ¿sola?, ¿ah? (*Se entrevera con la gente, los palpa.*) ¿Creen ustedes que la gente como uno queda sola? ¿Qué cosa es la soledad? (*Se sienta entre la gente.*) ...No, no estoy sola. Están ustedes, los siento, escucho su respiración, aquí están sus rostros y veo igual el rostro mío. No, no estoy sola, no estoy sola... ¡Dios mío, yo no quiero, no quiero que el Beto se muera!

(*Se corta la luz del escenario. Se encienden las luces de la sala.*)

FIN

TESTIMONIO

GRUPO DE TEATRO PUERTO MONTT (1985)

PERSONAJES

JUAN(*padre*)
MERCEDES (*madre*)
PEDRO, ROSA y TITO (*hijos*)

I ACTO

JUAN —Un día más ha pasado, no sé cuántos días han pasado y sigo esperando, ya me he olvidado de tantas cosas, pero de pronto vuelven a mi memoria recuerdos y entonces ya no soy el mismo, quisiera gritar para que escuche no sé quién, pero no importa, soy uno más, uno más que día a día se entrega, se rinde; es más fácil, es más fácil. ¡Sí! Es más fácil vivir sin luchar.
Total qué más puedo hacer si hoy por ejemplo he recorrido tanto repitiendo la misma pregunta: ¿Tendría Ud. algún trabajito?... y tantas veces me han dicho lo mismo: ¡No! ¡No hay nada! ¿No ven que tengo razón? Es más fácil... es más fácil no trabajar, todo ayuda para no hacerlo.
No me pregunten de dónde salió esta botella, los hombres como nosotros buscamos siempre una razón para tomar, casi siempre lo hacemos porque nos gusta, podemos vender cualquier cosa para comprarla.
¡Sí! Nosotros somos así, buscamos nuestras propias desgracias.
Pero de pronto me pregunto: ¿Por qué yo? ¿Por qué no tengo nada? Si he trabajado tanto antes, si mis manos se han amoldado a la picota, a la pala, trabajando de sol a sol, y aquí estoy con esta angustia, con esta idea quemándome la cabeza. Mañana otro día... mi mujer me pedirá plata pa'la comida, los cabros llorarán de hambre, tal vez más de alguna pelea y ellos serán los

espectadores. Los cabros, espectadores en primera fila donde nosotros somos los actores. Somos tan buenos actores que los cabros lloran, sin duda ellos entienden el drama de la obra. ¿Y después?... ¿Qué hacer después? ¿Cómo decirles que no quería que pasara eso, que yo los quiero? Entonces no sé a quién culpar.

Siento que mi angustia es más grande, para calmarme salgo, quiero alejarme por un rato de todo esto que cada vez es más insoportable. Me encuentro con otros amigos que tal vez al igual que yo andan escapando y llegamos al lugar de siempre. Una botella, otra y otra, así termina otro día y aquí estoy... solo con esta botella y mi pensamiento. Mi mujer y los cabros duermen... ¡Escuchen!... Duermen. Sólo así llega la paz a esta casa... bueno, si es que puede llamarse paz. Mañana otro día... no sé cuántos pasarán. ¿Qué dicen Uds.? ¿Llegará otro día?

II ACTO

(En escena Mercedes y Juan)

MERCEDES —¿Cómo te fue hoy día? ¿Encontraste algún trabajo?

JUAN —No, aún nada. La cosa está difícil, a lo mejor en la tarde me sale un pololito.

MERCEDES — Ojalá que te resulte porque si no....

JUAN —¡Ya basta mujer! ya sé lo que vas a decirme y no quisera escucharlo otra vez.

MERCEDES —Pero Juan, ¿qué quieres que haga? ¿A quién puedo pedirle algo, si no es a ti?

JUAN —Sé perfectamente lo que sientes, pero yo nada puedo hacer, es como si tuviera las manos atadas. Me siento tan inútil, ¡cómo me gustaría que fuera diferente! Recuerdo que antes siempre decía: ¡Esto termina conmigo! Mis viejos vivirán tiempos mejores.

MERCEDES —¿Qué sacas con vivir del pasado? Los cabros están aquí, es presente, todo continúa. Lo tuyo fueron sólo sueños.

JUAN —¿Y por qué no podría yo desear algo mejor para los cabros? ¿Acaso existe algún padre que no lo quiera así?

MERCEDES —Eso es diferente, uno como padre siempre va a querer lo mejor para sus hijos, pero ya ves hay tantas cosas que lo impiden.

JUAN —¿Tienes algo más de té?... que aún tengo hambre.

MERCEDES —Sí, espera un poco.

JUAN —¡Oye! Los cabros, ¿dónde están?

MERCEDES —Por ahí deben andar. La Rosa, esa cabra me tiene cabriada, en el colegio, ni siquiera su ropa lava.

JUAN —Algo le debe pasar, mira que es bastante difícil vivir sin saber para qué. Yo creo que ella debe pensar mucho eso; ella ya es grandecita.

MERCEDES —Vas a tener que hablar con ella.

JUAN —Bueno, yo me voy, a ver si encuentro algo... chao.

MERCEDES —Chao.

(Entra uno de los hijos, Tito.)

TITO —¡Hola mamy! Mira lo que me prestaron, se escucha reencachá. Esto es lo máximo, es estereo, tiene control de tonos y se escucha como un equipo.

MERCEDES —¡Para qué más! No importa que no tengamos qué comer, no estarás pensando en que te compremos un aparatito de esos y un televisor a color también .

TITO —¡Chis! Pero mamy, si se ve rebonito, las películas y sobre todo el deporte; el fúbol por ejemplo, uno se ubica más fácilmente quiénes son quiénes.

MERCEDES —Mejor será que dejes de hablar tantas leseras y aterrices un poco antes que yo te haga aterrizar de un palo.

TITO —¡Ah! Mamy tú eres muy anticuada, mejor me voy a escuchar música afuera.

MERCEDES —No hay caso con esta juventud, cada día más inconsciente.

III ACTO

(Están Rosa, Tito y Pedro.)

PEDRO —Cabros, ¿han pensado Uds. por la que estamos pasando?... Los viejos están harto preocupados. Podríamos salir a buscar trabajo, a lo mejor tenemos más suerte que el viejo.

ROSA —Yo no trabajo mientras no sea algo como para mí, no voy a estar junto a cualquier gente.

PEDRO —¡Estai loca! ¿Quién te crees que eres? Si nosotros somos pobres. ¿Cómo vamos a estar mirando en menos a gente como nosotros?

ROSA —Lo único que sé es que yo no trabajo en cualquier cosa.

PEDRO —Oye Tito, ¿escuchaste lo que dice ésta? *(Tito, con los audífonos en los oídos, no escucha.)* Tito, ¡sácate esas cosas y escucha!...

TITO —¿Ah? ¿Qué? ¿Hablaban Uds.? Está buena la música.

PEDRO —¡Córtala con el leseo!... si estamos hablando en serio. Desenchúfate por un rato.

TITO —¿De qué se trata el asunto?

PEDRO —Es que la Rosa dice que ella no se junta con cualquier gente y por eso no va a trabajar.

TITO —Mira, yo creo que lo mejor para ti, Rosa, es que comiences a ir a las fiestas, para que así te vayas liberando un poco de todo eso.

PEDRO —¡Para qué más! Con esa solución que tú le das seguramente la Rosa va a adquirir bastante roce social, ¿verdad?

ROSA —No se preocupen tanto, que yo ya tengo claro el asunto. No sean tan ordinarios.

PEDRO —¡Vas a seguir! *(Tito sale de escena con los audífonos puestos, bailando; la Rosa sale haciendo gestos.)* No hay caso con mis hermanos, pero no sé si culparlos a ellos. Son tantas cosas que se van acumulando y es imposible escapar a todo lo que se nos escapa como solución, que realmente es para confundirse. ¡Sí! Ellos no son culpables. Nosotros somos los herederos de estos tiempos.

IV ACTO

(Mercedes, Rosa)

MERCEDES —¡Ojalá que a tu padre le resulte algo hoy!

PEDRO —Sí mamá, confiemos en que así sea...
mamy, yo he estado pensando en todo esto y me gustaría trabajar.

MERCEDES —Y tus estudios, ¿que piensas dejarlos?

PEDRO —No mamá, creo que podría trabajar en el día y seguir estudiando de noche.

MERCEDES —Mira, no sé si podrás, pero si tú te encuentras capaz...

PEDRO —Sí mamy, yo voy a poner todo el empeño... a lo mejor tengo suerte y me consigo algún trabajo estable y así puedo ayudar un poco en la casa.

MERCEDES —Bueno hijo, ojalá que te resulte.

(Entra Juan con una bolsa en la mano.)

JUAN —¡Toma!... Las cosas siguen igual, pero hoy día me he dado cuenta de que yo no soy el único; somos tantos que vamos de aquí para allá, ahogando una angustia en la garganta, sin atreverse a gritarla. Somos tantos y no somos nada, llenos de frustraciones y humillaciones, y así seguimos andando, como máquinas, casi sin aliento.

PEDRO —Sí padre, entiendo tu preocupación, pero no te culpes. Has hecho todo lo posible por nosotros, las soluciones no están en tus manos.

JUAN —Son Uds. los que me preocupan. No quisiera que al terminar mis días no tengan a qué aferrarse para realizarse como personas.

MERCEDES —Mejor les sirvo once. Pedro, anda a buscar a tus hermanos.

PEDRO —Voy en seguida... ¡Rosa, Tito, vengan a tomar once!

MERCEDES —Siéntense.

JUAN —Uds. supongo que ayudarán a su madre en la casa.

(Mercedes cae desvanecida.)

JUAN —¿Qué te pasa mujer? Pedro, ayúdame a levantarla. Ustedes se quedan aquí. Yo llevaré a su madre al hospital.

PEDRO —Ojalá no sea nada grave. Creo que hacía días que no comía.

ROSA —No quisiera que le pasara nada.

TITO —Y nosotros nunca nos preocupamos de ella.

PEDRO —Ustedes parece que ahora aterrizaron. Sabían que la mamy todo el tiempo se quitaba de comer para darnos a nosotros.

TITO —Y yo con mi música preocupado de tonteras.

ROSA —Y yo esperando encontrar un trabajo de acuerdo a mi persona.

PEDRO —Bueno, al menos ahora entienden las cosas. Esperemos que todo salga bien y pronto el viejo traiga buenas noticias.

TITO —¡Sí! Tenemos que esperar.

ROSA —¡Puchas que se demoran!

(Esperan sentados a la mesa. La luz se apaga de a poco y luego aumenta... aparece Juan con mirada baja y pasos lentos.)

ROSA —¿Cómo está la mamy?

TITO —¡Sí! Papi, dinos algo.

PEDRO —¿Qué pasa? ¿Por qué no nos respondes?

JUAN —*(Con voz entrecortada)* ¡Qué puedo decirles! Sí, ¡qué puedo decirles, si ni siquiera yo lo entiendo! Vivimos en este mundo, tan lejos de lo que fue la edad de piedra, sin embargo las personas se mueren de hambre. Algo tiene que estar fallando. ¡No puede ser que las personas sigan muriéndose de hambre, mientras que a unos pocos les sobra como para nutrir a sus perros. ¿Cómo quieren que siga con esto dentro? Si ya no puedo soportarlo, ahora qué más da. No importa lo que pase. Es doloroso morir de hambre. Ya no voy a sentarme, ni esperaré por migajas; voy a gritar lo que llevo dentro, tenemos derecho a la vida, ha ganarnos nuestro pan.

(Se paran, todos gritan.)

TODOS —¡Tenemos derecho a la vida!

FIN

TRES CUENTOS PA' UN MAPOCHO

YURI CÁCERES, GRUPO "LA PUERTA"
RENCA, SANTIAGO (1982)

PERSONAJES

ARENERO
HOMBRE RIBEREÑO
PEDRO y TERESA (*familia de campamento*)

Música: Tic Tac (Grupo Ortiga)

(*La acción transcurre en la orilla del río Mapocho, en la comuna de Renca. El espacio escénico está dividido en tres partes, donde habitan, el arenero, el hombre ribereño y la familia respectivamente. El río corresponde donde está el público.*)

ARENERO —¿Por qué cargaste con nosotros río?... ¿No te dai cuenta que el material que te llevaste era nuestra comía, el pan, los cuadernos de los cabros chicos? Claro, quédate callao nomá, total como a ti no te va ni te viene... re linda la custión... más la pega que voy a tener ahora... descarpar y hacer otra calichera, ¿no cierto?... ¿Cómo voy a trabajar en la otra, si está llena de agua y caca re blanda?... no tendría ningún brillo que estuviera trabajando y se me desarmara la calichera y me cayeran encima todas las piedras y la tierra... ¿Querí que quede más embarrado de lo que estoy? (*Pausa*) Pero no te preocupí, si no so vo, son los giles de la Muni, los que nos quitan la arena, y yo prefiero que seai vo, pero pa'otra vez échame una avisaíta cuando te vai a salir, ¿no vis que nos pillaste volando bajo?... ahora mi suegra más lo que va a hablar... no va a querer más guerra cuando sepa que le llevaste el somier que usaba de arnero... y pa' pedirle el otro... ¡chii!... no guaví... justo ahora tenía que enfermarse mi vieja. Anda trancada, anda a cada rato preguntándome qué es güeno pa'esa cuestión. Yo le dije que se jugara una pollita gol, así, si no caga el sábado iba a cagar el domingo... y se me espantó... hasta el humor se le perdió a la vieja ya ni se ríe oh.

RIBEREÑO —¡Puta que encachaíta la cuestión compadre! Primero, el río se lleva la choza que tenía. Segundo, se llevó todas mis pilchas. Tercero, casi me mata a mí y ahora después de todas estas cagaítas me quieren echar del río... que ya no puedo vivir aquí, que es para mi seguriá. ¡Maldita lluvia! ¡Si lo güeno es que le pongan una tapaíta ahí! (Pausa) ¡Oiga!... pero se pasó la lluviecita. Si hubiera sabido que venía una de este porte, me habría hecho un ganchito... ¡chii! ¡A quién no le vendría un galoncito, una sillita! ¿Ah?... pero ahora estoy preparado... ¡No digo yo!... se van a acabar las piedras y los gueónes van a seguir...

PEDRO —¡Se pasó esta cuestión Tere!... los zapatos, las camas... ¡Hasta el cogote nos llegó el agua, chiis si no es lesera...!

TERESA —¡Oye Pedro!... ¿Qué vamos a hacer ahorita...? ¡Ojalá que a tú mamá se le ocurra venir pa'cá, pa'echar una ayudaíta... ¡Si ni al PEM pude ir esta mañana...! si los colchones no se iban a secar solos... ¡Oye!... ¿Y fuiste onde la Juana al fin?

PEDRO —¡Sí!... fui donde mi cuñada a pedirle unos pesitos pal pan ¡Total al Lucho le habían pagao un poco, y el güeón todavía no se la había tomao...!

TERESA —¿Sabí?... hoy vinieron los gallos de la Muni y me preguntaron... ¿Señora, usted está bien?... "No está viendo que apenas si alcancé a agarrar los calzoncillos de mi marío", le dije...

PEDRO —¡Las preguntitas que hacen estos giles!

TERESA — ...Y más encima me ofrecieron frazadas... pero tenía que pagarle después... ¡Con qué ropa le dije!

PEDRO —¡Chiis!... ¡y no le dijiste que si tenía güeltode los cuarenta millones de piojos que tenimos!

ARENERO —¡No sabí na oh!... ahora que nadien tiene material aparecen los giles a comprar... andaban todos desesperados por conseguir material... podríai haberte esperao a que vendiéramos y después ¡Salirte!... así ese día

que salgai pasa a ser feriado... ¡Cómo no vai a saber lo que
es feriado!... ¡No poh!... si no es cuando hay feria, es
cuando no trabaja nadien. (*Pausa*) ¡Ah!... ya sé... por eso te
enojaste vo. Si hace tiempecito que no teníai pega, ¿De
adónde vamos a sacar desperdicios pa'echarte po? ¿Cómo
nos iba a llegar a nosotros nomás la güeaíta de la
recesión?... si con ésta saliste ganando como tres galones,
dos sillas, un auto y cinco cáscaras de plátano... además de
algunas prendas de vestir interior... (*Se ríe.*) ¡Mira!... si allá
anda otro comprador. ¡Puta!... ¿por qué no esperaste, oh?...
pero ¿sabí?... pa'otra vez hácete una paleteá po... ¡Hácete
como que te vai a salirte, y así llegan los compradores, le
vendimos el material, y no te salí na!... ¿Cómo está? ¿ah?
(*Pausa*) ¡Oye!... agarraste papa de lo que dijeron los gallos
de la Muni, de que nosotros te estábamos haciendo tira, y
te enojaste y la agarraste con nosotros... ¡Chii! y la otra vez
cuando vinieron ellos y te sacaron toíta la arena que
pusieron, ¿Cualés que te saliste? ¡No po!...¡Tenía que ser
con nosotros!... los pobres... como siempre pagando el pato,
¿O me querís dejar sin pega?... 14 años que estoy aquí... ¿A
ónde querí que me vaya?... si el PEM no tiene ríos.

RIBEREÑO —¡Cómo me voy a ir compadre, por la
cresta, si desde que se fue cortá la Lucy que vivo aquí!... si
yo no tengo na, ni a nadien, ¿A ónde me voy a ir?... a mí
me gusta estar solo... si por un montón de agua no voy a
arrancar como usted cuando lo pillan sacando arena los
gallos de la Muni... ¡Ya está güeno de arrancar!... ¡No le
arranco más a la vida! ¡Maldita sea, soy un cobarde!... mi
familia me abandona por cobarde... ¡Total, el hijo que
tenía, no sé aónde andará, y ya me acostubré a la
inmundicia y al frío... si quiere echarme, que vengan... qué
sacan con echarle la culpa a la lluvia y al río que puede
salirse, y que me van a matar, si hace tiempecito que estoy
muerto po compadre...

PEDRO —Así que vinieron los gallos de la Muni... ¿Te
hay fijao como caminan esos giles?... (*Camina
imitándolos.*)

TERESA —¡Oye Pedro, lo estay haciendo igualito!..."pase
nomá caallero... eche una miraíta nomá jefe... harto habían
aguantao las fonolas... ¡Cuidao! ¡Córrase pa'allasito que se
le va a caer ese ladrillo en la cabeza, ja, ja, ja, ja ¿No cree

que es pa'la risa?... no quedan fonolas, pero los ladrillos tadavía están arriba... ya ha mirao harto... ¡Dígame! ¿Nos va a echar una manito? ¿Nos va a regalar otra casuchita?, porque mire como está ésta po... y vea si hay una peguita pa'mi marío y manyi pa'la guagua, mire que a mí ya no me queda ni pecho donde no he comío... Ya, hasta luego caallero"... ¡Y se jue po'viejo!... ¡Qué fonolas, ni que na!... todavía ni se aparecen oh... ¿Qué vamos a hacer oh?...

PEDRO —¡Apechugar solitos nomás!... total, yo le pego a la carpintería y puse unos cartones en el techo por mientras y con nylon que te conseguiste, se los puedo poner a los colchones. (*Teresa lo mira molesta.*) ¡Pero qué querí que le haga!... si cuando cresta se van a secar... ¿Con este calorcito acaso?... o creís que te lo van a regalar, y además no vamos a dormir en el suelo... tenemos que hacerlo así... ¡Oye Tere!...

TERESA —¡Qué querí ahora oh! (*Enojada*)

PEDRO —¿Le conseguiste dinero pa'l remedio de la guagua?... mira que desde hace rato está tosiendo.

TERESA —(*Gritando*) ¡Y de aónde querí que saque si las cuestiones no están botá!... ¡Aaayy! (*Descubre una laucha.*)

PEDRO —¡Qué tanto gritai oh! Si ahora qué te va hacer una laucha, si a estas alturas ya somos parentelas d'ellas.

ARENERO —Anteayer cuando me jui con ese gallo nuevo que llegó a trabajar aquí, me preguntó qué ocupación tenía... ¿me está agarrando pa'l fideo ñor?, le pregunté. ¿Acaso no me ha visto sacando arena?... ¡ésa es mi ocupacíon po. ¡Y el tonto pailón!... me le enojé al tiro, y me dijo: no se preocupe ñor... si ser arenero es un trabajo digno... ¡Digno de perros! Yo le dije que en qué otra cuestión le podía hacer cototo,... ¡si no hay na po!... ¡Pero hombre!, me dijo ¡Si hay montones de oficios!... están los taxistas voluntariosos de la feria... ¿Por qué voluntariosos?, le pregunté... "porque sea su voluntá nomás patrona"... ¡Ni taxímetros tienen pa'estafar a la gente!... están los hombreros... ¿Hombreros? ¡Claro!... usted lo único que le dice: ¿Le llevo el saquito al hombro?... y cortó pa'otro lao... entonces yo pensé que a estas alturas nosotros somos Master en material de contrucción. (*Pausa*)

RIBEREÑO —Así con el cuento del Mapocho compadre... lo que yo pienso, es juntar todos esos palos

viejos y armar mi choza de nuevo... si se quieren venir
pa'cá ¡Atráquele nomá!... total, aquí le hacemoh empeño, y
le metimos ñeque... si no los pueden echar así como así...
primero, que se preocupen de la güeaíta de los puentes del
agua, de cuanta cuestión... después que vengan a lesiar
aquí... ¡Echele pa'elante nomá. ¡Venga, acérquese...
calentemos el choquero y tomemos este tecito que
conseguí con la casera. ¡Compadre!... vamos a tener que
conseguir pitilla pa'amarrar los palos y clavos, y unos sacos
pa'acostarnos... se lo pedimos a la casera... ¡Oiga iñor!
¡Cómo me gustaría que estuviera la Lucy aquí!... era re
güena... ¡No po iñor!... ¡Sin ofenderla! ¡Claro que le gustaba
el copete!... ¿Y acaso a Ud. no?... a ella le gustaba, pero que
tanto había sufrido la pobrecita...yo la conocí en un bar...
ahí en Mapocho, y como no tenía adonde ir la traje pa'cá, y
aquí mesmito le di el porrazo, y nunca más nos
separamos... hasta que el hígado no le aguantó más... harto
sufrí cuando se fue cortá, y ¡cuánto no habíamos sufrío!...
peleas, la cárcel, así que me mandé hacer esta lluvia y este
río que prácticamente es mi cuna... ¡Aquí nací y aquí voy a
morir... !

TERESA —¡Oye viejo! ¿Por qué no le decí al Juaco que
se pegue una arrancaíta a la iglesia?... ahí nos pueden
ayudar un poco. ¿Querí? ¡Pero dile que vaya luego, así si
estamos de los primeros nos pueden dar más cositas!...

PEDRO —¡Tú sabí de sobra que no me gusta pedir
limosna!

TERESA —¡Pero que soy duro hombre! ¿Querí que nos
muramosde hambre?... además, no vamos a robar. ¡Anda,
dile!...

PEDRO —¡Ta bien! (*Al público*) ¡Oye Juaco! ¡Anda a ver
qué pasa en la iglesia, y pregunta si los pueden ayudar!
¡Anda rápido nomá y vuelve pronto!... ahora le voy a
arreglar el catre a la guagua...

TERESA —¡Si po, la pobrecita... si ella es la que más
sufre! ¿A nosotros qué nos va a pasar?... si hace tiempecito
que nos llueve sobre mojao... y... ¡Deja el maldito orgullo a
un lao y care'palo nomá!...

PEDRO —¡Lo güeno de esta cuestión es que ahora
podemos pedir ayuda con la cuestión del temporal y los
damnificados pero, ¡qué vamos a hacer más adelante

cuando el temporal pase!... ¿Con qué excusa vamos a pedir ayuda?...

TERESA —...No hay vuelta que darle viejo... hay que ponercara dura, de pobre... total la necesidad así lo dice.

PEDRO —...Así lo dice... junto con la naturaleza...

TERESA —¡Qué le echai la culpa a la naturaleza, si hace tiempo que estamos con temporal y con la mierda hasta aquí! (*Pausa*).

PEDRO —¿Te acordai Tere cuando nos casamos y yo te tomé en brazos pa'la casa?

TERESA —... Sí viejo, pero era porque estaba todo inundao...

PEDRO —¡Ya, no hablí más y ven a ayudarme aquí!...

ARENERO —...Esta calichera la voy a hacer con tres o cuatro mesas pa'que no cueste tanto subir el material... ¡Ojalá que venda un metrito!... hoy me haría dos gambas y media. ¡Cómo me gustaría tener un carretoncito!... si esos gallos fletean nomá y ganan máh o igual que nosotros... ¡espérate que viene un camión !... (*Dando un paso al público*) ¡Eih.... oiga! (*Chifla.*) ¡Pasó de largo!... ¡Qué te apuesto que va ir donde el gil del Mario!... ése se engrupe a los caseros, y nosotros que traímos pa'cá a los compradores, ¡puta!... ¡Por'tar conversando con vo se pasó el camión... ¡Sabí que ayer vinieron los giles de la Muni, a ver siteníamos algo juntao, porque necesitaban material... y está de cajón si nos pillan con material, se lo llevan preso, y nos pasan la multa... así que andar ojo al charqui, pa'apretar en cuanto aparezcan... quieren que nos vamos pa'esa isla que está allá. Nadie de nosotros quiere moverse... capacito que después que estemos allá nos corran máh pa'allá. ¡No hay que aguantarles, y parárseles!... no importa que nos saquen la cresta, pero no nos pueden pasar a llevar así... ¡Hay que sacarle el jugo a la tierra!... ¡Chiis!... ¡Es de todos!... abrir las calicheras, arnear y esperar a que algún gil se le ocurra construir...podría encontrarme un diamante oh. ¿Te imaginai lo que haría? Cambiaría el sol, secaría todos los ríos... total, haría la arena sintética... ¿Piedras?... ¡Pa qué po!... si hay cabezas de piedras por todos lados y hasta dan órdenes. Soñar no cuesta na, pero quién te dice que trabajando y trabajando... claro que no hay ni esperanzas que lo encuentre todavía.

De todas maneras con puras piedras y arena voy a seguir sembrando mis esperanzas.

RIBEREÑO —...Estuvo rico el tecito, así que vamos a acostarnos compadre... ¡Qué me mira con esa cara compadre, sinos vamos a acostar en separao!... mañana tenemos que juntar unos palos y conseguir lo que le dije en denante. ¿Sabe lo que se me ocurrió, cumpa?... podríamos movernos pa'onde están los sauces, así cuando salga el jefe apretamos pa'arriba y así el agua no nos alcanza a ninguno. ¿Qué le parece?... y por otro lao tenemos sombra pa'l verano. (*Al público*) ¡Qué triste es la vida compadre, cuando no se tiene a nadien que te ayude a vivir!... apenas unas pilchas, apenas un choquero y sólo las ganas de morirse... ¿No me escucha compadre?... ¡Bah, se quedó dormido!... y qué triste es hablar solo. ¡Tampoco quiero a nadien!... sólo una botella, un pucho, o la cola y seguir viviendo, ja... seguir muriendo, ¿no es verdá?...

TERESA —...Ya se durmió la gorda...

PEDRO —...Sí. ¿Y el Juaco todavía no llega?

TERESA —No ha llegao.

PEDRO —¡Esperémoslo entonces!... ¿No te querís acostar?

TERESA —¡No viejo!... quiero estar contigo ahora esperandoal Juaco.

PEDRO — ...Me costó arreglar esta cuestión... (*Señalando la cuna*) hasta el dedo me lo machuqué. ¡Puta si llega mañana otra igualita!

TERESA —Ahí mismo se nos cae la casucha y nos aprieta atoítos...

PEDRO —¿Pero qué hago si con la plata del PEM... ?

TERESA —¿Te vení a dar cuenta recién?... no te decía yo que cuando tuviéramos la mierda hasta la coronilla, ahí recién nos íbamos a dar cuenta... y siempre me decíai que esta cuestión se iba a arreglar, que era purita mala suerte nomá. Yo lavando, el Juaco trabaja y vo también, y la plata no alcanzaba pa'na, y máh encima la cabra chica.

PEDRO —¡Chí!... ¿Te imaginai en el tete que estaríamos metíos si me hubiera aguantao la pará pa'la otra?

TERESA —¡Pero si no estoy lesiando oh! ¡Vo siempre salí con tus tallas cuando te hablo en forma seria!... ¿Es acaso que no te dai cuenta, viejo, que estamos en tremendo tete?

PEDRO —¡No te enojí oh!... ¡Ven pa'cá!...

TERESA —¡Córrete oh!... ¡Soy máh vo!... ¡Sabí de sobra que tení que apechugar, y te poní a puro lesear!...

PEDRO —¿Y vo creí que no estoy choreao? ¡Toy cansao que la ví ropa ajena y que la cabra chica pase enferma nomá... Pero, ¿qué querí que le haga?... no voy a salir a robar...

TERESA —¡Siempre salí con la misma lesera!... "¿Qué querí que le haga?", y no hací nunca na... "que mañana voy a salir y me va a ir bien"... toda tú vida pura ilusión, toda la vida hai dicho lo mismo, como ahora, que le echamos la culpa al Mapocho y a la lluvia. Si aunque le pongan atajo a esa porquería va a seguir lloviendo todo el año y el próximo...

PEDRO —¡Y que querí que le haga!... si la naturaleza tiene la culpa de que se haya salío el río...

TERESA —¡Claro! ¡Pa qué má po!... ¡Echale la culpa al río! (*Señala al público.*) ¡Pregúntales a ellos si ella tiene la culpa!

PEDRO —¿A quienes po?

TERESA —¡A ellos!...

PEDRO —¡Ah, pregúntale vo!...

TERESA —¡Ya empezaste de nuevo! ¡Pregúntale vo!... soi el hombre de la casa. Siempre tengo que yo estar haciendo las cosas...

PEDRO —¡Ya, ven a estarte a mi laíto po!...

TERESA —¡Sí. oh!... ¡soi más cobarde!...

PEDRO —(*Avanza unos pasos hacia el público con la mujer.*)... ¡Oigan!... disculpen la preguntita... ¿Qué culpa tiene el Mapocho? (*Se apagan las luces y se escucha una música final.*)

FIN

SATIRA, PODER Y DEMOCRACIA

El concurso (1982)

Homenaje a un trabajador (1980)

LCI-LCO Liceo (1980)

Cómo José Silva descubrió que el Angel
de la Guarda existe (1979)

Juan y María (1983)

EL CONCURSO

GRUPO "LOS DE ALVEAR"
POBLACION DIGNA ROSA, ZONA OESTE, PUDAHUEL
CREACION COLECTIVA (1982)

PERSONAJES

El ANIMADOR
MR. FRIOMAN
LAMPARITO JAMONES
GUALO REYES
RAFAELA GARRAFA
MISS LIBERTAD MERCADO
MISS JUSTINA SOLIDARIA
JUANITO CESANTIA

(Comienza la obra cuando se escucha música de gran concierto, aparece el Animador con un traje sobrio y una sonrisa en la cara. Empieza a hablar.)

ANIMADOR —Señoras, señores. Muy buenas noches. Estamos felices de estar nuevamente con ustedes y con todos los televidentes que suponemos estarán tan ansiosos como nosotros de saber por fin quién será elegida Miss Economía 1982, y hemos llegado con dos hermosas finalistas que se están disputando palmo a palmo la corona. Pero antes, tengo el agrado de anunciar para Uds. los personajes que componen nuestro maravilloso jurado. Como Presidente del Jurado, tengo el honor de dejar con Uds. a ¡Don RONALDO FRIOMAN!

(Se escucha música de vaqueros y aparece Mr. Frioman con sombrero de vaquero, camisa floreada, pantalón blanco, anteojos de sol, un puro en la boca y también una máquina

fotográfica en el hombro. Avanzando a grandes pasos se
dirige al micrófono y dice:)

MR. FRIOMAN —Mi sentir muy contentou de estarr en
   Chili; ai lav yu, ai guont yu, ai ni yu.
ANIMADOR —¡Qué simpatía señores! Un gran aplauso
   para el míster. Ahora tengo el gran agrado de presentar
   nuestro próximo jurado. Se trata de una figura de la
   canción latinoamericana; me refiero a ¡Lamparito
   Jamones!

(Se deja oír música tropical, mientras Lamparito, con
faldémplia y grandes aros, blusa escotada y con flores, baila
un poco y el animador la llama.)

ANIMADOR —Lamparito, ¿qué te parece el recibimiento
   de la gente en mi país?
LAMPARITO —Pero te digo, que no lo pueo creé, no lo
   pueo creé, mi negro.

(Ella se va a sentar a la mesa del Jurado, mientras ya se ha
terminado la música.)

ANIMADOR —¡Qué mujer! ¡Qué mujer! Bueno... bueno,
   a continuación, como gran animador de cumpleaños,
   bautizos y casamientos, tengo el gusto de presentar a
   nuestro jurado nacional, que es nada menos que
   ¡GUALO REYES!

(Se empieza a escuchar música de Gualo Reyes mientras
aparece con camisa blanca y bluyean, con una gran sonrisa
en la boca y saludando al público; a varios les da la mano y
después va al micrófono.)

ANIMADOR —Gualo, ¿qué te parece esto? ¿Tienes algo
   que decir?
GUALO —Claro que tengo algo que decir po.
ANIMADOR —Dilo entonces.
GUALO —¿Cuándo vallir pa' la casa?

(Se va a sentar, mientras la música se apaga lentamente.)

ANIMADOR —¡Pero qué alegría señores! ¡Qué lindo!
Ahora les presento al último de nuestros jurados. Ella es
italiana, es cantante, bailarina, artista de cine. ¿Saben
quién es?¡Sí, ella misma! La incomparable ¡RAFAELA
GARRAFA!

*(Aparece caminando rápido con los brazos extendidos, una
cartera vieja colgando, mientras se escucha música, Rafaela
da dos vueltas por el escenario y va al micrófono.)*

ANIMADOR —¡Qué lindo! ¿Deseas decir algo Rafaela?

RAFAELA —Sí, io voglio decire, ma que donde poso
dejare a mis chicos.

ANIMADOR —Non preocupare, se pueden quedar en el
patio jugando con los niños de Mr. Frioman. Ellos en
Chicago han aprendido juegos bien entretenidos: el
Paquito Ladrón, etc.

RAFAELA —Graci, mili graci.

ANIMADOR —Antes que te vayas a sentar tengo
curiosidad por saber qué significa el andar con esa
cartera vieja. ¿Es un amuleto?

RAFAELA —Ma no io supe que aquí pagaban molto por
carteras vencidas y por eso traje varias.

*(Ella se va a sentar mientras el Animador se encoge de
hombros.)*

ANIMADOR —Bueno, señoras y señores, ha llegado el
momento de presentar a las finalistas de este Gran
Concurso Miss Economía. En primer lugar, le
corresponde salir al escenario a la señorita... ¡LIBERTAD
MERCADO!

*(Sale la señorita Mercado y el Animador le ofrece el brazo.
Ella lo mira sobradamente y acepta. Se dan vuelta por el
escenario y queda parada junto a la mesa del jurado.
Mientras pasa se escucha música en inglés.)*

ANIMADOR —A continuación señoras y señores, les
presento la segunda finalista, la señorita... ¡JUSTINA
SOLIDARIA!

(*Aparece una niña pequeñita que demuestra timidez. El Animador de pronto se acuerda que tiene que ofrecerle el brazo y lo hace. Mientras pasean por el escenario se escucha música folklórica. Se queda parada al lado de la señorita Mercado, que la mira con desdén.*)

ANIMADOR —Bien, ha llegado el momento de hacer las tres preguntas de rigor a las concursantes. La primera corresponde a la señorita Mercado y la realiza Mr. Frioman.

(*Mientras la señorita Mercado avanza se escucha la pregunta.*)

MR. FRIOMAN —¿Qué hacer yu parra verrse en tan buen estadou?
LIBERTAD —¿Saben?... nunca se lo he dicho a nadie, pero ahora les voy a revelar mi secreto: resulta que yo seguía el régimen de la luna, pero hace más o menos nueve años encontré uno mejor y nunca me he sentido mejor que con el régimen actual.
ANIMADOR —¡Qué lindo! Aplausos, señores. Veamos ahora la pregunta correspondiente a la señorita Solidaria. Le corresponde hacerla a Lamparito Jamones.

(*Avanza Justina y se escucha la pregunta.*)

LAMPARITO —Dime tú oye, ¿qué haces para verte de la forma que te ves? ¡Pero dímelo, mi negra!
JUSTINA —Resulta que yo era una niñita fuerte y sana y estaba creciendo allá en mi pueblo sin problemas, pero un día mis padres se descuidaron y yo sin saber lo que hacía, tomé un vaso que había en la mesa y me lo tomé, y desde ese día que me empaché. Todavía no me puedo recuperar bien.
ANIMADOR —Yo creo que todos quisiéramos saber qué fue lo que tomaste.
JUSTINA —Fue leche de gorila.
ANIMADOR —Han escuchado la respuesta de la concursante, pero no nos pongamos tristes. Esta noche

es de alegría. Vamos a la segunda pregunta para la señorita Mercado. Esta la va a hacer Gualo Reyes.

GUALO —¿Qué mensaje le diríai a la juventud que te admira?

LIBERTAD —Le diría que lo principal es luchar por lograr éxito en la vida, porque de esa manera se ayuda a hacer grande a la patria, más fuerte y soberana. Por eso la juventud debe esforzarse para lograr el triunfo y así podamos comprar televisores, autos, casas, teléfonos, etc. Todo lo que queramos. Pero digo una vez más, que sé subir caiga quien caiga. ¡Viva mi patria y viva la unidad de la juventud!

ANIMADOR —¡Qué lindo! Aplausos, señores. ¡Qué inteligencia! Vamos con la segunda pregunta para la señorita Justina. Esta la realiza la incomparable Rafaela.

RAFAELA —Io preguntarte, ¿qué mensaje le dirías a los jóvenes?

JUSTINA —Que se cuiden mucho, sobre todo cuando están creciendo porque si no lo hacen les puede dar alguna de las epidemias que hay por ahí: consumismo, egoísmo, etc. De todas maneras les doy una receta para que se curen: agua caliente, yerba del solidario y una ramita de justicia. Esto endulzarlo con amor. Esta es una receta que aprendí en mi pueblo.

ANIMADOR —Han escuchado la segunda respuesta de la concursante. Pasamos ahora a la última pregunta para la señorita Mercado. Esta la realiza el Presidente del jurado.

MR. FRIOMAN —¿Qué piensa hacer con su futuro?

LIBERTAD —Pienso encontrar un millonario economista que me tenga bien... con casa, auto... todo lo que yo desee. Con él me gustaría tener tres hijos porque estoy muy planificada, les tengo hasta los nombres. Al primero lo llamaría EXITO, al segundo lo llamaría CONSUMO y al tercero INTERES.

ANIMADOR —¡Qué lindo! Aplausos para la señorita Mercado.¡Por algo llegó a la final! Para terminar con las preguntas, la última para la señorita Justina y la voy a realizar yo, para salirme del esquema establecido. ¿En el futuro qué piensa hacer?

JUSTINA —Pienso irme a mi pueblo para ver si me dan el remedio que necesito para recuperarme de una vez por todas, y si gano, pienso hacerlo para todos. Siempre estaré con ellos porque no quiero nada para mí. Gracias.

ANIMADOR —Bien, con esto han respondido las concursantes las tres preguntas y ahora esperamos que el jurado esté listo para discutir su fallo. Mientras lo hacen, nosotros pasamos a las casitas y volvemos.

(Salen el Animador y las concursantes, y el jurado se pone a discutir, todos a una voz, hasta que habla Mr. Frioman.)

MR. FRIOMAN —Nou, nou, nou. Mi no gustarme mucho discutir, pour esou digou que a mí nou gustarme Justina, perrou la Libertad Mercadou ser mucho muy buenou con sus dos tasas de interés y su fondo de capital verse muy solvente. You votou por ella.

LAMPARITO —Pero mira tú oye, que nos estás presionando, eso es lo que yo creo, concha le vale.

GUALO —Claro, a mí me gusta la Justina. Es tan chiquitita y simpática, y me da pena lo que le pasó cuando guagua. Apenas la vea la voy a invitar a la casa.

RAFAELA —Io penso que la mejore e la bambina Mercado. Tiene molto donde elegir. Es llamativa e tiene linda presencia.

MR. FRIOMAN —Mirren, you les digou que debemos elegir a Miss Mercado, pourque de esa forma vamos a ayudar a este país a que se haga famoso por haber elegido esta Miss Economía. Y vendrán turistas, financistas, capitalistas, prestamistas... por eso les pidou con cariño que voutemous por Miss Marketing.

LAMPARITO —¡Que no lo pueo creé, no lo pueo creé! Tú eres más odioso que el hijo de Soleá. Tú presionas oye, tú presionas.

GUALO —Yo voy a votar, porque tengo que hacer. Un amigo me invitó para su casa. A mí me gusta Justina, pero con una lágrima en la garganta, voto por Libertad Mercado. Chao cabros.

RAFAELA —Io voto por la Mercado porque tiene molto más, molto más.

MR. FRIOMAN —Estar decididou, Miss Liberty Marketing ser elegida Miss Economía, pourque la señorita Justina ser muy corriente... andar con toudos... no sería una buena reina.

(Aquí entra el Animador mientras Mr. Frioman se abanica con unos dólares más y se ríe.)
ANIMADOR —Bien, señoras y señores. ¡Qué lindo! Tenemos por fin la votación del jurado. ¡Que pasen las candidatas! *(Entran las candidatas, Libertad mirando orgullosa y Justina humilde. El Animador toma u n sobre de manos del Presidente del jurado y dice:)* Señoras, señores todos... tenemos por fin la decisión del Jurado. Abro el sobre que contiene el nombre de la elegida Miss Economía del año 1982. Es la señorita...

(Aparece de improviso un niño corriendo y se dirige hasta donde está Libertad Mercado, que se asusta y le d a vergüenza. El niño es rotoso y mugriento, y tiene una banda en el pecho que dice en letras grandes: CESANTIA)
CESANTIA —¡Mamá! ¡Mamita! Mi hermanito Recesión se cayó y se rompió el hocico. Se tropezó en el plano, en el plano económico.

(Se arma un gran bullicio, todos hablan a la vez. Libertad toma al niño de un brazo y salen arrancando. El Animador se toma la cabeza, mientras comienzan a salir casi e n forma parecida como entraron los miembros del jurado, pero con una mezcolanza de músicas. Por fin, queda solo el Animador que dice:)
ANIMADOR —Estos son problemas que pasan en los mejores concursos, yo les pido que comprendan a la Mercado. Son los malos ejemplos que vienen de afuera, pero quiero eso sí decirles un último mensaje, a pesar que no me he identificado voy a tomar serias medidas para reactivar los controles del concurso Miss Economía. Sólo pido a todos comprensión y que hagan un esfuerzo más ahora.
(Mientras se escucha una música, se va danzando e l Animador.)
FIN

HOMENAJE A UN TRABAJADOR

TALLER "ENGRANAJE"
LO HERMIDA, SANTIAGO
CREACION COLECTIVA (1980)

PERSONAJES

VOZ
TORRES
MUÑOZ
MIRANDA
SOTO
REPRESENTANTE DE LA EMPRESA

(*El lugar de trabajo es una oficina de pago del personal de una industria. El lugar está vacío. De pronto se escucha una voz.*)

VOZ —¡Norberto Torres!... ¡a pagarse! (*De entre el público sale un hombre hacia el escenario. Desaparece por un costado de éste y regresa contando unos billetes. Se regresa para recibir un recado.*)
TORRES —¿Sí?
VOZ —¡Por favor, llámeme a Manuel Miranda!... (*Aparece un segundo obrero; se cruzan mirándose.*)
MUÑOZ —¡Manuel Miranda!
VOZ —¡Carlos Muñoz!... ¡a pagarse! (*Mientras aparece el tercer obrero, los otros dos se encuentran sentados en una banca.*) ¡Juan Soto!... ¡a pagarse! (*Aparece un cuarto obrero, entra a la oficina y regresa con su dinero. Quedan los cuatro al fondo del escenario, en la banca.*)
MUÑOZ —¿Qué te pasó Miranda?
MIRANDA —¡Mira!... (*Le pasa un papel. Muñoz lo lee.*)
MUÑOZ —¡Por la que lo jodieron firme compadre!...

MIRANDA —¡Así es!... ¿Y de quién cree Ud. que es la culpa?

MUÑOZ —¡De quién va a ser!... Uno que estoy mirando yo aquí...

TORRES —¿Y qué me tenís que estar mirando a mí?... ¡Na que ver!...

MUÑOZ —¿Por qué te hacís el desentendido?, ¿ah?... no vis que te rochamos acusando en el baño... ¡Chupa!...

TORRES —¡Sale pa' allá, oh!... aquí cada uno se las machuca con lo propio. Yo no tengo que ver ninguna cuestión aquí.

MUÑOZ —Entonces pa' qué te metís... ya que no estai con nosotros po... perjudicai a Miranda. Todo porque llegó un día atrasado.

TORRES —¡Andala cortándola! ¿Sabís?... mejor me voy... (Sale.)

MUÑOZ —¡Andate nomás, arrastrao!... (Le grita hacia afuera.)

MIRANDA —¡Por la el huevón pa'cínico!

MUÑOZ —¡Me dan ganas de ir a sacarle la cresta!... (Va hacia la puerta.)

SOTO —¡A ver, a ver!... ¡un momento!... nos hemos dado cuenta con el tiempo que este gallo es un vendido a los patrones... pero enojándonos no vamos a sacar nada. ¿Se acuerdan Uds. que hace unos años ocurrió algo parecido, cuando estábamos trabajando en lo Barnechea?... Bueno, yo he pensado que podríamos hacer una... (Habla en voz baja, riéndose. Los otros celebran lo expuesto.) Bueno, voy a hablar con el representante nuestro para que se haga presente este viernes para el acto de homenaje de la empresa. Ustedes vayan preparando lo que acordamos.

MUÑOZ —¡Ya!... desde ahora mismo empezamos... (Salen.)

SEGUNDA PARTE

VOZ —Llegó el día de aniversario de la empresa. (Música. Sube al estrado el representante de los trabajadores. Se sienta. Aparecen en seguida Torres con el representante

*de los trabajadores vendidos. Se sientan. Al final aparece
el representante de la empresa. Todos se saludan cuando
se encuentran. El representante se aproxima a un
estrato.*)

REPRESENTANTE —Señor Secretario General de las
Organizaciones del Derecho al Descanso, Señores Jefes de
tropas de Boys Scouts, Señora Presidenta Nacional de las
Damas de Morado, Señor Capitán de la Selección
Nacional, Señor Contador del Cuerpo de Bomberos,
Señor Delegado de las Islas Escondidas, Señora
Presidenta del Centro de Madres "Mujeres Abnegadas",
Señores Representantes de Frigoríficos de Carnes
Envasadas S.A., Señor Supervisor General, Señores
Administradores, Señor Gerente de Ventas, Miembros
acreditados de la prensa y otros medios de difusión afín,
Señores, Señoras... en estos momentos que hemos
suspendido las actividades regulares de la empresa, es
para mí un grato honor el tener con nosotros a tan
distinguidas personalidades. (*Aplausos. Los corta el
representante.*) ... Y como dijo la gallina a sus polluelos...
¡vamos al grano! El motivo de esta solemne ceremonia
es elegir, congratular, felicitar y enaltecer el valor y
lealtad del hombre de trabajo, representada en Norberto
Torres, un trabajador que ha entregado su vida al buen
cumplimiento de los principios y normas vigentes desde
la fundación de la empresa, allá por el año 1974, cuando
se puso la primera piedra, ya este esforzado guardian de
los bienes de nuestra comunidad fabril, encontrábase
aquí. Siempre aportando, siempre alerta, siempre
servicial, siempre dispuesto a cumplir los mandatos de
quienes dirigen nuestras vidas. Así como Fresia se
rindió a los pies de Caupolicán, este humilde trabajador
se postró a los cimientos de esta modesta obra. Hemos
mencionado algunas de las cualidades de este fiel y
abnegado hombre, que se hace presente en estos
momentos para recibir un sencillo pero emotivo
obsequio. El Secretario Ejecutivo de Finanzas y
Administración de la Sociedad "Cuida lo que no Tienes
y Pierde lo que es Tuyo" hará entrega del premio.
(*Aplausos. El Secretario felicita y coloca una medalla
microscópica a Torres.*)

TORRES —Creo que los elogios que me han hecho son demasiado para mi persona. Sólo soy un hombre que cumple con su deber. Me siento muy agradecido y en su persona doy las gracias a todos. Gracias. Muchas gracias. (*Se retira del estrado.*)

REPRESENTANTE —A continuación, el Sindicato de la empresa se hace presente, también con un símbolo que representa el cariño y aprecio de sus compañeros de trabajo. (*El representante de los trabajadores felicita y coloca el chupete y la media a Torres, y sale. Asombro y risas. El representante de la empresa sale indignado. Tumulto y pifias.*)

TORRES —(*Solo*) ¡Oigan!... ¡Por favor, vuelvan!... ¡Señor Palacios!... ¡Por favor!... ¡Por la cresta! ¡La cagué... la cagué!... (*Va hacia la banca y se sienta.*)

MUÑOZ —(*Desde adentro*) ¡Ya Sotito!... ¡Apágate esa luz!... ¡Oye... parece que se nos quedó alguien! (*Entra al estrado.*) ... ¿Y... cómo te sentís?

TORRES —¡Mal pu!...

MUÑOZ —Asímismo se sintió Miranda cuando le rebajaron el sueldo... ¿no vis? (*Torres no contesta.*) ¡Ya oh... vamos!... ¡Afuera están esperando los cabros!... Lo que es los trompas, te dejaron solo... ¡anda pensando... dónde tenís que estar! ¡Con los de aquí o los de allá! (*Le ayuda a levantarse y salen.*)

FIN

LCI-LCO LICEO

TALLER "ENGRANAJE"
LO HERMIDA, SANTIAGO
CREACION COLECTIVA (1980)

PERSONAJES

INSPECTORA
RAMIREZ
GONZALEZ
NAVARRO

(*La acción transcurre en dos lugares simultáneamente al interior de un liceo fiscal. Un espacio corresponde a la sala de espera de la Inspectoría. El otro, es la oficina de la Inspectora. La acción comienza en la oficina de la Inspectora.*)

INSPECTORA —(*Revisa unas carpetas. De pronto se levanta. Se dirige a la puerta y llama.*) ¡Señor Olivares!... ¿Por qué no me hace el favor de llamar a González del Cuarto C... Navarro del Cuarto D y Ramírez del Cuarto A?... ¡Gracias!... ¡Ahh!... y a Zamorano que lo dejen entrar a clases. (*Transcurren algunos segundos. La Inspectora sigue trabajando en su escritorio. Ramírez golpea la puerta.*) ¿Síi? (*Ramírez vuelve a llamar. La Inspectora se levanta y abre la puerta.*) ¡Ahh!... ¡Ud. es!

RAMIREZ —¡Ramírez, señorita!... ¡Ehh... yo venía porque me mandó llamar!...

INSPECTORA —¡Ahh... sí, sí, sí!... ¡A ver!... ¡espéreme un poquito!... ¡Ahh!... y cuando lleguen los otros dos alumnos me avisa, ¿de acuerdo?...

RAMIREZ —¡Sí, señorita!... pero yo quería hacerle una pregunta.

INSPECTORA —¿Sí, diga?

RAMIREZ —... Yo quería preguntarle... ¿hasta qué hora voy a estar aquí?, porque tengo una prueba...

INSPECTORA —¡No!... ¡Espere aquí nomás!... ya mandé a avisar a su sala que está citado a la Inspectoría...

RAMIREZ —...Es que yo quería saber señorita porque es una prueba importante.

ISNPECTORA —¡No!... ¡Me espera aquí!... ¡y ya sabe!... cuando lleguen los otros dos, me avisa. (*Cierra la puerta. Ramírez, solo en la sala de espera. Transcurren unos segundos.*)

GONZALEZ —(*Entrando*) ¡Hola, pus pollo!...

NAVARRO —¡Hola, pollito!... ¿Y qué estai haciendo aquí?...

RAMIREZ —(*Indicando con el dedo hacia la oficina de la Inspectora*) ¡Schhhss!

GONZALEZ —¡Qué tevai a preocupar por ésa!

NAVARRO —¡No seai así, pus pollo!

RAMIREZ — ...Es que yo no quiero que...

GONZALEZ — ...¡Putas que está bonito aquí! (*Sobándose las manos*)

RAMIREZ — ...¡Síi!... es bien bonito...

NAVARRO —¡Cáchate la diferencia!... aquí... todo pintadito... las salas sin vidrios, y los baños se llueven... ¡Todo ni porque pasamos a la Municipalidad!

GONZALEZ — ...Dicen que vamos a quedar mejor... ¿Te imaginai? ¡Baños con portero!... "¿Confort señor?"... ja, ja, ja...

NAVARRO —¡Qué lindo!... ¡Chis!... a lo mejor vamos a tener que hacer a pulso... ¡Con dos cadenas agarraos!... (*Risas*)

GONZALEZ —(*Pausa*) ¡Oye pollo!... ¿A qué te llamaron?... ¿Ah?... ¿A qué te llamó la vieja?

RAMIREZ —...Bueno... yo creo que se debe... a que el otro día teníamos que hacerle un regalito al liceo... y bueno, se pensó en juntar plata para comprar una máquina de escribir... bueno, yo le dije que si íbamos a estar dando plata, lo mejor era que la gastáramos en algo que lo aprovechara el curso... bueno, yo pensé, y conversé con los cabros esto... y no sé pus... yo creo que por eso me mandaron a llamar...

NAVARRO —¿Con quién hablaste?... ¿A ver?

RAMIREZ —...Bueno... con casi la mayoría del curso...

GONZALEZ —¡No pus pollo!... vos no sabí nada de cómo plantear las cosas, puh!

NAVARRO —¡A ver pollito!... ¡Analicemos!... primero, tú decís que no estás de acuerdo con regalar una máquina de escribir, si no es algo que vaya en beneficio directo de los alumnos... ¡Yo también estoy de acuerdo contigo!... pero tenís que planteárselo primero a los más derechos, y luego al curso... para que tengai alguien que te apoye...

GONZALEZ —¡Claro!... ¡Así!... porque si no... estai perdido... ¡Como ahora!... ¿No vis? (*Risas*)

NAVARRO —(*Pausa*) ¿Y tú?... ¿Por qué estai aquí?...

GONZALEZ —(*Paseándose*) ¡Bueno!... Resulta... que yo tengo el mejor curriculum de los estudiantes... de los estudiantes de Chile, por supuesto... ¡El alumno modelo del Liceo!... ¡El alumno incitador hacia una acción!... ¡Uds. se preguntarán por qué!... Resulta... que el lunes pasado ha llamado el Ministro de Educación para comunicarme que según Encuesta Nacional... he sido nombrado... ¡alumno ejemplo del país!...

RAMIREZ —...Entonces, llegó la mamá y lo despertó... (*Risa de Navarro*)

GONZALEZ —¡Chis!... ¡Güena! ¿De dónde saliste? (*Enojado*).

NAVARRO —¡Ya loco!... ¡Termina luego!... Cuenta, ¿qué hiciste?

GONZALEZ —...Bueno... vamos a ponermos más serios... Resulta... que he estado moviendo la cosa dentro del Centro de Alumnos...

NAVARRO —...¿Y?... ¿Qué más puh?

GONZALEZ —¿Es que no entendís?... Estoy haciéndole problemas a los viejos... porque a mí me gustaría llegar a formar un solo Liceo... unido... ¿Sabís?... me gustaría ser como Recabarren.

RAMIREZ —...Recabarren aspiraba alto...

GONZALEZ —¡Chuchas!... ¡Este pollo!... ¡Por la que es metido! (*Amenazante hacia Ramírez*).

NAVARRO —¡Ya, déjalo!... Lo importante es que Recabarren tenía objetivos... Ahora yo te pregunto... ¿En base a qué objetivos se van a unir los cabros?...

GONZALEZ —¡Eso es lo que hay que ver puh!... (*Pausa*)

NAVARRO —¡Oye!... ¿Fumemos?...

GONZALEZ —¡Ya!... ¡Oye pollito!... ¡Echate una miraíta por si viene la vieja! (Ramírez se acerca al panel que divide la Inspectoría con la sala de espera.) ...¡Ya!... (*A Navarro*) ¿Pásate los fósforos? (*Enciende y fuman apresuradamente.*) ...Bueno... ¿y tú?... ¿a qué te llamaron? (*Navarro no contesta.*) ¿Sabís Navarro?... ¿De qué te las querís dar?... ¿por qué no contai la firme?... ¿No creís que te roché?... Me tinca que andai con una profe...

NAVARRO —... El problema mío, según pienso yo...

GONZALEZ —¡Por qué no hablai bien oh!... así como nosotros.

NAVARRO —¿Por qué no aprendís a respetar a los demás?... Yo hablo así... y esa es mi manera de expresarme... (*Pausa*)

GONZALEZ —¡Bueno, cuenta!

NAVARRO —... El problema mío, según yo lo veo, no es tan grave... Me imagino que me llamaron, porque nos dijeron que teníamos que desfilar... No sé si a Uds. les dijeron lo mismo... No tengo uniforme completo... me falta la chomba... y no tenía zapatos negros... Además yo me opuse, porque no me gusta desfilar... Lo principal, es que se nos obliga a algo en que no estoy de acuerdo, porque pienso que somos personas, y tenemos derecho a elegir entre lo que queremos y lo que nos imponen.

GONZALEZ —¡Oye loco!... ¡Vos estai en algo serio!... ¡Sabís, yo hablo con todo el curso mañana mismo!... bueno... si no te es suficiente movilizo a todo el Liceo.

NAVARRO —...¡Vos no entendí!... eso no se puede... estai loco.

GONZALEZ —¿Por qué no puede ser?... a mí nome cuesta nada juntar a los cabros...

NAVARRO —¡Mira!... tú estai de acuerdo, pero... no todos están de acuerdo... Yo te conozco... pero los demás... ¿Te conocen?... a lo mejor puedes contar con la aprobación de los cuarenta... o por lo menos con la posibilidad de que te apoyen algunos.

GONZALEZ —¡Ya oh!... ¡Con vos no se puede conversar!

NAVARRO —¿Quién es el que se enoja ahora?... ¿No vis?... yo te estoy hablando en serio y tú lo tomai mal...

Ahora la cosa ha cambiado... Antes, cuando todos salían contento cantando... daba gusto desfilar... ahora hay que estar luchando para no embrutecerse. (*Silencio*)

GONZALEZ —¡Por eso!... pa' no embrutecerse... algo bueno dijiste... ¡Pa' no embrutecerse!... por eso yo la revuelvo... pa no embrutecerme... porque yo entiendo hartas cuestiones... ¡No vis! (*Señalando a Ramírez*) ... el pollo se está embruteciendo... a mí siempre me da vuelta esa palabra... embrutecerse...

NAVARRO —¡Oye pollito!... ¿Querís fumar?... (*Le extiende la colilla de cigarrillo.*)

RAMIREZ —¡Noo!... No vís que nos pueden pillar... (*Señala la puerta de la oficina de la Inspectora.*)

NAVARRO —¡Puchas que soi poco decidido, pollo!... ni siquiera con todo lo que te hemos hablado...

GONZALEZ —¿Sabís lo que te falta a ti?... ¡Más decisión!... ¡Más fuerza, pa'demostrarte!... ¡Mira!... aquí te vamos a enseñar de cómo tenís que presentarte... ¿Querís?...

RAMIREZ — ...Bueno...

GONZALEZ —...¡Mira!... supongamos de que ahora tenís que pasar inmediatamente a hablar con la vieja... ¡Observa!... Yo voy a ser el alumno y este loco la Inspectora... y tú mira... ¿Ya? (*Ramírez asiente. González sale.*)

NAVARRO —¡Mira bien lo que hacemos!... (*González imita el llamar a la puerta de la Inspectoría.*) ¡Adelante!

GONZALEZ —¡Buenos días, señorita!... yo venía a decirle que no pude llegar antes porque tenía un problema bien grave en mi casa, y resulta que...

NAVARRO —¡Mire, señor!... a mí no me interesa su problema. Yo lo mandé llamar, y lo demás es problema suyo... además su actitud no es de un estudiante... (*Imitando a la Inspectora*)

GONZALEZ —(*Suspendiendo el juego*) ... ¡No vís pollo!... ¡Así tenís que hacerlo!...

RAMIREZ —¡Sí, sí, entiendo!... ¡Déjenme hacer yo la Inspectora ahora!... y tú González, anda a hacer el alumno de nuevo. (*González sale, sorprendido. Llama nuevamente.*) ¡Adelante!

GONZALEZ —(*Entrando*) ¡Señorita, buenos días!... yo venía a decirle que no pude llegar antes porque...

RAMIREZ —¡Señor!... ¡Ud. viene aquí a educarse y no a perder el tiempo!... por lo tanto le ruego que se limite al reglamento de este establecimiento educacional, y como todo educando debe saber lo que es comportarse, y lo que es disciplina... (*Autoritario*)

GONZALEZ —¡Por la pollo!... ¡Las patitas que sacaste! (*Ríen los tres.*)

INSPECTORA —(*Asomándose*) ¡Silencio!... ¿Qué es lo que está pasando aquí?... ¡A ver, Ramírez! ¿No le dije que me avisara cuando llegaran los demás?

RAMIREZ —¡Sí señorita, pero es que...!

INSPECTORA —(*Dirigiéndose a González*) ¡Ud., González!... ¡A Ud. le estoy hablando!... (*González logra esconder la colilla de cigarrillo.*) ¡Dese vuelta cuando le estoy hablando!... y ahora... me esperan en silencio.

NAVARRO —¡Señorita!... ¿Por qué estamos aquí?... ¿Podríamos saber?...

INSPECTORA —La que está preguntando soy yo... y eso lo vamos a arreglar ahí adentro. (*Sale.*)

GONZALEZ —(*Imitándola*) ¡Silencio!... ¡A ver! ¿Qué es lo que pasa aquí?... ja, ja, ja. ¡Güena pollo!... ¡Estai bien!... por lo menos te sabís bien como habla la vieja... pero te falta la movida tuya...

NAVARRO —¡Déjalo!... ¿No vís que está empezando? (*Pausa*).

RAMIREZ —¡Oigan, cabros!... ¿Les cuento una cosa?... el otro día tuve un sueño...

GONZALEZ —¡Chis!... ¡Media cuestión!... yo ando soñando despierto... sobre todo con la polla gol.

RAMIREZ —...Yo soñaba con un río grande, en el cual se bañaba mucha gente... De repente la corriente del río comenzó a llevárselos a todos... pero uno de ellos pensó en salirse... con mucho esfuerzo y sacrificio, logró salir de ella... Una vez fuera, comenzó a ayudar a los otros y al final todos salieron de ese gran río... Yo no sé cuál es el significado de este sueño, y quiero que Uds. me ayuden a encontrarlo.

GONZALEZ —¿Saben?... Yo tengo el significado.

RAMIREZ —¿En serio que sabís?

GONZALEZ —¡Por supuesto!

NAVARRO —...Entonces, ¿qué esperai?... ¡Dilo!

GONZALEZ —¡Mira!... Tú decís que todos se bañaban a favor de la corriente, y uno se daba cuenta que era peligroso... ¡Hoy!... ¡Esa, compadre, es la respuesta!

NAVARRO —¿Pero... cuál es la respuesta?

GONZALEZ —...Supón que ahora en el Liceo a todos nos lleva la corriente, pero unos pocos no están de acuerdo... ¡Por eso estamos aquí!... luchando contra la corriente...

RAMIREZ —¡Ahhh! (*Silencio*).

GONZALEZ —¡Oye, pollo!... ¿En qué trabaja tu papá?...

RAMIREZ —...Bueno... tiene un trabajo en el hospital...

GONZALEZ —¿En el hospital?... ¿Y qué es lo que hace?...

RAMIREZ —...Está a cargo de la higiene hospitalaria...

GONZALEZ —...¿Higiene hospitalaria? ¿Es una pega nueva ésa?...

NAVARRO —...Interesante... ¿Y de qué se trata?

RAMIREZ —(*Pausa*) ...¡Aseador cabros!... ¡Le hace al trapero y al escobillón! (risas)

GONZALEZ —¡Qué es loco!... ¡Te pasaste!... Lo que es yo, de aquí me tengo que ir al restaurante... estoy de ayudante de copero...

NAVARRO —¿Se necesita mucho estudio?

GONZALEZ —...¡Noo!... Cuarto Medio y Prueba de Aptitud Académica...

NAVARRO —¡Güena ohh!... ¿Y de dónde sacai tiempo?...

GONZALEZ —...Pero si la cuestión es re sencilla... En el Liceo estai ocho horas... en la pega cuatro... y el resto pa' estudiar y comer, son dieciocho horas... y lo que te quedan pa'las veinticuatro, es dormir... ¿viste?

RAMIREZ —(*Silencio*) ... Los van a echar a todos...

NAVARRO —¡Ya se puso trágico este gallo!... Todavía somos alumnos... por si acaso... (*Pausa*).

GONZALEZ —¡Oye!... ¡A ver! ¿Qué es lo que haríamos si tuviéramos la posibilidad de cambiarlo todo en una asamblea general del Liceo?

NAVARRO —(*Siguiendo el juego*) ... ¡Pido la palabra, señor presidente!...

GONZALEZ —¡Hable el delegado!

NAVARRO —Pido como moción, que se revisen todos los estudios de nosotros, para buscar qué es lo que necesitamos, y no lo que nos imponen...

GONZALEZ —(*En voz baja*) ¡Bravooo! (*Aplausos*).

RAMIREZ —¡Pido la palabra, señor presidente!

GONZALEZ —¡Concedida!

RAMIREZ —Pido como moción, que de ahora en adelante los recreos sean de cuarenta y cinco y las horas de clases de quince minutos...

TODOS —¡Güenaaa!... ¡Bravooo!... (*Aplausos*).

GONZALEZ —(*Seco*) ¡La cagaste, pollo!

NAVARRO —¡A ver!... ¡Para, pollo!... Así no llegamos a ninguna parte... ¡No estoy de acuerdo con lo que dijiste!... Estoy de acuerdo con que las horas de clases tienen que mantenerse, pero sí con la diferencia de que nos enseñen cosas que vayan en beneficio de nuestra sociedad y no de un sistema...

GONZALEZ —...¡Sí!... Yo creo lo mismo...

RAMIREZ —...Güeno... como estábamos imaginándonos... yo decía eso nomás. (*Silencio*).

INSPECTORA —(*Asomándose*) ¡Ramírez!... ¡González!... ¡Navarro!... ¡Pasen!

GONZALEZ —¡A las rejas!

INSPECTORA —(*Los tres se encuentran frente al escritorio de la Inspectora.*) ... Supongo que Uds. saben por qué los mandé llamar, y de acuerdo con lo establecido en el artículo 38 correspondiente a los Reglamentos Educacionales de este momento, quedan suspendidos por alterar el orden de este establecimiento... y ahora pueden retirarse.

GONZALEZ —¿Pero cuál es ese artículo, señorita?

INSPECTORA —...Ud., como estudiante, debe conocer todos los reglamentos. Pueden retirarse.

NAVARRO —¡Pero señorita!... ¿Cuál es el artículo?...

INSPECTORA —¡Les dije que se retiraran! (*Salen en silencio*).

RAMIREZ —(*Con rabia*) ¡Putas!... Por una máquina de escribir... (*Descuelga un estandarte del Liceo y lo arroja al suelo. Los otros dos lo miran estupefactos.*)

NAVARRO —(*Se acerca lentamente a Ramírez, recoge el estandarte, lo limpia y lo dobla. Luego toma a Ramírez por el brazo.*) ¡Venía fuerte el río!...

GONZALEZ —...Bueno... ¡Sigamos nadando!

NAVARRO —¡Vamos!... (*Salen*).

FIN

COMO JOSE SILVA DESCUBRIO QUE EL ANGEL DE LA GUARDA EXISTE

AUGUSTO BOAL
ADAPTACION COLECTIVA DE TALLER "ENGRANAJE"
LO HERMIDA, SANTIAGO (1979)

PERSONAJES

MUJER
JOSE
ANGEL

(Está en escena José Silva acostado, durmiendo. El Angel de la Guarda, en la oscuridad , al fondo en un trono. Entra la mujer de José al dormitorio.)

MUJER —¡José!... ¡José!... ¡Despiértate que ya es hora! Parecís hijo de capitalista ya. Te pasai la vida en cama nomás pu.

JOSE —¡Ya oh!... ¡Déjate de molestarme po! Quiero dormir otro poco. No vis que hoy día estoy desocupado.

MUJER —¡Tú parece que tenís toos los días desocupados! ¡Ya, levántate y andá buscar trabajo! ¿Por qué no te ponís la camisa azul, esa bonita que tenís en el ropero? Ahí también tenís jabón de tocador en el baño...

JOSE —¡Putas que está oscuro! Todavía es de madrugada oh. ¡Prende la luz que no veo nada! *(La mujer enciende la luz y sale. Se escucha una música. Es el tema del Angel.)* ¡Eeeh! ¿Y quién es este gallo?

ANGEL —¡Yo soy tu Angel de la Guarda!

JOSE —¡Ooye! ¡Qué bueno que viniste! Fíjate que ayer perdí la pega. ¿Quién sabe si a lo mejor los dos encontramos otra mejor? Además, yo soy un convencido de que este mundo materialista, que no cree en el Angel de la Guarda, está más equivocado... ¡Ya puh! ¡Arréglate y vamos a buscar una peguita!...

ANGEL —Ahora no puedo. Estoy ocupado.

JOSE —Pero si vos soi mi Angel de la Guarda. ¡Me tenís que ayudar! ¡Ya, puh, Angel de la Guarda, le tenís que dar duro!

ANGEL —Soy en Angel de la Guarda, pero no el tuyo. Estoy aquí trabajando.

JOSE —¿Entonces qué hacís? ¡Trabaja!

ANGEL —(*Extendiendo la mano*) ¡Paga!

JOSE —¿Qué? ¡Córtala, si yo no te he comprado nada puh!...

ANGEL —Tú prendiste la luz.

JOSE —¡Chis! ¡Ta géena oh! Estoy en mi casa...

ANGEL —Soy el Angel de la Guarda de la Phillips Corporation. ¡Paga el derecho!...

JOSE —¿Qué? ¿Sabís?, ¡córrete oh!... ¡Andate mejor oh!

ANGEL —Entonces me llevo las ampolletas y el medidor.

JOSE —¡Oye! ¡Espera, espera! Ya oh, toma, ahí tenís, y ahora podís irte nomás, porque yo no necesito un Angel explotador que en vez de darme una manito, me esté oprimiendo. (*Paga y hace la pantomima de entrar al baño.*) ¡Y ahora!, ¿qué estai esperando?

ANGEL —¡Que me pagues!

JOSE —¿Y la plata que te di?

ANGEL —Esa era para la Phillips... A ver, ¿qué es lo que tienes en la mano?

JOSE —Pasta de dientes puh.

ANGEL —Soy el Angel de la Guarda de la Albis y Colgate de Chile, así que paga sin reclamar.

JOSE —¡Ya oh, toma!

ANGEL —¿Vas a lavarte con jabón de tocador? Entonces no te olvides que soy el Angel de la Guarda de la Indus Lever Sociedad Anónima. (*José paga.*)

JOSE —(*Se dirige a una silla y hace la pantomima de beber en una taza.*) Bueno, déjame tomar desayuno tranquilo oh; éste es un cafecito de trigo chileno.

ANGEL —¡Claro!... de trigo de aquí, pero trillado con cosechadoras International.

JOSE —(*Pagando*) Ahora sí que está todo claro. A estas alturas ya no puedo tomar un bus porque es brasileño, no puedo andar en Metro porque es francés, ni en un taxi porque es japonés. ¡Mejor me voy a pie oh!

ANGEL —¡Entonces, paga!

JOSE —¡Dije que me voy a pie!

ANGEL —Los zapatos son de Bata.

JOSE —¡Ya pulpo, toma oh! ¡Putas que me gustaría fumarme un cigarrito!... (*Paseándose*) pero no quiero pagarle a la American Tobacco... ¡Ya!... me meto a ver una película de aventuras en este cine. (*Paga, entra y se acomoda en una silla.*)

ANGEL —Así me gusta.

JOSE —¡Putas que está fresquito aquí adentro! (*El Angel se ha acercado y se ha parado a su lado.*) ¡Oye, pus huevón, si ya pagué pus!

ANGEL —¿Qué es lo que estás haciendo?

JOSE —Mirando y respirando.

ANGEL —¿Respirando, ah? Respirando el aire refrigerado por la Westinghouse.

JOSE —¡Este perico no me da ni un respiro! ¡Oye, se me acabó la plata! Aquí tenís mi camisa. No me soltai ni un momento siquiera. Si como carne, viene de la Argentina... a lo mejor si me tiro un peo tengo que pagarle a la Compañía de Gas.

ANGEL —¡Ah! Me olvidé de decirte que el pantalón que andas trayendo es de hilo inglés.

JOSE —(*Le entrega los pantalones.*) ¡Por la cresta! ¡Lo único que me queda es suicidarme! (*Saca un revólver de la cama.*)

ANGEL —(*Asustado*) ¡No, no hagas eso! ¡Por favor, no te mates! ¡No! (*Se lanza al suelo suplicando.*)

JOSE —(*Conmovido*) ¡Por lo menos tenís buen corazón! Este no quiere verme muerto.

ANGEL —No, no se trata de eso. Mátate a gusto si quieres, pero antes no te olvides de pagar los derechos a la Colt, fabricantes de armas desde 1837. (*Se lleva el revólver.*) Ahora puedes morirte. (*Se dirige a la puerta para irse.*) ¡Ah, y si te matas no te olvides de pagarme el ataúd de pino americano! Soy tu Angel de la Guarda y siempre te estaré vigilando. Adiós. (*Sale.*)

MUJER —(*Entra.*) ¿De qué te ríes? ¡Es por eso que uno vive en esta miseria!... ¡Ellos te roban todo... hasta los pantalones y encima vos te reís!...

JOSE —(*Riéndose*) ¡Oye!... ¡ven pa' acá!... Lo hicimos tonto al gil ése.

MUJER —¿Pero no te dai cuenta que nos dejó sin nada?...

JOSE —¡Chiiist!... ¡Imagínate que descubre que mis calzoncillos son de nylon... me deja en pelotas! (*Ríe. La mujer sale.*)

FIN

JUAN Y MARIA

GRUPO TEATRO VOCACIONAL "DE AHORA", SANTIAGO
CREACION COLECTIVA (1983)

PERSONAJES

JUAN
MARIA
VISITADORA
PEDRO

(Se ve un matrimonio en el patio de la casa.)

JUAN —Voy a recoger las piedras María.

MARIA —¡Si poh, Juan! Anoche se pasaron pa'tirar piedras.

JUAN —¡Y qué querís!, si loh que vo sabis, casi nos agarraron.

MARIA —Te he dicho que no te metai más. Sabís que me da retanto mieo.

JUAN —Yo sé que te da mieo, pero cuando tenís que pedirme plata, no te da na mieo oh.

MARIA —¡Ya, hombre! Entierra mejor esas piedras.

JUAN —¡Tenís razón! Pueden servir pa'después. *(Aparece una señorita con delantal y una carpeta.)*

VISITADORA —¡Aló! ¿Se puede, señora?

MARIA —¡Mira, Juan! ¿Qué quedrá?

JUAN —¡Atiéndela no más! A lo mejor nos viene a convertir.

MARIA —¿Sí? ¿Qué desea, señorita?

VISITADORA —*(Entrando)* ¿Sabe?, soy visitadora social y vengo de la Municipalidad para tratar de encuestar las necesidades de la población, y ver en qué les podemos ayudar.

MARIA —¡Chita que sería bueno, señorita!

VISITADORA —¿Ud. vive con su esposo?... y tiene niños, supongo.

MARIA —¡Sí, señorita! Ese es mi esposo... ¡Juan! ¡Mira, la señorita es visitadora!

JUAN —¿Sí?... mucho gusto.

VISITADORA —Veo que está juntando piedras y... ¿por qué tiene tantas?

JUAN —Es que... ¿sabe?... que por aquí pasaba un río,entonces cada vez que hacemos un hoyo, salen cualquier cantidad de piedras... yo las estoy juntando para arreglar el jardín.

VISITADORA —¡Ahh!... ¿Y todos esos neumáticos? ¿Ud. los junta?

JUAN —¡No son míos!... es que mi compadre Lucho tiene un taller de recauchaje, y como no tiene donde meterlos, los trae para acá

VISITADORA —¡Ahh!... bueno, ¿cuantos niños tiene Ud.?

MARIA —¡Cuatro, señorita! Y no sabe la que pasamos para tener dos en el colegio. El Juan apenas gana 4.000 pesos en el POJH, y no tenemos para pagar la escolaridad.

VISITADORA —¡Pero, señora, es que Uds. no han pensado bien! Elijan al más inteligente, para que siga estudiando. Así ahorran.

JUAN —¡Claro! ¿Cómo no lo habíamos pensado, María? ¡Chitas que es bueno tener escuela!

MARIA —¡Así podríamos comprar otra tele po, Juan!

VISITADORA —¿Uds. tienen tele? ¿Y qué vieron anoche como a las ocho? MARIA —Yo veo siempre "El juego de la vida".

VISITADORA —¿Y Ud., señor, vio tele anoche también?

JUAN —A mí no me gusta mucho. Anoche me puse a ver las noticias y me quedé dormido al tiro.

MARIA —¡Eso sí! Desde que tuve la última guagua, aaste sepasa puro durmiendo... está más inofensivo que gusano karateca.

JUAN —¡Ya poh!... si no es para tanto. (*Aparece un hombre que se ve que está medio bebido.*)

PEDRO —¡Hola compadre!... ¡Hola comadre!

MARIA —¡Hola! ¿Cómo le va? (*Juan le hace señas por detrás de la visitadora.*) PEDRO —¡Aquí estamos!... venía a buscar... bueno vengo de la toma.

MARIA —¿Y la comadre, dónde está? (*Juan sigue haciendo señas.*)

PEDRO —Bueno, la dejé en la toma... ¿por quaa?

JUAN —(*Con gesto de resignación*) La señorita es de la Municipalidad.

VISITADORA —¿Cómo es eso de la toma?

PEDRO —¡Aaah! es que la dejé en la botillería, ahí donde yo tomo mi refrigerio... ¡Mucho gusto en conocerla!

JUAN —¿Qué lo trae por acá, compadre? (*Le hace señas de silencio.*)

PEDRO —Bueno, venía a buscar los neumáticos para...

MARIA —¡Ya! ¡Seguro que lo mandó don Lucho!

PEDRO —¡Claro! El me mandó porque tiene que repasar algunos vehículos...

JUAN —¿Y cuántos vehículos tiene que repasar mi compadre?

PEDRO —¡A ver, a ver!... uno en la esquina... otro en la cuadra de... ¡Sí! Son como seis... ¡Eso!... seis nos vamos allevar más rato.

VISITADORA —¡Cómo! ¿Trabajan de noche también?

JUAN —¡Y qué, quiere señorita?... como está la cosa, hay que aprovechar cualquier apertura, digo oportunidad, de ganar algo.

PEDRO —Bueno, voy a ir a buscar el carretón porque tengo que llevar las piedras también.

JUAN —¡Ah sí!... el ripio. Está tan malo el camino...

VISITADORA —¿Cómo?... ¿Llevan piedras también?

PEDRO —Sí... es que se anegó el camino pa' allá... y hay tantos sapos que tenemos que correrlos a piedrazos, y echar donde hay barro también para asentar el piso.

VISITADORA —¡Así es! ¿Aah?

MARIA —(*Nerviosa*) ¡Señorita! Ud. podría ayudar a mi ocompadre Pedro que no tiene casa.

VISITADORA —¿No tiene?... ¿Y dónde vive?

PEDRO —Mi compadre me da un pedacito aquí en el fondo. Sino, estaría en la calle.

VISITADORA —¡Bueno, bueno! Me gustaría tomarle los datos,pero no me quedan más formularios. Yo creo que la próxima vez lo encuesto. Ahora ya me tengo que retirar... ¡Muchas gracias!

PEDRO —¡Yo la acompaño, pos señorita!... y por el camino le cuento un poco lo bien que lo pasamos en la población.

JUAN —¡Mucho cuidado, compadre!... ¡Hasta luego!

MARIA —¡Hasta luego, señorita!...¡Hasta luego compadre!

(*Salen Pedro y la Visitadora conversando.*)

JUAN —¡Ojalá no meta la piñiñenta el Pedro!... ¡Es más volado!

MARIA —Vos sabís, Juan, el miedo que me da. Quiero que saquís todas esas cuestiones de aquí.

JUAN —Está bien. ¡Está bien, no te asustes, pero entiende que esta gente no nos va a solucionar nada con su cháchara. Sólo nos quieren envolar la perdiz...! ¡Nosotros tenemos que buscar la solución, y con lucha! ¡Sabís! (*Quedan inmóviles mientras se apagan las luces.*)

FIN

EL GROTESCO Y LA LUCHA POR LA VIDA

En la vega las papas queman (1983)

EN LA VEGA LAS PAPAS QUEMAN

Yuri Caceres, Grupo "La Puerta"
Renca, Santiago (1983)

PERSONAJES

TATA (*lustrabotas*)
JUANA (*vendedora*)
PERLITA (*trabajador del POJH*)
TOÑO (*ayudante de la Juana*)
OCTAVIO (*cantor popular*)

Desarrollo de la acción teatral

(*En una esquina del escenario, se encuentra el mesón donde vende Juana. Es una esquina sucia, con el suelo húmedo. Se vive un ambiente apacible. Al lado del mesón de Juana hay cajas apiladas y en el otro extremo un grifo viejo y amarillo. El suelo está lleno de hojas de verduras. Son cerca de las tres de la tarde. A esa hora todos los hombres descansan un rato. Hay una caja que sirve de asiento a los eventuales visitantes que recibe Juana. En ese momento llega Octavio, un cantor popular y se sienta en la caja. Llega con una guitarra, se rasca la cabeza, mira a Juana.*)

JUANA —Ya po, échate una cantaíta, pa'legrar el ambiente po.
OCTAVIO —(*Asiente con la cabeza.*)

> *Compre aquí caserita*
> *acelgas de nuestra tierra*
> *y vea el sudor campesino*
> *que duerme dentro de ella.*
>
> *Compre aquí caserita*

> *al por mayor los espárragos*
> *vienen derechos del campo*
> *para lucir en su estómago.*

JUANA —¡Güena oh! ¡Háceme propaganda no má!
OCTAVIO —Caserita por Dios
> *no ve lo que sucedió*
> *el pequeño tierral del Melón*
> *a manos privadas pasó.*

JUANA —Ya te estai pasando pa'la punta oh.
OCTAVIO —Oiga caserita, ¿que no me oyó?

> *Llévese de mi puesto lo mejor.*

JUANA —¡Compre de mi puesto lo mejor! Arregla esa
parte po.
OCTAVIO —*Antes que vengan los chinos, con su*
> *furor*
> *y se lleven sandías y melones, pa'l Japón.*

> *Caserita por Dios*
> *no ve lo que sucedió*
> *el pequeño tierral del Melón*
> *a manos privadas pasó.*

> *Caserita venga, venga a comprar*
> *preparémonos juntos, para luchar.*

JUANA —¡Chittt!...
OCTAVIO —*Y si no tiene chaucha que dar*
> *venderemos caro, nuestro tierral.*

JUANA —¡Güena oh!... te pasaste flaco, estai listo pa'la
OTI. (*Octavio no contesta nada. Se para y se va. Callado.*
Se despide con la vista. Juana contesta. Se acerca el Tata.)
TATA —¡Lustre! ¡Lustre! ¡Lustre! (*Se sienta y empieza*
aordenar sus materiales de trabajo, cuenta su plata,
mueve la cabeza, vuelve a dejar en la caja los materiales
extraídos. Se acerca al mesón y Juana le mueve la cabeza
en señal de saludo. El contesta.)

JUANA —¿Cómo le ha ido?

TATA —¡No hay ni barro pa'que se ensucien los zapatos!...
si esto sigue así, la nuge que compré va a morir virgen,
igualito a una nue... ¿Y vo..?

JUANA   —(*Mueve sus hombros y realiza muecas con su
rostro.*)Con tremendo solcito ni los camellos se acercan a
comprar. (*Se para y se dirige al grifo. Moja su pelo y
manos.Vuelve al mesón.*)

TATA —¿Convíeme agua?... estoy má seco que despistao
en el desierto. (*Juana asiente con la cabeza.*)... Ya que no
tení vino, obligao no má a oxidarse po.

JUANA —El vino es má pa'l invierno, es má pa calentarse
por aentro, acostúmbrese no má, aunque no le guste la
idea.

TATA —Si yo me acostumbro oh, si el que no se
acostumbra es mi hígado.

JUANA —Si le ha dado como caja po, si a Ud. lo único que
le falta es que en ve de cabeza tenga un corcho... nadie se
extrañaría. ¿Paré que la Rosita golpea a su puerta ah?

TATA —Ojalá juera así... apúrate con el agua. ¿Querí que
se me rompa la hiel?

JUANA   —(*Pasándole el agua*) Es rico el vino, pero bien
mediíto, como dee ser... como yo... yo nunca me
acostumbré al vino... si uno cierra el hocico no hay
mosca que dentre po ñor... yo a pura agüita no má, está a
un paso (*Voz tierna y dulce. Se acerca al grifo.*)... es rico...

TATA —¿El agua?

JUANA —No... el grifo...

TATA —¿Cómo lo querí?... ¿Escabechaíto?

JUANA —No se ría... es que... sae ques toy enamorá del...

TATA —¿Del grifo?

JUANA —Sí (*Tata se ríe.*)... es rico porque no haula y no
pregunta na.

TATA —Ni superdotao que juera esa porquería po.

JUANA —No se ría po, oiga, nunca hay que reírse de los
sentimientos ajenos... pero es rico como un bisté, no
molesta ni dá animos, es como una gente...

TATA —Si lo miramo una cien veces lo poímo encontrar
parecío.

JUANA —Como una gente por aentro...

238 YURI CACERES, GRUPO "LA PUERTA"

TATA —(*Le sigue el hilo.*) Habla en castellano po, porque así estay ma enreá que pelea de curaos po.

JUANA —Una gente por aentro es... al revés po... o sea (*Gira la muñeca.*) La da güelta y la ve como es po... no como aparenta... Así es el grifo.

TATA —Sí pero... dee ser re fresco (*Risas de la Juana. El Tata descubre que Juana lo mira insistentemente y con cariño.*) ¿Qué mirai tanto? No tengo na parecío al grifo.

JUANA —No, si no es na' eso... Es que de repente lo vi viejo.

TATA —Noí que las arrugas que tení vo te las ganaste en un concurso po. Parecí choque de camiones por lo arrugá que estay po.

JUANA —No se ponga insolente po, yo sólo quería preguntarle su eda, el tiempo que llea aquí... porque pa' mí, que usté, cuando nació dormía too el tiempo.

TATA —¿Por qué decí eso?

JUANA —Porque al sol recién le estén poniendo el carbón po y esté too oscuro.

TATA —¿Me estay agarrando pa'l leseo?

JUANA —¡Nooo! ¿Se imagina?

TATA —(*Enciende un cigarro.*) El 34 ó 35 llegué aquí po,saca vo la cuenta, ni me acuerdo cuando nací, pero sí quera campo el lugar... habían zarzamora y zapallo, hacíamo mermelá, aprendí el idioma de amaneceres, de trillas, de la tierra, campo onde el sol te achicharré la caeza cuando estéi arando, onde la ojota se te metían hasta el tobillo con las caminá, por ahí creo que nací... mi amá me ejó venir, ella jue la que me enseñó a vivir... túe que cambiar y cambié po... aquí túe a los cabros, ¿vo conocí a la Berta po? (*Juana asiente.*) Ella me ayuó, tenía que cargar uno, dos, tres, cuatro sacos, no importé, teníai que seguir o pa'juera... pero ganémos plata y donde Doña Tere se ha dicho, bailémos, tomémos y se iba toa la plata... después cagué del hombro, me caí de una rampla con papas y too, creo que aterricé de hocico, túe que conseguirme una escoa pa'juntar las muelas y los dientes quebraos, los que quearon sueltos a pegarlos con escoch no má po, ¡qué porrazo!... pero te hay fijao que ahora los cargaores parecen plaga y puros cauros no má, ya no se carga na, ni las vías cargamos ya po... eso era por el tiempo de Cerda, cuando el maga valía plata po.

JUANA —(*Mueve la cabeza en señal de descontento.*) Está mala la cosa oh.

TATA —Pero Dios nos ayúa. (*Apaga su cigarro.*)

JUANA —Yo llegué a los veinte aquí, vío en un conventillo.(*Apunta con el dedo una dirección.*) Por ahí po.

TATA —¡Y a vo!... ¿Quién te preguntó?

JUANA —Yas ta bromeando oh.

TATA —No estoy na bromeando, lo que hagai no me interesa.

JUANA —¡Güena oh!... casi quiere que le cuente no má po,como si mi importara contarle mi vía po.

TATA —¿Noí que mi bai a hablar de un partío de fútbol po?(*Se callan por un momento.*) Me interesa lo que hiciste.(*Lo dice a modo de disculpa.*) El pasao es siempre má lindo.

JUANA —Por eso es po. (*Silencio*) Si a usté siempre le hagustao lo gastao y manoseao, está medio... (*Mueve su mano alrededor de su sien.*)

TATA —(*No hace caso.*) Güeno...

JUANA —¡Qué se arregla tanto, si aunque se vista des'mokin, el olor y la pinta de huaso no se la despinta ni Cristo.

TATA —Tutéame no má po. (*Silencio*) Me voy, tengo que hacer.

JUANA —No me interesa. (*Lo mira, atiende su mesón. Llega el Toño con cajas al hombro y visiblemente cansado.*)

TOÑO —¡Ayúeme a bajar estas cuestiones po!

JUANA —¿Pa'qué creí que te tengo?

TOÑO —(*Enderezando su cuerpo*) ¿La cagó una paloma que esta atan enojá? (*Ordena sus cajas.*) Rájese po, pue ser con untomatito con ajicito... noh hacimoh un sánguche y ahí en lagarrafa quea un poco el vinagre que compró ayer.

JUANA —¡Hocicón mal agraecío!

TOÑO —Si no, Juanita, pero, ¿quiere que nos vayamos por el alambre?

JUANA —Y vo ¿querí comerte lo poco que se gana? (*Toño no le da importancia.*) No e na como ante; ante las pegá en lapera que hacíai ni se sentían, ahora cuando pedí algo tiembla hasta el deo guatón del vecino... ti acordai que ante no era igual y ahora es distinto, pero vo saliste con la cara má dura... si vo hubierai sío árbol ni rocha que seríai roble.

TOÑO —(*Enojado*) No le ponga tanto po, si les toy pidiendo un tomate no má po, con que le pío plata saldría corriendo a peírle audiencia al alcalde po, es má exagerá que caía de árbol...

JUANA —¡Ya! ¡Ya!... echa una limpiaíta mejor.

TOÑO —¿Que ya no se la puee pa'limpiarse solita?

JUANA —No te encalillí desgraciao... ya sabí ya oh.

TOÑO —Voy a limpiar, pero va a tener que salir... dejarme vender a mí... si los patroncitos la ven a usté en esa facha van a creer que vendimo ropa usá...

JUANA —¿Qué ecí desgraciao? Hace rápio lo que te ije, mierda... caa día estay má patúo, güeón... a los caseros se le aguanta que se súan al piano, pero vo no tení na que vérmelas... si tuviera el flaco a ver si haríai lo mimo.

TOÑO —¡Qué se noja ñora oh!, total el flaco cuando esté no decía na.

JUANA —Porque así teníai que ser (*Amenaza con su cuerpo.*).¿Te imaginai que se pusiera a pelear con los caseros?

TOÑO —¿O sea que por un kilo de tomate le pueo agarrar el poto?

JUANA —(*Agarra un tomate y lo lanza contra el cuerpo de Toño. Este tira la escoba lejos y se marcha.*) La próxima ve te güelo la caeza, ¿qué te habrí creío? Creen que porque a una la conocen pueen hacer lo que quieran, puta... (*Se pone triste y se sienta.*) ¿Si alguien viene y me agarra el poto? (*Toma la escoba y barre.*) ¡Ah, la cresta!, las cosas nos tan na'pandar dándoselas de aniñá. (*Mueve la cabeza.*) Toos son iguales, el flaco siempre decía: "No aguantí pará, para al tiro los carro o no te van a dejar tranquila, van a creer que'l poto es del fisco"... paré ques tarde pa'parar los carros. (*Se sienta. Al rato cambia de expresión.*) ¿Onde estai flaco? ¿Tes ta yendo bien en el cielo? Yo creo que don Peiro también le

hace al puré, ¿estai comerciando? (*Mueve sus pómulos.*)
¡Qué, si allá también debe estar la cagá! Tantos
vendeores que se han ido. (*Pone la barbilla en la parte
superior de la escoba.*) ¡Pero allá sí deen comer! Sale don
Peiro por la tele y re guatón se ve. (*Vuelve a barrer.*)
Tantas cosas que pasamos, te merecí un descanso (*Se
sienta y se echa una dormitadita. El Tata se acerca.*)

TATA —Pa mí que vo naciste pa'bella durmiente, pasai
puro cabeceando no má po y te digo algo... (*Juana lo
mira.*) Yo también quiero dormir, pero pa'siempre, el
taita Dio ya vadarme ese favor.

JUANA —(*Bostezando*) ¿Qués ta diciendo, tata? ¿Cómo va
amorirse?

TATA —Parando la chala poh, toos se mueren igualito...
¿Ysabí que le lustraría los zapatos a los finaos po? (*Se
ríe.*)

JUANA —Allá no hace falta oh.

TATA —Claro que sí po... imagínate el tremendo viajecito
que se dan, si yo camino dos cuadras y queo má
enpolvao que obrero e molino po.

JUANA —Pa'llá está too limpio oh, como agéita de
vertiente. (*Silencio*) Oiga, ¿cómo le jue ahora?

TATA —¿Por qué creí que vengo a'blar con vo? ¿Por que
soy bonita acaso?

JUANA —(*Se ríe.*) A usté le va mal porque es medio
pulpo pa'cobrar.

TATA —Por eso quiero morirme, ¿noí que aquí no hay
plata y quean a paimentar pa'rriba?

JUANA —(*Menea la cabeza.*) Güeno... ése es otro cuento...
no es na de nosotros. (*El Tata asiente. Silencio. Mira al
Tata y esconde su mirada.*)

TATA —Lo que tengai deajo el poncho tíralo no má, toy
acostumbrao a los cuchillazos.

JUANA —Es, el otro rato (*El Tata la mira.*)... cuando usté
habló... cuando usté no me ejó que hablara (*El Tata
ríe.*)...me ejó pensando, pero... (*Con temor*) yo también
soy del campo.

TATA —Sí me había dao cuenta, el acentito que tení no
tiene na de argentino.

JUANA —¡Qués pesao usté, oiga! Pero es verda, soy del
campo igualito que usté... nací allá.

TATA —(*Interrumpíendola*) Si nosotro no nacimo nunca oh,nosotro llegamo muerto del vientre de la vieja, estamos puro tandeándola.

JUANA —(*Indignada*) ¿Cómo que no nació?, ¿acaso a usté lo dibujaron?

TATA —Vo no entendí.

JUANA —¡Claro quen tiendo!... usté habrá nacío muerto y usté tará tandeando. (*El Tata la mira.*)

TATA —Yo no jugué nunca ni salté po.

JUANA —¡Así es po! ¿Quiere que le llegue too en bandeja de plata?

TATA —¡Qué bandeja de plata ni qué agüelo con dientes oh!

JUANA —A mí me ha dolío y me duele la vía, pero no digo na que nací muerta como dice usté po.

TATA —¡Ah oh! si toos nacen muertos, igualito a nosotro qué vía de miechica! (*Se levanta.*)

JUANA —Y... a ver po, usté, ¿cómo les llama a los quen tierran en los cementerios?

TATA —Víos. Esos son víos.

JUANA —No ve po... ahí está la cuestión po.

TATA —¿Qué cuestión?

JUANA —Usté debió haber nacío pa'turnio po.

TATA —¿Por qué pa'turnio?

JUANA —Porque ve too al revé po, por eso no má po (*El Tata mueve la cabeza y se va. Se acerca al mesón de Juana el Perlita.*)

PERLITA —Quiero unas... (*Mirando el mesón*) gallinas colorá, pa' cerme un sánguche.

TATA —No tengo gallinas... hay pura verdura no má.

PERLITA —Unos tomatitos pu, patrona oh.

JUANA —Ahí sí po (*Elige tomates.*)

PERLITA —Uno encachaíto...

JUANA —¿Lo quiere pa' comer o pa' mirarlo?

PERLITA —(*Mueve sus cejas.*) Usté es media desclasá, ¿ah?

JUANA —¿Por qué dice eso?

PERLITA —Porque no entiende na el idioma del pueulo.

JUANA —(*Se pone seria.*) ¿Cómo?

PERLITA —Claro po... le dije gallina colorá y no entendióna po.

JUANA —(*Mueve sus brazos.*) Quince pesos. (*Pasando el paquete.*)

PERLITA —¿Y sin el reajuste?

JUANA —Igual po.

PERLITA —¿Igual?

JUANA —A mí, pa'que usté sepa, en toas parte me cobran con reajuste, y too los días po... por eso cobro igual yo poh.O si no la cuestión andaría pa'trá po oiga... ¿Sae? Ante traajaa con capital fijo y resulta que ahora no es na asíla cosa po, no se puee na po, noé que las cuestiones suen de un día pa otro y cuando suen me pillan corta y obliga a a comprar meno o encalillarse no má po... derechito al suicidio.

PERLITA —(*Mueve su cabeza.*) ¿O sea que con reajuste?

JUANA —(*Asiente con la cabeza.*) Me gustan las personas inteligentes.

PERLITA —Echele no má. (*Recibe el paquete, saca unos panes y un tomate del paquete que le entregó Juana.*) ¿Présteme un cuchillo por favor? (*Comienza a partir el tomate.*) Harto muerto el diíta. (*Mirando hacia la calle mientras corta el pan*)

JUANA —A esta sora siempre es igual... (*Tocándose el pelo*) si hasta los céllos empiezan a dar patá de puro aburrimiento no má po... pareciera como si todos ses condieran... igual que una noche.

PERLITA —Má aburrío ques cuchar la copa Deivi por la radio (*Juana lo mira interrogante.*) Ahí onde juega el biónico, el güeno pa'l teni po.

JUANA —¡Ah!

PERLITA —Recién cayó ¿ah? (*Le pasa el cuchillo.*) Gracias.

JUANA —¿Usté es el que traaja allí? (*Apunta con la cabeza.*)

PERLITA —(*Dándole un mordisco al pan*) Sí, de la semana pasá.

JUANA —Echan má tierra que un remolino po.

PERLITA —Wi wi po patrona... pero qué po... a nosotro los mandan ¿qué vamo a serle?

JUANA —Si po (*Silencio*) Too el tiempo arreglan aquí... llegan unos pocos y... echan alquitrán... encementan y se van; llegan otro y sacan too lo que hicieron los otro y se van.A usté le tocó encementar de nueo... pero siempre es pa pior.

PERLITA —Es que nosotro no la bíamos arreglao po (*Sobradamente levanta sus brazos.*)

JUANA —Ahí está po, por eso era la cosa po.

PERLITA —Si poh, por eso era no má po. (*Silencio*) Ufff, con este calor, una pilsencita o un vinito no vendría na de mal.

JUANA —Y con ese sueldazo que gana por qué no se compra una viña má mejor.

PERLITA —Es que a mí me gusta ser sencillito po.

JUANA —Claro po... a la juerza.

PERLITA —(*Se ríe.*) Ante yo le hacía a la lectricidá, ¿haido pa Renca? (*Juana niega.*) Ahí traajaa en la termoléctrica... después nos juímos a Ventana...

JUANA —Hacer puertaso (*Se ríe.*)

PERLITA —Después deso tuve que hacerle a too, pa ayuar ala bruja y pa la casa... le hago de too.

JUANA —(*Pícara*) Hay que tener cuidao con usté entonces.

PERLITA —(*Se ríe.*) Gasfitería (*Cuenta con los dedos.*), albañilería, aseos, lo que sea... si sale algún datito me avisa no má po.

JUANA —Yo tengo mis maestros.

PERLITA —Ninguno como yo señora... pero por siaca. (*Agarrasus paquetes.*) Güeno voy a descansar un poco. (*Se despide con la cabeza y Juana responde.*)

TATA —(*Llega donde está sentado el Perlita. Se ve más viejo que antes. Se sienta sobre unos ladrillos, igual al Perlita.*) ¿Cómo está amigazo? ¿Ses ta castigando?

PERLITA —(*Lo mira.*) Wi wi no má po, cuando las tripas estrilan...

TATA —Claro po, oiga.

PERLITA —¿Sí?

TATA —¿Usté el que viene a cambiar los cerritos pal otro lao?

PERLITA —No lesée po, si ahora hay que arreglarla bien po.

TATA —(*Asiente con la cabeza y se ríe.*) Ustées me pueen ayuar.

PERLITA —¿Ayuar?

TATA —Con la tierra que echan puee caer alguien po (*Le enseña el lustrín.*)

PERLITA —¡Ah! (*Se ríe.*) ¿Qué toaía no cae nadien? (*Tata mueve sus hombros negando.*)... ¿Oiga? Debe irle re mal en esa cuestión po.

TATA —Ando por ahí no má con ustées.

PERLITA —¿Va seguir?... ¿Qué tiene contra él, po, que lesea tanto?

TATA —Yo, naa.

PERLITA —(*Moviendo sus hombros*) Es preferible esta cuestión ante de pasar too el día sin hacer na po (*El Tata no hace caso.*)... Yo dentré a esta cuestión hace tre año, al mínimo, porque no tenía na po.

TATA —¿Ahí quiera? ¿Ayuante de jornalero?

PERLITA —(*Se ríe.*) Wi wi no má po, en vece barría calles, cuando salió el POJ me metí al tiro.

TATA —Lo engatuzaron con las cuatro lucas.

PERLITA —Pior es mascar lauchas dicen por ahí po.

TATA —¿Oiga?

PERLITA —¿Sí?

TATA —Dígame una cosa, ¿cuál es su gracia?

PERLITA —¿Cómo?

TATA —¿Cómo ijo que se le nombra a usté?

PERLITA —Yo no le dije na po.

TATA —Podría ber empezao por ahí po.

PERLITA —¡Chi!... ¡Que salió puntúo usté ah!... usté llegó primero... usté tiene que haber dicho su nombre... no yo po.

TATA —No tengo na por qué ecir mi gracia po.

PERLITA —No ve po... ¿Qué parte del sartén le gusta? (*Tata se queda con expresión inmóvil. Callado. El Perlita se resigna.*) Me llamo Juan (*Le extiende su mano. El Tata le da su mano.*), pero me icen Perlita.

TATA —(*Herido*) Ahora siga contándome de su vía po.

PERLITA —Oiga, amigo, que le vaya mal a usté no tiene naa que ver conmigo... no venga na a hinchar (*Hace ademán de irse.*)

TATA —(*Lo detiene.*) ¿Pa onde se va ñor?

PERLITA —Si usté eso es lo que quiere po.

TATA —Coma no má oh. (*Perlita le ofrece.*) No, no, no. Yo comí un poco. Además mientra meno coma más rápio me voy po.

PERLITA —¿Pa onde?

TATA —Morirme... pa nacer mañana... irme derechito pa la muerte, igualito a un endeudao.

PERLITA —Oiga, ¿sae qué má?, no entiendo na.

TATA —La vía de ante era má linda.

PERLITA —(*Afirma*) Sí, Renca era así po.

TATA —(*Brillan sus ojos.*) ¡Deja seguir po! Tení too el rato después pa blar (*Perlita lo mira extrañado.*)... Ante la gente por las mañanas apreté sus interruptores y aparecía colgao en el cielo, un gran sol, amarillito, al lao dese chiquitito (*Perlita mira para todos lados.*)

PERLITA —Yo veo uno solo... pa mí que usté dee ser turnio.

TATA —El otro recién ta naciendo.

PERLITA —Ojalá que no nazca.

TATA —¿Por qué?

PERLITA —Porque yo me conformo con uno solo, chi, si con éste me quemo entero... ¿Imagínese con do?

TATA —El otro nueo no va a quemar.

PERLITA —¿Será de taula acaso po?

TATA —No va a quemar porque el viejo se va a reventar igual que un gloo y se va ir lejo... má allá del infierno.

PERLITA —Pa mí que usté ve mucha tele.

TATA —Es verdá lo que igo.

PERLITA —¿Sae amigo?, usté se parece al que anuncia que se va a cabar el mundo y no pasa na... al que anuncia un temblor y no pasa na... y así nunca pasa na... se parece... sí... se parece al pelaíto Duarte, anunció niee y al otro día uno llegé cocío a la casa por el tremendo abrigo que se ponía.

TATA —Ahora sí que va a pasar.

PERLITA —También lo ecían lo otro po.

TATA —Los otros estaan muerto y no poían dar vías po.

PERLITA —¿Será una nimita acaso usté po?

TATA —Yos toy muerto y quiero vivir.

PERLITA —No ve ques turnio usté.

TATA —¿Sae ñor?... hoy en las casas caa uno prende su sol... y sólo alguno brilla, los demás a pura vela.

PERLITA —(*Se para.*) ¡Qué vela ni qué muela careá ñor!

TATA —¡Así es la cosa ahora po!

PERLITA —¡Usté ta loco!

TATA —Gracias.

PERLITA —De naa... yo voy a peinar la tierra... ¡Aaaayyy!

TATA —¿Qué le pasó ñor?

PERLITA —Me mordí la lengua. (*Habla en forma confusa.*)

TATA —¿Qué dice?

PERLITA —Casi me la corté.

TATA —Claro po, con esa tremenda ni que dentadura que tiene po ñor.

PERLITA —(*Gimiendo*) Pa eso voy a peinar la tierra, a lo mejor encuentro mis dientes po.

TATA —(*Lo mira.*) ¿Se le perdieron?

PERLITA —Sí... una ve en la playa.

TATA —¿Y la otra ve?

PERLITA —No me agarre pa'l fideo po ñor.

TATA —No, es que como le faltan casi too.

PERLITA —Es quera una placa po.

TATA —¡Ah po! Por eso jue po.

PERLITA —Sí, por eso jue po.

TATA —¿Andaría demasiao con la boca bierta po ñor?

PERLITA —(*Lo mira.*) Estémos en la playa, en la arena calientita, igual que una sopa... de repente veo al cabro chico que se mete muy aentro del mar, me paro y le pego tremendo grito... hice mucho esjuerzo... la placa saltó igualito a una pulga cuando uno la va pillar po... comome queaa grande se me cayó, al tiro me tiré a buscarla... pero desapareció como por magia, pero voy a sacar toas estas basuras, a peinar el suelo, a limpiarlo (*El Tata lo mira.*)... Pero no creo que lan cuentre.

TATA —¡Oiga!... ¿No sería la playa del terror?

PERLITA —No se ría ñor, casi me morí de pena.

TATA —Yo quiero morirme. (*Seco*)

PERLITA —Casi me muero yo, pero túe que seguir echándole no má po.

TATA —(*Empuña sus manos.*) Quiero morirme.

PERLITA —¿Sae qué má?

TATA —¡No!

PERLITA —Si usté tuiera los ojo un poquito má aentro sería igualito a una calavera, pero le falta un poco toaía.

TATA —Sí, me falta un poco, pero un poco no má po.

PERLITA —Aunque yo quiera morirme no pueo, tengo la casa y al Oscar, tengo que cuidarlo yo po, porque a mi hija se le corrió el jetón.

TATA —¿Quién es el jetón?

PERLITA —¿Cómo?

TATA —¿Su hija o el otro? (*El Perlita se ríe. Mueve sus hombros. Luego se dirige a sus labores.*) El llamao del deber. (*Perlita mueve los hombros.*)

PERLITA —O si no me cortan. (*Pone su mano a la altura del cuello.*)

TATA —Media ni que diferencia que le harían po (*Perlita mueve su cabeza. Luego llega el Toño y se sienta en donde anteriormente estaba el Perlita.*)

TOÑO —(*Le toca el hombro.*) ¿Está sacando la güelta? (*Tata no contesta.*) ¿Con quién taba blando?

TATA —¿Y a vo qué te importa?

TOÑO —También usté ta enojao... ¡chi!... que es coloriento... hace tiempo que nos conocimos, ¿pa qué tanto color?

TATA —Pa que te peguí la cachá po.

TOÑO —¿De qué?

TATA —¿De qué creí vo?

TOÑO —No sé po oiga.

TATA —Tení que respetarme.

TOÑO —Media ni que personalidá ques usté po.

TATA —No te dao na mucha confianza como pa que vengai agarrarme del cogote y zamarrearme po.

TOÑO —No le ponga tanto tampoco po.

TATA —(*Silencio*) ¿Peliaste con la Juana?

TOÑO —Ella se enojó. (*No lo mira.*)

TATA —Tení que respetarla.

TOÑO —Claro poh al tuto con má carne po.

TATA —Estai con ella hace tiempo, le debí...

TOÑO —No tiene na ques tármelo repitiendo.

TATA —Si sé... pero...

TOÑO —Si tuviera plata, la cosa andaría pa este otro lao.

TATA —Pero estai má helao que pate gaviota, así que confórmate po.

TOÑO —Si me conformo oh.

TATA —Claro, re harto po.

TOÑO —Cuando quemaron mis negocios, quemaron mi
vía...

TATA —¿Pa qué mataste al otro ?

TOÑO —(*Lo mira extrañado.*) ¿Cómo lo sae?

TATA —Aquí en la vega las papas se saen ligerito.

TOÑO —Usté habría echo lo mismo, ¿no?

TATA —Te quivocai, yo nací quemao y no mato a nadien
toaía.

TOÑO —Es diferente po, usté jue pobretón de nacimiento.

TATA —Donde llegaste po, Toño Rockefeler oh.

TOÑO —(*Riéndose*) No tanto, no tanto. (*Irónico*)

TATA —¿Sabí lo que te pasa a vo?

TOÑO —Se las da de médico ahora.

TATA —No es necesario ser médico pa cacharte a vo,
como serí de rasca... ¿Querí saberlo?

TOÑO —Diga no má oh.

TATA —Vo querí volver a sentirte rico y no poí, estai
igual de empelota que yo.

TOÑO —(*Piensa un rato.*) Si ahora estamos igualitos.
¿Sae? ... Ahora ya no bajamos de peso... bajamos de a
centao (*Toñose revuelca en el suelo riéndose.*)

TATA —Tiempo hace que no te reíai tanto.

TOÑO —(*Sobándose la guata*) Pocas veces hay güenos
chistes.

TATA —Claro po, re güeno jue po (*Impertérrito*)

TOÑO —(*Después de reirse*) ¿Sae onde está la papa?

TATA —¿Onde?

TOÑO —En el cartón (*Lo mira.*)

TATA —¿En el cartón?

TOÑO —Claro.

TATA —Habla en castellano, ¿querí?...

TOÑO —El otro día, cuando venía por el pasaje pacá, en
toos los vidrios de la casa...

TATA —Yas tai mintiendo.

TOÑO —Güeno ñor, en los nailon, en ellos vi un cartón
que ofrecían algo.

TATA —¿El cartón ofrecía algo?

TOÑO —Nooo, escrito en el cartón, los de las casas
ofrecían algo.

TATA —¿Como qué?

TOÑO —Cualquier cosa, se venden cubos, marquesas, sangrepa los enfermos, una muleta de un cojo de la casa, cuestiones así po.

TATA —¿Y eso qué tiene que ver conmigo?

TOÑO —¿Cómo que qué tiene que ver?

TATA —Dime luego po, hombre.

TOÑO —¿Vendamos cartón casa por casa?... total too el mundo vende algo.

TATA —Tai loco vo.

TOÑO —En verdá tata.

TATA —Quiero morirme.

TOÑO —Después que vendamo el cartón.

TATA —No sigai aulando, toy má colgao que un ahorcao en las películas de John Wain. Mira Toño (*Alargando las palabras*).

TOÑO —(*Mira entusiasmado.*) Tremendo hoyo y yo comiendo curanto a la olla.

TATA —No te pongai roto po... Oye (*Le toca el hombro.*), ¿te hai enamorao alguna ve?

TOÑO —¿Qué se cree?, ¿que tengo mi cuestión de criaero no má.

TATA —No me refiero a eso.

TOÑO —¿A quén tonces?

TATA —¡Aaahhh!... es aaa... si te hai enamorao... sólo a eso po.

TOÑO —Creo que sí, una ve, de una que tenía cuerpo de conomía.

TATA —¿Cuerpo de conomía?

TOÑO —Claro poh tata, era má quebrá. (*Se ríe.*)

TATA —No hay mujer quebrá, Toño oh.

TOÑO —Yo ecía lo mismo. Tenía unos ojos bonitos y un cuerpo (*Se muerde su labio inferior.*)... eso cuando tenía mis negocios y cuando pasó eso... se jue.

TATA —¡Ah! Tonces no te quería po, Toño oh.

TOÑO —Medio ni descubrimiento que hizo, tenga cuidao con los taiguaneses.

TATA —Ya po.

TOÑO —(*Riéndose*) Así poh, chao pescao... si te visto ni me acuerdo... ¿Qué se habrá creío esa flacuchenta? Parecíéntena de radio casé y era má tocá que interruptor de lu.

TATA —Ahora decí eso po.

TOÑO —(*Mueve sus hombros.*) ¿Usté?

TATA —¿Yo?... ¿Qué?

TOÑO —No se haga el gil.

TATA —¿Qué querí po?

TOÑO —¿Se ha enamorao?

TATA —(*Mira hacia el suelo.*) No tiene na importancia.

TOÑO —Picarón... ¿Cómo no va a tener importancia... las mujeres ejan huellas aquí dentro, marcaíto igual a una cicatrí.

TATA —Pa enamorarse hay que vivir.

TOÑO —¿Tará jugando a las bolitas usté po?

TATA —Nunca entenderí.

TOÑO —Yo entiendo a la mujer y al hombre, juntitos... no importa quién mire pa'l cielo (*Irónico le toca el hombro.*)

TATA —Nacer en medio del barro y no poer respirar nunca bien niega a cualquer amor... lo único que hay que hacer es conseguir un poco de aire o si no...

TOÑO —Se puso grave ñor.

TATA —Ante no era igual.

TOÑO —Si me ha dicho que ante era too distinto, pero usté nunca'bla de'llo.

TATA —No te interesá vo.

TOÑO —Yo no soy na de copuchento pero... ¿túo hijo?

TATA —¿Vo hay tenío?

TOÑO —Está de cajón que su mujer po.

TATA —Do.

TOÑO —¿Se jueron?

TATA —Sí.

TOÑO —En alguna parte estarán igual que uno. (*Tata asiente.*) Yo... o sea las locas que tenía no les gusté tener críos.

TATA —Pa llenarlos de aire.

TOÑO —Eso... pa limentarlo con cartón mejor que no... pero pisé harto, harto tratando de tener un hijo, pero toas las minas andén con la T o las pastillas o me pedían inyección pa poer acostarme con ellas... mis ganas no aguantén así que daba la baja. (*Silencio*) Había una, que con el hermano juimo a mochilar pa'l sur, jugémos junto en el Peñarol... era arquero y yo wing.

TATA —Win, hüeón.

TOÑO —Recuerdo esa tarde, el estadio esté lleno y ahí esté mi pierna... si ganémos íamos a ir a un hotel, me daba su cuerpito... ella grité como loca y no dejé pasar ni el viento... el amor dé juerza... justo venía una pelota por alto y yo, igual a Pelé, la paro de pecho, media güelta y despacito se la toqué al arquero y se le pasó de hoyito... quería morirme.

TATA —Pero si hiciste el gol.

TOÑO —Jue autogol... le di el pase al machucao de mi cuñao y cuando la iba 'garrar se resfaló... mi pierna se jue con el rucio... (*El Tata se ríe.*) ¡No tiene na ninguna gracia!

TATA —Mala suerte... te quemaron los locale... perdiste el partío de tu vía, te robaron tu mina... ¿no tení otra desgracia que contarme?

TOÑO —Ninguna.

TATA —Menos mal po.

TOÑO —Sólo ayuarle a la Juana.

TATA —Esa no es na desgracia po.

TOÑO —Es que cambió tanto cuando se murió el flaco po.

TATA —Nadien puee golver a ser el mismo después de algo así po.

TOÑO —¿Como yo?

TATA —Vo siempre hay sío güeco.

TOÑO —¿Cómo güeco?

TATA —No tení idea de sentimiento po.

TOÑO —¡Güena oh! ¡El perito en sentimientos po!

TATA —¿Qué sabí vo deso?

TOÑO —¿Y usté?

TATA —Ello es lo más bonito de la vía, sin eso no hay na... sólo aire y má aire y al final de too esto es esto... (*Le muestra un diario amarillo y viejo.*)

TOÑO —¿Un diario?

TATA —No, aturdío. El tiempo, tiempo sin vía.

TOÑO —Medio descubrimiento. ¿Oiga?, siga teniendo cuidao con los taiguaneses oh... ¿si no existiera el tiempo, nosotros no seríamos na po?

TATA —¿Somos algo acaso?

TOÑO —Personas po, gente.

TATA —Es porque el tiempo no existe y no hay tiempo vío. El mundo, pa que vo sepai, puee existir en tiempo muerto po.

TOÑO —A ver, a ver po, ¿cómo sé yo que ayer jue ayer, que hoy es hoy y que mañana va a ser mañana?... a ver po.

TATA —(*Mueve la cabeza.*) Na que ver lo que decí vo, la víase míe por lo que se hace por vivir, se míe por hechos que se sienten aentro... yo siempre toy lustrando ¿pero qué hago pa vivir, ah?

TOÑO —Es problema suyo po ñor.

TATA —Problema mío poh, ¿pero dime po?

TOÑO —¿Sae ques toy igual de colgao quel ahorcao de su película de John Wain?

TATA —¿Cómo vai an'tender po?

TOÑO —Entiendo po, ¿o me cree gil acaso?

TATA —No es na eso Toño oh.

TOÑO —¿Entonce qué po?

TATA —Mira... tu vivir es tan feo como una cicatrí o comouna muela cariá, triste como una sombra... yo viví echando tus pisaítas y así estay bien po... pero la vía es algo má po... vo viví rápio y mirai rápio, no descansai... tení que conocer lo que sí es la vía...

TOÑO —¿Y cómo la conozco?

TATA —Viviendo po.

TOÑO —Yo los toy po ¿no basta acaso?

TATA —Pa vo sí po.

TOÑO —Güeno, ¿cómo es la cuestión, po? ¿Es vía o no es vía? ¡Póngase de acuerdo po!

TATA —(*Mueve sus brazos enojado.*) ¡Aahh! Si yo quiero morirme, quiero que el viento lleve mi cuerpo y vista al sol chiquitito. (*Toño desconcertado, mira para todos lados.*)

TOÑO —¿Cuál sol?

TATA —Déjalo oh.

TOÑO —Pero dígame po.

TATA —Quiero morirme po. ¿entendí?

TOÑO —¡Qué encachao pa ver la vía usté! ¿ah?

TATA —Anda... traaja, ayúa a la Juana, le hací falta.

TOÑO —¿Pa qué se corre, ah?

TATA —Ya lo va an'tender (*Toño se para y se va.*)

TOÑO —(*Llega sumiso donde Juana.*) ¿Anda con la indiá toaía?

JUANA —(*Lo mira y lo llama con los brazos.*) Ven pacá, dame
una manito.

TOÑO —Claro (*Corren cajas.*) ¡Qués tá mable!... ¿Ve?

JUANA —¿Ve qué?

TOÑO —Ve que le hago falta.

JUANA —Güena oh... cachiporra (*Sigue trabajando.*)...
¿Onde estuviste?

TOÑO —Con el Tata.

JUANA —¿Comiste?

TOÑO —Claro, un asao al palo.

JUANA —Ahí te ejé unos panes.

TOÑO —Gracias.

JUANA —¡Ques tai educao oh!

TOÑO —Siempre lo he sío.

JUANA —¿De qué hablaron?

TOÑO —¿Aónde?

JUANA —Con el Tata po.

TOÑO —¡Ah! De la vía.

JUANA —¿De la vía?

TOÑO —Sí. ¿Sae usté lo ques la vía?

JUANA —Güeno es... yo poh... eso es la vía... los hijos...el
querer un futuro güeno pa los críos... un puesto firme...
acuérdate que nos quieren echar po... eso es po. (*Toño la
mira interrogante.*)

TOÑO —¿Eso verdá?

JUANA —Creo que sí... tal ve vo tení otra cuestiones
pero... (*Mueve los hombros.*)

TOÑO —Sí. Las vías no son iguales, pero ésa es su vía
¿verdá?

JUANA —¿Cuántas veces querí que te la diga?

TOÑO —Yo pregunté no má po.

JUANA —Saí que la vía mía empezó cuando el flaco ía pa
lacasa. Tenía quince años, lleaa fruta, dulce, pan de la
Selecta, vo sabí po, pa pegarse los carriles con los viejos...
Cuando cumplí los veinte él pidió mi mano.

TOÑO —Bien tirao a lan tigua el flaco, ¿ah? (*Sentado,
cambia de posición.*)

JUANA —(*Asiente.*)... Mis taitas (*Se toma la nariz.*) no quisieron que me casara con él... dijeron que me iba a tener a media tripa... así que nos arrancamos po.

TOÑO —(*Ríe.*) Apretaron solitos y de lo lindo, onde los valientes víen solos, ¿ah? (*Irónico*).

JUANA —Al año nos casamos por el civil, me queó debiendo la iglesia... ya bia nacío la Emilia.

TOÑO —No habían perdío tiempo.

JUANA —Y ahí empezó la vía. Vendíamos chocolate a la guerra no ma'poh, había que arrancar de los pacos, los cauros nos ayuén a dar güelto... Vivíamos en una villa militar y pal golpe no echaron a la calle. De ahí onde una hermana del flaco pero ella le pegé a los cauros. Después onde un primo, era una casa con gallineros de patos y de gallinas, pero la mujer nos corté la lu, nos alumbrémos con la pura lu de la esperanza. Luego onde un pairino (*Se ríe.*)... era una pieza que bia sio almacén y tenía toaía la cortina, cuando alguien salía o dentré sabía hasta el vecino de la esquina, toos salían a sapear a la puerta. Después deso jui a vivir a un conventillo; una agüela arrendé allí y poco después que llegamos paró las patas y aparecieron como por encanto los parientes pa'comerle la'rencia. Después aonde estoy po... ¡Ah!... saí que también estuimos onde una amiga del flaco quera carrerista. Allí habían do piezas, pero ella en las noches llegaba con sus jinetitos (*Irónica*) a correr solitos ahí po. Se sentía too y ahí en esa misma casucha, pa'un temporal el viento casi nos güela el techo. Los otros asopao en la pieza de al lao y nosotros colgaos de la viga... ya cuando el viento ía por Arica llegó la otra con su jinetito a ayuar... (*Silencio*) Después al flaco le salió el permiso y se compuso un poco la cosa, y ése es mi desafío, eso es mi vía, luchar pa'darle a mi hijo lo que el flaco quería.

TOÑO —¿Eso es su vía?

JUANA —¡Ay Toño! Es la mía...

TOÑO —Pero son diferentes.

JUANA —Claro.

TOÑO —Usté parece pelota de playa con re tantos botes que dio y a mí el juego me persigue.

JUANA —¿El juego? ¿Lo ecí por los incendio grande de la otra ve? (*Toño asiente.*) El incendito ése... jue pa'pior.

TOÑO —Sí, el incendio ése. Aquí en la vega las papas queman. Se cocinaron los giles que dormían entremedio de lo locale calientito a maera. (*Se agarra la cabeza.*) Un día mis taitas pusieron el choncho y se quemaron.

JUANA —¡Toño!

TOÑO —Parece quel hoyo taba grande y la mecha se jue pa'entro. Ellos me estén esperando y como no llegué se quearon dormíos; jue su último sueño... ¿pero sae?...

JUANA —No.

TOÑO —I El tata ice que la vía es una no má.

JUANA —¡Ah! Son puro viejos amargaos. (*Mueve sus brazos.*) Lesos no ma'po.

TOÑO —Pero ante la vía era bonita ¿verdá?... yo mi acuerdo cuando chico... ayuando a mi amá, pero la vía es una sola y ahora ta má fea que una soná de narices.

JUANA —No le hagai caso al viejo, vo veni traajando de chico, ¿qué ma'querí que te iga?

TOÑO —Pero mi amá gané plata po.

JUANA —Y tu taita se la farreé po.

TOÑO —Eso sí. Salió má gastaor el viejo, pero igual ahora no hay plata.

JUANA —Eso sí, ahora hay menos plata, pero es por la inflación po.

TOÑO —Güena oh.

JUANA —Claro po, por eso es po.

TOÑO —¿Qué esa cuestión?

JUANA —Es cuando las cuestiones suen no má po, eso es po.

TOÑO —¡Ah!

JUANA —(*Mira a Toño.*) ¿Me ayuai?

TOÑO —Claro. (*Trabajan un rato.*)

JUANA —(*Brazos en jarra*) ¿Averiguaste los precios?

TOÑO —(*Deja sus labores, mira hacia arriba.*) El primero vas tar a docciento la de ocho, el de segundá gambimedia y el pencolio, ese má feo que mantel de lana está a gamba... ¡ah! El Guata (*Juana lo mira.*), el de al lao del mote (*Juana asiente.*), le eja el de primera a gamba y tanto no má.

JUANA —Siempre ecí lo mismo.

TOÑO —Ah, yo no sé po.

JUANA —Vo nunca saí na po, innorante.

TOÑO —¡Deje seguir po!... la palta, está re chica sí ah... tá a noveciento.

JUANA —Chi. ¿Me querí sacar lo ojo de la cara?

TOÑO —Si toaía no es na' el tiempo po, ¿quieren que le regalen la caja?

JUANA —¿Qué má?

TOÑO —¿Quiere saer má toaía? ¡Chi!... ya ses ta pareciendo a la Juana gallo de tan re preguntona ques tá po.

JUANA —(*Se ríe.*) La Juana gallo... quera metía la galla ah... era má metía que un gol po (*Se ríe.*)... Saí que macordé de las patas verdes, la que se ponía en bello con salas po (*Toño asiente.*)

TOÑO —¡Ah! Las patas verdes. ¿Oiga?, esa desapareció de repente y no se sacó nunca las medias, ¿ah? Pa'mí que no eran verdes cuando las compró. Tenían má cebo que las uñas de los pies po (*Ríen.*)

JUANA —¡Ay! Por San Sebastián que la paso bien con vo, derepente. (*Se apagan las luces y aparecen en escena el Perlita, que va caminando y se encuentra con el Tata que está sentado sobre unos ladrillos.*)

PERLITA —(*Lo saluda con la cabeza. El Tata le contesta.*) Ya terminamo po... ahora me voy. (*El tata lo mira.*)

TATA —¿Te llamé acaso pa'que me lo contarai?

PERLITA —A usté no se le acaba nunca el humor.

TATA —Nos toy na lesiando. (*Silencio por un momento. Perlita comienza a caminar.*) ¿Cuándo terminan aquí?

PERLITA —Cuando ejemos bien arreglaíto po.

TATA —¿A quién le interesa eso?

PERLITA —Eh, a los autos po, a la gente, pa'que vean málindo po.

TATA —No saca na'con arreglar tanto si por ahí caminan puras calaveras.

PERLITA —Andarán disfrazá porque toaía no veo ni ninguna.

TATA —Es que hay que mirar con los ojos bien puestos po.

PERLITA —De chico que tengo los ojos deajo de las cejas y¿usté? (*Tata no contesta. Silencio.*)

TATA —¿Ha pensao en lo linda ques la muerte?

PERLITA —Cuando lo vaya a pensar no voy a tener tiempo po.

TATA —¿Por qué?

PERLITA —Porque ya voy as tar muerto po.

TATA —No, no, no. Yo pregunto si a pensao ahora, en lo linda ques la muerte cuando piensa en la vía.

PERLITA —No.

TATA —Saliste má atravesao quel otro.

PERLITA —¿Cuál otro?

TATA —Déjalo, ¿no habí pensao en la muerte?

PERLITA —(*Piensa un rato.*) Síí, cuando me salió el cara dechancho. ¿Lo conoció?

TATA —Pa'na.

PERLITA —Jue un gallo que andúo en Renca y que dormía en la cuea deon Emilio. La del cerro, ¿tampoco la conoce?

TATA —Tampoco

PERLITA —Yo iba caminando por la Colo Colo cuando aparece,toos le tenían mieo...

TATA —Alborno.

PERLITA —Albor sí. Me hice too ante de apretar cuea como alma que llea el diablo, era tan feo ese animal, la gente ecía... (*Se acerca al Tata.*) que tenía mitá de chancho y mitá de hombre.

TATA —La gente es tan exagerá.

PERLITA —Sí, pero no me quee pa'averiguar si era cierto, apreté rajao... igualito a una lanza.

TATA —Pero... ¿Aparte deso?

PERLITA —Cuando se me cayeron los dientes no má po.

TATA —¡Ah! Verdá po, usté amé sus dientes.

PERLITA —¿Usté no?

TATA —Claro, ¿pero igual siguió después deso?

PERLITA —Creo que sí po, por eso estoy aquí.

TATA —(*Se para.*) ¿Siente las campanas?

PERLITA —Sí... ¡Oiga! ¿Usté cree en Dio?

TATA —¿Por qué lo pregunta?

PERLITA —Es que aquí toos van a la iglesia. Los juees, yo los veo a toos. A ésa... (*Apunta con la mano.*)

TATA —La gente por aquí es muy católica, igual yo.

PERLITA —¿Se acuerda del sol chiquitito que vio la otra
ve?

TATA —Si. ¿Qué tiene?

PERLITA —Me tiene preocupao.

TATA —¿Por qué?

PERLITA —¿No será algo malo?

TATA —¿Algo malo?

PERLITA —Sí, algo malo de Dio o del cielo.

TATA —Dee ser cuestión na que ver con Dio.

PERLITA —¿Cree usté?

TATA —Yo creo... no puee ser ninguna otra cosa.

PERLITA —Puee ser y nosotro no saímo po.

TATA —No hay na en el mundo que no se aprenda.

PERLITA —¿Se imagina que supiéramo too?

TATA —¿Qué pasaría?

PERLITA —Que yo nos taría tréjando en el PO.

TATA —Má imbécil.

PERLITA —¿El PO?

TATA —Má imbécil.

PERLITA —¿Qué po?

TATA —La vía lo enseña too... por eso quiero morirme y
nacer mañana.

PERLITA —¿Toaía cree en el Viejo Pascual?

TATA —Esta no es na vía (*Seco*), ¿acaso le llamai vía a esta
cochiná?

PERLITA —Yos toy vio.

TATA —No basta.

PERLITA —¿Qué no basta?

TATA —Que estí vio, sino que vivai de verdá.

PERLITA —¿Y morirse uno vie de verdá?

TATA —Sí.

PERLITA —Usté tá loco.

TATA —Vo tai loco.

PERLITA —¿Qué espera con morir?

TATA —Ya te lo ije, nacer.

PERLITA —¡Qué raro!

TATA —Vo tampoco entendí.

PERLITA —(*Lo mira extrañado.*) ¿Cómo le jue hoy?

TATA —Como siempre.

PERLITA —¿Cómo le va siempre?

TATA —Igual.

PERLITA —¡Qué original! (*Mueve la cabeza positivamente.*)

TATA —¿Qués lo riginal?

PERLITA —Too un mundo suyo po.

TATA —¿Qué tiene mi mundo?

PERLITA —Que usté es como... la nada, si, como la nada.

TATA —¿Qués la nada?

PERLITA —Usté po. (*Se ríe.*)

TATA —Yo lo sabía de hace tiempo.

PERLITA —¿Lo sabía?

TATA —Claro po... ¿Quién es algo hoy?

PERLITA —Usté va a morir odiando a toos y eso es malo.

TATA —Yo no odio nál mundo.

PERLITA —Y ¿quién odian'tonces?

TATA —A nosotros, a los que no víen, a los que andan tristes, por eso igo quel pasao es má lindo quel hoy, má duro, pero toos cantén y reían.

PERLITA —Ahora también se canta.

TATA —No haulo dese canto (*Ve que Perlita le ofrece comida.*)

PERLITA —Sírvase.

TATA —Gracias.

PERLITA —No las dé, algún día yo peiré comía.

TATA —¿Se fija cómo la gente anda?

PERLITA —No le veo na de raro, toos caminan iguales.

TATA —Fíjese bien po, toos con la caeza metía aentro de sus cogotes... mire no má po y fíjese... los cargaores con su carga y los yegüeros arrastrando su carga que no es na carga sino su vía, un peacito della.

PERLITA —Non tiendo na'.

TATA —Vo soy uno dellos.

PERLITA —¿Sí?

TATA —Sí. Y además soy ciego.

PERLITA —(*Se enoja.*) Yo tréjo y peino la tierra y barro la calle. Se me perdieron los dientes pero los ojos los tengo bien pegaítos, necesito ver.

TATA —Según tu conciencia.

PERLITA —¡Qué conciencia ni qué pelo en los soacos oh! No es na'cuestión de conciencia. Si no traajo me echan, eso es too oh.

TATA —Tampoco me refiero a ésa, sino a la mirar y observar.

PERLITA —(*Piensa.*) Ahora qui me habla, el otro día, pasando la peineta de fierro, encontré entre las malezas una...

TATA —Una lagartija. (*Se ríe.*)

PERLITA —(Niega con la cabeza.) No, algo má raro... ahí entre las basuras, estaamos arreglando una calle en Renca pa'bajo, pa'Lo Velasque, allí encontré hartas conciencias y me dio susto.

TATA —¿Por qué?

PERLITA —Es que... entre las otras esté la mía po.

TATA —(*Se ríe.*) ¿La recogió no?

PERLITA —Wi, wi, no má ije y no la recogí po.

TATA —¿No la recogió?

PERLITA —Yo la vi, tirá en el suelo, igual que una piedra, pero como estén toas juntas, no se notaría demasiado y la ejé ahí po; total quiero mis dientes.

TATA —Pa conseguir lo de uno hay que tener ese invento po ñor.

PERLITA —Algún día la voy an'contrar po.

TATA —Tal ve... lo ques yo nos pero má.

PERLITA —¿Qué a usté también se le perdió?

TATA —No.

PERLITA —¿Sus dientes?

TATA —Los dientes, las muelas. La vía jue po... duele no haber na'por qué vivir.

PERLITA —No se ponga serio, ñor, hay que alegrarse.

TATA —Con los tremendos chistes que son los días po.

PERLITA —No pero... ¿Sae?

TATA —¿Qué?

PERLITA —Una ve en Ventana, con un amigo juimos a las casas de las niñas que icen que sí...

TATA —¿Qué tiene?

PERLITA —Es que los juimos empelotas.

TATA —No tiene na de raro.

PERLITA —¿Na?

TATA —Ahora andamo toos em pelotas.

PERLITA —Con usté no hay güelta. (*Silencio*). ¿Usté vie por aquí?... yo vío harto lejos.

TATA —¿Usté víe pa'bajo, verdá?

PERLITA —De la tierra del care chancho, la cuea deon Emilio y del care vieja.

TATA —¿Care vieja?

PERLITA —Los cauros chicos, cuando salían del colegio y sen'contraban con él lo molestén. El care vieja se hinché y se los comía y al que agarré le sacé la mugre po.

TATA —¡Que historia! (*Se despide con la mano.*) Hasta mañana. (*Realiza el mismo gesto.*) ¡Váyase luego po, iñor!

PERLITA —¿Se va quear aquí?

TATA —Esta es mi cuna.

PERLITA —Harto dura ah.

TATA —Como mi vía.

PERLITA —Está bien. Chao. (*Se apagan las luces. Se escuchauna canción. Posterior a eso, aparecen en escena Juana y Toño, este último corriendo desesperadamente.*)

TOÑO —¡Juanaaaaa, Juanaaaaa, Juanaaaa!.

JUANA —¿Qué te pasa alaraco que vení tan alterao?

TOÑO —(*Titubeando*) ¡El Tata!

JUANA —(*Aliviada*) Se puso haular contigo y te ejó loco.

TOÑO —Algo pior Juanita oh.

JUANA —(*Nota en el rostro de Toño su desesperación y se desespera igualmente.*) Haula rápio entonce... haula rápio pu hombre oh.

TOÑO —¡Se murió... se jue cortao!

JUANA —¿Cómo que se jue cortao?

TOÑO —Tal como lo'yó, el Tata se cortó igualito al flaco suyo. (*Silencio por un espacio de tiempo en el cual Juana debe cambiar de una expresión de incredulidad a una postura alegre, triunfadora.*)

JUANA —No, no Toñito. (*Se ríe.*) El Tata nos tá muerto.

TOÑO —Yo pensé que le haría mal la noticia... ¿pero?...

JUANA —(*Se agarra la cabeza.*) Ahoran tiendo lo del Tata.(*Toño la mira.*)... Quería vivir po, Toñito oh.

TOÑO —Lo que me temía.

JUANA —Lo entendí, ¿verdá?, no ha muerto... ha renacío (*Agarra al Toño de la ropa.*)... después de tantas güeltas, como una betonera, ha güelto a vivir po.

TOÑO —Le consigo un mejoral.

JUANA —¿Te acordai?

TOÑO —¿De qué?

JUANA —Cuando haulaba de morirse, ¿verdá?

TOÑO —Haulaba too el tiempo deso.

JUANA —Era pa'vivir, ¿lo entendí?

TOÑO —(*Sentándose.*) Esté aburrío.

JUANA —Esté tan'burrío de morir que quería vivir po.

TOÑO —No quería má guerra.

JUANA —(*Levantando sus brazos; gritando*) Claro que quería guerra, como la de nosotros.

TOÑO —Esté cansao.

JUANA —De que no existieran guerras po.

TOÑO —¿Pa'qué quería guerras?

JUANA —Pa'sepultar.

TOÑO —Entonce cagó po, porque lo van a sepultar a él po.

JUANA —Estúpido.

TOÑO —¿Por qué?

JUANA —Porque quería sepultar al hombre de hoy, pa'que naciera el hombre de mañana.

TOÑO —Falta que pongan los zapatos en la ventana no má po(*Mira hacia otro lado.*)

JUANA —¿Verdá que lo entendí?

TOÑO —(*Enojado*) ¡Mire, ñora, me tiene bien choriaíto ya!

JUANA —Es que, muchas veces tiene que morir alguien pan'tender.

TOÑO —Sería má fácil que lo mostrara cuando vío... dando la cara po.

JUANA —Pero nosotros somos imbéciles po.

TOÑO —¡Cargue el burro conmigo no má po! (*Toño observa que se acerca el Perlita con paso rápido.*)... Ahí viene.

JUANA —(*Cambiando de expresión*) ¿No ijiste que esté muerto?

TOÑO —No ñora, ese gallo (*Le grita al Perlita.*) ¿Ya lo supo?

PERLITA —(*Saludando con las manos.*) Claro que sí po.

JUANA —Ahora lon'tiendo.

PERLITA —¿Le pega a la diviná ahora?

TOÑO —¿Cómo lo supo?

PERLITA —En el tréjo me lo ijeron.

TOÑO —¡Cómo corren las noticias!

PERLITA —Y como era pa'ustées el dolor, me vine al tiro évisarle pa' que alcanzaran a ser algo po.

JUANA —A mí me acaba de avisarme él.

PERLITA —¿Y tan contenta ques tá?

JUANA —(*Voz suave*) ¿Cómo no voy a estarlo?

PERLITA —¿No?

JUANA —No po, si ahora lon'tiendo too.

TOÑO —¿Usté cómo supo que pa'nosotros era importante?

PERLITA —(*A Toño*) ¿Le pasa algo a la Juana?

TOÑO —Ninguna cuestión.

PERLITA —Porque ustées venden aquí po.

TOÑO —Y eso ¿qué tiene que ver?

PERLITA —(*Observa a Juana.*) Si no es na tan terrible Juana, pueen empezar de nueo.

TOÑO —¿Dígame?

PERLITA —Quieren echarlos de aquí, ¿pa'qué te hací?

TOÑO —¿Eso?

PERLITA —¿Y querí má toaía?

TOÑO —¿Sae?

PERLITA —¿Sí?

TOÑO —Se murió el Tata.

PERLITA —¿Tata?

TOÑO —El viejo de ayer po.

PERLITA —¡Ah! ¿Síí?

TOÑO —¿No tiene na'que ecir?

PERLITA —Yo quería avisarle que los quieren correr no mápo.

TOÑO —Usté hauló con él, ¿verdá?

PERLITA —Sí.

TOÑO —¿No le duele?

PERLITA —Yo no me morí na'po.

TOÑO —¡Que desgraciao!

PERLITA —Yo quiero mis dientes. (*Alejándose de Toño*)

TOÑO —(Le grita.) Andate, déjanos solos (*Perlita corre.*)¿Cómo puee ber gente que no sienta na'po?

JUANA —¿Y qué querí que sienta po?

TOÑO —No va a ser calor po... quiero que sienta dolor po, dolor po.

JUANA —Na del que tienen. (*Toño se da vuelta.*) El mundo yas ta'echo así oh, pa'mi que Dio cuando lo hizo, lo hizo con un cuesco chupao. Desos que después no brotan po.

TOÑO —Pobre Tata, y tan re'güeno quera pa'comer, no dejéni pa'semilla oh.

JUANA —(*Voz conforme*) Ya Toño oh, hay que vender algo,tenimos que juntar plata pa'los locale, no poímos quearnos parao como postes.

TOÑO —Con gusto me moriría yo también oh.

JUANA —A seguir el mismo cuento también.

TOÑO —(*Como soñando*) Me iría al sol chiquitito (*Juana mira para todos lados.*)... allá dee estar.

JUANA —Vamo Toño (*Lo empuja despacito.*)

TOÑO —(*Sentado en la solera del camino, se acerca Perlita y le hace ver lo tarde de la hora.*) ¿Qués tarde o qués temprano?

PERLITA —¿Igual quel Tata ah?... Pero te voy a contestar, la hora es la tarde.

TOÑO —¿Usté no siente na'?

PERLITA —(*Se sienta a su lado.*) No hay tiempo oh... el mundo da güeltas y güeltas, igual quel sol, pero no hay tiempo pa'na. (*Le toca el hombro.*) Saí que con lágrima no nacerá na. Tení que aguantar no má hasta cuando se puea llorar.

TOÑO —¿Cuándo va ser eso?

PERLITA —Cuando hagai tiempo pa'los lloriqueos. Tú solo te vai a dar cuenta.

TOÑO —¿Ha llorao?

PERLITA —Claro, como too dolor, pero tení que seguir derechito pa'rriba, igual que un canelo... el paseo es lindo pero ligerito les torba porque empieza a chocar con lo nueo, con lo moerno, vo si seguí así vai a quear olvidao, igual que un pariente... hay muchos Tatas en el mundo, Toñito oh. Víen pensando del pasao, ¿pero sabí?... está el hoy molestándote y haciéndote levantar a las cinco. Hay que seguir o vai a quear enterrao igual que un muerto, igual que un olvio. Tení que vivir (*Como hablando para sí*) y cuando el hoy pase a ser ayer entonce hoy te va a gustar má po.

TOÑO —(*Sorprendido*) Nunca me imaginé que'blara así po ñor.

PERLITA —(*Se ríe.*) ¡Ay Toño! Si tampoco hay tiempo pa'blar. Lo que sí Toño (*Toño presta atención.*) tení que buscar en caa ser, al hombre de verdá.

TOÑO —¿Buscarlo, igual quel Tata?

PERLITA —Igual a él, pero entro del mundo, no juera del, buscar al que ríe como un manantial, al que llora como una lluvia y cuando hagai haular al hombre en el tiempo ques tai comiendo entonce habrí ganao, recién habrí ganao.

TOÑO —¿Tal ve cuando el sol chiquitito esté en la tierra?

PERLITA —(*Enarca las cejas.*) Tal ve ahí comimo mientras haulamos, tal ve... tal ve (*Se apagan las luces despacio ya parece la última canción. Dura hasta que el escenario queda oscuro.*)

FIN

EPICA HUMANISTA DE LA PEREGRINACION

Otoño 1981. Urgente... respondan (1981)

Dios se ha hecho hombre (1980)

Uno nunca sabe (1982)

Ultima estación (1985)

La realidad (1983)

OTOÑO 1981. URGENTE... RESPONDAN

TEATRO "RE-EFUGIO"

CENTRO CULTURAL ALBERTO HURTADO
CREACION COLECTIVA (1981)

PERSONAJES

LUIS (*futbolista*)	HIPPIE
MANE (*mujer*)	MUJER COMUN
EDGARDO (*marido*)	ESTUDIANTE
MAURICIO (*homosexual*)	J.E.S.A.
NOVIA	CORO

(La obra comienza con una introducción musical. Se interpreta tema número dos. Entran los personajes que participarán en la obra. Vienen en peregrinación, unidos por una cinta negra. Han caminado mucho y de lugar en lugar. Se detienen para contar sus historias. El lugar al cual llegan es uno más, por lo tanto su representación no necesita de un escenario convencional. La obra debe adaptarse al espacio escénico, y por supuesto, ser parte de las personas que la verán. Los músicos también son parte de esta caminata. Son quienes anuncian la llegada de los demás. La representación se va realizando de acuerdo a lo indicado en el texto. Vienen con los sentimientos apropiados.El orden de entrada es el siguiente: futbolista, matrimonio joven —él viene acostado y tapado con una sábana. Es decir, muerto—, Mauricio —collares, perlas y vestuario—, las mujeres —miran su texto como si fuera una sola quien relata lo sucedido—.)

CORO
   La vida es un caminar
   avanza sola,
   no se detiene

es un peregrinar sin fin.
La vida es el hombre
es la mujer
y como hombre y mujer son imperfectos.
Somos un peregrinar de ocultos en la noche,
donde la sombra cubre lo negro.
En el día el sol alto
brilla mucho
y en su brillar no existe la sombra.
Este es un peregrinar donde todos vamos,
donde no se puede uno detener.
Un esbozo del andar diario
de gente, que somos todos...

(Una vez que se acaba de decir este trozo, comienza la parte teatral. Aparece el joven enajenado por el fútbol.)

LUIS —¡Puchas, que es tarde y no parte el bus! Ud. ya sabe, aquí todo es al revés, siempre ocurre. El otro día también salió atrasado pero fue por culpa mía. ¿Por qué?, me pregunta Ud. Mire yo le voy a contar: Yo iba a ver un partido de fútbol a San Felipe, era el último partido y ahí se decidía si San Felipe subía a primera o no. La cuestión es que yo quería llevar acompañante pal estadio. ¿Por qué?... Bueno, porque es re penca ir al estadio solo; además, pa que griten por mi club. Pero déjenme seguir contándoles. Empecé a mirar a la gente para ver a quien podía convencer de ir conmigo. ¡Chis! Al lado mío estaba un gallo con una cara de despistado, que el tiro le eché el ojo. Le empecé a meter conversa: qué hacía, para dónde iba, si le gustaba el fútbol. Al principio como que me salió duro el tipo porque no hablaba mucho, pero de a poquito fui metiendo la cuña. Era un trabajador que iba a Calama, porque tenía que presentarse el lunes a trabajar. ¡Pero compadrito no se preocupe si el partido es a las 4:30, y tiene tiempo demás para llegar! ¿Que después no hay micro para Calama? No se embarre, si lo podemos arreglar con la compañía. Mire, deje ir a hablar con el encargado. ¡Qué, fue pura chiva nomás! Me hice que hablaba con ellos, movía hasta las manos. Después me acerqué al tontito, le dije:

"¡Todo listo compadrito! Fíjese que va a haber un bus para Calama, en algo tienen que irse para su pueblo, ¿no crees? Así es que deje de preocuparse, vaya pensando en lo bueno que va a estar el partido, la celebración del triunfo. Va a haber una fiesta que va a durar hasta que las velas no ardan. Ud. sabe como son esas fiestas. ¡Hay cada trago! Lo mejor de todo... ¡mujeres! Claro que Ud. se va a ir tempranito, pero va a alcanzar a tomar unos traguitos." ¡Puchas que soy buen engrupidor! Me lo di vuelta como quise, hasta me compró unas entradas y un gorro de San Felipe. ¡Me va a creer que no supe más de él! Sólo vi que subió al bus, de ahí... ¡si te he visto no me acuerdo! Fue bien buena esa que hice. Me acuerdo cómo lo convencí y me da una risa. ¡Que tipo más tonto! Para colmo perdimos el partido, así es que después me regresé a Santiago, a mi casa, y como ya tenía entradas para el próximo partido, que iba a ser en Santiago, decidí hacerle el gancho a mi papá. Total, ¡la caridad empieza por casa!, me dije. Empecé a engrupirlo. Al principio no quería, porque lo iba a ver por la tele, pero yo le decía: "¡Pero cómo puedes ser tan frío, el fútbol se vive en el estadio... como hincha, no tras un televisor!..." y así, poco a poco lo convencí y le vendí una entrada; además, por cierto el gorrito y el banderín. Después que le vendí esa entrada a mi padre no lo volví a ver, hasta que decidí ir de nuevo a ofrecerle entradas para un partido que prometía estar re bueno. Cuando lo vi, el pobre estaba grave... casi no me reconoció... ¡pobrecito! Si se muere yo no sé como podría vivir tranquilo. ¡Chitas, que soy burro! ¡Quién me manda llevar a mi papá, que no sabe de fútbol, ni de clubes, ni nada! Todo sucedió porque mi papá gritó... gritó un gol de Naval y estaba en la barra de San Felipe. Ustedes se imaginan el resultado. Para colmo el gol nos hizo perder el partido. Le llegó un botellazo en la cabeza... primero le dolió nomás, pero al llegar a la casa le vino un desmayo y mi mamá se asustó y llamó a la ambulancia; el resultado está a la vista: derrame cerebral agudo. ¡Y todo por mi culpa!

Ahora me doy cuenta, soy parte de un peregrinaje, un andar, y estoy aquí para mostrarle a la gente algo que no debe ser, que nunca debió ser.

(Finaliza y viene a continuación música.)

Mientras crece el odio
le rasguñan su conciencia
las cosas que en la vida
quieren hacerlo a su manera.
Se ha preguntado
una y mil veces cómo se inicia la partida.
Si en el impulso de la muerte
o en la carrera hacia la vida.
Frente a su temor
pudo más el corazón
y entendió que no es paz.
cuando un colmillo es la razón
que frente al daño ciego
no existen dos mejillas
y que tan solo el fuego
arrasa con la herida.
Calzó sus zapatos de luz
tan árbol creciendo, creciendo todo
rompiendo los cercos de una estrecha vida.
Calzó sus zapatos de luz.
Por cada vida por todo el planeta
Por cada vida correr a vivir.

(Después de esta intervención musical aparece la escena del matrimonio joven.)

MANE —Me llamo María Elena y me dicen Mané. Este es mi marido y lo que van a ver es lo que vivimos. (*Lo dice al público y después descubre lentamente el cuerpo.*)

EDGARDO —¡Hola mi amor!, ¿cómo estás?

MANE —¡Hola! Bien, mi amor. (*Dicho esto, él se incorpora y se sienta a horcajadas en la banca y ella se aleja.*)

EDGARDO —¿Qué hizo de comer? ¡Supiera el hambre que tengo!

MANE —(*Sirviéndole y luego retirándose*) Sopita de garbanzos. ¡No tuve pa' más!

EDGARDO —¡Oiga! ¿Y no va a comer conmigo? Te encuentro medio rara, ¿qué te pasa?, ¿te sientes mal?

MANE —No, nada... ¡Tu hermanito!

EDGARDO —Bueno, ¡qué te pasó con él ahora! ¡Vives quejándote de él o de mi mamá!... ¿Qué es lo que pasó?

MANE —Que le pegó al Mauri, porque andaba jugando con unas herramientas que estaban botadas en el patio.

EDGARDO —Está bien que aprenda a no tomar lo ajeno... si él tiene sus juguetes. Y tú deberías preocuparte un poco más de él.

MANE —Pero no tenía por qué haberle pegado. Podría haberme dicho, y además toda tu familia le pega por cualquier tontera.

EDGARDO —Si ellos también tienen derecho a enseñarlo porque vivimos en su casa, y agradece que nos dieron la piececita del fondo.

MANE —Siempre me decís lo mismo. ¡Estoy harta de soportar esta situación! ¡Todos en esta casa saben cada cosa que hacemos y ya no tenemos vida privada!

EDGARDO —Eso no es cierto, y sabís bastante bien que no tenemos lo suficiente para poder vivir solos. ¿Y sabís qué más?... ¡ya me choriaste! ¡Déjame comer tranquilo querís! ¡Andate!

MANE —Claro que me voy de esta casa pa' que te quedís tranquilo, y me voy al tiro... y mi mamá va a venir mañana a buscar las cosas. (*Sale furiosa y desde afuera grita.*) ¡Mauri, Mauri! ¡Ven, nos vamos!

EDGARDO —¡Mané ven! ¡Ven te digo! ¡Ven! (*La sigue hasta llegar junto a ella. Luego se dirige al público.*) Y así fue que por un tiempo ella se fue a la casa de sus padres y yo a la de los míos, y de esta forma nos seguimos viendo en cualquier parte, por ejemplo en el parque... (*Mientras habla ella se ha sentado en la banca y él, al terminar de hablar al público, se acerca a ella saludándola.*) ¡Hola mi amor! ¿Llegó hace rato?

MANE —Hace diez minutos, pero no importa, mi amor, mi mamá llegó temprano hoy, así es que ella quedó cuidando al Mauri.

EDGARDO —¿Cómo está el chicoco? ¿Se ha seguido resfriando? ¿Lo ha llevado al médico?

MANE —El doctor dijo que tenía amigdalitis, pero está mucho mejor y le quedó muy bien la chombita que le compraste.

EDGARDO —¡Echo tanto de menos a mi guagua! Los echo de menos a los dos. No sabes cuánto me gustaría tener una buena pega, para que así pudiéramos arrendar una casita y vivir juntos. ¿Sabes?... que conversé con el dueño de la tienda para que me subiera el sueldo y le expliqué que no podíamos vivir los tres juntos... me dijo que a él no le importaba la familia que tuviera y que por qué no lo había pensado antes de casarme si yo sabía que iba a tener que mantener una familia.

MANE —¡Puchas, no te preocupes! Además, porque dentro de poco tiempo todo esto va a ser pasado y podremos llevar una vida mucho más digna... y ¿sabes por qué?... porque mi papá conversó con el jefe de personal de la firma donde trabaja, y tú tendrás que presentarte el lunes para que hagas un curso de perfeccionamiento. El sueldo será mucho mejor que el de ahora. Ya verás que pronto estaremos viviendo los tres juntos.

EDGARDO —¡Maravilloso, mi amor, te quiero, te quiero! No sabía que estuvieras consiguiéndome un trabajo por otro lado. ¡No sabes lo que me gusta todo esto! Apenas puedo sostenerme de pensar que durante toda la semana no los veré y que luego te vayas sola a tu casa y yo a la mía.

MANE —Sí, mi amor, pero eso es por ahora... y ya son las nueve, me tengo que ir a darle el remedio al niño. ¡Cúidate mucho y que te vaya bien el lunes! Hasta el próximo sábado, mi amor.

EDGARDO —Hasta el sábado. Saludos a Mauri... que se mejore y tú cúidate mucho. ¡Adiós! (*Se abrazan un rato y se despiden lentamente caminando cada uno para su lado.*)

MANE —(*Dirigiéndose al público*) Y así pudimos vivir en forma independiente...

EDGARDO —Claro, durante un tiempo estuvimos arrendando una casa para los tres solos... pero...

MANE —¡Hola, mijito!, ¿cómo estás? ¿Te pagó hoy el jefe?

EDGARDO —¡Hola, Mané! Al fin me pagó el patrón. Aproveché de traer algo para el pan... te traje mermelada.

MANE —¡A ver, a ver! (*Tratando de hurgar en el bolso que trae, encuentra una radio cassette.*) ¿Y qué significa esto? No me digai que volviste a pasar por los cachureos. Me dijiste que te ibas a dejar de estas compras inútiles que no nos llevan a nada.

EDGARDO —Pero mijita, si nos hacía harta falta una radio. Además, me la dieron re barata. Me costó ochocientos pesos nomás.

MANE —¡Claro!... y me podís decir, ¿cómo vamos a comer este mes?... y me querís decir, ¿cómo vas a pagar la cuenta de la tele a color que trajiste el mes pasado? ¡Y todavía pensabai encalillarte con este negocio de los paraguas chinos que no sirven para nada! ¿Por qué no te preocupas de traer una estufita o ropa de cama, que mucha falta nos hace? ¡Siempre te meten el dedo en la boca con tonteras!

EDGARDO —¿Sabís?... lo que pasa que me aburrí de esperar que tu mamá trajera la radio que prometió. Además, ella dijo que iba a traernos ropa de cama, y harta falta nos hace porque tú para lo único que servís es para armar escándalo por leseras y no servís pa' ni una otra cosa.

MANE —Eso es culpa tuya porque siempre llegai a puro ver tele y después me decís que estai cansado de tanto trabajar. Si yo sé que es re poco lo que hacís. ¡No te conoceré! (*Ambos se quedan callados y luego se miran de reojo.*) ...Bueno, tengo algo de plata junta por ahí. Si querís, con eso nos arreglamos siempre y cuando tú no sigas con esas compras inútiles. Tienes que prometerlo y cumplirlo, porque si no tú verás cómo te las arreglas porque yo no te voy a ayudar.

EDGARDO —(*Pensativo*) ...Bueno, te lo prometo. Pero tengo hambre... ¿por qué no hacís un pancito mientras yo me voy a acostar a escuchar la radio. (*Se acuesta. Ella lo cubre y se dirige al público.*)

MANE —Y así vivíamos, como una pareja normal. Ustedes lo vieron. Pero en el fondo él no era malo, era muy bueno. El deseaba sólo el bien. Después él empezó a faltar, no llegó en varios días, hasta que me llamaron por teléfono para que lo fueran a buscar y me lo entregaron muerto y yo no sé por qué. Me dijeron que andaba en algo pero yo no sé, no sé por qué lo mataron. He preguntado pero nadie me sabe contestar. Por eso nos unimos a este peregrinaje para encontrar una respuesta.

(Intervención musical)

Madre, mi madre contaba
junto al festival del fuego,
que la vida es como un hilo
que cose todos los hechos.
Allá en lo niño del humo
casi paloma de tierno,
mi madre giraba el huzo
con el que hilaba mis sueños.
Quien ata y desata el hilo
de la muerte y de la vida,
quien usa el huzo del mundo
por arriba y desde arriba.
¡Ay! madre, yo vi en las sombras
una araña telarañas
enredándole a los hombres
el hilo de la esperanza.
¡Ay! madre, sólo hay un modo
de hilar la paz en la tierra,
cuando de arriba no puedan
cuando de abajo no quieran...

CORO
El sol brilla, y brilla fuerte
y con él, algunos testigos de la sombra
de este mundo
y su poca luz
están aquí
como testigos de la vida
como productos de este mundo.
(Una vez dicho esto entra Mauricio.)

MAURICIO —¡Hola! ¿Cómo están? Yo siempre lo paso bien. Por ejemplo, el sábado fui a una fiesta. Era una reunión de amigos que quedaba en Las Condes y me invitaron. Había pura gente jai, todos de plata, pero nunca faltan los rotos que ocasionan problemas; había un viejo y le daba con sacarme a bailar. Yo no le aguantaba y como no quise me hizo un escándalo y decidí irme de la fiesta. Me dio rabia porque siempre tienen que pasarme cosas a mí. ¡Yo soy así! ¡Bueno, qué le voy a hacer!

Me puse a caminar y me metí en un boliche super decente. Ahí me enganché a unos gallos, los curé y nos fuimos al departamento de uno de ellos. Los acosté y aproveché de sacarle cuanto pude: relojes, gargantillas, anillos, y cuando tuve harto en los bolsillos me fui; pero la sorpresa grande fue cuando voy bajando las escaleras corriendo y vienen subiendo dos gallos. Me vieron asustado y con algo en las manos. Me tomaron y me hicieron subir justo a la pieza de los gallos con los que había estado; la gran sorpresa, eran todos amigos, y el más grande me sacó la cresta. Después me echaron a la calle todo moreteado y sin plata, pero prometí que nunca más lo iba aser.

¡Ah! ¿Sabís? El otro día tuve un problema con tu vecina de la vuelta. La hija de ella me empezó a insultar y a gritar cosas, porque yo siempre me paro en la esquina, pero nunca molesto a nadie. Me decía "maricón", "mijita", y yo no aguanté y la agarré a garabatos a todo hocico. Se fue para la casa a acusarme a su mama y la vieja me dijo que me iba a mandar preso. Yo le rogué que no lo hiciera, porque yo había caído una vez, y tú sabís todo lo que sufrí, por ser como soy; me dijo que no volviera a hacerlo y no pasó nada más.

En mi casa están como siempre, mi papa mal genio y mis hermanos molestándome todo el día, con sus tallas y garabatos, y ahora hasta mi sobrino me molesta en la calle. ¡Cómo me gustaría que mi mamita estuviera viva! Esta cosas no pasarían, mi mamita siempre me ayudó. Me acuerdo cuando estaba en la escuela todos mis compañeros me molestaban en los recreos. Había uno, el más grande, que siempre me pegaba y era el que más me leseaba; me cambié de colegio por lo mismo, pero en el otro fue igual, y mi mamita siempre estuvo conmigo. ¿Sabís? Mi mamita era bien linda. Era alta y tenía ojos verdes. Le gustaba salir conmigo; me dejaba hacer todo lo que yo quería, jugar con mi hermano a la mamá, y disfrazarme de mujer y ponerme taco alto, aunque todos los niños de la calle se reían de mí y la vecina siempre le decía que no me dejara jugar con esas cosas. ¡Qué distinto hubiera sido si ella estuviera viva! Pero no fue así. Desde que mi mamita murió, he tenido que sufrir un montón de humillaciones de parte de mi familia, burlas de parte de mis compañeros de liceo y palizas de la gente en la calle. ¡Cómo me gustaría poder cambiar!, pero ¿cómo?; ¿con quién?... ¿Y realmente la gente me ayudaría y me creerían?...(*Música*)

CORO
El sol brilla
brilla fuerte
y con ellos
algunos testigos
de la sombra
de este mundo
y su poca luz
están aquí,
como testigos de la vida
como productos
de este mundo
de esta vida...

(*En seguida de esta intervención viene la escena de las mujeres.*)

NOVIA —¡Hola! ¿Cómo están? Yo no muy bien y no tengo deseos de hablar, pero les voy a contar cómo me fue donde me mandaron. Fui al lugar, claro que me costó llegar, porque esos lugares son escondidos, son clandestinos. Golpié y me abrió una señorita bien presentable, y me preguntó qué quería. Ustedes saben que a esos lugares no se puede entrar sin carnet... y yo se lo mostré. Me hizo pasar a una salita y me preguntó por qué me lo quería hacer. Yo le dije que estudiaba y que en mi casa no sabían nada. Después de esto me hizo pasar a una salita y me puso una inyección.

HIPPIE —Al rato después volvió a llamarme y me puso otra inyección, pero ésta fue en el brazo. Me empezó a subir la temperatura y me asusté. En esos momentos pensaba que me iba a morir. ¡Porque la presión también empieza a subir! Bueno, después de un rato me volvió a llamar y me llevó por un pasillo. Era un lugar bien escondido. La señora que hace el trabajo tenía cara de carnicera. Era guatona y fea... Bueno, en seguida me dijo que me sacara los calzones, pero antes de todo me hizo hacer pichí. Después me dijo que me acostara en una camilla con las piernas abiertas, igual que las personas cuando van a dar a luz. Cuando me acosté, frente a mi cara había un foco de luz y empecé a transpirar por todos lados y me daba mucha calor. Cuando tenía las piernas abiertas me daban ganas de ir al baño. La señora empezó a trabajar.

MUJER COMUN —Comenzó a raspar por dentro con una cosa igual que una espátula, y le raspaba y raspaba hasta sacar todo lo que quedaba dentro, sin dejar nada, y yo le preguntaba ¿Cuándo va a terminar? Y la vieja me decía: "Bueno, ¿no le gustó?", y yo me tuve que quedar callada. ¡En esos momentos tenía tantos deseos de que la vieja no siguiera! ¡Porque me dolía! Pero me dijo que no se podía dejar hasta la mitad, porque después me podía dar una infección. Me daban ganas de gritar y de levantarme pero no podía.

ESTUDIANTE —Después de un buen rato, de pronto me dijo que había terminado. Yo por dentro me sentía más tranquila, a pesar de que sentía un vacío en la guatita. Me salía sangre y el lugar quedó todo sucio, pero limpiaron rápidamente. Después me dieron una taza de café porque me quedé muy pálida y débil. Pero todo no se terminó ahí; después me dio una receta para que comprara unas inyecciones. Estas eran para que los tejidos se formaran de nuevo, porque por dentro queda todo destruido. Además de unas pastillas, que dijo eran para las infecciones, y también otras para limpiar el estómago y botar todo lo que podía haber quedado por dentro. Además de unas vitaminas para los huesos, toda esta receta tuve que comprar, además de tomarme las pastillas y ponerme las inyecciones.

J.E.S.A. —Me dijo que hiciera reposo, y que tomara mucho líquido, además de no lavarme el pelo durante un mes, y que no hiciera desarreglos. Claro que todo esto me salió bien caro, porque cobran cualquier cantidad. Me salió 25 mil pesos, sin contar la receta, así es que tuve que conseguirlo de alguna manera, porque ustedes saben que yo no trabajo. Tuve que andar por todos lados y aún así el resto voy a tener que ir pagándolo de a poco. Bueno, ahora me siento bien, pero lo que me preocupa no es que se haya sabido todo. Mi preocupación ahora es cuando conozca a otro joven y sepa que he perdido la virginidad, jamás podré encontrar a alguien que no me saque en cara lo ocurrido.Aunque me han dado muchos consejos, sobre lo que debo hacer el día de mi boda, que debo fingir dolor o miedo. O también, como me dijo otra amiga, que le contara todo. Si él que quería me iba a perdonar, porque ahora a los hombres no les importa mucho eso de la virginidad. O bien que le cuente que cuando chica tuve un accidente en bicicleta, en fin. Claro que hablar es mucho más fácil que actuar. Bueno, ya pasó todo y por muchas cosas que haga jamás podré borrar un pasado. Pero con todo esto he aprendido que jamás hay que atentar contra la vida humana porque todos tenemos derecho a vivir.

Canción
Tú ya no puedes volver atrás
porque la vida ya te empuja
como un aullido interminable.
Te sentirás acorralada
te sentirás perdida o sola
tal vez querrás no haber nacido.
Pero tú siempre acuérdate de
lo que un día yo escribí
pensando en ti
como ahora pienso.

La vida es bella, ya verás
como a pesar de los pesares
tendrás amigos, tendrás amor
tendrás amigos.
Un hombre solo, una mujer
así tomados uno en uno
son como polvo, no son nada
no son nada.
Nunca te apartes ni te entregues
junto al camino nunca digas
no puedo más aquí me quedo
aquí me quedo.
Pero tú siempre acuérdate
....
No sé decirte nada más
pero tú debes comprender
yo aún estoy en el camino
en el camino...

Texto final

Trozos de vida
de cielo
hojas errantes,
luz de sol
rayos de luna
con esperanzas
aplastados
engañados.
Somos un peregrinar errante.
Cambiemos hoy
tiene que ser hoy
aunque exista el mañana.
Cambiemos hoy
este año
aunque existan otros años.
Tiene que ser hoy
este año.
Cambiemos hoy
este año...

FIN

DIOS SE HA HECHO HOMBRE

Griselda Nuñez
Comunidad Juvenil San Juan Bautista
La Reina, Santiago (1980)

PRIMERA ESCENA

(Montaje: María, sentada, duerme. Tres jóvenes la despiertan. Mientras uno de ellos le señala a María el destino del que lleva en el vientre, los otros dos reparten volantes entre el público reclamando los derechos a la vida digna de los niños.)

Texto:

Gloria, gloria en las alturas
paz y bienestar en la Tierra
los que se juegan por ella
creando las coyunturas
de las maneras más duras
que se pueden ver hoy día.
Un joven aclaró a María
lo que le estaba sucediendo
y el futuro le fue previendo
con papeles que traía.

SEGUNDA ESCENA

(Montaje: José busca alojamiento sin hallarlo. Son empujados hacia afuera de la ciudad. María está por parir.)

Texto:

Cuando iban camino a Belén
y San José conducía
la mulita con María
y la esperanza también
ya no hallando más que hacer
se buscaron un sitio eriazo
pues María con su embarazo
quería un sitio cualquiera
pa que su hijo saliera
dignamente de su regazo.

TERCERA ESCENA

(Montaje: La naturaleza y el pueblo celebran el nacimiento. Baile y canto de ángeles y hombres.)

Texto:

En mitad de la noche hermosa
florecieron los arbolitos
cantaron los pajaritos
danzaron cactus y rosas
cobraron vida las cosas
la gente se levantó.
Al mesías que nació
cantaron los pobres del mundo
y con sentimiento profundo
la esperanza se reafirmó.

CUARTA ESCENA

(Montaje: Herodes enterado del nacimiento ordena la masacre.)

Texto:

Herodes mandó a Pilatos
Pilatos mandó a su gente
pero a dos mil inocentes
hicieron pagar el pato,
el más terrible mal rato
pasó el pueblo oprimío.
El rey Augusto era bandío
que al mundo causaba horror
sembrando odio en vez de amor
mató a los recién nacíos.

QUINTA ESCENA

*(Montaje: El joven advierte la persecución a José y María.
La familia huye clandestinamente.)*

Texto:

El viento manifestando
en gorjeos su alegría
sus brazos el joven batía
y lo previsto afirmando
debían seguir buscando
para salvar al Mesías.
Besó a José y a María
y también a Jesucristo
y se largaron pa Egipto
iniciando la nueva vía.

SEXTA ESCENA

(Montaje: Coro final junto a María y José.)

Texto:
Cuando el faro de Alejandría
que señalaba riqueza
soberbia, crueldad y tristeza
una estrella relucía
anunciando que venía
para el mundo un conductor
que habrían noches de amor
bienestar en plenitud
que ancianidad y juventud
vencerían el dolor.

FIN

UNO NUNCA SABE

GRUPO "LA CANTIMPLORA"
PUENTE ALTO, SANTIAGO
CREACION COLECTIVA (1982)

PERSONAJES

GUILLERMO ROJAS (*papá*)
ANITA ROJAS OSORIO (*hija*)
MATILDE OSORIO (*mamá*)
SERGIO R. OSORIO (*hijo*)
CRISTINA ROJAS OSORIO (*hija*)
JORGE (*pololo* [*novio*])
LEONARDO ROJAS OSORIO (*hijo*)
JOSE BALTAZAR (*vendedor*)

Escenografía

(*Interior de hogar población. Sofá grande. Frente a él, un televisor. Atrás un comedor.*)

PRIMERA PARTE

(*Al momento de comenzar, son aproximadamente las 19 hrs. Matilde está tejiendo sola, sin quitar la vista del televisor. Durante un buen tiempo se escucha un diálogo que proviene del televisor. Matilde expresa en su rostro cada uno de los diálogos. La locución es de una teleserie cualquiera. De pronto se escucha una voz: "¡Matilde!""¡Matilde!" La señora se levanta rápidamente, y en cuestión de segundos tiene la mesa preparada para que su esposo cene. Entra el esposo, Guillermo.*)

GUILLERMO —¡Hola!

MATILDE —¡Hola viejito! Tengo lista la comida. Le preparé esos porotitos con riendas que tanto le gustan. (*Le ayuda a sacarse el vestón y le recibe un bolso de equipo. Guillermo se sienta sin hablar y come. Matilde vuelve al televisor y sigue tejiendo.*) ¿Cómo te fue en la pega?

GUILLERMO —Como todos los días nomás... vengo re cansao.(*Pausa*) ¡El ají!

MATILDE —Está en el refrigerador. ¡Sáquelo Ud. mismo por favor!

GUILLERMO —(*Se levanta enojado y sale.*) ... ¡Estai bien creída que estuve sentado todo el día!... por si no sabí,trabajo 10 horas diarias... ¿No creís que es pa'cansarse?Sueño con llegar a la casa a descansar, y que por lo menos alguien se digne a servirme algo, y... ¡Claro!... llego aquí y no puedo ni comer tranquilo.

MATILDE —(*Casi enojada*) ¡Claro! ¿Y yo?... Ud. no piensa en mí que trabajo todo el día sin descansar... y a mí ni siquiera me pagan.

GUILLERMO —(*Regresando*) ¿Ya empezaste ya? Cuántas veces te he dicho que el pago tuyo es la felicidad de servir a tu esposo y tus hijos. ¿Que más puede pedir una madre? Deberías alegrarte que tu esposo está trabajando y tus hijos estudiando. ¿Te parece poco eso?

MATILDE —...Sí, estoy feliz por eso. Pero me llevo todo el día en la casa. No salgo a ninguna parte. Todo el día revolviéndola aquí adentro. Limpiando la cocina, el comedor, haciendo las camas, limpiando el baño, yendo a comprar, preparando el desayuno, almuerzo, once y comida. Gracias a mí, aquí a nadie le falta nada. Todo está a la hora... y dime una cosa... ¿quién se preocupa de mí?

GUILLERMO —¡Claro!... tenía que llegar yo, pa'que empecí a reclamar. Vengo a descansar de los problemas de la pega, y en vez de encontrarte con buena cara esperando que yo llegue, te encuentro enojada, cansada (*Irónico*) de tanto trabajo.

MATILDE —(*Se levanta y acercándose a su esposo.*) ¡Perdóname viejo! Se que venís cansao, pero es que estoy preocupada.

GUILLERMO —¿Por qué?

MATILDE —Por el Leonardo. Tú sabís como está. Llega del trabajo y se encierra en su pieza. Ahí está encerrado ahora escuchando música.

GUILLERMO —¡Llámalo!, yo voy a hablar con él.

MATILDE —¡Leonardo! ¡Leo! (*Aparece Leonardo.*)

LEONARDO —(*Enojado*) ¿Qué?

MATILDE —¡Te llama tu papá!

LEONARDO —(*Se acerca a Matilde y le pregunta en voz baja.*)¿Para qué me quiere? (*Matilde se encoge de hombros.*) ¿Me llamaba papá? (*Caminando hacia la mesa*).

GUILLERMO —¿Qué estabai haciendo?

LEONARDO —(*Sentándose frente a él*) Escuchando música...

GUILLERMO —(*Que aún está comiendo*) ¿Y tú no sabís hacer otra cosa que escuchar música?... ¿No sabí que tenís familia, hermanos con los que tenís que conversar también?

LEONARDO —¡Sí!... pero ellos están en otra onda... na que ver con la mía. La Cristina pololea, y sólo se preocupa de su pololo. El Sergio no pasa en la casa, y la Ana es chica todavía.

GUILLERMO —Pero con tus amigos podís conversar muy bien. Con ellos hasta te gastai la plata. ¿No podís preocuparte también de tus hermanos? Ellos están estudiando y necesitan ayuda para estudiar.

LEONARDO —(*Enojado*) ¿Y por qué tengo que ayudarlos? ¡Que trabajen si quieren cosas!... Yo trabajo y me compro cosas solito... nadie me ayuda... ellos ni siquiera se preocupan por mí. ¡Que trabajen si quieren cosas!... yo tengo hartos gastos y no me alcanza.

MATILDE —¡Qué tantos gastos tenís Leo!... si gastai la plata en vos no más.

GUILLERMO —¿Y en quién quiere que la gaste si soy yo el que trabajo?

GUILLERMO —Pero deberíai entregarle algo a tus hermanos. Siquiera por ayudarnos a nosotros que tanto nos hemos sacrificado porque tengai educación...

MATILDE —Eso no lo tomai en cuenta pa'na... pensai en ti no más y en nadie más. Ya se te olvidaron todos los sacrificios que hicimos pa'que estudiarai y pudierai trabajar.

LEONARDO —Con su deber no más cumplieron. Tenían que educarme.

GUILLERMO —(*Enojado y golpeando la mesa*) ¡Cállate malagradecido! ¡Qué te hai creío! ¿Qué todos nuestros esfuerzos eran un deber? Sabís muy bien que si hubiéramos querido que trabajarai y estudiarai al mismo tiempo, tendríai que haberlo hecho. Agradécenos, si donde estai, es gracias a nosotros...

MATILDE —(*Enojada*) Estos cabros ya no saben agradecer. Lo único que saben es comprarse y comprarse cuestiones... pero no piensan en nosotros (*Llorando*) ...están bien creíos que somos monos nomás en esta casa.

LEONARDO —¡Ya, está bueno!... no le pongan tanto color. Si saben muy bien que no puedo hacer lo que me piden. La plata que gano está destinada ya.

MATILDE —(*Aún llorando*) ¡Claro!... a gastarla con los amigos.

LEONARDO —¡No mamá! A comprarme ropa. Tengo que pagar la letra del equipo estéreo, y lo otro pa'salir. No voy a estar encerrado todos los fines de semana.

GUILLERMO —¡No sé yo!... de aquí pa'delante vai a tener que saber dar plata en la casa. Vai a tener que cooperar en la educación de tus hermanos, porque son tres, y los gastos son bastantes. ¡Entendido!

LEONARDO —... Bueno. Si Ud. lo dice...

GUILLERMO —¡Y se acabó esta conversación! ¿O no?

LEONARDO —¡Si papá! (*Sale Guillermo. Leonardo enciende la tele y se sienta enojado, junto a Matilde.*)

CRISTINA —(*Entra corriendo.*) ¡Mamá, mamá!... dile a mi papá que me dé permiso para ir a un paseo mañana.

MATILDE —¿Adónde?

CRISTINA —Pa'lla pa'rriba. Pa'l Cajón del Maipo.

MATILDE —¿Es del curso?

CRISTINA —¡No, voy con Jorge!

MATILDE —¿Los dos solos? ¿Todo un día? ¿A la montaña? ¡No mijita! ¿Me ha visto cara de qué?

CRISTINA —(*Afligida*) ¡Pero mamá! ¿Qué tiene?... Si vamos a un paseo no más.

MATILDE —¡No mijita! Esos paseítos ya los conozco... después terminan en cualquier cosa.

LEONARDO —¡Esta cree que uno viene de las chacras! ¡Estaimás tonta que te van a dejar salir sola con ese cabro. Deben estar desesperados por estar solos.

CRISTINA —¡Qué te metís vo! No sabís na'de lo que nosotros pensamos o hacemos. Lo que pasa que estai frustrado porque no pololiai.

LEONARDO —¿Frustrado yo? ¡Sabís que estoy mejor así!... salgo con una, después con otra, y lo paso el descueve, sin ningún problema. No me agarro de nadie.

CRISTINA —(*Sentándose*) ¡Claro po! ¡El hombre! El hombre que lesea con todas las niñas... que le pone el gorro, que le gusta salir en auto con ellas, porque si no... es roto.

MATILDE —¡Ya! ¡Basta con la discusión! ¡Y Ud., jovencita, nova a ninguna parte! Se queda aquí no más el fin de semana.

CRISTINA —(*Visiblemente enojada*) ¡A Uds. no más les gusta! Cuando eran jóvenes... ¡Le apuesto que también les gustaba salir solos!

MATILDE —¡Ya, cállate! Ya dije que no va a ninguna parte.(*Se escucha un estridente rock progresivo.*)

CRISTINA —¡Viene el Sergio!

MATILDE —¡Keko! ¡Apaga esa radio! Me tení la cabeza loca con esa música.

LEONARDO —¡Apaga esa cuestión pos, tonto! ¿No veí que estamos viendo tele?

SERGIO —(*Entrando con una portátil grande*) ¡Cállate, viejito! ¡No sabís nada de música! ¡No vivís mi momento, no vivís tu juventud, loco!

LEONARDO —(*Mofándose*) ¡Ahh, claro!... el super loco que vive super acelerado. ¡La onda! ¡Cachai Matilde! ¿O no? ¡Mira a tu hijo super loco, Mati!

CRISTINA —(*Riéndose*) ¡Ya! no leseen al Kekito.

SERGIO —¡Sabís loco! No me molestís más, ¿cachai? ¡Sabís que la jefe del hogar, que algunos llaman mamá, dijo que me dejaran tranquilo!, ¿cachai? Asi que ¡vive tu vida, loco! y yo vivo la mía. Y si algún día nos intersectamos, ahí nos comunicamos, ¿cachai?

CRISTINA —¡Ven Keko! No le hagai caso a ése. (*Se retiran aun lado Sergio y Cristina. Matilde sale.*)

SERGIO —¿Sabís, Cristi? Parece que mi papá me pilló pitiando.

CRISTINA —¿Cómo?

SERGIO —Estaba con los cabros en la plaza, y pasó mi papá. Estaba pitiando. No sé si me cachó, loquita.

CRISTINA: ¡Pero Keko! ¿Cuántas veces no te he dicho que no sigai en esa onda?... Si hay otras cosas que también son entretenidas. ¿Por qué no pololiai?, o ¿por qué no tenís otros amigos mejor?

SERGIO —¿Estai fresca, loca?... las mujeres son puros problemas no más. Se pierde el tiempo estando con ellas. Como amigas sí, pero como pololas, no pasa... No veís que se ponen demasiado aprehensivas y le coartan la libertad a uno. La comunicación después no existe, y es como estar juntos sin estarlo. ¿Cachai o no?

CRISTINA —¡Na que ver Keko! ¿Por qué no cambiai de onda?... Mira, yo tengo un grupo de amigos, y lo pasamos super bien. Tú podríai meterte también.

SERGIO —¡Estai loca, flaquita! Si ya conozco esos grupos. Son puro grupo no más... nunca hacen nada. A lo más se les cansa la lengua, pero nada de práctica.

CRISTINA —¿Y tú... qué haces?... ¿Qué hacen en la plaza?... ¿No conversan no más? ¡Tenís que elegir no más!... entre hablar leseras o hablar cuestiones más interesantes. Lo de la práctica depende de ti no más. Si tú en tu vida no practicas lo que hablai, es problema tuyo.

SERGIO —¡Ya te pusiste filosófica pa'tus cuestiones! (*Se levanta.*) ¿Sabís que más? ¡Déjame vivir mi vida!... lo paso mejor así. ¿Cachai? (*Sale, Cristina sale detrás de él. Apagón.*)

SEGUNDA PARTE

(Se prenden las luces. Es la mañana siguiente. Aparece Matilde en bata, llamando a sus hijos.)

MATILDE —¡Leo!... ¡Keko!... ¡Cristi! (*Aparece Guillermo. Se sienta a la mesa. Mientras Matilde le sirve el dasayuno, aparece Leonardo primero, luego Cristina.*)

CRISTINA —¡Buenos días!

MATILDE —¡Buenos días, Cristi!... ¿Oye Rojas?... ¿A qué hora vas a llegar hoy?

GUILLERMO —Como a las siete. ¿Por qué?

MATILDE —(*Mirando a la Cristina*) No, por nada.

CRISTINA —¿Puedo hablar con Ud., papá, a la noche?

GUILLERMO —¿Por qué no po'mijita?... Espérame cuando llegue a la tarde.

SERGIO —(*Entrando*) ¡Buenos días, familia! ¿Cómo está el biorritmo de esta mañana juvenil, entretenida, y por momentos locuaz?

LEONARDO —¡Bah!... ¿Qué amaneciste chistoso hoy día?

CRISTINA —¡Hola Kekito!

GUILLERMO —¡Usted, jovencito, se me va a entrar más temprano ahora!... No quiero verlo más con esos amiguitos, parado ahí en la plaza.

SERGIO —Si no pasa nada, papá. Soy super tranquilo. Más tranquilo que el Choche, el pololo de Cristina. (*Risas*)

CRISTINA —¿Qué tiene Jorgito? ¡Déjenlo tranquilo no más por favor!

LEONARDO —¡Ya, no molesten a Jorgito! No ven que la Cristina se siente mal, la pobrecita.

SERGIO —¡Sí, en realidad! ¿Sabís que no había cachao eso?¡Perdóname, flaquita! Pero tú sabís que la vida es así po'... risas y llantos... alegrías y penas. Todo mezclado, y con una gota de esperanza conforman nuestro ser indómito, ¿cachai? (*Todos ríen.*)

ANA —(*Entrando*) ¡Mamá! ¿Dónde están las calcetas? ¡No las encuentro en niguna parte!

MATILDE —¡Mi amorcito! ¿Cómo amaneció?

ANA —¡Bien mamita! (*A Guillermo*) ¡Buenos días, papi! (*Guillermo la saluda con un gesto. Se levanta junto con Leonardo para irse. Matilde los despide cariñosamente.*)¡Pero mamá! ¿Dónde están las calcetas, po?

MATILDE —¡Pero, hija!... Se las dejé el otro día en el segundo cajón de la cómoda. Búsquelas bien, y apúrese pa'que me ayude a hacer las cosas.

ANA —¡Si ya las busqué bien! ¡Puchas!... nunca encuentro las cosas pa'ponerme, y además que soy la que menos tengo.

SERGIO —¡Ya estai reclamando, cabrita!

CRISTINA —¡Déjala tranquila!... ¡Ya Anita!... ponte las mías. (*Sale Ana.*) ¡Keko!... ¿Vamos juntos?

SERGIO — ... Bueno, pero sin apuros... mira que pa'ver al cabeza de chancho de matemáticas, no tengo el más mínimo apuro. Mañana si querís nos vamos corriendo, porque me toca con la profe de física, y ésa si que es má'o menos.

CRISTINA —¡Ya oh, pero vámonos! (*Se despide de Matilde con un beso.*)

MATILDE —¡Usted, jovencita!... acuérdese que a la noche tiene que hablar con su papá... así que dígale al Jorge que la suelte un día por lo menos. ¡Y tú, Keko!... ya te dijeron que te entrarai temprano a la noche... mira que esas juntitas tuyas, cada día nos gustan menos. (*Salen Cristina y Sergio. Matilde mira el cuarto en derredor.*) ¡Ay que tengo que hacer, por Dios! (*Sale. Escenario vacío. Música de fondo. Programa radial. Se escucha canción popular. Entra Ana con una escoba y barre, cantando y bailando al ritmo de la canción. Entra Matilde con utensilios de cocina.*)

ANA —¡Mamá! ¿Pa'qué estaba pidiendo permiso la Cristina anoche?

MATILDE —No... es que la Cristina se está poniendo muy sueltecita, y quiere irse al Cajón del Maipo con el pololito ese que tiene. Pero es mejor que Ud. no se meta en esas cosas. No se me vaya a poner así también.

ANA —¡Pero mamá! ¿Por qué no me puedo meter en esas cosas?Además que no me estoy metiendo, ¡estoy preguntando!...

MATILDE —¡Ya!... No se me ponga chorita usted tampoco...

ANA —(*Con rabia*) ¡Puchas, mamá!... usted también me aparta de todas las cosas... está igual que los chiquillos. ¡Que la Ana es muy chiquitita!... ¡que no te metai!... ¡que no se preocupe!... ¡que no se ponga igual que los mayores!... ¿qué culpa tengo yo de ser la más chica?

VENDEDOR —¡Con permiso! Yo me llamo José Baltazar, y hoy no vengo a vender, vengo a regalar. Buenos días, señora, señorita. Hoy les traigo la última novedad del año. El único remedio para curar dolores de cabeza, gripes, resfríos, dolores estomacales, depresiones, surmenage, callos, juanetes, dolores de muelas, acidez estomacal, caídas de pelo, verrugas, cólicos renales y miopía. Aquí, el nuevo mejoral. Dos tabletitas, un vaso de agua, y problemas solucionados. La tirita, que en la farmacia le costaría 15 pesos, yo se la traigo en oferta de propaganda a dos por 30 pesos.

MATILDE —¿Así que lo cura todo? ¿Ah? ¿Y no cura a los cabros rebeldes?

VENDEDOR —¡También los cura! Sólo tiene que aumentar la dosis. En vez de dos, les da cuatro, y ahí verá a sus hijos como todas las mamás quieren tenerlos... mansitos, como verdaderos corderitos... que les hagan caso en todo.

MATILDE —...Bueno, no se ponga chistosito... mire que no tengo tiempo para andar perdiéndolo.

VENDEDOR —¡Oiga señora!... perdone, pero el trabajo es así. Tengo que hacer esto. ¿No ve que está muy mala la cosa, y hay que trabajar en lo que venga?... Así que, ¡cómpreme una tirita de pastillas y me voy inmediatamente!

MATILDE —¡Ya!... ¡Déme una tirita! (*Le compra y el vendedor se va.*) ¡Ya pues, Anita! ¡Apúrese con el aseo, que se nos está pasando la hora!... Luego llegarán sus hermanos a almorzar, y usted tiene que ir al colegio.

ANA —Sí, pero nosotros estábamos conversando de otra cosa antes que llegara el vendedor. Yo quiero saber por qué no se me toma en cuenta en esta casa. Hace rato que dejé de tener siete años, y también tengo mis opiniones.

MATILDE —¡Bueno mijita! ¿No sé por qué alega tanto? Siempre nos hemos preocupado de usted, y es nuestra regalona...

ANA —Pero, ¿sabe una cosa?... Prefiero dejar de ser la regalona, para que me tomen en cuenta.

MATILDE —¿Ah sí, ah?... ahora me vai a salir tú con problemas. Ya no sé qué hacer con ustedes. ¿Sabís que más? ¡Anda a comprar canutos que necesito para el almuerzo!

ANA —¡Ya, dame plata! (*Matilde le da dinero y sale a la cocina. Ana sale. Apagón. Cambio de escena. Living. Seencuentran Keko y Cristina.*)

SERGIO —¿Sabís, Cristi?... tengo miedo...

CRISTINA —¿De qué?

SERGIO —...es que mi papá sabe que estoy pitiando...

CRISTINA —¿Y de qué tenís miedo?

SERGIO —...No sé... es que me vio el otro día pitiando en la plaza... te acordai que te conté, y hasta ahora no me ha dicho nada.

CRISTINA —¡Pero no te he dicho Kekito, que la marihuana no soluciona los problemas! ¿Por qué no la dejai mejor?

SERGIO —¿Pa'qué? Si lo paso bien así.

CRISTINA —¡Sí, no dudo que lo pases bien, pero nada más!... Lo rico dura un rato no más. Yo también lo paso bien, pero tengo cosas que tú no tienes.

SERGIO —¿Como qué?

CRISTINA —...Bueno... tengo amigos. Participo en un grupo donde hacemos cosas que me gustan, y lo pasamos bien más rato... Y tengo un pololo que me quiere, que lo quiero, que nos queremos...

SERGIO —¡Y... ta-ta-ta-tan...! ¡Y después se casaron, y tuvieron hijos y fueron muy felices!

CRISTINA —¿Y por qué te reís de mis cosas?

SERGIO —(*Enojado*) ¡Si no me río oh! ¡Qué cosas quieres que haga después de ver todas las cosas que pasan en la casa!

CRISTINA —¿Qué cosas?

SERGIO —(*Enojado*) ¿Cómo qué cosas? ¿Existe alguna libertad aquí? ¡No!... ¿no es cierto?... Desde que somos chicos, mi papá decidiendo todo... "¡que vai a ir a esta escuela!", "¡que vai a estudiar esto!", "¡que te vai temprano!", "¡que no te juntís con éste!", "¡que júntate con ese otro!". ¿Sabís que más?... me junto con los cabros, precisamente porque me prohiben juntarme con ellos... ¡Y tú misma! ¿Qué alegai tanto? ¿Tenís alguna libertad?... Querís salir con tu pololo, y no te dejan... ¡Qué te van a dejar!... mejor que te dís con una piedra en

el pecho, porque te dejan pololear con Jorge... a la hora
que a mi papá no le gusta, te van a joder hasta que lo
dejís. (*Pausa. Cristina baja la cabeza.*)

CRISTINA —¡Sí! Tenís razón... ¿Pero sabís?... Yo creo que
no es la única responsabilidad, ésa la de fumar
marihuana.

SERGIO —¿Y cuál es la otra?

CRISTINA —¡Tener amigos, po Keko, tener amigos!... así
también se pasa bien. Yo pienso que puedo estar con
ellos cuando tengo pena, cuando estoy contenta. Es
cierto lo que tú decís de la casa... es cierto que nos han
impuesto cosas, pero yo siento que ya no somos los de
antes, los niños de siempre. Ahora somos grandes.

SERGIO —...Bueno... ¿Y qué crees tú que se puede hacer?

CRISTINA —Decir las cosas que pensamos. ¿Tú creís que
voy a aceptar que me prohiban pololear?

SERGIO —¿Y tú creís que con eso vai a sacar algo?... Al
final, igual te van a imponer las cosas.

CRISTINA —...Pero por lo menos es un intento, cosa que
tú no hai hecho. ¡Mira, Keko!... a la noche tengo que
hablar con mi papá, ¿por qué no lo haces tú también, y
le decís las cosas así como me las decís a mí?

ANA —(*Entrando*) ¡Ahh!... ¿Qué hablan?... ¡Cuéntenme!..

SERGIO —¡Tú no te metas!... son cuestiones de grande.

ANA —(*Enojada*) ¿Hasta cuándo me van a decir eso?... En
la mañana mi mamá... y ahora tú (*Dándose la media
vuelta*) ¡Ándate a la mierda!

CRISTINA —(*Siguiendo a Ana*) ¡Ana! ¡Ana!... ¡Ven! ¡No te
vayas! (*Ana vuelve a entrar.*) ¡Ven, Anita, siéntate! ¿No
veís po, Keko? ¿No veís que estái haciendo lo mismo
que mi papá. La Ana ya no es la niñita chica. Ella
también puede conversar con nosotros.

SERGIO —¡Ya, perdona, Ana! Estamos hablando de los
problemas que tenemos la Cristina y yo... ¡Mira, yo te
voy a contar! (*Apagón. Fin de la segunda parte*)

TERCERA PARTE

(Hora de la tarde. Matilde está viendo televisión. Llega Guillermo.)

GUILLERMO —¡Hola!

MATILDE —¡Hola viejito! Tengo lista la comida. Le preparé esos porotitos con riendas que tanto le gustan. (*Le ayuda a sacarse el vestón y le recibe su bolso. Guillermo se sienta sin hablar y come. Matilde vuelve al televisor y sigue tejiendo.*) ¿Cómo te fue en la pega?

GUILLERMO —Como todos los días no más... Vengo re cansao.

CRISTINA —(*Entrando, visiblemente nerviosa*) ¿Puedo hablarle ya? (*A Matilde*)

MATILDE —(*Observando a Guillermo*) ¡Espera un rato!... ¡Déjalo que coma tranquilo! (*Se ponen a mirar televisión. Entra Keko y hace ademanes a Cristina indicando si habló ya. Cristina niega.*)

GUILLERMO —(*Ha terminado de comer y se sienta con las mujeres a ver televisión.*) ¿En qué va?

MATILDE —¡Está super buena, viejo! Es la mejor teleserie que he visto.

GUILLERMO —(*Con tono golpeado*) ¡Sí, pero en qué va!

MATILDE —¡Ah!... en que Antonio Carlos le dijo la verdad a Jessica. Le dijo que él nunca la había amado... que todo lo había hecho por el dinero de su familia, pero le pidió perdón, y Jessica le dijo que no... que ella jamás volvería a amar en la vida.

GUILLERMO —¡Ahh!... ahora entiendo. ¡Oye, vieja!... es re original esta comedia. (*Sonriendo y con tono irónico*)

MATILDE —¡Chis!... No te vengai a reír de mis cosas... ¿Qué te hai creío? (*Pausa*).

GUILLERMO —¿Quién es la que tenía que hablar conmigo ahora? (*Matilde indica con la boca a Cristina.*)

CRISTINA —...Yo, papá.

GUILLERMO —¡Ya pues, mijita!... ¿Qué me que quería decir?

CRISTINA — ...Es que sabe, papá... este fin de semana queremos ir con Jorge al Cajón del Maipo... ¿Me puede dar permiso?

GUILLERMO —¿Por todo el día?

CRISTINA —¡Sí, papá!

GUILLERMO —(*Riéndose*) Ustedes están cada día más locos... No sé qué piensan... Se imaginan que uno es tonto. ¡No, mijita! Usted se queda aquí no más... Mire que uno nunca sabe.

CRISTINA —¿Uno nunca sabe qué, papá?

GUILLERMO —(*Sonriendo*) ...Bueno, uno nunca sabe... Los dos solos en la montaña, y durante todo el día... bueno... uno nunca sabe.

CRISTINA —(*Insistiendo*) ¿Uno nunca sabe qué, po papá?

GUILLERMO —(*Gritando*) ¡Uno nunca sabe si te vai a acostar con él o no! (*Cristina baja la cabeza, impotente y con rabia.*)

MATILDE — ...Además, qué va a decir la gente cuando sepa que estuvieron un día solos, en los cerros.

SERGIO —¿Qué va a decir la gente, mamá?

GUILLERMO —¡Tú no te metas cabrito!

SERGIO —...Bueno, preguntaba no más...

GUILLERMO —Este es un problema entre Cristina y yo... Contigo arreglaré cuentas después.

SERGIO —¿Y por qué no hablamos todos juntos, unidos por una misma sangre? ¿Cachan o no?

CRISTINA —Somos hermanos, papá... y nos criamos juntos. ¿Pa' qué sirve entonces todo lo que nos metió en la cabeza, de que tenemos que ser buenos hermanos? ¡Esto es ser buenos hermanos también!

MATILDE —¿Y desde cuándo están tan hermanables ustedes?

GUILLERMO —No te hagas mala sangre, Mati. Si nada conseguirán con ese tono de voz. Además, esto parece un complot contra nosotros.

CRISTINA —¡No es complot, papá!... sólo deseamos compartir nuetras cosas.

SERGIO —¿Sabís?... Te apoyo loquita.

GUILLERMO —¡Ya, basta jovencitos!... y usted, niñita...

CRISTINA —¡No me diga niñita!... soy grande ya...

GUILLERMO —(*Exaltado*) ¿Ah, sí, ah?... ¿Te creí lo suficientemente grande y chorita?... Sabís muy bien que no vai a conseguir ninguna cosa. ¡Además, eres niñita para mí, y lo vai a seguir siendo siempre!

MATILDE —¡Cálmate, Memo!... no te enojes.

GUILLERMO —¡Claro!... Ahora me decís que no me enoje... Después que es culpa tuya que los cabros sean así...

MATILDE —¿Culpa mía, Memo?... Los dos somos los que los hemos educado. ¿No agradeces nada lo que me he sacrificado por educar a nuestros hijos?

CRISTINA —¡Ya, no agranden más las cosas! Si alguien tiene la culpa de que ocurra lo que está pasando ahora, somos todos nosotros.

SERGIO —¿Todos, loquita?

CRISITNA —¡Claro, po!... Mi papá y mi mamá, que no nos han dejado decidir a nosotros, y nosotros que no nos habíamos atrevido a decirles todo esto... Alegábamos entre nosotros y nada más. Escapábamos, mejor dicho, y no hacíamos nada. (*Sergio le palmea la espalda en señal de solidaridad.*)

GUILLERMO —(*Intentando calmarse*) ¡Ya está bueno con esta discusión! ¡Tú Cristina, te quedas aquí el fin de semana! ¡No sales pa'ninguna parte!

CRISTINA —¡Pero papá!...

GUILLERMO —¡No me hables más de eso! ¡Ya dije ya que no!

CRISTINA —(*Enojada*) ¡Lo siento, papá!... pero voy a tener que desobedecerle... Voy a ir igual, aunque se enoje. Yo siento que no voy a hacer nada malo...

GUILLERMO —Soy tu padre, Cristina, y sé mejor que tú lo que te conviene o no.

MATILDE —Los dos sabemos lo que les conviene a todos ustedes, y no es que queramos perjudicarlos. Ustedes saben muy bien cuánto los queremos, y no nos gustaría verlos sufrir o pasarlo mal. Mira que la vida es dura, hija.

GUILLERMO —¿Es muy difícil que entiendan eso?

SERGIO —¿Saben?... Yo sé que nos quieren. ¿Cachan o no?... Pero no se pongan así, tan... tan no sé...

MATILDE —¡No, Sergio! Los jóvenes son bastante al lote. Aún no saben lo que es bueno o malo. Hacen las cosas sin pensarlo, y después andan con el traste a dos manos.

CRISTINA —Tú mismo dijiste, papá... que la vida es la mejor escuela. Y en la vida hay equivocaciones, ¿o no?

GUILLERMO —¡Ahh, claro!... De aquí pa'adelante ustedes quieren hacer lo que les plazca... y nosotros ¿qué?... unos monigotes aquí, ¿no es cierto?

LEONARDO —(*Entrando y sorprendido con la situación*) ¿Hay comida mamá?

MATILDE —¡Mijito, por Dios! (*Se levanta, rápidamente.*) No me di cuenta de que había llegado. Le sirvo al tiro. (*Leonardo se sienta a la mesa.*)

SERGIO — ...Yo creo que el Leo puede dar su opinión también.

LEONARDO —(*Extrañado*) ¿Opinión de qué?

CRISTINA —Mi papá no quiere darme permiso para ir al Cajón del Maipo con mi pololo.

LEONARDO —¡No sé yo!... ¡Discútanlo ustedes!

SERGIO —¡Ya po, loco!... ¿Cómo no vai a pensar en nada?

LEONARDO —¿Vos creís que no tengo problemas pa'estar opinando cuestiones sin importancia?

GUILLERMO —¡Ya! ¡Dejen tranquilo al Leo!... Si no quiere opinar, que no opine.

LEONARDO —(*A Cristina*) ¿Sabís qué más?... Si mi papá no quiere darte permiso, por algo será... y tú tenís que hacerle caso. Eres su hija.

SERGIO —¿Pero, qué le veís de malo en que vaya?... (*Todos miran a Sergio.*) ... en que vaya al Cajón del Maipo.

LEONARDO —(*Riendo*) ¿Qué le veís de malo?... Tú, yo y todos sabemos qué tiene de malo. Pasar un día entero solos... ¡Qué tiene de malo!... ja, ja, ja.

SERGIO —¿Y a ti no te gustaría ir?

LEONARDO —¿Y pa'qué voy a ir con ellos, tonto?

SERGIO —¡No po, estúpido!... Si te gustaría ir con tu pololla y ... (*Todos miran a Sergio.*) ... bueno... a disfrutar del Cajón del Maipo.

LEONARDO —¿Del Cajón del Maipo? (*Con burla*).

SERGIO —¿Sabís?... no se puede conversar contigo. (*Sale, a buscar un chaquetón, y regresa para ir a la calle.*)

GUILLERMO —¿Y tú adónde vas?

SERGIO —Voy a caminar un rato... Está un poco espeso el ambiente.

GUILLERMO —¡Mira, Matilde! ¿Veís como son tus hijos?... Recién pidiendo conversar con todos, y ahora...

se va porque el ambiente está denso. ¿No ven que hablan por hablar?

LEONARDO —¡Déjenlo!... si el niño quiere salir para mirar las cosas desde lo alto junto a sus amigos. (*Hace ademanes de vuelo. Sale Sergio.*)

CRISTINA —¡Bueno, papá!... ¡Lleguemos a un acuerdo!

GUILLERMO —¡No sé!... ¡Hace lo que querai!... Después no lleguís aquí pidiendo ayuda.

CRISTINA —¡Pero papá!... Tampoco se trata de eso...

MATILDE —¡Ya está bueno!... Ya escuchaste a tu papá.

CRISTINA —Es que...

GUILLERMO —¡Se acaba la conversación! (*Sale Cristina.*)

LEONARDO —(*Levantándose*) ... Bueno, voy a salir con unos amigos. Llegaré tarde, así que no me esperen temprano.

MATILDE —¿Dónde vas a ir Leo?

LEONARDO —Vamos a ir a casa de un amigo a conversar.

GUILLERMO —No llegues muy tarde. (*Sale Leonardo. Entra Ana.*)

MATILDE —¿Hizo sus tareas usted?

ANA —¡Sí, ya las terminé!... ¡Oiga mamá! ¿Dónde va el Leo?

MATILDE —A una fiesta.

ANA —¿Y por qué no me invita?

MATILDE —¡No mijita!... Usted está muy chica para estas cosas. Vaya a acostarse mejor.

ANA —¡Pero mamá!...

MATILDE —¡Vaya a acostarse mejor!... Ya le dije ya.

ANA —¡Ya oh!... Buenas noches. (*Sale. Pausa.*)

GUILLERMO —¡Bueno Matilde!... Vamos a acostarnos nosotros también. (*Sale.*)

ANA —(*Entrando*) ¡Mamá! ¡Mamá!

MATILDE —¡Mijita! ¡Sigue en pie todavía!

ANA —¡No puedo dormir!... No tengo sueño.

MATILDE —Mañana hay mucho que hacer... ¡Váyase a la cama!

ANA —¡Mamá! ¿Cómo le fue a la Cristina con mi papá?

MATILDE —¡No se meta en esas cosas usted!... Déjelos a ellos que se entiendan.

ANA —¡Pero mamá!... Yo también necesito saber lo que pasa en la casa.

MATILDE —¡Es que no pasa na!... La Cristina, claro... está cada día más suelta ésa... pero usted no se me va a poner así. ¿No es cierto?

ANA —¿Yo también puedo hablar con mi papá?

MATILDE —¿Y pa'qué quiere hablar usted?

ANA — ...No sé... pero nunca converso con él... Lo veo todos los días, pero parece que no habláramos nunca. Nunca sé lo que le pasa.

MATILDE —...Bueno, pero mañana puede ser eso... Ahora, vaya a acostarse.

ANA —¡Ya!... Buenas noches.

MATILDE —¡Chao!... y abríguese bien, que hace frío. (*Sale y apagan las luces. Pausa. Se prende la luz. Se escuchan gritos de afuera.*) ¡Cristina! ¡Cristina!

CRISTINA —(*Entrando. Le sigue Jorge.*) ¡Siéntese, mi amor!... ¡Espéreme un poquito!

JORGE —Bueno, pero apúrese que ya es tarde. (*Sale Cristina. Entra Guillermo en pijama.*)

GUILLERMO —(*Dejándolo con el saludo en la mano a Jorge*) ¡Y ahora metido en el comedor, el jetón!

CRISTINA —¡Ya, Jorgito!... ¡Vámonos!

JORGE —(*Saliendo*) ¡Chao po, viejito!... y trata de no ser tan cerrao pa' la otra vez. Si los tiempos cambian. (*Salen.*)

GUILLERMO —¿Y este jetón, qué se ha creído?

MATILDE —(*Entrando*) ¡Viejo!... ¿Qué te pasa?

GUILLERMO — ... No sé... me siento mal... La discusión de ayer me dejó intranquilo.

MATILDE —¡Ya, Memo!... no te preocupes tanto... Si la juventud es así ahora. (*Pausa*)

GUILLERMO —¿Sabes?... estaba pensando en lo que dijeron los chiquillos anoche, y ... no sé... parece que... no sé... algo me impidió negarle el permiso...

MATILDE —Si en el fondo los querís... pa'qué leseai.

GUILLERMO —¡Si eso no lo discuto!.... Es otra cosa... No sé. En algunos momentos les encuentro la razón, pero es que no puedo ceder en todo... a mí me criaron así, y no puedo hacer otra cosa. Además que tengo miedo de que se me pasen pa'la punta, y después ni me tomen ni en cuenta. Bueno... yo a la otra, sí que me pongo duro, y no cederé en nada.

MATILDE -¡Así se habla viejo! (*Entra Sergio.*) ¿Y tú, qué haces tan temprano en pie?

SERGIO —Tranquilidad, vieja. No estoy enfermo. Es que tenía que levantarme.

GUILLERMO —¡Estai enfermo entonces!

SERGIO —...Es que estoy contento. La rosca de anoche me hizo pensar.

GUILLERMO —...Y a mí me dejó amargado.

SERGIO —...Es que usted lo toma por el lado negativo, po papá. Tiene que ser más optimista. Tomar la vida con Andina. ¿Cachai?

MATILDE —¿Y por qué decís eso?

SERGIO —...No sé... pero en estos últimos días, algo he aprendido.

GUILLERMO —Tú estai cada día más chiflado, cabro.

MATILDE —Yo también pienso lo mismo... No puedo entender a mis hijos. ¡Quién los entiende!

GUILLERMO —¡Ya, vieja! No nos hagamos mala sangre... ¡Apurémonos para salir porque se nos está haciendo tarde. (*Salen Guillermo y Matilde. Pausa.*)

SERGIO —¡Sí po!. No me entienden... Y el Leonardo y la Cristina y la Anita... ¡Chis!... si a veces yo no m e entiendo... pero igual estoy contento, porque algo he aprendido.

FIN

ULTIMA ESTACION

PEDRO NADIE
QUILLON, CONCEPCION (1985)

PERSONAJES

JUAN CARLOS (23 años)
DIEGO (25 años)
COBRADOR (50 años)

ACTO I

(Transcurre en un vagón de ferrocarril, un asiento con una ventana hacia afuera, dos puertas para salir y entrar. Al momento de abrirse el telón, está Diego solo mirando por la ventana. De pronto llega Juan Carlos, viste extravagante, pelo largo, ojos medios achinados, morral. Después de un rato...)

JUAN CARLOS —Loco, ¿va desocupa'o este asiento?

DIEGO —Sí, va desocupado.

JUAN CARLOS —¡Qué buena onda! Sabís que busqué y busqué en este maldito tren y estaban todos ocupados. Menos mal que me escurrí a tiempo que aquí ibai vos solo. ¿Vai solo?

DIEGO —Sí, solo.

JUAN CARLOS —¿Y pa'onde vai? Yo voy hasta la última estación.

DIEGO —Yo también.

JUAN CARLOS —¿Sí? ¡Qué buena onda! Así podimos irnos chicharreando como todo esto. ¿Vos soy güeno pa la chicharra?

DIEGO —Sí, más o menos, si hay tema sí.

JUAN CARLOS —El tema sale solo, loco. ¡No vis que uno se va en la volá de la conversación y así van saliendo cualquier cantidad de cuestiones puh! ¡Cachai o no?

DIEGO —Sí, eso creo.

JUAN CARLOS —¿De dónde soy voh? Yo soy de aquí. Vivo en Lorenzo Arenas. ¿Y tú?

DIEGO —Yo vivo en Puchacay.

JUAN CARLOS —¿De Puchacay? Ahí tengo hartos locos amigos, pero no creo que tú los ubiquís?

DIEGO —¿Por qué?

JUAN CARLOS —Son puros volados y parece que vos no le hací na' al pito, ¿o le hací y andai de incógnito?

DIEGO —No, no le hago na. Yo... no, nada.

JUAN CARLOS —Yo le hago hace como tres años. Estaba en el liceo nocturno cuando aprendí a fumar.

DIEGO —¿Aprendiste? Yo pensé que...

JUAN CARLOS —No, si esta cuestión no es na igual que fumar cigarros, es distinto. Vos tenís que hacerle fuerte pa'entro, o sea aspirarlo, ¿cachai?

DIEGO —Sí, más o menos.

JUAN CARLOS —Claro puh, al principio cuesta acostumbrarse, pero después tú vai cachando solo la movida, siempre la canción es la misma.

DIEGO —¿Y tus padres qué dicen?

JUAN CARLOS —Géeno, mira pa serte franco, yo con los viejos estoy más o menos no más, o sea que como no trabajo tengo que matar el tiempo libre, ¿cachai?

DIEGO —Y lo haces fumando pitos.

JUAN CARLOS —Claro puh, es super buena onda, porque vos conocí harta gente y así te vai ubicando con los locos hasta que llega un momento en que jamás te falta la yerba, ¿cachai?

DIEGO —Al principio era distinto.

JUAN CARLOS —¡Super puh! Por ejemplo, para mí era harto penca porque tenía que conseguirme monedas por todos lados pa poder comprarle a los locos más movidas, o sea a los que hacen el tráfico.

DIEGO —Y hasta algunas veces tuviste que robar.

JUAN CARLOS —Claro puh. A veces le afanaba monedas a mi vieja de los vueltos, cuando me mandaba a comprar y así, incluso un dia...

DIEGO —Tuviste que vender ropa.

JUAN CARLOS —Justo puh, loco. Una chaleca que recién mi vieja me la había regalado para mi cumpleaños, tuve que moverla por pitos. Era más linda, roja así con una línea blanca grande por el medio, ¿cachai? Pero me faltaba yerba... Oye... ¿cómo sabís todo eso?

DIEGO —No, no lo sé, me lo imagino.

JUAN CARLOS —¡Chitas que tienes buena imaginación vos! A ver sigue imaginando, ¿qué vino después, a ver?

DIEGO —Te sentías solo, muy solo.

JUAN CARLOS —¡Justo puh! ¿Sabís? Me sentía como pollo en desfile de chanchos, ¿cachai? Todo el mundo tiraba pa un lado y yo tiraba pal'otro...

DIEGO —Empezaste a leer libros de filosofía, sicología...

JUAN CARLOS —¡Oye, vos soy una Biblia, loco! ¡Justo puh! Me puse a leer libros de Rampa, Herman Hesse... ¿vos cachai esa onda?

DIEGO — Sí, la conozco. Te hace sentir muy solo en el planeta.

JUAN CARLOS —Verdad, loco, solo. ¿Sabís? Vos me cachai toda la onda, pero yo te voy a contar algo que no sabí.

DIEGO —¿Qué cosa?

JUAN CARLOS —Un tiempo me pinché una paloma. Me gustaba, era chiquitita, así, bien monona la loquita y era super buena onda conmigo.

DIEGO —¿Ella no fumaba yerba?

JUAN CARLOS —No, no pasa, ¿sabís? La loca era onda religiosa así, católica hasta las masas, pero era tierna la paloma, loco, me hacía olvidarme de los pitos.

DIEGO —¿Y qué pasó?

JUAN CARLOS —Resulta que un día fui a verla después de un reventón que me vacilé con unos locos. Andaba más volado que uncuete, loco, y me fui no más a verla. Yo nunca le había dicho que fumaba géiros, la engrupí con la onda del caballero.

DIEGO —¿Y?

JUAN CARLOS —Bueno, resulta que la loca cachó toda la movida en tres tiempos y me dijo que no pasaba nada con ella en esa onda, ¿cachai? O sea, me dijo: —Mira, Juan Carlos, aquí la cuestión es bien clara, o la yerba o yo. Tienes que elegir; las dos no cabemos en tu vida—.

DIEGO —¿Y tú qué hiciste? Bueno, se sabe.

JUAN CARLOS —¿Sabís, loco? Sentí algo extraño aquí dentro, del puro calmante que me dio se me pasó la volada, y quedé más lúcido que la cresta. La quedé mirando, estaba bonita enojada. Se veía super tierna, pero yo pensé, no sé... en tantas cosas locas... en libros... en los locos... en los reventones y entonces le dije... paloma, buena onda, yo mi camino, tú el tuyo, ¿cachai?

DIEGO —Después los reventones fueron más grandes y más seguidos.

JUAN CARLOS —Demás puh, loco. Pasó un tiempo y ya no me dolía tanto, pero no tuve otra loca porque me puse en una volá, ¿cachai? De repente, así pensé, si no hay paloma, no hay problemas, entonces... (*Saca un cigarrillo.*) DIEGO —Empezaste a aprender cosas, como conseguir los mejores pitos, cómo disimular las voladas, cómo llevarte más o menos bien con tu vieja y tus amigos, pero por dentro siempre una soledad angustiosa, como una garra que te aprieta el alma más cada día...

JUAN CARLOS —Y van pasando los días unos tras otros, y las noches una tras otra, encadenadas por la vida, así porque no hay una ventana, no hay un camino...

DIEGO —O no queremos verlo.

JUAN CARLOS —O no queremos verlo porque es más cómodo, loco. ¿Cómo cachai vos tan bien mi vida, lo que hago, lo que hice, incluso lo que pienso? Es muy extraño.

DIEGO —Es tan extraño que parece natural.

JUAN CARLOS —¡Justo puh! ¡Putas me habría gustado conocerte en otro tiempo!

DIEGO —Este es el tiempo.

JUAN CARLOS —Seguro puh, pero no sé, te cacho movido, o sea, no loco pero super buena persona, ¿cachai? ¿Cómo soy tú, loco? Yo he hablado harto de mí.

DIEGO —¿Cómo soy yo? ¿Quién puede decir cómo es uno? Hay sólo pequeños fragmentos que llegan a componer un todo, una imagen...

JUAN CARLOS —Loco, perdona pero no te cacho, una persona sí puede decir cómo es porque, ¿quién se conoce más que uno mismo? Tendría que ser Dios no más puh.

DIEGO —Incluso Dios nos desconoce, o lo que es peor, nosotros no lo conocemos a él. Está tan manoseado el concepto Dios, tantas religiones, tantas sectas y todas creen poseer la llave mágica que les asegura el camino al paraíso.

JUAN CARLOS —Demás puh, loco. Pero tú me ibas a hablar de tu vida.

DIEGO —¿Mi vida? Mi vida es como la de cualquier persona, en este país, en esta parte de la historia, bajo estas circunstancias. Trabajo ocho horas al día, tengo novia, voy a casarme quizás a fin de año, no lo sé aún, ¿qué más te podría contar?

JUAN CARLOS —No sé puh, loco, tú sabís. Detalles, a mí me traen loco los detalles, ¿no te acordai de alguna cosa?... No sé puh.

DIEGO —Te podría contar cuando tenía veinte años.

JUAN CARLOS —¿Y cuántos tení ahora?

DIEGO —Veinticinco años...

JUAN CARLOS —Yo tengo veintitrés, pero te veís mucho más maduro...

DIEGO —La vida me ha jugado su juego... a veces... bueno, cuando tenía veinte años era casi como tú.

JUAN CARLOS —¿Fumabai pitos?

DIEGO —Tomaba, tomaba mucho, de cualquier cosa. Empecé tomando cerveza, me gradué al licor, pisco, whisky, etc., y al final acabe tomando vino del más barato.

JUAN CARLOS —¿Por una mujer?

DIEGO —No, por huir de una obsesión.

JUAN CARLOS —¿Una obsesión?

DIEGO —Quería ser algo grande, algo así como un personaje de la historia, no lo sé bien.

JUAN CARLOS —¿Y qué pasó?

DIEGO —Un día me desperté de una feroz borrachera... la cabeza me daba vueltas y una punzante carcajada me perseguía en el cerebro. ¿Quién reía? ¿Por qué? Nunca lo supe, al menos no en este periodo de mi vida. Ese día decidí cambiar, ser distinto, no perseguir un sueño imposible, sino aterrizar, poner los pies en la tierra.

JUAN CARLOS —¿Y?

DIEGO —Pasaron muchas cosas hasta que un día... (*Llega el cobrador. Pasa avisando una estación. Juan Carlos visiblemente preocupado, cuando se va lanza un suspiro de alivio que no pasa desapercibido para Diego.*) ¿Qué te pasa? ¿Por qué estás nervioso?

JUAN CARLOS —No loco, no pasa...

DIEGO —Pero si...

JUAN CARLOS —(*Grita.*) ¡No pasa te digo, loco! ¿Cachai? ¿En qué onda te metís que estoy nervioso?

DIEGO —Cálmate, cabro...

JUAN CARLOS —¡Demás puh, demás que me voy a calmar! (*Sale enojado, no se sabe hacia donde.*)

DIEGO —(*Se queda mirando como se aleja.*) Vuelve, cabro, vuelve... tú no sabes... (*Se sienta abatido. Apagón suave.*)

ACTO II

(*La misma escena, Diego solo. Llega Juan Carlos "demasiado" calmado. Viene un poco volado.*)

JUAN CARLOS —¡Hola, loco! Permiso. (Se sienta.)

DIEGO —Te calmaste parece.

JUAN CARLOS —Demás puh, loco. En buena onda, ¿cachai? Loco, ¿por qué la vida es tan rara?

DIEGO —¿Cómo?

JUAN CARLOS —Sí puh. Por ejemplo, yo hace una horas atrás no te conocía, ¿cachai? No sabía nada de ti y sigo sin saber, pero tú sabís todo de mí, ¿en qué onda, loco?

DIEGO —Quizás porque he sido como tú.

JUAN CARLOS —¿Cómo yo? No huevís puh, loco.

DIEGO —¿Y por qué no pude haber sido como tú?

JUAN CARLOS —Porque vos soi a la pinta puh, loco... en cambio yo... ¿me entendí?

DIEGO —¿Qué eres tú? ¿Basura?

JUAN CARLOS —¡Basura puh, loco! Y de la más sucia... cacha mi vida... una güevá loca. De un tiempo a esta parte... no sé... me cacho en medio bajón.

DIEGO —¡Claro, claro! Compadécete de ti mismo, quéjate de tu debilidad y aprieta el nudo de tu horca lentamente cada día. ¿Fácil cierto?

JUAN CARLOS —¿Qué decís, loco?

DIEGO —Que tenís que ponerte de pie de una vez por todas puh cabro, que tenís que entender que esta vida sirve para algo mejor que estarla quemando con una vela sucia... tu vida es una sola... de ti depende si te hundes para siempre en tus laberintos depresivos o te elevas por sobre ellos para alcanzar la dignidad. Oyeme bien, la dignidad como persona.

JUAN CARLOS —Oye, loco. ¡Chanta lo moto! ¿Vos soi cura acaso?

DIEGO —No, no soy cura, pero alguien tiene que decirte la verdad.

JUAN CARLOS —La verdad, ¿y tú tenís la verdad?

DIEGO —Si no es la verdad, por lo menos es parte de ella y bien importante te voy a decir...

JUAN CARLOS —¿Qué sabes tú?

DIEGO —Yo sé puh, cabro... yo sé por eso te lo digo. Ya basta, ¿entendí? ¡Basta! Tienes que entender que la vida no es un juego de flipper, la vida es hermosa, clara, transparente, pero tienes que buscarla, ella no viene sola a ti.

JUAN CARLOS —Mira, loco. Todo eso que dices es muy bonito, muy choro, pero, ¿cuál es la idea? ¿Que me ponga a trabajar? ¿Adónde? ¿Estudiar? ¿Y para qué? O sea, ¿qué hago puh, compadre?

DIEGO —Limpiarte por dentro, sacarte toda la mugre que significa vivir como vives, siempre a la defensiva, siempre dudando de todo y de todos... encerrado en tu mundo tan pequeño que sólo cabes tú, abrir tus ojos a la realidad que nos alcanza a cada rato..

JUAN CARLOS —¿Y cómo se hace eso?

DIEGO —Conociéndote más el lado positivo que hay en ti. Tratando de... (*Llega el cobrador.*)

COBRADOR —Todos los pasajes, todos los pasajes. ¿Pasaje, señor? (*A Diego, éste se lo pasa y lo corta con un tiquero.*) ¿Pasaje joven? (*Juan Carlos titubea y comienza a buscar en su bolsillo. Se sabe que no tiene pasaje por su rostro.*)

JUAN CARLOS —Espera, loco. Por aquí lo metí... a ver aquí...no acá... tampoco... ¡Por la cresta! ¿Adónde lo habré dejado?...

COBRADOR —Mire, joven, esa chiva ya está pasada de moda. ¡O me paga su pasaje o se me baja del tren en la próxima estación!

JUAN CARLOS —Si no es chiva, loco. ¿No me creís?

COBRADOR —No.

DIEGO —Búscatelo bien... por ahí tienes que tenerlo.

COBRADOR —¡Ya pues, señor, rápido! Yo no puedo perder el tiempo.

DIEGO —Sí, nosotros lo comprendemos pero... trate usted también de entender...

COBRADOR —Mire, señor, usted pagó su pasaje... con usted no es el problema, el problema es con el joven acá. ¡Que me cree bien de las chacras?

JUAN CARLOS —No viejo, en serio. (*Se deja de buscar.*) Ya, no lo tengo. ¡Qué saco con buscar! Oye, ¿no me podría esperar un poco? O sea, más allá quizás lo arregle...

COBRADOR —Está bien, pero sólo una estación más, o si no abajo no más. Con permiso. (*Se va.*)

JUAN CARLOS —¡Chitas, loco, de la que me escapé! ¿Sabís? No hallo cómo engrupirme al compadre.

DIEGO —¿No tienes pasaje?

JUAN CARLOS —De adónde voy a pagar, loco. Hay que ser movido con estos compadres. Ya no te preocupís, de cualquier forma me lo vacilo. La cuestión es que no me eche abajo; quiero llegar a la última estación, ¿cachai?

DIEGO —Bueno, es su trabajo.

JUAN CARLOS —Sí, pero puede darme la pasá, puh.

DIEGO —Puede, pero no debe.

JUAN CARLOS —Sale pa'allá, loco. ¿En qué onda? Mira, te apuesto que a sus amigos no les dice ni pío.

DIEGO —Son amigos y es sólo una posibilidad.

JUAN CARLOS —¿Y acaso a mí no me puede hacer una paleteada? Bueno, hablemos de otra cosa mejor... esto déjalo por mi cuenta...

DIEGO —¿Como qué por ejemplo?

JUAN CARLOS —Bueno, no sé... de cualquier cosa puh. Oye, a propósito, ¿te hai cachado una movida loca entre nosotros?

DIEGO —Movida loca, ¿cuál?

JUAN CARLOS —Que no nos sabimos los nombres, puh. Hace como todo este rato que venimos chicharreando y no nos sabimos ni los nombres.

DIEGO —Bueno, a veces los nombres son lo de menos; lo importante es la persona.

JUAN CARLOS —A veces no más puh, loco. Por ejemplo, mi viejo dice que un buen apellido hace milagros.

DIEGO —¿Milagros?

JUAN CARLOS —¡Claro! Te atienden bien donde vas, todos te respetan y obedecen tus órdenes sin siquiera conocerte, pero tu apellido sí lo ubican. Por ejemplo, ¿cómo te verías con un apellido como... a ver... Larraín, por ejemplo?

DIEGO —Bueno, tienes razón en ese sentido.

JUAN CARLOS —Claro puh, porque si tú te llamai Soto González, pa' na puh. ¿Cómo te llamai vos, a propósito?

DIEGO —Mi nombre es Diego.

JUAN CARLOS —El mío Juan Carlos.

DIEGO —Hola Juan Carlos. (*Sonríe.*)

JUAN CARLOS —Hola Diego. (*También sonríe.*)

DIEGO —¿Así está bien ahora?

JUAN CARLOS —¡Seguro, loco! (*Mira por la ventana.*) Mira, Diego, el manso ni que río, loco. ¿Cómo se llamará?

DIEGO —No sé... cierra la ventana mejor.

JUAN CARLOS —¿Por qué? A mí me gusta cachar movidas puh.

DIEGO —Cierra la ventana, por favor. (*Nervioso*)

JUAN CARLOS —Por qué, loco... oye mira, mira allí hay unos locos que... mira, compadre, están...

DIEGO —(*Cierra la cortina, brusco.*) No están haciendo nada, ya pasó.

JUAN CARLOS —¡Soi raro tú, loco ah! ¿Por qué no me dejaste mirar a esos compadres que...? ¿Son amigos tuyos?

DIEGO —No.

JUAN CARLOS —¿Y por qué les prestai ropa?

DIEGO —¿Les presto ropa?

JUAN CARLOS —No te hagai el ganzo ahora puh. Los protegí puh, eso quiero decir.

DIEGO —Ideas tuyas.

JUAN CARLOS —Bueno, dejémoslo así no más... total lo que ellos hagan no me interesa. Let it be, no más, let it be.

DIEGO —Let it be?

JUAN CARLOS —¡Déjalo ser puh! Déjalo ser, como dice la canción del loco...

DIEGO —¿De quién?

JUAN CARLOS —De un loquito no sé donde, que le puso letra en castellano a la canción de los Beatles. Le quedó super bien al compadre... me gusta.

DIEGO —No la conozco.

JUAN CARLOS —Es que soy volao puh... si lo fueras ya la habrías escuchado.

DIEGO —Oye cabro...

JUAN CARLOS —¿Sí?

DIEGO —¿Te acuerdas lo que veníamos hablando denantes?

JUAN CARLOS —¡Ah! Sí, más o menos...

DIEGO —¿Y si te echan abajo?

JUAN CARLOS —¿Quién?

DIEGO —¡El cobrador puh!

JUAN CARLOS —No, no creo... no te preocupís Dieguito.

DIEGO —¿Siempre soy así?

JUAN CARLOS —¿Cómo así?

DIEGO —Así puh, que no te importa estar metido en un lío...

JUAN CARLOS —Ah, sí, siempre.

DIEGO —¿Y te sentí tranquilo?

JUAN CARLOS —Claro puh... pa qué preocuparse... sólo cuando llegue el momento hay que urgirse puh, total voh seguís viviendo igual no más...

DIEGO —Yo no lo veo de esa forma.

JUAN CARLOS —Es que voh soi ganso puh... perdona, loco, no quise ofenderte.

DIEGO —Si ser ganso significa no fumar yerba, entonces sí soy ganso... y yo creo que va siendo hora que tú también lo seas.

JUAN CARLOS —¿Por qué?

DIEGO —No me preguntes por qué. Tú sabes por qué lo digo.

JUAN CARLOS —Mira, loco, yo no sé nada a las finales, ¿cachai? A veces pienso que fumar yerba es lo más rico que se le ha ocurrido al hombre, y otras que es una pura huevá no más, ¿cachai? ¡Pero la canción es la misma para todos puh!

DIEGO —¿Cómo para todos?

JUAN CARLOS —Claro puh, casi todos lo locos dicen lo mismo: no hay que dejarse engrupir, hay que fumar no más; y otros dicen que fuman de puros engrupidos que están. Al final, no hay qué pensar puh, y seguís fumando pa mientras.

DIEGO —(*Cambio brusco*) Oye, ¿te habís fijado en esos letreros?

JUAN CARLOS —Sí, ahora hay en todas partes.

DIEGO —¡Qué raro ah! ¿No te parece?

JUAN CARLOS —Sí, pero a mí no me interesa... yo soy otra onda.

DIEGO —Hace tiempo, una vez... bueno, no habían estos letreros prohibiéndolo todo.

JUAN CARLOS —¿Sí?

DIEGO —Hicimos algo hermoso con los cabros...

JUAN CARLOS—¿Sí? ¿Qué cosa, loco?

DIEGO —No, nada. (*Mira nervioso a su alrededor.*) En realidad, no importa mucho.

JUAN CARLOS —Está bien puh, loco... (*Silencio unos instantes. Juan Carlos abre la ventana y mira hacia afuera, Diego saca una revista y lee. Apagón suave.*)

ACTO III

(*Juan Carlos duerme. Diego hojea una revista. Llega el cobrador.*)

COBRADOR —¿Duerme? (*Alude a Juan Carlos.*)

DIEGO —Sí, duerme.

COBRADOR —Así lo hacen algunos, duermen en el viaje... pero es que es tan largo... como una vida parece...

DIEGO — ¿Y qué sucede con los que quedan abajo?

COBRADOR —Ahí quedan a la deriva, sin un destino fijo, siempre dando vueltas, siempre sin saber dónde ir.

DIEGO —¿Y los otros?

COBRADOR —Algunos suben al tren, pero luego desaparecen, la mayoría en la noche, no se vuelve a saber de ellos, otros...

DIEGO —Otros... ¿llegan a la última estación?

COBRADOR —Casi ninguno, pero es que es tan largo el viaje. ¿Sabe?... una vez subió un muchacho parecido a éste... En el principio no hablaba mucho, después cambió... parece que fue algo que vio por la ventana... no sé...

DIEGO —¿Por la ventana?

COBRADOR —Sí, pero yo no puedo mirar, está prohibido para mí.

DIEGO —¿Prohibido? ¿Por quién?

COBRADOR —Por las autoridades del ferrocarril, los cobradores no miran, sólo cortan los boletos...

DIEGO —Es muy extraño...

COBRADOR —¿Extraño? Bueno, no sé. Yo sólo hago lo que me mandan...

DIEGO —También van mujeres...

COBRADOR —De todo señor, de todo, pero...

DIEGO —¿Pero qué?

COBRADOR —No está permitido tampoco hablar de esto, lo siento... usted parece buena persona... pero...

DIEGO —Entiendo.

COBRADOR —Algunos llegan sonriendo y se van muy tristes. La mayoría es así; hay otros, los menos, que jamás sonríen, son muy pocos los alegres, sobre todo este último tiempo.

DIEGO —¿Este último tiempo?

COBRADOR —Claro... parece como si afuera estuvieran matando las sonrisas...

DIEGO —¿Lloran algunos por no llegar al final del viaje?

COBRADOR —No. ¿Sabe?, eso es lo extraño. Aprietan los dientes, así, como si algo les doliera dentro, pero no lloran, ni siquiera las mujeres...

DIEGO —¿Y cuando llegan qué hacen?

COBRADOR —Algunos bajan corriendo, apresurados, nerviosos. Otros lentamente, como si no quisieran bajarse, esperan hasta los últimos minutos...

DIEGO —¿Usted cree... usted cree que yo... que llegaré a la última estación?

COBRADOR —Nadie sabe, ni yo, si llegaré al final del viaje.

DIEGO —¿Ninguno ha regresado?

COBRADOR —No lo sé; que yo sepa ninguno.

DIEGO —Pero...

COBRADOR —Es tarde, debo regresar a mi trabajo. Despierte al amiguito, yo no quiero problemas... Adiós.

DIEGO —Adiós, señor... Adiós. (*Sigue leyendo la revista. Apagón.*)(*La misma escena. Juan Carlos se ha quedado dormido. Diego de pronto deja de leer y lo sacude suavemente.*)

DIEGO —¡Juan Carlos, Juan Carlos! Despierta hombre, ya está bien, despierta cabro...

JUAN CARLOS —¡Qué! ¡Ah! ¡Qué! (*Despierta. Se desespereza.*) ¡Aéh, loco, hola! (*Despierta totalmente.*) ¡Me quedé dormido, media onda!

DIEGO —Parece que venías soñando cosas muy bonitas.

JUAN CARLOS —¿Por qué, loco? ¿No me digai que hablé dormido?

DIEGO —No, sólo palabras sueltas.

JUAN CARLOS —¡Por la cresta! Hace como dos meses que me pasa eso, me fumo un pito y si me duermo... ¡zas!, que me pongo a hablar como trastornao. ¿Qué dije, loco?

DIEGO —Nada. Bueno, decías: mamá, infierno, aguardiente y así palabras sueltas...

JUAN CARLOS —¿Qué más puh, loco?

DIEGO —Nada. Cosas inconexas.

JUAN CARLOS —¡Putas, loco, ya no puedo confiar en mí mismo, voy a tener que buscar una solución a este cahuín...

DIEGO —Yo tengo una solución.

JUAN CARLOS —¿Qué cosa? Ponerme un cierre en el hocico.

DIEGO —No, dejar la marihuana, de fumar, de todo lo que tenga que ver con ella.

JUAN CARLOS —¡No te pongai espeso puh, loco! 'Ta bien que seamos amigos y toda la onda... ¿pero dejar lo único que hago bien?

DIEGO —Va a ser demasiado tarde después.

JUAN CARLOS —Quizás puh, loco, quizás. ¿Cachai?

DIEGO — Prefieres seguir hasta el final.

JUAN CARLOS —No sé, compadre, pero... a las finales cada cual pinta su mono en esta vida, ¿cachay? Ahora... lo único que quiero es llegar hasta el final de este viaje, a la última estación.

DIEGO —Sin boleto.

JUAN CARLOS —Igual puh, loco. Me engrupo al loco de denantes, ¿cachai?

DIEGO —Y si no sucede así...

JUAN CARLOS —De aónde la viste que no, loco. Seguro que me lo engrupo. Le cuento el cuento, seguro.

DIEGO —Pero y... (*Se oye la voz del cobrador a lo lejos.*) Ahí viene, ¿qué vas a hacer?

JUAN CARLOS —Déjame no más, loco. Aquí me vai a cachar... (*Aparece el cobrador.*)

COBRADOR —Todos los pasajes, todos los pasajes. (*A Juan Carlos*) Joven, ¿encontró su pasaje?

JUAN CARLOS —No, ¿sabe, señor? Le voy a decir la verdad, en realidad no tengo pasaje, pero para mí es imprescindible llegar a la última estación.

COBRADOR —(*Irónico*) ¿Sí?... ¿Qué terrible problema!

JUAN CARLOS —¡Imagínese! No tengo dinero, y mi única salvación consiste en llegar porque...

COBRADOR —(*Interrumpe.*) ¡Sabís que más mocoso de porquería!... ¡A mí nadie me viene a engañar con cuentos!... ¡Tengo cincuenta años y no quince o dieciséis! ¡Y si no me pagai el pasaje... abajo te vai no más! ¡Ya, abajo! (*Juan Carlos se aferra al asiento.*) ¡Abajo te dicen!

DIEGO —(*Al cobrador*) Déjelo tranquilo...

COBRADOR —¡Ud. no se meta! ¡Es con él la cuestión!

DIEGO —Yo le pagaré su pasaje...

JUAN CARLOS —¡Suéltame, viejo desgraciado! ¿No oíste que él va a pagar el pasaje?

COBRADOR —¡A mí nadie me va a faltar el respeto, ni menos un mocoso como voh! ¡Te vai abajo igual no más! (*Forcejean. De pronto Juan Carlos se suelta y se pega con la cabeza en el borde del asiento. Cae inconsciente.*)

DIEGO —¡Qué es lo que ha hecho, insensato! (*Se pone en cuclillas y toma la cabeza de Juan Carlos.*) ¡Juan Carlos! ¡Muchacho! (*Le pone el oído en el corazón.*)

COBRADOR —Yo no quise hacer eso, sólo echarlo abajo. Además me insultoó... ¡Ud. oyó que me insultó!...

DIEGO —(*Desolado*) Está muerto... es demasiado tarde...

COBRADOR —Yo cumplí con mi deber... nada me puede pasar... No tenía boleto.

DIEGO —Para vivir no se necesitan papeles...

COBRADOR —¡Pero aquí sí puh!... Yo no quería matarlo.

DIEGO —Pobre muchacho, desorientado. Lo único que quería era llegar... no le importaba cómo hacerlo...

COBRADOR —Todos quieren hacerlo... pero él... ahora... (*Silencio*) Informaré de este lamentable accidente...

DIEGO —Yo me pregunto... ¿cuántos llegaremos al final de este viaje sin retorno? ¿Cuántos?... ¿Cuántos? (*Los dos quedan mirando a Juan Carlos, mudos y estáticos. Telón y apagón final.*)

FIN

LA REALIDAD

GRUPO DE TEATRO "LAS ARPILLERISTAS"
CREACION COLECTIVA (1983)

PERSONAJES E INTÉRPRETES

MARIA TERESA	MIRTA
EDILIA	MARIA
ROSA	OFELIA
MONICA	JUAN CARLOS (como Manolo y
YORYA	un "lolo")
	ABUELA

(El espacio se encuentra vacío. Sólo hay sillas dispuestas frontalmente al público. Se produce un breve apagón. Al encenderse la luz, 5 mujeres se encuentran sentadas. Comienza a escucharse en off el siguiente texto grabado.)

PRIMERA PARTE

1976 "El hambre"

Comida de sobras

Lo más negro que he vivido en mi vida hasta ahora, fue cuando quedamos sin nada, nada que comer, mis hermanas yo, y los chiquillos de todas nosotras que eran como diez. Esto fue allá por el 75. Nunca había vivido una cosa así. Salíamos a buscar trabajo, y nos decían "Claro, yo le doy trabajo, pero por la comida", y sin ni siquiera poder llevarla para la casa, nada. Así que por medio de los niños recibíamos. Primero empezó un sobrino mío. Tenía sus caseras que le daban cositas, y como era chico y le tenían buena. Además, siempre lo mandábamos limpiecito. En la recorría que se hacia nos traía arroz, puré, cualquier cosa.

También tuvimos que ir a la basura, donde cachureamos todo clase de cuestiones. Nuestro Unicoop como le decíamos, nos surtía desde pintura para la cara, hasta comida. Le sacábamos lo malo que tenía, y la poníamos al fuego. Había que darle de comer a los niños. Hasta la hoja de la zanahoria se la comían. Esto es lo que nunca se nos va a olvidar.

El perro del hambre

El 75, la sección donde trabajaba salió completa. Ahí, yo antes decía: "Yo,¿trabajar de empleada? Nunca". Pero después empecé a sentir la necesidad, porque tengo un niño y soy soltera. Empecé a inscribirme en la Municipalidad. Iba todos los días a ver si salía algo. Tenía miedo de trabajar. No era como el trabajo en la fábrica, pero había que hacerlo. Hasta que, por fin, me salió un trabajo. Me fui donde una señora de gimnasia. En esa casa se botaba comida a la basura, pero estaba estrictamente prohibido sacar nada, ni siquiera un pedazo de pan. Tenían un perro fino, al que le daban las mejores carnes. Yo tenía que saberle hacer el desayuno al perro, el almuerzo y la comida. Trabajaba de 8 a 8. A mí me daba pena en mi casa, mi cabro quedaba sin comer, y yo miraba la carne del perro y pensaba qué falta me haría. Y después, tenía que limpiar las inmundicias que dejaba el perro, que me llegaban a revolver el estómago.

La rotonda de los muertos

Poco me acuerdo lo que vino después del golpe. Estaba muy chica entonces. Me acuerdo que había que hacer cola en las panaderías. Un día mi hermana me dijo que la acompañara, y la acompañé. Le dijimos a una camioneta que nos llevara pa'ajuera. Y salimos por la rotonda, y no se veía nadie en la calle. Solamente unos pacos había en la rotonda, porque estaba llena de muertos. Es lo único que yo recuerdo. Es lo único que vi.

(A continuación comienza a escucharse el tango "El Mendigo".Después de la primera estrofa se levantan las mujeres y salen. Apagón. A oscuras termina de escucharse el tango.)

"El mendigo"(tango)

En las puertas de un palacio
un pequeño mendigaba
¡Tengo hambre, tengo frío!
¡Tenga Ud, de mí piedad!

Era agosto, pleno invierno
que la lluvia taladraba
a su débil cuerpecito
que era carne de orfandad.

Esa noche había baile
y entraban hombres ricos
con mujeres muy hermosas
al espléndido festín.

Y pasaban egoístas,
sin mirar al muchachito,
que era un ángel con andrajos,
que era un rubio querubín.

Un pedazo de pan duro,
mordisqueaba amargamente.
Repitiendo con tristeza,
¡Déme un peso, por favor!

Y la música llegaba
con sus notas estridentes
como un látigo de acero
hasta el alma del menor.

En eso pasó otro mendigo,
un mendigo de experiencia

un anciano que sabía la
manera de pedir.

Y al mirar al muchachito
conmovióse la conciencia,
y con voz aguardentosa
se le oyó decir así.

(*Recitado*)

Nunca pidas tu limosna
donde hay fiestas y riquezas,
que la gente que es alegre
nada sabe del dolor.
En los tristes cementerios
y también en las iglesias
siempre hay un alma buena
y un piadoso corazón.

Esta noche es para hombres,
y por eso te aconsejo
que abandones esa puerta
donde nada te darán.

¡Toma hijo estas monedas!
que te niegan hoy los ricos
¡Toma hijo esta limosna!
que te alcancen para un pan.

SEGUNDA PARTE

1978 "Compartiendo el trabajo"

(*Una mujer pasa en limpio a un cuaderno anotaciones de algunas hojas sueltas. Entra otra mujer.*)

PRESIDENTA —¡Hola! ¿Llegaste?
SECRETARIA —¡Hola!... Sí... estoy haciendo el Acta ahora, porque no tengo tiempo.

PRESIDENTA —¿Y por qué no tenís tiempo?

SECRETARIA —Porque estoy trabajando en el PEM.

PRESIDENTA —¡Ahh! ¿Oye, y estai sola? ¿No ha llegao ninguna?

SECRETARIA —No, no han llegado todavía.

PRESIDENTA —Como siempre. ¿Oye, y por qué estái pasando en limpio ahora? ¿Qué en la noche no tenís tiempo?

SECRETARIA —No, porque tengo que llegar a hacer algunas cosas allá en la tarde.

PRESIDENTA —Pueda ser que lleguen luego las chiquillas, porque va a estar bien güena la reunión hoy día. Hay hartas cosas nuevas... ¡Cuéntame! ¿Cómo le ha ido al Juan? ¿Ha encontrado pega?

SECRETARIA —¡Qué va a encontrar pega si no sale de la casa!

PRESIDENTA —¡Bueno, por qué no lo mandai a trabajar al PEM!

SECRETARIA —¡Chiss! Si no quiere. Como él era secretario. Cree que ahora va a encontrar las mismas cosas.

PRESIDENTA —Güeno, ¿Y por qué no lo traís pa'acá pa'que tome acta él po... Ja, ja, ja.

SECRETARIA —Oye estas cabras que no vienen todavía... tengo que irme temprano hoy día.

PRESIDENTA —Después llegan todas apuraditas. "Que me quiero ir", "que me quiero ir", que no sé. Y así quieren que todas las cosas salgan bien después.(*Entran varias mujeres al local. Vienen con bolsas en que traen las arpilleras.*)

MARIA —¡Hola, chiquillas!

PRESIDENTA —¡Hola, buenas noches!

MIRTA —¡Como siempre! Un poco tarde pero llegamos.

OFELIA —¡Pero llegamos!

YORYA —¡Ahora no más me atrasé, pero siempre llego temprano yo!

PRESIDENTA —¡No siempre!... nunca me atraso... güeno si quieren alegar. ¡Aleguen!

OFELIA —Güeno. ¿A qué hora va a empezar la reunión?

PRESIDENTA —¡Chiss! Venís llegando y estai apurá. ¿Qué querí irte?

MARIA —¡Está llorando la guagua!

PRESIDENTA —Apuesto que con las bombas lacrimógenas que vos tirai...

ROSA —No le faltan disculpas.

OFELIA —¡Güeno, chiquillas! Empiecen luego que tengo que irme.

MARIA —Güeno, es que es una no más la que falta. Ya está güeno que empecemos la reunión, porque si no hasta qué hora vamos a empezar. Si no, ¿hasta que hora vamos a estar aquí?

PRESIDENTA —Somos... una... dos... tre... cuatro... cinco... seis.

OFELIA —Si. ¡Empecemos po!

PRESIDENTA —¡Ya! Tendríamos que empezar la reunión, y que la secretaria lea el acta de la semana pasá.

SECRETARIA —¡Si no la he pasao en limpio!

PRESIDENTA —¡Después la pasai!

MARIA —¡Lee lo que tengai escrito no más! Si el acta tiene que quedar escrita en la misma reunión que se está haciendo acta.

PRESIDENTA —¡Pero si ésta es de la semana pasada!

MARIA —¡Güeno, pero a voh no te estoy na diciendo! ¡Le estoy diciendo a la secretaria!

YORYA —¡Por favor, no discutan!

PRESIDENTA —¡Ya! ¡Lee no más! ¡Silencio!, porque la secretaria va a leer el acta de la semana pasada.

SECRETARIA —Se da comienzo a la reunión con la asistencia de siete socias. Se acordó de hacer una exposición en la galería. Un tapiz por cada integrante. Se exige que salgan lo más bonitas posible. A ver si tienen salida, porque no hay más entregas. También se acuerda que las socias que no vengan se les quita una arpillera. Se levanta la sesión a las 7 de la tarde.

PRESIDENTA —Esta es el acta de la semana pasada. ¿Alguien quiere conversar sobre esto? ¿Qué les pareció el acta de la semana pasada?

MONICA —No... yo encuentro que está bien... pero... ¿Quién es la que faltó la semana pasá a reunión y hay que castigar? Parece que soy yo.

PRESIDENTA —Güeno, yo creo que todas tienen que dar una opinión porque yo no voy a decir "voy a castigarla".Yo creo que toas tienen que hablar, porque siempre que no está la persona dicen "Que la castiguen", y ahora están toas aquí.

MIRTA —¡Tendrá sus motivos por qué no vino!

ROSA —Habrá que ver por qué no vino y qué le pasó.

MONICA —A mí se me olvidó avisar que tenía reunión en el colegio, y no pude asistir a la reunión. ¡Ahora falto a una y me castigan!

MARIA —Güeno, pero este acuerdo es para toas y no pa una sola.

MIRTA —No creo que una pueda y otra no. Hay que respetar los acuerdos del taller también, po.

MONICA —¡Ojalá que los respeten, porque a veces los respetan y a veces no los respetan na!

PRESIDENTA —¡Por eso se escribe el acta! Por eso es güeno que tengamos siempre las actas. Para que se respeten los acuerdos.

MIRTA —A mí también me castigaron por una arpillera. Así que no podís decir tú que a ti no más te castigan... también me quitaron la arpillera.

PRESIDENTA —Si estamos de acuerdo, dejemos el punto ahí y sigamos con la reunión de hoy día. Tenemos que ver la fecha de entrega de una arpillera. ¿Quién va a entregar arpillera esta semana?

MONICA —Yo creo que toas... menos la que está castigá. ¡Como siempre!

PRESIDENTA —¿Alguien tiene arpilleras que revisar? Yo creo que hay que revisar arpilleras, si no, no se las voy a recibir, y se las voy a devolver.

MIRTA —¡Aquí, aquí! ¡Yo traigo una arpillera!

PRESIDENTA —¡A ver, muéstramela! (*La muestra.*) ¿Qué tema es ésta?

MIRTA —¡Eehh!... ¡Un corte de luz!

PRESIDENTA —¡Ahh!, ¡pero es que ahí le falta la camioneta! Porque si está cortá la luz, no se ve la camioneta donde los gallos están cortando la luz... y más abajo le falta un poco de camino... los monos están en el aire... y lo pie están chuecos. (*Risas*)

ROSA —Tiene pocos monos.

PRESIDENTA —Si. Bien pocos monos. Sí, estoy de acuerdo que la arpillera tiene que ser con más monos... y con movimiento, porque esos monos no dicen na, y están toos paraos. ¡Miren!... parece fila india la cuestión.

YORYA —¡Es que están así porque se cortó la luz po!

PRESIDENTA —...Y ése que tiene las mechas parás... parece que le dio la corriente. (*Risas*)

MONICA —Total que no le quedó na géeno a la arpillera.

PRESIDENTA —¡Se devuelve! Se devuelve la arpillera. ¿Nadie más trajo arpilleras pa'revisar, o si quiere armar algo?

MONICA —Sí. Aquí traje una pa' que... porque no tengo cabeza, ¿qué pueo armar?

PRESIDENTA —¡Ah! ¡Pa'eso no tenís cabeza!

ROSA —¡Pero pa'otras cosas sí! (*Risas*).

MONICA —¡Y qué te importa a vo intrusa!

PRESIDENTA —¿Y qué querís armar ahí?

MONICA —¡No sé po!

PRESIDENTA —Güeno, tenís que dar el tema. Yo no te lo puedo hacer. No veís que después me llega la rocha a mí. Después dicen que yo les hago las arpilleras a toas.

SECRETARIA —¡Hácete un Mínimo po!

PRESIDENTA —¡Eso! Total, está de moda el Mínimo ahora. ¡Es lo más común que hay!

MONICA —¡Ya po! ¡Entonces... hago el Mínimo!

PRESIDENTA —...o las fábricas quebráh.

MONICA —¡Cerrá güeona! Si están toas en quiebra.

PRESIDENTA —¡Quebráh!¡ Si están toas en quiebra! ¡Claro po!(*Risas*).

MONICA —...Es que yo soy más piti... y yo digo cerrá en vez de decir quebráh.

PRESIDENTA —¡Quebráh! Si yo las hago quebráh las fábricas.

MONICA —¡Entonces hago las fábricas cerráh... quebráh digo!

PRESIDENTA —¡Llegó un lavao, chiquillas!

ABUELA —¡Oiga! Yo traigo la mía acá pa' que la miren. ¡Terminaíta! ¡Echenle una miraíta por favor!

PRESIDENTA —¡Oigan! ¡Miren! Aquí tienen un ejemplo. Ella quees agüelita. Todos los monitos vestiítos... da gusto. ¡Véanlo chiquillas! ¡Muéstrela, abuelita, muéstrela!

OFELIA —¡La agüelita tiene tiempo pa'hacerla po!

PRESIDENTA —Güeno, pero no importa que tenga más tiempo pa'hacerla, pero ella pone empeño pa'hacer la arpillera.

MIRTA —No tiene ni marío que la moleste, ni ninguna cosa... así que cómo no le va a salir po.

PRESIDENTA —Güeno, no tiene marío, pero no es fanática légéela tampoco. (*Risas*) Yo creo que sí es un trabajo, toas nosotras tenemos que hacerlo igual.

ROSA —¡La agüelita se hace la lesa no más!

MONICA —¡Es más pícara esta vieja... tiene hasta piojos! (*Risas*).

PRESIDENTA —¡Ya! Dejen a la abuelita tranquila. No respetan ni una cosa Uds... Muy linda su arpillera, abuelita. ¡Ya! chiquilla, llegó un lavao, pero como es uno solo, yo pienso que, ¿qué podemos hacer con él? ¿A quién se lo damos?

MUJERES —¡Sorteo!

YORYA —Yo pienso que un sorteo entre las personas que no tienen ningún lavao.

PRESIDENTA —¡Sortiémoslo, entonces! ¡A ver! ¡Tráinganme un papelito pa'cá! ¡A ver secretaria! ¡Haga los numeritos! O sea no le ponga número. Póngale a uno lavao, y na' más.

MONICA —Y si tenís alguna comadre... hácele una marcaíta para que conozca cual es la sorteá. (*Risas*).

PRESIDENTA —Explico. Se hace el sorteo porque no hay lavaopa' toas. Son solo una o dos personas las que tienen lavaos. El resto no lo tienen.

ROSA —¡Claro! ¿Y si le salen a las mismas que tienen lavaos?

MONICA —¡No! No dentran... no dentran las que tienen lavaos.

PRESIDENTA —Porque si no se forman puros cahuines no más. Después dicen que es puro compadraztro esta cuestión.

MIRTA —¡Miren que no va a ser! ¡Seguro que no! (*Risas*). Cuando las comadres ahora...

PRESIDENTA —¡Oigan, chiquillas! Mientras tanto la secretaria hace los papelitos, yo quería conversarles, ¿qué podíamos hacer pa'no quedar sin arpillera? ¿Qué solución podemos dar?, porque yo creo que estamos mal. Los maríos no tienen trabajo. Mi marío se fue pa'la Argentina. La otra, no tiene marío...

MIRTA —Así que estai solita. Tú estai bien...

PRESIDENTA —Estoy soltera. Pero nosotros tenemos que ver de alguna manera de aónde sacar plata, porque si no vamos a tener arpillera... nadie está trabajando, los lavaos, Uds. saben... unas tienen lavaos, otras no tienen. Yo pienso que tendríamos que hacer algo. ¿Qué opinan Uds.? ¿Qué poemos hacer?... ¿onces?... ¿o recolectar botellas?...

MARIA —¡Ya van a empezar con las cuestiones ya!

MONICA —¡Esa cuestión de las botellas es pura payasá no más!

YORYA —¡Anda pidiendo botellas como tonta una, y le tiran la puerta en las narices!

PRESIDENTA —¡Oigan! ¿Por qué siempre Uds. son tan negativas. Yo que siempre salgo a recolectar botellas, es cierto... me dan con la puerta en las narices... pero otras veces, hasta once me han convidao.

MONICA —¡Ay! ¡ Es que ésa soi vos po!

MIRTA —¡Ahí está!

YORYA —¡Tenís suerte pa'pedir botellas! ¡Quién sabe qué carale ponís a los viejos pa'que te den botellas!

PRESIDENTA —¡Es que hay que poner cara! Nosotras necesitamos la plata, y es plata que vale y que de alguna manera sirve a los chiquillos pa'darles pan... porque si no ahí vamos a estar con hambre.

MARIA —Güeno, ¿y no puee ser once mejor, en vez de andar recolectando botellas?

PRESIDENTA —¿Y con qué plata la vai a comprar?

MARIA —¡Con donaciones!

ROSA —¡Yo no tengo!

YORYA —¡Yo tampoco!

PRESIDENTA —¿Viste? ¡Ahí tenís donaciones! (*Risas*).

MONICA —¡Habla po, güeona!

MIRTA —La Rosa siempre está callá... no da ninguna opinión.

PRESIDENTA —Leh apuesto que cuando se termine la reunión...allá ajuera si que abre la boca.

ROSA —¡No! ¡Yo no junto botellas! Una junta todas las botellas pa'llegar allá y... "Esta sirve, ésta no sirve... ésta está quebrá, ésta no sirve"... ¡Noo! ¡Más lo que se sacrifica uno!

PRESIDENTA —¡Y tú!, ¿las arpilleras por qué no las trajiste?

OFELIA —Porque las tenía y se me quemaron, porque las escondí.

PRESIDENTA —¿Y por qué las escondiste?

OFELIA —Porque no se podía tenerlas en la casa y...

MIRTA —Porque avisaron que iban a...

OFELIA —...a allanar la población... entonces las escondí aentro de la cocina. Se me olvidó... y prendí la cocina...

ROSA —¿En el horno?

OFELIA —¡No! Por detrás de la cocina... y por eso no pue traerlas.

MIRTA —¡Arpilleras asá tenís que traer! (*Hace gesto*).

PRESIDENTA —¿Y qué vamos a hacer ahora que ella no trae la arpillera?

SECRETARIA —¡Tendríamos que ayudarla a hacer la de ella!

MARIA —Sería la única solución para que ella sacara la arpillera.

ABUELA —¡Total! Le echamos una manito para que ella salga con su trabajo también.

ROSA —Y que no se acostumbre a quemar las arpilleras.

PRESIDENTA —Bueno, yo creo que a cualquiera le puede pasar.Y ahora como anda la cosa, uno anda como gato en la corriente. La solución que doy yo es que traigamos monitos, otras le ayuden a coser, y tú también tenís que ayudar. No las vai a poner en el horno de nuevo. (*Risas*).

SECRETARIA —¡Están listos los papeles!

PRESIDENTA —¡Ya, chiquillas! ¿Quién tiene una bolsa de plástico?... ¡Ya! ¡Vayan sacando! ¡Yo voy a sacar al último!

MARIA —¡Ojalá me salga a mí, porque tengo más necesidad!

ROSA —¡Todas tenemos necesidad, pues, niña!

MARIA —¡No ves que yo estoy sola ni más!

PRESIDENTA —¡No me tocó nada!... y mi marío de la Argentina que no me manda nada.

ROSA —¡A mí no me tocó!

SECRETARIA —¡A mí tampoco!

MARIA —¡A mí me salió!

PRESIDENTA —¡Justo le tocó a ella! ¡Siempre!

MUJER —Le debería haber tocado a la señora Mirta, porque ella tanto tiempo que está, y na todavía.

MARIA —Bueno, pero la suerte es suerte, y además... ella no tiene cabros chicos.

PRESIDENTA —Pero igual gasta, igual come. ¿Así que porque no tiene cabros chicos, no tiene derecho a ganar?... y por último esto se tiró a sorteo así que quedó bien claro.

SECRETARIA —¡Claro!... Y a mí me chutea el maestro Vidal.(*Risas*).

PRESIDENTA —Bueno, ¿qué vamos a hacer?... ¿vamos a hacer la cuestión de la once? ¿La recolección de botellas, diarios?¿O qué? ¡Díganlo ahora o callan para siempre!

MARIA —Cualquier cosa, menos la campaña de botellas... porque las viejas que tienen botellas son más apretadas y no quieren dar...

PRESIDENTA —Pero es buena la campaña de la botella... ¿Sabís por qué se hace la campaña de la botella? Porque nosotras juntamos la botella, vendimos la botella, y en la misma tarde nos repartimos, y salen como 50 pesos para cada una.

ROSA —...Y nos sirve para un kilito de pan.

PRESIDENTA —¡Bueno! ¡Se hace la campaña de la botella!

MARIA —¡Te echamos a ti delante!... Como a ti te dan onces, nosotras vamos atrasito.

PRESIDENTA —¡Claro! ¡Como siempre! Esperando que todo le hagan. Todas tienen cara, ¿no es cierto? ¿Yo no más tengo cara para andar pidiendo botellas? Todas nos vamos a beneficiar, y todas tenemos que participar. Aunque sean 100 pesos, se reparten de a 10 pesos a cada una, por integrante, por lo que sea, pero todas tenemos que tocar algo en una mínima cantidad, porque igual vamos a salir a participar.

YORYA —¡No estoy nada para juntar botellas! ¡Yo junto diarios!

PRESIDENTA —¡Chis! ¡Si no te van a dar nada por los diarios!

YORYA —¡Pero igual no más! Alcanza para huesos, para hacer sopas.

MARIA —¡Bueno lo que sea y punto!

OFELIA —¡Si, porque tenemos que irnos!

PRESIDENTA —Ustedes son las únicas que están apuradas por irse. Nosotras que llegamos aquí a las dos de la tarde, y...

SECRETARIA —Son puros alegatos estas reuniones, y no terminan nunca. Allá en la casa, me dijeron que voy a volver monja donde me paso tanto en reunión.

PRESIDENTA —Bueno, dile a tus cabros que vengan ellos a dar una solución. Ellos no ven como uno. Uno sabe hasta donde le apreta el zapato.

SECRETARIA —¿Quién tiene un cigarrillo que me dé?

MARIA —...Te vai a morir de cáncer y nunca comprai cigarrillo... (*Risas*).

PRESIDENTA —¡Bueno! ¡Terminemos la reunión! ¿O no? O van aseguir chacoteando y no me ponen atención.

MARIA —¡Yá pónganse serias chiquillas!... miren que la presidenta se enojó.

PRESIDENTA —Terminamos la reunión, y la próxima semana vamos a traer botellas y diarios, porque se ve que las arpilleras ya no dan más. Así que hay que hacer las últimas lo más bonitas que se puedan, para que así puedan comprarnos.

OFELIA —¡Entonces nos juntamos otro día! (*Golpean a lapuerta.*)

PRESIDENTA —¡Buscan!

ROSA —¡Mónica, te llaman! ¡Mónica!

LOLO ¡Mamá! ¡Mamá! ¡Llegó mi papá!

MONICA —¡Ya llegó este güeón ya! ¡No me deja estar nunca en ninguna reunión tranquila!

PRESIDENTE —Bueno ya! Ya vinieron a buscar a la Mónica tenemos que terminar temprano la reunión. Andate no más si tenís que irte.

MONICA —¡Ya! ¡Chao!

OFELIA —¡Chao!

YORYA —¡Chao!

PRESIDENTA —No se olviden de las botellas, por favor. ¡Los diarios! ¡Las botellas y los diarios! (*Salen varias. Se quedan la presidenta y dos mujeres.*)

ROSA —¡La suerte de la María Rojas! ¡Quedarse con el lavado! Si tiene suerte con los lavados, podría tener suerte con los maridos siquiera. (*Risas*).

ROSA —¡Por algo la deja el marido!

PRESIDENTA —Yo creo que esta situación bien vale para todas.Imagínate que nosotras tenemos que andar pa'arriba y pa'abajo. ¡Ya!, dejar a los críos botados. ¡Imagínate! A mí el otro día me fueron a buscar a mitad de reunión porque a uno de mis críos se le había caído una pared encima. Más encima el otro, sin trabajo.

ROSA —Bueno, me voy porque tengo que ir a ver a mi guagüita. ¡Chao!

PRESIDENTA —¡Ya! ¡Hasta el miércoles! (*Sale la mujer.*) Ya, secretaria, cerramos y nos vamos... (*Apagan la luz.*)

TERCERA PARTE

"Buscando la autonomía y perdiendo el miedo"

MIRTA —¡Rapidito, rapidito!... ¡Voy a poner el mantel paraque esté listo!

MARIA TERESA —Pueda ser que lleguen luego las chiquillas.

MARIA —...Y que todo esté listo cuando llegue Manolo...

EDILIA —¡Ya! ¡¿La hora qué es y no llegan?!... Si hay que preparar los canapés, y las otras cosas. (*Entran varias mujeres.*) ¡Ahí vienen!

MONICA —¡Hola chiquillas! ¡Aquí están los vasos y los platos!

YORYA —¡Esta es mi donación!... (*Muestra un queque.*) Traje lo que pude.

MARIA TERESA —¿Y las otras chiquillas?

YORYA —Parece que vienen más atrás... (*Entran varias mujeres*)

ROSA —¡Hola, chiquillas! ¿Cómo están?... aquí traje la ollita para el borgoña.

MIRTA —¡Ya! ¡Pásate el pan para partirlo!

ROSA —¿Oye? ¿Llegaron las frutillas?

MARIA TERESA —¡Sí! ¡Aquí están!

EDILIA —¡Y el vino? ¿Quién lo iba a traer?

MONICA —¡Yo pus! ¡Y aquí está!

MIRTA —¡Ya!... ¡Oye! ¡Aquí va a faltar para ponerle al pan!

EDILIA —¡Hagamos una vaquita!

ROSA —¡Ya! ¡Aquí hay 10 pesos!

MARIA —¡Ya!... también pongo 10 pesos.

MONICA —¡Aquí otros 10!

YORYA —¡Aquí también tenemos 10 más!

MARIA —¡Ya!... Yo voy a comprar. (*Sale.*)

MARIA TERESA —¿Quién trajo el jugo? (*Alguien lo pasa.*) ¡Que lo pasen para acá para prepararlo!

MIRTA —Los vasitos, pónelos en la bandejita. ¡Tráete la bandeja!

MARIA —(*Entrando*) ¡Aquí está la margarina!

ROSA —¡Oye! ¡No le echen azúcar a eso! ¡No vís que trae!

YORYA —¡Oye! ¿Y a qué hora va a llegar el Manolo?

MIRTA —Ya va a ser la hora, yo creo.

EDILIA —¡Ya! Pásate el vino para llenar los vasos... ¡Oye ahí le faltó la servilleta!

MARIA TERESA —¡Oye, chiquillas! ¿Saben que voy a echarme una pintadita? No vís que tengo que pintarme también.

MIRTA —¡Ya! ¡Aquí están las servilletas! Son estos papeles no más.

MARIA —¡Córtalos no más!

MIRTA —¿Los cortamos entonces? (*Cortan papeles.*)

MARIA TERESA —¿Cómo estoy chiquillas?

ROSA —Estás hermosa. ¡Quedaste más linda!... vas a pinchar con el relegado.

EDILIA —¿Estamos listos?

MIRTA —Estamos.

YORYA —¡Ya! Está todo listo. (*En ese momento aparece Manolo acompañado de Orfelia.*)

MARIA TERESA —¡Hooola!... ¡Llegaron los chiquillos! (aplausos)

ORFELIA —¡Bueno, compañeras! Les presento al compañero que ha estado relegado, y viene a contarnos su experiencia.

EDILIA —¡Bienvenido sea! (*Manolo saluda a todas.*)

YORYA —¿Y cómo te fue allá?

MARIA —¡Ya pues! Sentémonos. Tomen asiento. ¿Cómo te ha ido por allá? ¿Cómo lo pasaste?

ROSA —¿Sirvo el vino?

MONICA —¡Ya pues! (*Se sirve el vino.*) Vamos a hacer un brindis por el Manolo, y espero que lo que estemos haciendo nosotras le sea un día grato para él, y esto es el esfuerzo de todas las compañeras que están acá.

MIRTA —¡Y ojalá que no te manden a veranear de nuevo!

EDILIA —¡Salud!

MANOLO —¡Salud!

TODAS —¡Salud!

MONICA —¡Que está rico esto! ¡Está heladito!

MANOLO —¡Bueno! ... yo ahora quisiera brindar por Uds.

YORYA —¡Brindamos de nuevo! ¿No es cierto?

MARIA —¡Claro! Ningún problema. (*Risas*).

MANOLO —¡Bueno!... Quisiera hacer un brindis por Uds., que se han organizado y han sabido salir adelante, luchando contra toda esta represión que está existiendo en el país actualmente, y que sepan seguir adelante trabajando como lo han hecho hasta ahora. Por esto...

EDILIA —¡Salud!

MANOLO —¡Salud!

TODAS —¡Salud! (*Aplausos*).

MIRTA —¡Muchas gracias! Bueno, sentémonos para que conversemos un ratito.

MARIA —¿Cómo te recibieron? ¿Dónde te mandaron?

MANOLO —La gente de allá era muy amorosa... al principio como que lo desconocían a uno un poco.

MONICA —¡Uhhy!... ¡Que rico! ¡Sírvase! (*Le pasa un vaso a Juan.*)

MANOLO —...El recibimiento fue medio malón, porque al principio donde llegué, donde me llevaron... no me querían recibir. ¿Ya?... al final me recibieron pero con un poco de...

MARIA TERESA —¡De desconfianza!

MANOLO —...¡Claro!, de desconfianza... como que a uno lo miran un poco... mal. Pero después, más adelante fue cambiando la gente. ¡Bien cariñosa! Me invitaban a las casas de ellos a tomar once, a almorzar... ¡Eehmm! Habían 4 carabineros, de los cuales había uno bien malo... los otros 3 eran bien buenos porque me dejaban recorrer para donde yo quisiera, claro que no podía salir del pueblo para afuera y... una de las cosas que a mí más me impresionó allá... niños de 12 y 13 años, que eso acá no se ve... se veían en las cantinas, muertos de curaos... No sé que otra cosa podría contarles.

ROSA —¿El pueblo era chico o grande?

MANOLO —¡Mira!... Más o menos son como 40 familias.

ROSA —¿Y de qué viven?

MANOLO —Del trabajo que hacen en las minas. Los niños chicos también trabajan en las minas.

YORYA —Es triste la experiencia de tener que conocer así, de esa forma... pero pienso que le sirve de experiencia a uno.

MANOLO —¡Sí! Sirve bastante de experiencia, porque uno aprende a...

MARIA TERESA —¡Conocer más gente!

MANOLO —¡Ya!... a conocer más gente, y aprende uno a subsistir por los mismos esfuerzos de uno, y a compartir con la demás gente.

ORFELIA —¡Bueno chiquillas! Para animar la fiesta y recibir al compañero, ¿no nos falta una tonadita?

TODAS —¡Claro! (*Canto; al final aplausos*).

ORFELIA —Manolo, una de las chiquillas nuestras va a dedicarle un poema que sacó ella para esta ocasión.

EDILIA —A Manolo, que sobrevivió y ha regresado. Amigo, triste día fue ése del mes de julio en que te llevaron, lejos de tus amigos y familiares.

La voz quebrada calla.
La garganta se seca.
Rasgadas las palabras
caen sobre la arena
pulidas por la luna nochera
que se desliza tiñendo de negro
las sombras en la nada.
Y en medio del silencio,
en tus sueños desérticos
adquirió fuerza nueva
tu canto eternizado,
a este ideal de Patria
por el que tú has luchado.

Pero, al fin los tres meses
de castigo injusto han terminado,
y has logrado regresar.
Mi pueblo espera por ti.
Las puertas están abiertas,
tu lucha debe seguir,
son tan pocos los hombres
y tan grande la pobreza.
Bienvenido, hermano,
a esta patria que empieza. (*Aplausos*).

MONICA —¡Hagamos otro brindis pue!

MIRTA —¡Claro! Hay que brindar... ¡Y no te pongai a llorar!

MARIA —¡Sírvete!... (*Sirve un vaso a Manolo.*) ¡No te pongai tan triste pus niña! Si ya pasó ya. Ahora tenís que seguir hasta engordar.

ROSA —¡Lo vamos a poner a engordar a este niño!

MONICA —¡Claro con pan y con agua de té! (*Risas*).

ORFELIA —¡Y ahora!... pa animar un poco la fiesta; deberían tocar una cuequita!

MARIA TERESA —¡Claro!

EDILIA —¡Eso! Tú bailas cueca...

MARIA —¿Tú bailas la cueca? ¿No es cierto?

TODAS —¡Que baile! ¡Que baile! ¡Que baile! (*Juan y una de las mujeres bailan la cueca. Al final aplausos.*)

ORFELIA —¡Bueno, chiquillas! para finalizar... creo que podríamos contarle al compañero de nosotras... cómo estamos y qué ha significado para nosotras en lo que estamos. ¿Por qué no empiezas tú?

MARIA TERESA —Bueno, lo que yo te puedo decir es que la organización me ha servido montón, porque yo te puedo decir que yo era una mujer, que como se dice, no cachaba una, y ahora he aprendido bastante. He aprendido a compartir lo mismo entre todas. Aunque sea poco, pero compartimos con la gente que está necesitada. He aprendido montones también en educación. Me he educado, al plantear los problemas... porque uno no sabe mucho, los problemas que tienen otras personas. Uno vive su mundo. Eso es lo que me ha ayudado a mí.

YORYA —Bueno, a mí me ha servido porque yo siempre he sido una mujer organizada. Estuve un tiempo perdida de las organizaciones, y he encontrado en esta organización lo que me gusta. He aprendido a compartir mis problemas con lo de otras personas y a convivir con ellas.

EDILIA —A mí me ha servido mucho, porque en realidad, por lo más que yo he entrado a esta organización es para palear el hambre. Por eso mismo estoy agradecida de la organización.

ORFELIA —A mí también me ha servido bastante porque yo ahí he aprendido a ser más amiga, a compartir lo que yo tengo con otras personas, y he aprendido a ser artista también.

ROSA —...Lo que nos ha quedado a nosotras es que nunca habíamos sido artistas como dice Ofelia. ¡Nunca!... y el hambre nos hizo ser artistas, porque nosotros confeccionamos lo que vemos. Lo que estamos pasando, y eso cualquiera persona no lo hace.

MIRTA —A mí me ha servido para conocer más gente... compartir con ella, y sobre todo, no sentir miedo, porque yo antes era muy miedosa, y ahora he conocido el miedo de cerca, y he aprendido ha vencerlo junto con las chiquillas.

MARIA —A mí también me ha servido harto estar en la organización, porque en este país donde la mujer tiene que estar sólo en la casa, no tenía idea qué era lo que pasaba afuera. No sabía en qué mundo vivía. He aprendido montón. Tal como mis compañeras.

MANOLO —Bueno, quería decirles que tengo que irme. Les doy las gracias, y quiero que sepan que no soy yo el único que he estado relegado. En estos momentos creo que Uds. y muchos como yo, están en la misma situación. Vivimos relegados, en nuestras poblaciones, a no pensar, a no comunicarnos a vivir con hambre, para poder seguir luchando en conseguir una vida más digna y libre para todos. Por eso quería darles las gracias.

MARIA TERESA —¡Bueno! Tenemos que hacer otro brindis pues chiquillas. ¡Por todos nosotros!

YORYA —¡Ya pues! El del estribo.

ROSA —No se vaya a curar el muchacho.

EDILIA —¡No, si no se nos va a curar! ¡Es un poquito no más! ¡Salud!

TODOS —¡Salud!

MONICA —¡Oye! Y tiene que venir a vernos otro día... ahora que todos somos relegados.

MARIA —No va a ser hoy día no más porque había traguito. (*Risas*).

MANOLO —¡No!... Si vamos a estar más frecuentemente comunicados, porque me he dado cuenta que Uds. son personas que valen mucho.

TODAS —¡Gracias! ¡Muchas gracias!

MARIA TERESA —Bueno, lo único que puedo decir chiquillas en nombre de Uds. es que esto nos sirva a todas porque hay mucha gente con nosotras, que no halla cómo meterse en una organización, y no se atreve. Pero hay que seguir luchando y tratar de llegar a la gente, así nos sirva de experiencia para que a muchas personas más les motive a luchar. ¡Sigamos luchando por la realidad y por la verdad. (*Aplausos*).

MANOLO —Ahora me despido. (*Abrazos*).

TODAS —¡Chao! ¡Chao! (*Sale el relegado con Ofelia.*)

MIRTA —¡Todo esto sobró chiquillas! ¡Ya! Repartámoslo...¡A ver! ¿Cuánto queda?... ¡Ya! ¡Esto para ti! ¡Esto para ti! ¡Para ti! ¡Y para mí! ¡Ya, chiquillas! ¡Chao, hasta el miércoles!

EDILIA —¡Nos vamos también!... ¡El último apaga la luz!

MARIA —¡Ya! ¡Chao! (*Salen, Edilia, María, Yorya y Rosa cantando.*)

MARIA TERESA —(*Gritando hacia afuera*) ¡Oye!

MARIA —¡Quéee!

MARIA TERESA —¡Avisa si hay acompañamiento para llevar cigarritos! (*Risas*) ¡Ya, vamos! (*Salen; apagón.*)

FIN

Epica culturalista

Viva el club (1982)

VIVA EL CLUB

TALLER TEATRAL DEPAC
DEPORTIVO PUENTE ALTO, SANTIAGO
CREACION COLECTIVA (1982)

PERSONAJES

JUAN	NIÑO	TIA PEPA	SERGIO
MADRE	JAIME	CRISTIAN	DUEÑA
PADRE	GONZALO	MARIA	BERNARDA
PEDRO			

PRIMERA ESCENA

(*Interior de casa de población, comedor con televisor prendido. La madre plancha en un costado de la mesa. Aparece el hijo.*)

JUAN — (*Cantando*) "Era la luna..." ¡Hola viejita!... ¿cómo estai?

MADRE —¡Hola mijito!... (*Recoge la ropa y la plancha. Sale hacia la cocina. El televisor anuncia: "Ahora presentamos el espacio más esperado por Uds... comerciales".*)

JUAN — (*Se ha sacado la parka y estira los pies sobre una silla, mientras se sienta.*) ¡Aahh, qué rico! ¡Lo que necesitaba! (*El televisor continúa: "cigarrillos Fly le harán sentir la vida en forma diferente. Cigarrillos Fly. Fumados sólo por personas con categoría como Ud..."*)

JUAN — (*Prendiendo un cigarrillo*) ... ¡Aahh, qué rico! !Fumando Fly me siento distinto, me siento único! (*El televisor sigue: "...¿Quiere viajar?... Use Líneas Aéreas El Cóndor. Vuelan más alto, y le harán sentir el confort de la tecnología. Líneas Aéreas El Cóndor... atendidas por azafatas top-less". En ese instante, vuelve la madre con una taza servida de té y un plato con pan. Lo deja en*) *la mesa. Luego se sienta a la mesa, al lado del hijo, mientras éste engulle y bebe.)*

JUAN —Voy a juntar dinero cuando trabaje y viajaré por todo el mundo, pero antes voy a tener que comprar un auto último modelo para conocer Chile de pe a pa. (*La madre sonríe tristemente. El televisor nuevamente ataca: "... Use peinetas Peineton, peinan mejor. Televisores Toromota, color. Más economía. ¡Compre uno antes que se agoten! Whisky Black and White. ¡Vívalo y disfrútelo! Vaya al Hipódromo Chile y siéntase caballo. ¡No sea pavo, coma pollo! Esta noche, desde las..." Entra el padre. La madre sale corriendo a la cocina.*)

PADRE —¿Por qué no bajas la tele un poco?... (*El hijo sigue viendo indiferente. La tele sigue sonando: " ... 21.30 horas desde el Madison Square Garden, la pelea del año..." El Padre grita.*) ¡Que bajes la tele te he dicho!...

JUAN —¡Bahh! ¡Hola, viejo! ¿Que llegaste ofuscado hoy día?... ¿Pa qué grita tan fuerte si ya lo escuché?... (*Baja la tele.*)

PADRE —El que me hace ofuscarme eres tú... te pasai todo el día viendo tele, y pensando en puras leseras. ¿Por qué no te ubicai en la realidad y salís a buscar trabajo por ahí? Además, ¿por qué no bajaste antes la tele si ya me escuchaste? (*Entra la Madre con otra once servida para el Padre.*)

JUAN —Parece que viene con todas las malas pulgas hoy día.

PADRE —¡Qué malas pulgas y ocho cuartos! (*Pausa*) ... uno se saca la mierda todo el día trabajando, para educarlos, alimentarlos, vestirlos, y cuando llega a la casa, ¿qué es lo que encuentra? ¡Un huevón vago, echao viendo tele... que ni siquiera lo saluda a uno con cariño!... (*Bebe y come.*) El día de mañana te vai a casar, vai a tener tu familia y... ¿cómo los pensai educar y alimentar?... ¿Acaso los vai a poner a ver tele para que se coman los réclames aliñados con las cebollas de las comedias?

MADRE —¡Mira!... ¡Tómate el té tranquilo!... además, el pobre tiene derecho a divertirse un rato. Viene llegando del liceo.

PADRE —¡Mire, yo estoy hablando con él!... ¿por qué no se va a la cocina a terminar su once?...

MADRE —Sí, mejor me voy a tomarme una taza de té tranquila. (*Sale.*)

JUAN —Pero pa' qué se enoja tanto... ¿Qué quiere que le haga?

PADRE —¿Cómo qué quiere que le haga?... las notas que trajiste el otro día estaban como las bolas. Tú creís que me estoy sacrificando pa' mandarte a la escuela pa' que sepai leer y escribir y sumar 2 + 2? ¡No mijito!... lo que quiero es que siga estudiando pa' que no sufra como hemos sufrido con tu madre pa' darte de comer. ¡Estudie!... ¡Eso es lo que tiene que hacer!... además, el otro día te pedí que arreglaras la silla que se quebró y todavía está ahí tirada. ¿Tú creís que los únicos que tienen que arreglar todas las cosas aquí son tus padres? ¿Ah?... Creí que tenimos que trabajar como esclavos en la pega pa' que nos paguen 12.000 pesos al mes y más encima llegar cansados como perros, y ponerse a arreglar las cuestiones aquí... Uds. parece que creen que somos los sirvientes suyos.

JUAN —...¡Pero viejo... no le pongai tanto tampoco!...

PADRE —...Y qué otra cosa querís que piense de Uds. si todo el día se llevan viendo televisión... viviendo un mundo de fantasía que te muestran... ¡Ubícate en tu realidad!... ¡Mira a tu alrededor!

JUAN —...¡Chis! ¡Ahora el lío es con la tele!

PADRE —¡Dime!... ¿qué es lo que te entrega?

JUAN —...Dan programas re buenos que enseñan re harto.

PADRE —¡Cuáles!

JUAN —Algunos especiales que dan en la franja cultural...

PADRE —¡Claro!... eso lo dan una vez a la semana, y los otros días... ¿qué dan?

JUAN —...Dan películas re buenas...

PADRE —¡Claro!... películas, comedias y shows para mirar cómo la gente linda se ríe con el animador...

JUAN —¡Pucha, viejo! ¿Pa qué te ponís tan negativo?

PADRE —¡Bahh!... ¡Esto sí que está bueno! Para ti mirar la realidad es ser negativo... parece que estai más absorbido por la tele de lo que creía.

JUAN —¡Sabe que más viejo... no quiero que me siga retando por puras leseras que están en tu imaginación!... ¡Se está ahogando en un vaso de agua! La tele es la tele... de que entrega cuestiones penca, las entrega... pero de vez en cuando es rico mirar. Uno se entretiene, se imagina cosas.

PADRE —¡Qué te vai a imaginar oh, si todo te lo dan cortado para que ni siquiera pensís, sino que sólo mirís y consumai!

JUAN —...¡Pero, viejo, no se puede hablar con Ud.!... Está demasiado criticón hoy día. ¿Sabe?, mejor me voy a ir a dar una vuelta por ahí con el Pedro...

PADRE —¡Claro!... después de mirar tele y llevarte echao, a aplanar calles... ¡La juventud de hoy día!... Seguramente van a salir a hacerse hombres, a tomarse unas botella de quien sabe qué porquería.

JUAN —¡Gracias, viejo, por esa imagen tan linda que tiene de su hijo!

PADRE —...Yo sólo miro la realidad. El otro sábado nomás llegaste super cocido... ¿Tú creís porque uno se hace el que está durmiendo no se da cuenta de la hora que llegai?... tu hermano llegó como a la una y media... ¡Quién sabe con qué huevón andaría por ahí probándole la dureza al terreno!

JUAN —¿Y qué tengo que ver con mi hermano yo, oiga? ¿Sabe qué más?, mejor me voy antes que se ofusque más... ¡hasta más rato!

PADRE —¡No lleguís tarde, porque si no voy a tomar otras medidas contigo! (*El hijo sale con un gesto vago de despedida.*)

SEGUNDA ESCENA

(*La calle donde vive Juan. Este ha salido de su casa. En un costado está la casa de Pedro, el amigo. Se acerca y pega un chiflido. Espera.*)

JUAN —Espero que este gallo no haya salido. (*Llamándolo*) ¡Pedro! (*Se asoma Pedro.*)

PEDRO —¡Hola loco!... Pa qué gritai tanto... mira que mi viejo se enoja.

JUAN —Güena, loco... lo único que faltaba que me sigai retando tú...

PEDRO —¿Qué te pasa loco?... ¿Tuviste algún problema?

JUAN —Nada, loco... es que mi viejo llegó mala onda de la pega, y se descargó conmigo.

PEDRO —¿Qué te dijo?

JUAN —¡Qué no me dijo!... ¡Que era flojo, televito y poco menos que borracho!

PEDRO —...Pero pa qué lo inflai po, loco...

JUAN —...Es que me dejó super choreado. ¿Cómo querís que no lo infle, si me dejó super choreado?... lo estaba esperando pa' avisarle que iba a salir contigo y la agarró conmigo pos...

PEDRO —...Es que a tu viejo le chorea que mirís tanta tele...

JUAN —...Pero si no miro tanta oh...

PEDRO —¡Menos mal que ya me dejé de ese vicio!... ya no me atrae tanto. ¿Sabís, loco? La otra vez estuve pensando...

JUAN —¡Ahh, loco, ahora pensai!

PEDRO —Oye, loco, aunque no lo creai estuve pensando sobre mi vida y hartas cosas interesantes, y me cagué la onda terriblemente. ¿Sabís?... es rico salir de vez en cuando, lesear un poco, tomarse un copete... pero ya no me llena como antes. Tengo ganas de hacer cosas diferentes, nuevas.

JUAN —¿Como qué cosas, compadre?

PEDRO —¡No sé pos, loco!

JUAN — ... ¿Tenís un restito?... mira que tengo ganas de olvidar las penas...

PEDRO —¡Las penas!... ¡Volarte querís decir!... Sí, sí tengo... (*Se busca en los calcetines y se lo pasa a Juan.*) ¡Toma! ¡Hácelo tú que te quedan mejores! (*Juan toma el paquete y comienza a hacer un pito.*) ¡Oye! ¡Ven! ¡Vamos pa' acá!... ¡Aquí, mira!... hay pastito.

JUAN —¡Oye, casi nadie tiene yerba!

PEDRO —¡El Carlos, loco, me dio!... Sabís que fue pa' Los Andes... se movió y se trajo un saco papero lleno de cogollos.

JUAN —A ese compadre lo van a salir pillando un día, de repente...

PEDRO —No, si ¿sabís?... ese compadre le tiene terror a los verdes... Bueno, ¿y cómo está? Un poco cochinita, pero ¿sabís?... el otro día me llegué a quedar chato de rayado con esta yerbita.

JUAN —(*Terminando de hacer el pito*) ¡A ver, ahora la vamos a probar! (*Lo enciende. Aspira largo.*)

PEDRO —¿Y cómo está?..

JUAN —(*Con cara de éxtasis*)¡Salió más o menos güena, compadre!... (*Aparece un cabro chico a recoger una pelota que cae cerca de los lolos.*)

NIÑO —¡Hola, loco!... ¿Y qué están haciendo?

PEDRO —¡Naa, ya córrete!

NIÑO —¡Aah, están piteando! ¡Convíame una!...

PEDRO —¡Estai loco!... ¿querís que nos caguen?... ¡Ya, llévate la pelotita!

NIÑO —¡Ya oh!... (*Se va.*)

JUAN —¡Oye, el cabro chico rayado!... ¿le cachaste los ojos?... ¡se pasó!

PEDRO —Así pos... tengo ganas de hacer algo nuevo... participar en algo.

JUAN —Está güena la yerba, compadre... ¿Sabís lo que podríamos hacer, compadre?... inscribámonos en un club de barrio. ¿Qué tal la movía?

PEDRO —¡No sé pos, compadre!... nos tienen mala... donde piteamos...

JUAN —¡No creai, loco!... si nos cachan la onda...

PEDRO —¡Además, yo soy re malo pa la pelota!...

JUAN —¡No importa, loco!... si los compadres siempre me están diciendo que nos inscribamos... ¡Oiga, compadre, que está peciosa la noche!

PEDRO —¡Está rica la noche!...

JUAN —¡Cáchate la luna!...

PEDRO —...Está super vacilona... como para salir con una minonga, ¿te cachai la onda?... tiraos así en el pastito, con la luz de la luna, ¿cómo sería?

JUAN —¡A la pinta pos, loco!... (*Mirando fijamente hacia arriba*) ¡Oye! ¿Sabís que cada vez me acerco más, ca hai?... Parece que estuviéramos más cerca, ¿sí o no?... ¡Sabís... está re bueno este pito!

PEDRO —¡Sabís que podríamos convidarle a la lunita!... yo creo que se pondría media chata si le convidamos... ¿Querís chupar la última?

JUAN — (*Aspirando*) ¡Aaagh!... super fuerte... puro cogollo nomás.

PEDRO —¿Sabís loco, huevón?... así siguiendo con el tema... Sabís que nos podríamos meter a ese club que tú decís... Sabís que sé algunas posturas en guitarra, loco... y ahí tiene que haber algún compadre que sepa... y podríamos formar un conjunto.

JUAN —¡Esa volá está buena, compadre!... metámonos, compadre, y formamos una cuestión cultural... ¿Sabís por qué, loco? Yo sé poesía...

PEDRO —¡Sale, loco!... si apenas sabís leer y escribir y vai a saber poesía.

JUAN —No, loco, si yo con Neruda así... y esa loca, ¿cómo que se llama?

PEDRO —¡Aaah, la Violeta!

JUAN — ... La Violeta, loco... nos rayamos juntos también.

PEDRO —¡Aaah, ya! Metámonos entonces.

JUAN —¡Metámonos!... ¡pero vamos a conversar al tiro con los compadres!

PEDRO —¡Ya, vamos! (*Salen.*)

TERCERA ESCENA

(*Un hombre espera micro en un paradero.*)

JAIME —¡Ya se está haciendo tarde ya!... ¡La horita que es!... me iría a pie pa' la casa, pero estoy tan cansao... todo el día trabajando... ¡Allá viene!... ¡Eih, compadre, pare!... (*La micro sigue de largo. Entra otro hombre corriendo a detener la micro.*)

GONZALO —¡Compadre!... (*Lo empuja de un hombro.*)

JAIME —¡Güena oh!... (*El otro se da vuelta enojado.*)

GONZALO —¡Hoola, compadre!... ¿Cómo le ha ido?

JAIME —¡Aquí estamos!... ¡igual que siempre nomás!...

GONZALO —¿Viene de la pega?

JAIME —...¡Claro!...

GONZALO —¿Y cómo le ha ido?...

JAIME —¡Bien!... así, igual que siempre... usted sabe...

GONZALO —¡Oye!... ¿Y te pagaron o no?

JAIME —...Sí...

GONZALO —...¿Yyy?... ¿qué vai a hacer con la plata?...

JAIME —La llevo pa' la casa...

GONZALO —¿Qué dijiste?...

JAIME —...Que la llevo pa' la casa, pus compadre...

GONZALO —...¡Cómo la vai a llevar pa' la casa oh,... si vos soi el que te sacai la cresta todos los días en el trabajo... así como yo, compadre, (*Tocándose el bolsillo*) tengo la plata, me divierto y me llevo el resto, ¿veís?...

JAIME —¡Qué hace frío, compadre!...

GONZALO —¡Oye!... ¿qué micro esperai?...

JAIME —¡La ocho!... ¡la misma que usted pus!...

GONZALO —¡Aah!... ¡Oye, pero esas pasan cada media hora pus!...

JAIME —¡Recién se me pasó una!... ¡soplete pa'llá!

GONZALO —¿Y por qué no la paraste?

JAIME —¡Si no me pescó na el chofer!...

GONZALO —...¡Oye!, ¿y cómo han marchado las cosas en el Club?...

JAIME —...Bien... ¿Sabe qué más, compadre?... ¡Aquí me voy!... (*Corre a alcanzar la micro.*) ¡Eih!... ¡Ah, no es na, compadre!... (*Regresa donde el otro compadre.*)

GONZALO — ...¡Oye!... pero, ¿cómo han marchado las cosas en el Club?...

JAIME —...Bien... ganaron la semana pasé parece los cabros...

GONZALO —...¡Aah, ganaron!... ¡a la pinta!... ¡Oiga, compadre!, ¿sabe que su micro todavía no pasa?...

JAIME —¡No pus, más lo que se demora!

GONZALO —¡Oiga!... ¿y tiene algo que hacer ahora?...

JAIME —¡Sí, me voy pa' la casa, pus compadre!... estoy más cansao...

GONZALO —¿Pa' qué quiere irse al tiro?... ¿Vamos a tomarnos un pencazo?

JAIME —No pus, compadre... me quiero ir luego...

GONZALO —¡Eehh, compadre!... ¡Vamos a tomarnos un pencazo!...

JAIME —¡Güeno ya, compadre!... ¿Pa' onde vamos?...

GONZALO —¿Veís ese restorán de la tía Pepa?...

JAIME —¡Ya!

GONZALO —¡Ahí vamos!

JAIME —¡Ya, vamos pa'allá!... a ver si ahí tienen algún pancito... ¡Tengo hambre pus, compadre!...

GONZALO —¡Qué te preocupai de pancito!... ¡Nos compramos unos lomitos a lo poblete y quedamos flor!...

CUARTA ESCENA

(Los dos obreros entran al local, algunas mesas, una mujer barre el piso.)

GONZALO —¿Ve, compadre, que queda cerquita?...

JAIME —¡Sí, compadre!...

GONZALO —¡Hola tía Pepa!...

TIA PEPA —...¡Hola, pues Gonzalito!... ¡Tanto tiempo que no se le veía por aquí!... ¡Parece que ya no se la puede!... ¡Se está poniendo viejo!...

GONZALO —¡Cómo no me la voy a poder po tía, si aquí hay pólvora pa' rato... en un ratito más se lo vamos a prender! ¿No es cierto, compadre?

TIA PEPA —¿Qué se van a servir?...

GONZALO —...A ver... pa empezar, póngale dos lomitos bien blanditos, ¿ya?, y dos de esos grandiosos, tintos de la tele... ¿cómo se llaman compadre?...

TIA PEPA —...¡Concha y Toro!...

GONZALO —¡Ese mismo!... y... como usted sabe... bien blanditos...

TIA PEPA —¡Ya!... ¿y nada más?...

GONZALO —...Eso nomás...

TIA PEPA —¡En seguida se lo traigo!...

JAIME —¡Oiga, compadre!... no se entusiasme tanto... mire que el mes es largo... y si llego con poco billete la vieja me va a colgar.

GONZALO —¡Chis, compadre!... ¡Póngase los pantalones y demuestre quién es el que manda en la casa!...

JAIME —¡Chis!... Ud. no sabe como se pone los pantalones la mujer maravilla.

GONZALO —¡Compadre... no piense más cuestiones, que esta vida es para pasarlo bien! (*Se acerca la tía y coloca dos botellas en la mesa.*)

TIA PEPA —¡Ya le traigo los lomitos, Gonzalito!...

GONZALO —¡Espueléelos harto nomás, tía... que los quiero blanditos!

TIA PEPA —¡Ud. sabe como somos aquí pues, Gonzalito!... (*Sirve en los vasos.*)

GONZALO —¡Ya, compadre! ¡Salud!

JAIME —¡Salud!... ¿Sabe qué más, compadre?... como le decía anteriormente, yo no quiero gastar mucho billete. Ud. sabe como están de caras las cosas... la vieja tiene que hacer milagros para estirar el billete, y si le llevo poco, no sé si el milagro se cumplirá...

GONZALO —¡Puta, compadre!... ¿Pa'qué piensa así?... no creo que se enoje tanto si le explica que quiso pasarlo bien un rato y olvidarse de las preocupaciones... ¡Póngale a este grandioso, que está rico!...

(*Apagón. Transcurso de tiempo. Los obreros están más achispados y la lengua traposa.*)

GONZALO —¡Harto güeno el grandioso!...

JAIME —¡Sí, compadre!... ¡Ehh, tía Pepa!... ¿Viste?... ya la tuteo... ¡Póngale otro grandioso... mire que ya mi compadre me convenció!... ¿Sabe qué más, compadre?... me dieron ganas de ir al baño... ¿Sabe Ud. dónde queda el baño?...

GONZALO — ... No sé pos... pero pregúntele a ese gallo... (*Señala a un matón que está acodado a una muralla. Jaime sale, después de la indicación del matón. Gonzalo bebe, llegan los lomitos y regresa Jaime.*) ¡Ya pues, compadre!... ¡Sírvase!... ¿no tiene hambre?

JAIME —¡Oiga, compadre!... ¡Qué es bueno pa'comer Ud.!, ¿ah?

GONZALO —¡Pa' eso está la plata... pa' gastarla!...

JAIME —¡Harto rico que está el grandioso!...

GONZALO —¡Está super güeno, compadre!...

JAIME —¡Mareador!... ¿ah?...

GONZALO —¡Está shuuper güeno, compare! (*Traposo*)

JAIME —¡Mareador!

GONZALO —¿Ah?...

JAIME —...Está mareador...

GONZALO —...Parece que shii, compare... (*Empieza a sonar una música tropical, ensordeciendo el ambiente. Al pasar la tía en ese momento, Gonzalo intenta bailar con ella, pero la mujer se deshace de él con brusquedad. Gonzalo bailotea algunos compases solo. Luego se sienta con dificultad.*)

TIA PEPA —...¡Más lanzado que es Ud. oiga!... (*Sale.*)

GONZALO —...¿Sabe qué más?... yo me voy...

JAIME —...¡Chiiss!... ¡Ahora que se me calentó el hocico se va a ir!... Además, no me dijo que había carne nueva... ¡Ya pus, tía Pepa, póngase dos más!...

GONZALO —...¿Y tú te la puedes?

JAIME —...¡Compadre!... ¡Putas que se demoran con el grandioso!...

GONZALO —¡Está bien, está bien, oh!

JAIME —...Entonces tiramos pa'rriba con las minas esas...

TIA PEPA —¡Aquí están las dos!... (*Dejando dos botellas*)

JAIME —¡Eih, tía!... ¿Puedo decirle tía?... no se ofende, ¿no?

TIA PEPA —¡Qué me voy a ofender!... si es un halago pa' lo que me dicen otros...

JAIME —...¿Así que hay sobrinas nuevas?

TIA PEPA —¡Ah, sí!... están la Verónica y la Cecilia que vienen del sur... están adentro viendo tele... son harto regodionas eso sí. Hay que ser mano abierta con ellas, porque si no, no pasa nada... Si quieren las llamo, y según lo que pase después vemos...

JAIME —¿Sale muy cara la gracia?

TIA PEPA —$1.500

JAIME —¡Compadre!... parece que nos metimos en el Holiday Inn.

GONZALO —¡Llame a esas dos muñecas... mire que hace tiempo que no me hacen cariño!..

TIA PEPA —¡Pasen al privado y espérenlas allá!... (*El matón los conduce y salen.*)

QUINTA ESCENA

(Reunión del Club Deportivo, en su local. Bancas y una mesa.)

CRISTIAN —...Bueno, como Uds. saben, no quedamos de acuerdo en un punto específico de la tabla, y de mucha importancia para el futuro desempeño del Club... proseguiremos con la discusión, para lo cual se ofrece la palabra...

JAIME —¡Yo opino señor, presidente, que...!

CRISTIAN —...¡Antes de seguir, cabe notar que a esta reunión estaban todos citados, así que los que no vinieron es única responsabilidad de ellos, y tendrán que aceptar la decisión que se tome hoy día.

JAIME —...Bueno, como dije hace un rato, yo creo que...

CRISTIAN —¡Espérate un momentito!... antes que nada veremos todas las proposiciones que hay, para que se den las razones, y luego nos inclinamos por una de ellas. (*Una mujer levanta su mano.*)

JAIME —¡Hable Ud. nomás!...

MARIA — ... Bueno, como representate de las esposas de los jugadores, creo que lo más correcto sería pintar la sede de color rosado, porque es un color que expresa muchas cosas hermosas y puras... está en la alegría de esta vida, en el amor y la belleza, etc., por lo que creo que debe ser rosado.

JAIME —¡Claro, para que después digan que se juntaron los maricones del barrio!

JUAN —¡Está loca!

JAIME —¡Yo creo que la sede debería pintarse como dije en la reunión pasada, color morado mejor... porque si uno mira bien la cosa, es un color super encachao, y si se le da vuelta la copa de vino, que nunca falta, y salpica en la muralla, no se va a notar, y además que si uno apoya el pie, después se le pasa un trapito y queda como nuevo y listo...

JUAN —¡Na que ver!... yo creo que nos estamos yendo en mala onda con el color de la sede. Para que todos estuvieran contentos, deberíamos pintarla con rayas de diferentes colores, rosao, amarillo, morao, amarillo, azul, amarillo. Así quedaríamos todos a la pinta y asunto arreglado.

MARIA —¡Estás loco, parecería manicomio!

PEDRO —Escuchando todas las proposiciones, no me gusta ningún color en particular, pero creo que lo que dijo la niña ahí es lo que debería guiarnos, porque pienso que la vida sin un color bonito no es vida, porque se va transformado con el correr del tiempo, y si uno quiere conseguir algo tiene que trabajar, ¿cierto?... y para trabajar y conseguir algo hay que ponerle empeño, por eso mismo, para que la sede se vea bien, yo creo que debería ser color celeste...

CRISTIAN —...Bueno, mirando bien, no hay acuerdo nuevamente. Yo viendo todos los caminos que se pueden seguir, y como Presidente del Club, creo que el color de acuerdo sería el café, que es un color que con el solo hecho de mirarlo representa elegancia, distinción y si pudiera aclararse un poquito con blanco... mataríamos.

MARIA —¡Pero es que el rosado es más bonito, más acogedor!...

JAIME —¡Pero nosotros tenemos que mirar no por lo más bonito, sino por la utilidad que nos puede prestar en el futuro... ¡Hay que ser futuristas!...

PEDRO —¡Celeste!... pa' sentirnos bien y tener contacto con muchas cosas que no se sienten... ¡Claro!... porque si uno no las siente, es necesario que se sientan.

JUAN —¡Para darle el gusto a todos, rayada! ¡Es más rayada, oh!

CRISTIAN —Como presidente, creo que debe ser café clarita... después, estoy seguro que todos los otros clubes nos envidiarían el color que tenemos en la sede y querrían venirse para acá.

SERGIO —¡Oye! Hay una cosa que nadie la ha dicho... y es que estamos puro leseando, porque el Club no tiene plata pa' comprar pintura en este momento... (*Algarabía general*) la plata que juntamos, cuando logramos hacer una fiesta, nos alcanza pa' lavar las camisetas y pagar algunas firmas. No se olviden que hay varios cabros que están sin pega, y si no les pagamos nos pasan un wo koe y nos sale más cara la multa... así que yo creo que deberíamos pensar después cuando tengamos la plata, de qué color vamos a pintar la sede.

CRISTIAN —¡Pero si podemos discutir ahora!... así nos ahorramos tiempo después.

SERGIO —¡Hay que ver la forma de juntar la plata primero!

JAIME —¿Saben qué más?... yo creo que se está poniendo espesa esta cuestión. Propongo que se termine la reunión ahora. Vamos a estar igual que el otro día, discutiendo toda la noche, y lo que vamos a ganar es que todos se choreen. ¡Hay que chantarla! Tenemos reuniones toda la semana. ¡Hay que dejarle tiempo a la diversión pus, compadre!

SERGIO —¡También es importante la reunión pos, compadre! ¡Claro que sí! ¡Mira... la semana pasada estuvimos también viendo de qué color íbamos a pintar la sede, y dijimos que íbamos a limpiar la sede, y todavía nadie le pasa una escoba siquiera!

MARIA —¡Pero cómo le vamos a pasar una escoba si ni siquiera la hay!

CRISTIAN —¡No hay escoba!

JAIME —¡Bueno, no hay escoba!

CRISTIAN —¡Bueno!... para que no se susciten más problemas daremos por finalizada la reunión, y jugaremos un rato.

JAIME —¡Eso es lo que hace falta! ¡Diversión!... porque así la gente no se aburre, y los cabros que queremos no se vayan. (*Se levantan y se forman varios grupos para empezar a jugar.*) ¡Eh compadre! ¡Vamos a jugar un cachito!

SERGIO —¡Listo, compadre!... ¡Eh, Cristian! ¿Vai a jugar?

CRSTIAN —...Empiecen Uds., luego me integro. Voy a conversar con el Pedro un rato.

MARIA —...Bueno, yo me voy. ¿Qué me voy a quedar haciendo aquí (*Despidiéndose*) ...Bueno... ¡Chao!, nos vamos. ¡Chao, chao!

JAIME —Ahora que no hay moros en la costa, podríamos hacer una vaquita y comprar una grapita aunque sea... ¿Con cuánto se ponen?

SERGIO —...Bueno, unos 50...

JAIME —¡Ya po!... una grapita pal frío... (*A Juan*) ¿Por qué no te vai a comprar una grapita, a la vueltecita?

JUAN —¡Córtala pus, loco!

JAIME —¡Por la que soy chueco! ¡Ya pus, anda!

JUAN —¿De cuál querís?... ¿de la barata?...

JAIME —¡Claro!... ¡De ésa!... ¡A falta de pan buenas son las tortas, po! (*Le pasa la plata y Juan sale.*)

PEDRO —¡Oiga, compadre!

JAIME —¡Qué!

PEDRO —¡Convídeme un cigarrito!

JAIME —¡Ya! (*Comienzan a mover los cachos con dados.*) ¡Dos pares, pa' empezar! (*Lanzando los dados a la mesa*).

SERGIO —¡Tres trenes!

JAIME —(*Haciendo sonar los dados; luego lanzándolos*) ¡Cajón del muerto, compadre!

SERGIO —...me obligó a echarle un noca... ¡Ahí va! (*Lanzando sus dados*).

JAIME — ... meritorio, meritorio...

JUAN —(*Aparece con la botella.*) ¡Aquí estamos!

JAIME —...¿Se la estaban destilando, compadre, que se demoró?...

JUAN —...Estaba cerrado en la esquina, así que tuve que ir a la vuelta...

SERGIO —¿Qué compraste?

JUAN —...No sé... ni le vi la marca. No había "Travolta"... ya se había acabado, así que traje ésta... (*Muestra la botella.*)

JAIME —(*La examina.*) ¡Chiis! A esta cuestión apenas se le ve la marca.

JUAN —¡Y por 60 pesos querís que te lo sirva una minita también! (*Se sirven.*)

SERGIO —(*Tosiendo*) ¡Esta cuestión es puro alcohol no más!

JAIME —¿Le enseño compadre a tomar?... ¡Mire!... el primero se lo manda al seco... (*Bebiendo un sorbo largo*), y va a ver cómo el segundo lo va a encontrar super rico.

JUAN —...Bueno, ¿a qué están jugando?

JAIME —¡A las bolitas! ¿No veís?...

SERGIO —¡Al cacho, po!

JUAN —¡Oye! ¿Y por qué no jugamos a unos juegos donde participemos todos... yo conozco unos que son super encachados...

JAIME —...¡Es que ésos son juegos pa' cabros chicos!

JUAN —No, pero si yo he jugado con personas de la edad nuestra, y nos entretuvimos re harto.

SERGIO —¡Oye!... en realidad a mí me tiene choreado venir a jugar al cacho. Desde que tenemos la sede que no hemos hecho otra cosa que jugar y jugar, y en realidad no hemos sacado más que los compadres se vayan alejando de a poco, y cada vez haya menos gente.

CRISTIAN —(*Que ha regresado*) Si yo me fuera de este Club... si yo me fuera de este Club no sé qué haría... me gusta aquí, porque si me fuera a otro, no sé qué sería de esta pobre gente. ¿Oigan, saben qué?... voy al baño... (*Se dirige a* un extremo del escenario, donde está el baño. Orina, y luego ante el espejo, se *peina*.) ¡Hola guapo! ¿Cómo estás?... ¡Como siempre!... como todos los días... ¡Matando!... como de costumbre... ¡Oye! ¿Te acuerdas?... el otro día en la mañana cuando fuiste al trabajo... ¡Todas las mujeres mirando!... ¿Te diste cuenta ahora? ¿En esta reunión?... Nuevamente me destaqué... los dejé nuevamente sorprendidos a todos con mi claridad de opinión... ¡No tuvieron qué decir! ¡Eres super grande!... ¿Te acuerdas de la fiesta pasada? ¿Te acuerdas? Cuando llegaste, la fiesta se animó en seguida... y los demás te miraban y empezaban a envidiar la sencillez y la bondad que tú tenías... y lo más divertido... que los esposos estaban rojos de celos. Eso sí que era grande... ¡Te pasaste! Eres grande, ¿ah? !Eres super grande!... ¡Chao Cristián! ¡Cúidate! ¡Chao compadre! (*Sale hacia donde están los demás jugando.*)

JUAN —...Y con estos juegos también nos pueden servir para comunicarnos un poco más...

PEDRO —(*Acercándose*)... Y eso se ve reflejado en la cancha, ya que si tú te dai un pase malo, te suben y te bajan a chuchás... no existe el compañerismo, la comprensión...

SERGIO —¿Quée?... a la cancha, en vez de ir a hacer deporte, se va a puro botar la neura... a pegar patás, a pelear, qué sé yo...

JAIME — ... Bueno... ¿Vamos a seguir jugando o no?

JUAN —¡Síi, pero hagamos un juego participativo!

JAIME —¡Quée, ésas son puras huevás!... ¡Estoy aburrío, oh!... ¿Y por qué no nos jugamos una brisquita, compadre... ¡Esos son juegos de hombres, puh!

CRISTIAN —¡Ya!... ¡Juguemos una brisquita!

JAIME —¡Ya! ¿Quién más?... yo reparto las cartas...

DUEÑA —(*Apareciendo*) ¡Buenas noches!

CRISTIAN —(*Sorprendido*) ¡Buenas noches!

JUAN —¡Buenas noches!

PEDRO —¡Buenas noches!

DUEÑA —...Como vi luz, pasé un rato... Bueno... quería recordarles que esta semana se les vence el plazo para pagar este mes, y el que adeudan.

SERGIO —¡Ahh, sí!... Sobre eso queríamos conversar con usted, doña Rosa. Pensábamos ir en la mañana, pero como vino, conversemos al tiro. (*Se acerca a ella junto con Cristián.*)

DUEÑA —En todo caso les voy a decir al tiro, que no puedo aplazar más el pago... porque Uds. tienen que comprender que yo vivo del arriendo de esta sede, y de algunas piecitas... así que necesito la plata... además que hay una persona que tiene interés en arrendarla...

CRISTIAN —Si nosotros comprendemos, señora, pero Ud. también nos tiene que comprender a nosotros. Estamos pasando por un momento de estrechez económica, producto de la recesión, por lo que no hemos podido juntar el dinero para pagarle.

DUEÑA —...Bueno, eso también lo dijeron el otro mes, y habíamos quedado en que iban a pagar en dos semanas, y no pasó nada... ni siquiera una explicación de su parte...

SERGIO —...Es que no sacábamos nada con ir, si no teníamos plata... ¿A qué íbamos a ir?

DUEÑA —A dar una explicación al menos...

CRISTIAN —¡Discúlpenos, señora, es que pensamos que no sería necesario...

DUEÑA —¡Bueno, ya!... ¿Tienen la plata o no?

SERGIO —En este momento, no.

DUEÑA —...Entonces lo siento mucho... se van a tener que ir porque ya me deben dos meses, y si en este tiempo no la consiguieron, menos la podrán tener en una semana... que es lo que les podría dar como último plazo.

CRISTIAN —Pero no sea tan estricta, señora... Ud tiene que comprender que en este tiempo no le sobra dinero a nadie.

DUEÑA —Por eso mismo, yo tengo muchas cosas que hacer... y el dinero del arriendo me hace falta, y ya no puedo postergar más. Además, la otra persona me da más por el local. No es que eso sea lo importante, pero también estoy mal...

SERGIO —...No podremos tenerle la plata para este fin de semana, señora.

DUEÑA —Entonces lo siento en el alma, pero se van a tener que ir. Porque si no... ya saben ya... Bueno, disculpen, pero se me hace tarde. Hasta luego.

TODOS —¡Hasta luego!

SERGIO —(*Pausa*) ... Se nos puso pesada la pista.

CRISTIAN —Tenemos que pensar en alguna solución, porque si no nos vamos a ir al hoyo. Todo lo bueno que hemos conseguido, se perderá si perdemos la sede.

SERGIO —...Pero si no podemos pagar, nos tendremos que ir. No se me ocurre de donde sacar la plata.

CRISTIAN —Lo que vamos a tener que hacer es pedir un préstamo, y lo pagamos, y luego organizamos una fiesta, o qué sé yo...

SERGIO —...Pero la gente ya ni viene para acá. ¿Tú creís que van a ir a una fiesta?

CRISTIAN —Si le explicamos que vamos a perder la sede, seguro que vienen.

SERGIO —Yo creo que lo mejor es que no sigamos con la sede porque es sólo un grupo el que la mueve. Siempre somos los mismos los que estamos organizando todo, y los demás lo único que hacen es ir a jugar a la cancha... y ni siquiera algunos pagan la camiseta.

CRISTIAN —Nosotros tenemos que seguir sacrificándonos. La sede tenemos que conservarla a toda costa. (*Apagón*)

SEXTA ESCENA

(*Interior de casa de población*)

SERGIO —...Bueno, antes que nada quiero en nombre de todos... dar las gracias a Bernarda que nos prestó su casa para hacer esta reunión.

BERNARDA —Todo lo contrario... con gusto le abro la puerta de mi casa a un grupo de amigos.

SERGIO —Hoy día haremos un recuento de lo hecho en los tres últimos meses. Bueno, como Uds. saben, hace tres meses que no tenemos sede, la cual perdimos por no tener dinero para cancelar. Cristián, que era nuestro presidente en ese tiempo, nos hará un pequeño resumen de lo que pasó.

CRISTIAN —...Bueno, cuando era presidente, pensé que lo que necesitaba el Club era contar con una sede donde poder reunirnos, y organizar algunas actividades. Todo el tiempo que estuvimos, logramos algunos resultados en la cancha, al principio... pero de a poco fuimos decayendo. Los jugadores empezaron a fallar... se formaron grupos dentro del Club, y todo esto debido a que la sede no funcionó como debería haberlo hecho. A la sede se iba a jugar brisca, cacho, y a tomarse una que otra botella... y todo esto pasó a ser un círculo vicioso. Como la gente no participaba, sólo era un grupo que hacía todo. A las fiestas para reunir fondos no iba nadie, por lo que comenzamos a vernos sin plata, hasta que nos echaron de la sede por no poder pagarla.

SERGIO —...Todo lo anterior, agregado a que la gente no sabía cómo expresar sus ideas, y ni siquiera las tenía claras, hizo que el Club sufriera una grave crisis.

JAIME —...Bueno, nunca es tarde para arrepentirse. Cuando perdimos la sede pensé que el Club iba a desaparecer, pero nunca me imaginé que se pudiera salvar el Club primero, y luego organizarlo mucho mejor de como estaba...

MARIA —Ahora, todos participamos no tan sólo hablando, sino que haciendo cosas. Con Bernada echamos a andar la semana pasada, como Uds. saben, el departamento femenino del Club, en él participan no tan sólo esposas de los jugadores, sino que muchas otras señoras de aquí del barrio.

BERNARDA —Lo que acordamos todas las integrantes, fue empezar en los pocos ratos libres a reunirnos para hacer cosas de artesanía, que nos sirvan para adornar la casa, y también si se pudiera venderlas para ayudar a parar la olla.

MARIA —También queremos participar en la rama cultural del Club, ya que hay varios interesados en aprender a tocar guitarra, cantar, y también bailar, y hacer muchas otras cosas.

JUAN —En la rama cultural que se está recién formando, faltan muchos integrantes. Lo rico sería que todos pudiéramos participar en forma activa.

PEDRO —Claro, porque la cultura es algo que todos tenemos que tomar muy en cuenta. Ella nos ayuda a muchas cosas, como ser, aclarar lo que en realidad nosotros queremos. Yo creo que nació por una necesidad de todos... de buscar un nuevo camino. ¿Qué es lo que realmente estamos haciendo en este mundo? ¿Qué es lo que queremos?

CRISTIAN —A mí también me ha ayudado cualquier cantidad, participar en lo cultural del Club, y me duele no haberme dado cuenta antes de la utilidad que presta la cultura. Como Uds. saben, yo antes era tan solo yo. Un vanidoso, que sólo pensaba en mí, pero ahora veo que eso me tenía estancado. Lo importante es crecer todos juntos.

SERGIO —Pienso que si seguimos por este camino que recién estamos empezando, y que es fruto del aporte de todos los que hemos participado, vemos que somos muchos más que antes, y podemos hacer muchas cosas positivas.

MARIA —Y no tan solo en el Club, sino que en muchas partes.

PEDRO —Podremos mostrar nuestra experiencia a otros clubes, y ayudarlos a hacer algo parecido.

JAIME —Yo conozco unos compadres de otro Club, y les he contado lo que estamos haciendo, y lo encuentran super bueno, y me han dicho si podríamos ayudarlos... que fuéramos a darles algunas presentaciones de folklore.

JUAN —En todo caso cuando esté más en rodaje, porque recién están empezando.

SERGIO —Esta reunión ha sido muy interesante... Más adelante empezaremos a analizar cada aporte, y qué podemos hacer con otras organizaciones, planear encuentros, etc. Ahora viene la buena noticia: con lo reunido en la peña bailable anterior, estamos en condiciones de arrendar la sede nuevamente. Como en la reunión anterior, quedando de acuerdo en que se hablara con la señora Rosa sobre la posibilidad de arrendarla nuevamente, nos dio amplias facilidades, y dijo que estaba muy contenta con el trabajo que estábamos haciendo, y nos bajó el valor en $500... Así que desde mañana tendremos sede.

TODOS —¡Bravo! ¡Se pasó! ¡Se pasó! ¡Se pasó!

MARIA —¡Nos hacía tanta falta!

PEDRO —Ahora sí que tiraremos pa'rriba con la sede.

JUAN —Voy a hablar con mi viejo para ver si nos puede prestar la mesa de pin-pon que tenemos. Hay que pegarle una arregladita, pero está super güena...

JAIME —Nos servirá cualquier cantidad... tanto pa' trabajar como, de repente, distraernos un poco...

BERNARDA —Bueno, ahora lo importante de todo esto es trabajar unidos y crecer juntos... como grupo y como personas...

JAIME —Un grito por el Club. ¡VIVA EL CLUB!

TODOS —¡VIVAAA!

FIN

EPICA ETNICA

Obra teatral (mapuche) (1985)

Obra teatral II (Grupo "Litre") (1985)

Traición por humillación (1985)

OBRA TEATRAL

ARMANDO MARILEO
MONITOR GRUPOS DE JOVENES CAMPESINOS MAPUCHES
TEMUCO (1985)

PERSONAJES

KALFFÜ
ROSARIO
WANGÜLEN
MANUELA
PILMAIKEN
CAMILA
MAILEN

I PARTE

(En el centro del escenario está el diálogo de la familia y en el otro extremo del escenario se reúnen las amigas pueblinas).

KALLFÜ —Matukelmün; deumá amulei antü. Petuñi Pun-un.

MAILEN —Deuma kunilín kédau. Fei wile küdautulaíñ Tripan; Liwen amufemain püruwemeu.

KALLFÜ —Eimu pu che kai amualú epu nañai?

WANGÜLEN —Mai iñche ñi pu che amualu.

PILMAIKEN —Inche ñi pu che ka fei.

MAILEN —Epe deumaiñ welu nañai: Wangülen engu Pilmaiken kintu mei mamüll. Iñche fei deuma nentukunuan ñi mérke.

WANGÜLEN y PILMAIKEN —¡Ya! Nosotros vamos.

KALLFÜ —Mailen, tami chau akutulai Petu?

WANGÜLEN —Mailen cheu anta yemeayu mamüll?

MAILEN —Tiemou muten... nümü)meimo sümüllko.

PILMAIKEN —¿Pero hay leña cortada o no?

MAILEN —Yewei mi kan mapuche dungual Pilmaiken? (*Se van.*)

KALLFÜ —Femngewen wekeche feula, ayiwelai dungualu kisu ñi kewünmeu.

MAILEN —Yewepelai... Mapudungukei-enge welu tati.

(*En el otro extremo dialogan Rosario y Manuela.*)

ROSARIO —¡Oh! ¿Qué tal loca? Así que también te viniste al sur.

MANUELA —¡Hola po! Sí po, llegué hacen unos días ya p'o.

ROSARIO —¡Y la Camila?

MANUELA —Ella se quedó allá, dijo que su pololo tenía que trabajar hasta un tiempo más... Por eso no se vino esa loca po.

ROSARIO —Oye, Manuela, tengo ganas de conversar con la Mailen.

MANUELA —Sí oye, vamos pa'llá entonces po.

ROSARIO —Okey. Vamos pa'llá...

(*Continúa el diálogo y la preparación para un guillatún en la familia de la Mailen.*)

KALLFÜ —¡Müna a weda, Akulai ti wetru! ngam fill dungu mülei deuma yafel tüfameu.

MAILEN —Ñañai deuman tañi Mérken; feula mallu pelan iló.

KALLFÜ —Femaimika femaimi. ¿Iñche ama a nielafunnga kiñe ngütro-Ngütrowe nga Mailen?

MAILEN —Niellefuy mi mainga.

(*Vuelve Wangélen y Pilmaiken.*)

MAILEN —¿Volvieron ya?

PILMAIKEN —Mai, wüñomewiyeyu... Mailen eiminoama yewekelaimi mapu dungual Piyen tayi nga.

MAILEN —Rumeñma aporriauklen feimeu perro weludungu mekewen. Nükülpafelí.

KALLFÜ —Wangülen nükulpafelí tüfí Küme afui ñañai.

WANGÜLEN —Tüfa a ñi Mélen.(*Llega Rosario y Manuela.*)

ROSARIO —Mira Manuela aquí no hay ni flores, se ve horrible el campo.

MANUELA —Yo no viviría aquí nunca jamás, aunque Jaimito se viniera al sur.

ROSARIO —Llegamos ya Manuela, aquí viene la Mailen.

WANGÜLEN —(*Escucha y dice.*) ¿Quiénes serán que vienen a esta hora de la tarde? Y está tan peligroso para pasar allí en el Bosque.

MAILEN —Ini lle-chi Miaulu.

KALLFÜ —(*Sale a mirar.*) Newe fulpamu tüfaple, ngelai trewatati.

ROSARIO —¡Buenas tardes, señora! ¿Qué tal? ¿Está la flaca?

MANUELA —La loca está allá, la Mailen.

KALLFÜ —Está ocupau kleika.

MAILEN —(*Se lavanta enojada.*) ¿Ini anchi ñañai?

KALLFÜ —¿Epu chiñurraperkenuti? kimüñmalafiñ chempietewengu.

MANUELA —¡Hola loca! ¡Cómo estái?

MAILEN —¿Manuela?

MANUELA —Sí, flaca, ¿no te acordai de esta flaca?

MAILEN —Pasen adelante, estamos muy ocupados, pero conversaremos acá.

ROSARIO —Mailen, ¿qué tal po, ñata?

MAILEN —¡Qué bueno que vinieron a visitarme! Yo estaba pensando que ya no las iba a ver más. Pero pasen... de ellas me imagino no se habrán olvidado.

MANUELA —¡No me acuerdo haberlas visto ni en película!

MAILEN —Ella es mi mamá.

KALLFÜ —Marri marri ñañai.

ROSARIO —Hola, señora. ¿Cómo está usté?

MAILEN —Wankuple.

MANUELA —(*Sorprendida*) ¿Qué dijiste, loca?

MAILEN —Dije tomen asiento.

WANGÜLEN —¿Te hizo mal la ciudad Rosario? ¡Que ya no sabes hablar mapuche!

PILMAIKEN —Vemos que ya no nos conocen.

MANUELA —¿Tú crees Wangülen?

WANGÜLEN —¿Inche ta Wangülen?

ROSARIO —¿Y tú la Pilmaiken?

PILMAIKEN —Recuerdo muy bien quiénes éramos cuando recién llegamos al pueblo a estudiar... Cuando no entendíamos siquiera una palabra en castellano, cuando el profesor nos hablaba y ahora tú no nos conoces.

ROSARIO —Pero eso fue antes po, loca.

MAILEN —Bueno, bueno, no discutan más, cuéntenos Manuela, ¿cómo te ha ido en el pueblo?

ROSARIO —¡Ay! Nosotras estamos fascinado en la ciudad, nos ha ido estupendo.

MANUELA —Además, la hemos gozado, salimos todos los domingos a bailar. Yo me juntaba con mi pololito que es un winkita, ¡qué rico! Se llama Jaimito.

WANGÜLEN —¿Y los otros días qué hacen?

ROSARIO —Trabajamos en la casa de los patrones.

MANUELA —Pero lo pasamos lindo; porque no tenemos preocupación en nada y cuando llega el fin de semana de nuevo salimos.

MAILEN —Oye, chiquillas, nosotras estamos estudiando todavía. Este año terminamos y ahí recién veremos realizados nuestros sueños de poder ayudar a nuestro pueblo, especialmente hablar por la injusticia que quema nuestra dignidad.

WANGÜLEN —Además, podremos hablarle a los jóvenes sobre nuestra identidad.

PILMAIKEN —También haremos lo posible a ayudar a preparar a los jóvenes para que sean líderes en sus comunidades.

KALLFÜ —Mailen Matetulaimi temiepu witran.

MAILEN —Feman nañai... Matetuaiñ pu lamngen.

ROSARIO —Nosotras pasamos un ratito a saludarte no más oye.

MAILEN —No creo que desprecien mi invitación. Además, tomaremos mate como lo hacíamos antes.

MANUELA —No, gracias. Oye Mailen, nosotras no tomamos mate ahora... sólo tomamos bebida con pisco y ron también.

WANGÜLEN —No sean tontas, chiquillas, quédense a tomar mate y después se van... además mañana hay un nguillatun y nosotras iremos allá. Si ustedes quieren ir le podemos invitar.

ROSARIO —¿A un nguillatun ustedes?

PILMAIKEN —Mapuche no anta inchiñ Rosario kam ngoipultuimi kuifi chumngechi mongelekefuiminga? Re mallun kollof ikunukefuiminga amuael escuela meu.

WANGÜLEN —Chem kume duanguam pemeimu warría meu Manuela.

MANUELA —Es lindo po, las calles limpia están y siempre uno anda limpio.

MAILEN —¿Y en qué oficina trabajan en el pueblo?

MANUELA —Vámonos, Rosario.

ROSARIO —¡Vámonos!

PILMAIKEN —Wile ayilmu amuaimu nguillatunwe-meu... Fei mau trawüwaiñ.

MAILEN —Amauimu wileka.

(Se despiden. Se cierra el telón.)

II PARTE

(Al día siguiente, se encuentran en la ceremonia. Se tocan cultrunes, pifilka, trutruca, etc. y comienzan a bailar rock, cumbia, etc. Después la danza, la señora KALLFÜ coloca su mesa para atender a su invitado... luego aparece Camila.)

CAMILA —Mari-mari ñañai Kallfü.

KALLFÜ —Mari-mari ¿iniam eimi?

CAMILA —¿Kimwetulankam?, iñche ta Camila Pingen tiemu wentemu Mülen.

KALLFÜ —Camila anta eimi pichikimwetulafeyu rume.

CAMILA —¿Mailen kai ñañai?

KALLFÜ —Püruyawí tiemu ngati, wangülen ka pilmaiken engün.

CAMILA —¡Méyauwiengén amfe!

(Entran todas.)

WANGÜLEN —¿Eimi no anchi Camila?
CAMILA —*(Feliz)* Fachantü peutuyu.

(Mailen y Pilmaiken corren a abrazar a Camila.)

MAILEN —Tuntenmeu akutuimiam Camila?
CAMILA —Trafiawüla akutun ¡Kim lu iñche ñi müleal nguillatun küpafemün.
WANGÜLEN —Chumngechi Rupalefui mi anta warria meu.
CAMILA —Müna lladkülen lamngen, Müna weda dungengei nienun fentren dnillkatun che, Re kutranngeyawalu müten.

(Entran Rosario y Manuela.)

ROSARIO y MANUELA —¡Hola, Camila!
CAMILA —¿Cómo están ustedes?
ROSARIO —Bien.
CAMILA —A mí me ha ido mal porque ya no sé qué hacer, todos los patrones que he tenido me han tratado mal y a veces ni me pagan por lo que hago. Quisiera seguir estudiando como ustedes... pero sé que no lo podré hacer jamás.
WANGÜLEN —Si tú quieres seguir estudiando, Camila, nosotras te podemos ayudar. ¡Nunca es tarde para hacer algo, hermana!
MAILEN —Hablaremos con la Directora de la escuela, que es un Liceo para jóvenes mapuches. Seguro que te aceptarán.
CAMILA —¡Qué lindo sería!... porque yo quiero seguir estudiando y pienso de ayudar a mi pueblo.
PILMAIKEN —Entonces seremos cuatro que pensamos igual y mañana seremos muchas más y así podremos unir a nuestro pueblo, recuperaremos lo bueno de nuestro pueblo y lucharemos juntos para levantar nuestra raza.
MAILEN —Pero tenemos que ser realmente mapuche y pensar como mapuche.

ROSARIO —Ustedes piensan sólo estudiar, ¿y cuándo piensar ser profesionales?

PILMAIKEN —Pero no estaremos como tú... lavando baño, ni ropa interior de los ricos.

KALLFÜ —Re ñutram kaleimun muten... pürumelaimün rume.

CAMILA —¿Amuiñ? (*Se van todas.*)

FIN

OBRA TEATRAL II

GRUPO DE TEATRO "LITRE"
DEPARTAMENTO LABORAL OBISPADO DE CHILLAN
EQUIPO DE EDUCACION POPULAR,
PROGRAMA NUMERO 4
(1985)

PERSONAJES

PEDRO
MARIA
JUAN

(Ambiente de campo. Ruido de aves y animales. Ladridos de perro ante la presencia de alguien que se acerca. Se mantienen ruidos ambientales de fondo.)

PEDRO —¡Espante los perros, señora María!... Casi me arrancan la vara a mordiscos... !Güenas tardes! ¿Cómo está la compaña?

MARIA —Bien pues, Pedrito. ¿Y qué vientos lo traen por aquí? Hacía tiempo que no visitaba la casa de los pobres.

PEDRO —¡Echele no mah, si usté sabe que con quedarme en la mía ya estoy en la casa de un pobre pueh!

MARIA —¡Ay, pase iñor! ¡Si son puras bromas no mah!

PEDRO —(*Riéndose*) Y entre broma y broma capá que le crea que siendo trabajador puedo ser rico. Oiga, ¿y qué es de don Juanito?

MARIA —Por ahí'stá el viejo, arreglando el taco'stá por allá atrás pa'regar la huerta, mire que si algo nos ha sacado de apuro con los chiquillos, es el pillizco de siembra que podimos hacer atrás de la rancha.

PEDRO —Parece que eso es lo único que ganamos los del campo pueh, doña María. Es harto más fácil ser pobre en el campo que en la ciudad.

MARIA —¡Así no mah es pueh! Mire aquí viene el viejo ya... Juan, mira el regalito que nos acaba de llegar.

PEDRO —¿Qué dice el perdido? ¡Mírenlo! ¡Así es que ahora hay que venir a buscarlo a la casa pa'echar una conversaíta!

JUAN —¡Pucha Pelluco hombre! ¡La media sorpresita! ¡Y qué se había hecho iñor?

PEDRO —¿Qué se había hecho usté? Yo igual que siempre no mah, aonde me busque me encuentra. (*Silencio*)... Lo hemos echao harto de menos puh iñor...

JUAN —(*Evasivo*) ¿Ah, sí?

PEDRO —Sí puh, don Juan. Ya estamos a punto de echar a andar la organización y usté no aparece. Si aquí tenimos que macanear todos pa'que el buque ande, si no, los hundimos toditos, ¡hasta usté!

JUAN —¡Pucha, Pedrito!... si estah cuestiones son pa'la gente joven, yo ya no tengo na que hacer. Nací pobre y así me tengo que morir. Además que no sé leer ni escribir pueh.

PEDRO —No pueh, no se me venga echar en las huilas pu'iñor. Si usté sabe que los puede enseñar hartas cosas. Además, nacer pobre es una cosa y nosotros no los 'tamos na organizando pa'ser ricos pueh, si ya sabimos lo que pasa cuando uno es rico no mah. Nosotros querimos algo más qu'eso. Dígame, ¿qué ganaría usté con ser más rico si no va a poder tomarse un cañón de tinto, codo a codo con su compadre aquí presente? Además, saber leer y escribir es re importante pa'que no los engañen, pero eso no los va a poner ni más allá ni más acá de la vara con que los 'tamos midiendo ahora.

JUAN —¡Es harto encachao lo que usté dice puh, Pedrito!... pero eso es porque usté sabe leer y ha ido a cursos de dirigentes al Obispao, pero, ¿quiere que le dé un consejo? Yo que usté, con too lo aprendío me quedaba a trabajar en el pueblo y no volvía más pa'cá. Aproveche lo aprendío y sálvese usté que vale la pena, nosotros ya 'stamos jodíos.

PEDRO —¡Ve que no me entiende puh, don Juan! Claro que yo he aprendío hartas cosas, pero ésas las aprendí pa'ayudarle a mi gente y a eso me vine, por eso estoy con usté aquí ahora. Cierto que sé leer y conozco otras cosas, pero yo soy uno de ustedes y por eso vuelvo siempre. Si yo aprendo algo no es pa'irme a dármelas de grande a la ciudá puh iñor. Si algo aprendo es pa'encontrar la verdad con los viejos que han vivido más que yo, ¡como usté! A lo mejor yo paro las pailas antes por saber leer y organizar, pero, ahí'stá mi tarea. Yo puedo pararlas cuando nos quieren vender burro por caballo, y decirle a usté y a los demás "¡Ojo huachito con el engaño!" ¡Pero, na'mah!... Yo le ayudo a encontrar la verdad pero usté escoge después si se traga la mula o la monta. Y ahí vamos a tener que ir todos juntos en esa pará.

JUAN —¡Pucha! La verdad es que yo tengo hartas dudas...

PEDRO —Güeno, pero aquí, solo, no las va a aclarar pues. Ahí es donde tenimos que trabajarle juntos, en el momento de las dudas. ¡Pa'darlos fuerza unos con otros y salir adelante! ¿O no dice usté?

JUAN —¡Chitas! ¡Cuándo le voy a sacar el cuerpo a la responsabilidad si usté tiene toa la razón! ¿No creí, María?

MARIA —Güeno, yo lo único que sé es que Pedrito es uno de aquí. Criao en rancho con techo'e paja, igual que nosotros y si no confiamos en uno de los nuestros, entonces, ¿en quién? ¿No le parece?

(*Risas. Conversación extingue ruidos ambientales.*)

FIN

TRAICION POR HUMILLACION

GRUPO AD-MAPU (1985)

PERSONAJES

PROFESORA
HUENTECOL
AZOCAR

PRIMERA ESCENA

(Primera escena se desarrolla en el patio de un colegio de campo. Un mapuche va pasando frente a un colegio y sale a conversar con él una profesora, Directora del establecimiento, señorita Luz Beltrán. El mapuche es animador de una comunidad cristiana adyacente al colegio misional. El nombre del mapuche es Segundo Huentecol Catrilaf.)

PROFESORA —Buenos días, don Segundo. (*Lo llama con la mano.*)

HUENTECOL —Buenos días, señorita. (*Se saludan. Se pasan la mano.*)

PROFESORA —¡Qué tal!... ¿Y qué se había hecho que no aparecía más por acá? ¿Sabe?... ayer estuve conversando con el párroco y me dijo que realmente se extrañaba porque usted no aparecía más por allá.

HUENTECOL —¿Algo más, señorita?

PROFESORA —¡Ah!... Otra cosa, tengo que decirle algo muy serio. Espero que no le parezca mal.

HUENTECOL —No, no se haga problema, dígalo no más que yo acepto las críticas.

PROFESORA —Mire, don Segundo, lo primero es que usted se ha desaparecido por mucho tiempo y eso ha significado el mal funcionamiento de nuestra comunidad cristiana. Lo otro es que yo he sabido que usted le anda embolinando la perdiz a las gentes, diciéndoles que deben formar una organización política. También he sabido que usted quiere deshacerse de nuestra comunidad cristiana. Motivo por lo cual está fallando a las normas que usted mismo trazó a nuestra comunidad.

HUENTECOL —Oiga, señorita, discúlpeme pero yo también tengo que decir algo. Es cierto que yo he fallado... y también es cierto que yo quiero organizar a mi gente, pero los quiero organizar para defendernos ante los ataques que nos provoca su amigo, su compadre Azócar. Y además, el hecho de estar organizado no es con fines políticos, como usted trata de suponerlo. Ni tampoco se trata de disolver su comunidad cristiana.

PROFESORA —Pero don Segundo... ¡Cómo puede decir eso!... ¿De modo que usted no participará más en nuestra comunidad?... ¿Cree usted que ya ha aprendido lo suficiente?

HUENTECOL —Mire, señorita, creo que he aprendido lo suficiente para darme cuenta de la utilización y del peso de la humillación.

PROFESORA —¡Don Segundo!... ¡Qué le está sucediendo!... ¿Por qué dice eso? Parece que se le está olvidando de rezar... creo que el demonio se está apoderando de usted.

HUENTECOL —Discúlpeme si he sido desleal con usted, el párroco y todos los que componen su Iglesia. Creo que cuando uno tiene la razón no se puede estar engañando con promesas que nunca se ven. Mientras uno se hace cómplice de los atropellos a que son sometidos los más débiles, y en este caso muy especial, mi pueblo. Creo que lo más importante que he aprendido durante todo este tiempo es que uno debe amar al prójimo, sacrificarse por los demás, y eso es un desafío para mí.

PROFESORA —¡Qué bien!... ¡Me imaginé alguna vez que usted podría decir eso!... Para eso tiene que seguir aquí pues, don Segundo, aquí tiene la teoría y además tiene la posibilidad de llevarlo a la práctica.

HUENTECOL —Gracias, señorita. Muchas gracias, pero... creo que si fuese así no estaría opinando de esta manera. El desafío está en mi pueblo, en mi comunidad. Creo que el fundamento es ampliamente suficiente, ya que son víctimas de los maltratos y utilización de don Alfredo Azocar. ¿Acaso no sabe cuánta tierra los han quitado?... ¿Acaso no sabe cuál es el trato que reciben cuando tratan de reclamar y defender sus derechos?

PROFESORA —Muy bien,... no quiero quitarle más tiempo, pero una cosa quiero no se le olvide, que lo más importante es la humildad para obtener la vida eterna. ¡Hasta luego!

HUENTECOL —¡Hasta luego, señorita!

SEGUNDA ESCENA

(Se desarrolla en el patio de la casa de Huentecol.)

HUENTECOL —(*Monólogo*) Me acuerdo cuando por primera vez nos juntamos. Cuando la directora del colegio nos dijo: "Ustedes deben de formar un grupo cristiano, porque esta vida es corta y las almas hay que prepararlas para ir al cielo, pero para eso es importante la pobreza y la humillación... a costa de cualquier cosa". Pero ahora me doy cuenta que la vida no se acaba nunca. Por cada día que pasa parece que se nos hiciera más larga aún... ¡Maldito día aquel en donde nos juraban paz a cambio de pobreza y humillación!... En donde tú, hermano Andrés Catril vendías tu tierra, la libertad de nuestra comunidad, y por qué no decirlo, de nuestro pueblo mapuche, a cambio de unos míseros pesos... y ahora, ¿quién eres? ¿Adónde estás?

AZOCAR —(*Llegando a la casa donde se encuentra Huentecol. Demuestra estar enojado.*) Buenos días, vecino.

HUENTECOL —Buenos días. ¿Qué se le ofrece?...

AZOCAR —¡Cómo que qué se le ofrece!... Vengo a decirle que le he tomado preso su yunta de bueyes por haberme cortado el alambre, comido el pasto y haberme pisoteado las papas. Si no los retira hoy día a las 16 horas se los voy a llevar a la Municipalidad... así que lo espero hasta las cuatro con cinco minutos lo más tardar. ¡Ah!... Y que no

se le olvide de llevar unos dos mil pesos de multa...
¡Hasta luego!

HUENTECOL —¡Oiga, amigo!... Espérese un momentito...
tengo que conversar algo muy en serio con usted.

AZOCAR —¿De modo que se te están olvidando las reglas
del juego?... No me digas que vas a unirte con tus
mapuches o con tu machi para hacerme brujerías. No
intentes de provocarme, hombre... ¿Acaso no sabes que
ya poseo 120 hectáreas de terreno? ¿Más 40 cabezas de
ganado y... más dos bueyes que ya tengo de las astas?... Y
sabís que más y también tengo la autoridad que me
puede amparar en cualquier momento... y por último
que no se te olvide esto... la plata hace la plata y con
plata hay de todo, incluso mapuches para que les
trabajen los campos a esos señores que tienen la plata. Y
para terminar, a modo de consejo te voy a decir que la
paz es lo mejor y para que tengas paz tienes que poner
una cota de humillación pues, hombre. Apriéndele a los
indios que viven al otro lado de mi parcelita. Ellos no
me hacen ningún problema... al contrario... y así es
como lo pasan bien conmigo pu... Generalmente todos
los fines de semana les pego una borrachera, y se
preguntará cuánto gastan por farreo... para su
conocimiento, compadre, cero peso... a lo sumo a veces
un par de horitas de trabajo en la semana, pero en forma
voluntaria. Y si eso fuera poco, ahora a estos cabros
Melines que viven en la comunidad del mismo
nombre, quieren buscar nuevos horizontes, quieren irse
a la capital los cabros, pero tenían un problema, no
tenían a quien dejarle la tierra para que se la estuvieran
trabajando mientras... en ese problema estaban cuando
acudieron a mí y yo como no soy mala gente le acepté al
tiro, y ahora mientras ellos lo pasan bien en Santiago yo
le voy a estar trabajando la tierrecita, para que cuando
vengan a pasear tengan para llevar auque sea un kilito
de harina tostada... en cambio los dos hermanos Catril,
los hermanos mayores del joven que me vendió el
terreno, por ponerse difíciles conmigo, ¿cómo están
ahora?... Así es que, don Huente, usted debe de pensarlo
muy bien como seguir actuando frente a estas
situaciones.

HUENTECOL —Oiga, amigo, ¿sabe qué más?... a mí no me asusta ni me convence al decirme todo esto. Y ahora escúcheme muy bien. Yo no le voy a aceptar que usted, un huinca como usted, siga cometiendo tales aberraciones con mi gente... Y le pido que usted me mande a dejar los bueyes, los chanchos que le robó a mi papá tienen que aparecer... Así es que, amigo Azócar, vaya poniéndose nervioso... ¡Y hasta luego! (*Se va para adentro de la casa.*)

AZOCAR —Oye mapuchito, parece que quieres criar muchas alas... te recomiendo que te vayas con un poco más de cuidado, porque tus tierras me tapan la vista cada vez que quiero mirar hacia el sur... (*Se retira con una risa burlona. Apagón de luces.*)

TERCERA ESCENA

(*Se desarrolla en el mismo lugar en donde se desarrolló la escena anterior.*)

HUENTECOL —¡Y no me vino a dejar los bueyes, este carajo! A lo mejor no me los va a entregar... a lo mejor va a hacer lo mismo que hizo con mi malle Juan. El año pasado le embrolló dos vacas así también... Nuevamente te vuelvo a nombrar, Andrés... ¿Por qué cediste tu lugar?... ¿Y dónde estás?... Todavía veo tus ojos ardientes de rabia y arrepentimiento, la última vez que viniste a ver a tus hermanos, a tus hermanos de padre y madre, aprisionados bajo las garras del huinca traidor... Sí, Andrés, todavía me acuerdo... Pero no te sientas tú el único culpable de todo esto, déjame estrechar tu fila, porque cual más, cual menos somos los dos respondables de todo esto. Tú por haber permitido que ese huinca rico viniera a ocupar tu lugar, y yo por haber sometido a nuestros hermanos en la humillación y el perdón. Y opor último no somos los primeros ni los únicos que han caído en este error. Recuerda que éste es uno de los miles de problemas que les han formado a nuestro pueblo lleno de humillación... Hermano,

permítame una pregunta... ¿De qué vale el arrepentimiento si seguimos siendo cómplices de los mismos
errores?... Hermano, levanta tu vista y únela con la mía
y diles a los otros hermanos que también la levanten.
Ustedes, hermanos Melín, ustedes que están a punto de
caer en las trampas del traidor, retrocedan. ¡Hermanos,
acá está nuestro camino!

FIN

HACIA UNA EPICA SINDICALISTA-GREMIALISTA Y DE CLASE

El sindicato de trapo (1982)

Multisectorial del sur (1985)

Obra teatral I (Grupo "Litre") (1985)

Discriminación a la postrada (1985)

EL SINDICATO DE TRAPO

YURI CACERES, GRUPO "LA PUERTA"
RENCA, SANTIAGO (1982)

PERSONAJES

FELIPE, EL HEGEMONICO
SU MUJER
EL MUÑECO DE TRAPO
EL HOMBRE DE TRAPO

(La acción transcurre en la casa del hegemónico. Este se halla escribiendo en su escritorio. De pronto, se ha quedado dormido. Atrás en la pared, cuelga un muñeco de trapo, un poco mas allá cuelga un hombre con mameluco de obrero.)

MUÑECO —¡Qué rico!... es de noche... ya puedo vivir... ¡Despertar!... ¡Si! soy un muñeco, también puedo vivir. Lo que pasa es que la luz me afecta... todas las luces... incluso esa ampolleta que alumbra por las noches la pieza del hijo del dueño de casa, y que está con un cuadro que dice: "Recuerdo de mi graduación"... y pensar que ese cuadro está igual que yo. ¡Colgado! Hay algo que ustedes quizás no sepan, pero todos nosotros, los cuadros, muñecos, afiches, dibujos, aunque parezcamos de diferentes orígenes, tenemos algo en común. Todos estamos sujetos a una pared o un clavo... ese mismo clavo que ustedes, a veces, botan o patean, es el que nos ayuda a dar vida en todos los hogares. ¡Claro!... todos nosotros los papeles, los muñecos estamos colgados... colgados de una pared. Pero hay algo que Uds. no saben, y hay algo que no sabe el dueño de la casa que está escribiendo sobre mi persona. El me ve así, como un muñeco. El dirá que yo no pienso, no hablo, ni escucho, ni menos que sé escribir... y mientras lo hace, yo intercambio unas miradas irónicas con mis amigos de papel, y nos reímos a sus espaldas. ¡Claro!, él dirá, escribirá, él pronto se convencerá de que ellos, o que Uds. son los únicos que piensan, y se burlará de los que no tenemos capacidad... ¡Esperen!... Yo también pienso... ¡Claro!... y yo puedo hacer lo que Uds. hacen. ¿Acaso no soy igual que Uds.? ¿Acaso Uds. no son igual que mí?... ¡Claro!, Uds. dirán y se contentarán, porque pueden mostrarme la prueba más fehaciente de la llegada a este mundo. (*Se señala el ombligo.*) ¡Claro!... tienen ombligo y yo no tengo. Nadie se preocupó de hacérmelo. ¡Ni una rayita siquiera! Y con mi cabeza de lana y mi cuerpo de algodón, no he podido llegar al origen de mi nacimiento. Uds. dirán que yo vengo de la máquina de coser. ¡Nooo! Se equivocaron. ¿Acaso vengo de la mano de algún artesano muñequero?... ¡Tampoco! Yo vengo de todas partes. ¡Si!, así es, porque mientras más avanza el mundo, mis amigos y yo crecemos con bastante rapidez, y así como veo que va el mundo creo que no falta nada para que en el cuarto aparezca un hombre pegado, colgado a la pared. Sería divertido. Yo lo conocería. Nos haríamos amigos y conversaríamos sobre el hambre, la huelga, la miseria, el pueblo, la represión y de todo. ¡Qué encachado sería!...

HOMBRE —¿Cómo voy a hablar contigo muñeco?

MUÑECO —¡Un colgado!... ¿No ven lo que les decía yo? No vengai ná mandarte las partes aquí, colgado. Si total estai igual que yo.

HOMBRE —Sí, pero a mí me mandaron a colgar aquí, por hablar y cantar justamente de aquello. ¿Entendí?

MUÑECO —¡No!...

HOMBRE —¡Claro!... cómo vai a entender, si en vez que corra sangre de tu cuerpo corren polillas. Si fuiste hecho para no pensar ni hablar, sino que para que te coloquen donde queramos... ¡Perdón! Donde quieran Uds... (*Al público*)

MUÑECO —¡Mira muñeco malo!... yo también pienso y hablo, y puedo hacer lo que tú hacih. ¿Acaso no somos iguales?

HOMBRE —¿Cómo vai a ser igual que yo?... ¿Acaso tú te vestih, comih, cagai?...

MUÑECO —¿Y el sol?... ¿Come, duerme, hace caquita?

HOMBRE —¿Cómo?... pero no seai tonto, si el sol no tiene vida...

MUÑECO —¡Claro que tiene vida puh, tarao... si incluso él es el que nos da la vida a todos nosotros.

HOMBRE —¿Y estar colgado así le llamai vida?

MUÑECO —...Bueno...

HOMBRE —¡Oye, muñeco!

MUÑECO —¿Ah?

HOMBRE —¿Cómo te llamai?

MUÑECO —(*Risa*) ¡Qué bueno que me preguntih por mi nombre!¿Sabíh que nadie me había preguntado por mi nombre nunca?... bueno, es que nadie sabe que hablo tampoco; una vez yo escuché que me nombraban Pepo, y un día me colgaron en el baño... entonces yo estaba frente al espejo, y ahí me llamó. Entonces me decían ¡Pepooo!... Así me llamo yo (*Risa*)... ¿Y tú como te llamai?

HOMBRE —Yo ... yo me llamo como se llaman muchos... me llamo Juan.

MUÑECO —¡Juan!... ¡Que lindo nombre!... Juan y Pepo, Pepo y Juan (*Risa*).

HOMBRE —¡Oye, muñeco!

MUÑECO —¿Ah?

HOMBRE —¿Sabih que teníai razón tú?

MUÑECO —¿De qué?

HOMBRE —¡Claro puh!... Que el sol nos da el calor. Nos da todo... pero tú con tus piernas largas y tus brazos de lana... ¡Podríai tomar el sol y cambiarlo!

MUÑECO —¡Claro!

HOMBRE —...Nadie nos vería, y nadie se daría cuenta que nosotros nos robamos el sol... nos cree inútiles ¿Y sabih?... nosotros lo escondimos, lo traímos p'aca y lo escondimos detrás de ese cuadro. (*Señala un diploma que cuelga de la pared.*)

MUÑECO —¿El que dice: "Recuerdo de mi Graduación"?

HOMBRE —¡Claro... y entre nosotros nos hicimos un sol nuevo!

MUÑECO —¡Ya!...

HOMBRE —Un sol... que dé una real vida... una vida donde no estemos colgados...

MUÑECO —¡Qué lindo!

HOMBRE —¡Claro!... porque así como el antiguo daba vida, esta porquería de vida, uno nuevo daría una real vida. ¿Entendíh?

MUÑECO —¡Aahh!

HOMBRE —¡Oye!... Te fijai que sería bonito, porque nosotros veríamos que es poesía madrugadora del alba campesina, y le haríamos canciones de Pascua y estribillo de labradores.

MUÑECO —¡Aahh!

HOMBRE —Sería bonito, ¿no?

MUÑECO —¡Claaro!... y yo encontraría trabajo...

HOMBRE —¡Claro!... ¡Eso también!... la gente tendría trabajo y educación, y el sol loh daría todo eso. ¿Sería bonito esa vez?

MUÑECO —¡Claro!... Yo lo tomaría en mis manos y lo cambiaría...

HOMBRE —¡Putas oh!... ¡Qué tonto soy!...

MUÑECO —¿Qué pasó, amigo Juan?

HOMBRE —...Me acordé que tú soi un muñeco, y al tomar el sol te vai a quemar... si no me creís, pregúntales a ellos cómo se queman ellos (*Al público*)

MUÑECO —¡Te equivocaste otra vez po, amigo Juan!... porque la fuerza que vamos a usar es la de no querer ser más muñecos, que será más fuerte que el dolor producido al cambiar el sol... sabíh que nosotros los muñecos también sentimos y amamos... la única diferencia es que no nos ven reír ni llorar, ni demás... la única que nos ve es la vida... y ahora la van a ver todos.

HOMBRE —¡Si po!

MUÑECO —Sabíh que la vida... la vida nos dio todo lo que tenimos, todo lo que poseímos ahora, y nosotros tenimos que devolvérselo... ella, lo único que nos pide es que luchemos por vivirla, porque mientras lo hagamos 'tarémosle dándole vida a la vida.

HOMBRE —¡Cuidado!... Viene alguien. (*Entra la mujer del Hegemónico.*)

MUJER —¡Felipe!... ¡Felipe!... ¡Felipe!, te has quedado dormido de nuevo. Apenas me fui a una reunión, te dormiste.

FELIPE —...Sí pero fue un ratito nomás...

MUJER — ¿Sabes?... que quería hablarte sobre este hombre que trajiste a colgar aquí...

FELIPE —¿Qué pasa?

MUJER —...¡Que no me gusta!... no me gusta para nada... ¡Míralo, además, como está!... está viejo, está sucio ¿Cómo se te ocurre haberlo traído aquí?

FELIPE —Mira, yo te voy a explicar...

MUJER — ¡Pero eso no basta!... ¡te estoy diciendo que no me gusta!

FELIPE —¡Pero déjame explicarte!

MUJER —¡Te estoy diciendo que no me gusta!... y lo único que quiero es que me escuches.

FELIPE —¡Cállate y déjame explicarte!... El otro día fui con Pedro a la fábrica de cartones, y resultó que había una barata de obreros. Lamentablemente era el último que quedaba. ¡Supieras tú al precio que lo compré!

MUJER —Realmente me importa un comino de donde lo sacaste. Lo único que me importa es que no quiero verlo aquí. ¡No me gusta... es una basura esto!

FELIPE —¡Pero mi amor!

MUJER —¡Mira, escúchame!... ¡Haz lo que quieras!... ¡quémalo, bótalo... no sé, pero sácalo de aquí, no quiero verlo! (*Sale.*)

MUÑECO —¿Vieron?... ¿No les gustó el hombre aquí?... o simplemente no sirve ni pa decorar. Es que estaba tan viejito, tan cochinito. A lo mejor lo van a quemar, igual como quemaron los cuadros y las otras cosas. Presiento que Uds. por primera vez van a ver llorar un muñeco. Van a rodar por mi cara lágrimas de algodón, que más que algodón serán de rabia e ira... ¡Sí!... van a ver por mi cara lágrimas de sangre que la van a manchar, hasta que el dueño de casa se dé cuenta que tambíen estoy cochinito. La solidaridad es una parte importante de la belleza del mundo, y generalmente los más pobres, los que no tenemos vida, somos los que la vivimos de la manera más fuerte y desinteresada... ¡No te vayas ,Juan! ¡No dejís que te lleven! ¡Ellos, lo único que quieren es darte dolor! ¡No te vayas!

HOMBRE —¡Ayúdame, muñeco!... ¡Me quieren matar!... Dijiste que teníai vida, y que podíai hacer lo mismo que yo. ¡Ayúdame por favor, muñeco!

MUÑECO —¡Sí, quiero ayudarte, pero es que no puedo!...
¡Ya, ya voy!... ¡Espérame!... (*Felipe ha descolgado al
hombre y lo arrastra por los hombros. El muñeco se ha
descolgado y toca el hombro del Hegemónico. Al
volverse éste, se ha desmayado.*) ¿Se murió?

HOMBRE —...No sé...

MUÑECO —(*Inclinándose sobre el Hegemónico tendido.*)
¿Sabís? Yo escuché en la tele el otro día que cuando uno
estaba morido, había que poner la cara aquí... (*Coloca su
oreja sobre el pecho de Felipe.*) ... pero no sé qué más
decía...

HOMBRE —¡A ver, deja ver!... (*Se inclina y escucha.*) No,
está desmayado nomás.

MUÑECO —¿Desmayado?... Aahh, pero igual lo
ganamos... ¡Sí, somos libres, libres!... ¡Ganamos!...

HOMBRE —¡Los vencimos!... ¡Oye, muñeco, mira, ellos no
hacen nada por vivir la vida!

MUÑECO —Sabís que me da risa... porque ellos que son
humanos, están sentados y con las manos cruzadas y yo
que soy muñeco, estoy riendo (*Ríe.*)... ¡Los ganamos!...

HOMBRE — ... ¡Y sabís, luchamos por la libertad, sentimos
que de este esfuerzo por ser libre nace la risa... nace la
risa... les ganamos. (*Se acerca al muñeco y lo toma de las
manos.*)

MUÑECO —¡De veeras!... ¡Los vencimos! (*De pronto una
expresión de miedo cubre el rostro del muñeco.*)

HOMBRE —¿Qué te pasa? ¿Estai tiritando?

MUÑECO —¡Tengo miedo!... ¡Viene alguien!... Nos van a
ganar... ¡Ahí vienen!... ¡Me voy a... (*Se desploma.*)

HOMBRE —¡No te vayai, muñeco!... ¡No te vayas!... los
vamos a vencer los dos... somos muchos, los muñecos
de trapo... no te vayas, muñeco. (*Cae sobre el muñeco.*)

MUJER —(*Entrando*) ¿Qué pasa, tanto escándalo?
(*Descubre a Felipe tendido.*) ¡Felipe, Felipe! ¡Qué te pasa,
mi amor! ¿Qué tienes?... ¡Felipe, despierta!...

FELIPE —(*Despertando lentamente*) ¡Aahh!... el muñeco.

MUJER —¿Quée?... ¿Qué le pasó al muñeco?

FELIPE —...el muñeco se levantó y me golpeó la espalda...

MUJER — ¡Pero, cómo se te ocurre, Felipe, por Dios!... si
eso es un muñeco... no tiene vida! (*Señala al muñeco en
el suelo.*)

FELIPE —¡Si sé que es un muñeco!... ¡Y tiene vida!...

MUJER —Pero no seas tonto... él es tan de los muñecos como ellos. (*Señala al público.*)

FELIPE —¡Pero mi amor, no te estoy diciendo que me golpeó la espalda!... ¡Ese muñeco está vivo!

MUJER —¡Pero cómo se te puede ocurrir!... ¡Cómo se te puede pasar por la cabeza!... ¡Si es un muñeco solamente!... ¡Ya!... ¡Cuélgalo aquí!... ¿Y qué hace este hombre aquí? ¡No te dije que te lo llevaras!

FELIPE —...Es que el muñeco me lo impidió...

MUJER —¡Ya empezaste con la misma!... Te digo que es un muñeco. ¡No seas tonto! ¿No te dije que te lo llevaras?... ¡Cómo se te ocurre dejarlo aquí! ¡Ya, cuelga tú al muñeco, y yo me voy a llevar a éste... (*Lo coge por los hombros.*) ¡Huuy! ¡Que horror!... ¿Por qué no lo...? ¡Aagh, qué asco!... (*Lo arrastra.*)

HOMBRE —¡Despierta, muñeco!... yo solo no puedo... me llevan... ¡Auxilioooooo!... ..

FELIPE —¡Claro!... ¡Cuelga al muñeco! ¡Como si fuera muy fácil! ¡Toda la vida mandando!... toda la vida ordenando, y ella no hace nada. (*Al muñeco*) ¡No te vai a moverte!... ¿Cierto que no te movís?

MUÑECO —¡Se lo llevaron!... se llevaron a mi amigo. Pero ellos eran más po... (*Al público*). ¡Y vo!... ¿Por qué no me ayudaste? ¿No te diste cuenta que se llevaron a mi amigo? Uds. son iguales que yo y él... muñecos... pero tienen vida y no la viven... ¿No me hacen caso estúpidos. (*Llorando*)... ¡Claaro no me hacen caso!... Se ríen y no creen en naa... ¡Putah, se llevaron a mi amigo!... Pero, ya sé... ahora pa'ayudar a mi amigo, me puedo mover, me puedo salir del clavo. ¡Claro y ahora me puedo mover, puedo salir en las noches y unificar a todos los hombres de trapo!... ¡Claro!... Se pueden unir los muñecos de trapo y los hombres de trapo, y así formar un sindicato. ¡El sindicato de trapooooo!

FIN

MULTISECTORIAL DEL SUR

GRUPO DE TEATRO "RENACER" DE PUERTO MONTT
(1984-85)

PERSONAJES

SEÑORA EUGENIA QUEILEN (*artesana de Isla Maillén*)
PEDRO MARTIN PESCADOR
JUAN LABRIEGO
DESPOJADO JUAN HUILLICHENIÑO
NIÑO (*estudiante*)
NIÑA (*estudiante*)
BUSCAMINAS DE ORO PURO

Escenario

(Redes colgando, arados, una campana, una cocina a leña, sillas, sillones y una cuna.)

EUGENIA —(*Entra con un canasto pequeño al brazo. Lleva pañuelo en la cabeza, botas de goma, un chal de colores. Deja la canasta sobre una silla, se pasa el brazo sobre la frente como secándose el sudor.*) ¡Jesucristo! Toda la mañana tratando de vender mis frazadas y choapinos y nadie quiere pagarme lo que valen. (*Dirigiéndose al público*) ¿Saben ustedes cuánto me demoro en tejer un chal como el que llevo puesto?... No. Yo sé que no saben. ¡Cómo van a saberlo! Si sólo se tratara de meter la lana en el güelvo y empezar a tramar... pero no. Hay que lavar la lana, bien lavada. Sacarle hasta la última mugrecita para después hilarla, teñirla, secarla y... parece tan fácil. Pero en medio de esos trabajos uno no puede descuidar la cocina, ni los niños, ni la leña, ni los bueyes, las ovejas, el cultivo de las papas. ¿Cuánto creen que vale mi trabajo entonces? (*Sale hacia un costado y toma un choapino. Lo muestra.*) ¿Lo ven? Realmente es un hermoso choapino. Pero no es hermoso porque yo lo diga, sino porque los gringos que a veces llegan a Puerto Montt lo encuentran que bien vale el precio que cobro. (*Suena la puerta.*) ¡Parece que alguien viene! Debe ser mi hijo que ha terminado sus años de educación básica. Voy a la cocina a prepararle unos milcaítos... (*Sale.*)

(*El estudiante y la estudiante*)

NIÑO —Parece que no hubiera nadie.

NIÑA —No, me parece que la mamy está en la cocina.

NIÑO —¡Qué bueno! Debe estar preparando más de algo rico. ¡Por la que llueve!

NIÑA —Y a la antigua... de arriba pa'bajo.

NIÑO —Por lo menos es el último día de clases... ya no seguiré estudiando.

NIÑA —Es que no tenemos a nadie en Puerto Montt para que te ayude. Eso ya lo hemos conversado muchas veces.

NIÑO —Es que no me conformo. Tengo buena salud, he sacado buenas notas y no entiendo por qué no es posible que un niño campesino siga estudiando.

NIÑA —Por eso... porque es niño campesino.

NIÑO —O sea que un campesino no tiene ningún derecho. No hay ni becas siquiera.

NIÑA —¡Por la que tengo hambre!

NIÑO —Anda a ver a la mamá, yo me quedaré aquí un rato.(*La Niña sale saltando, el Niño se queda frente al público.*)

NIÑO —Mi nombre es Juan. Tengo el nombre de mi padre. Mi padre es campesino. Tengo un hermano mayor que es pescador y un tío cesante que anda buscando oro por Cucao. Mi madre es tejendera y mi abuelo sigue trabajando en la pesca a pesar de sus años. El dice que no es feliz. Que los tiempos de la felicidad ya pasaron. Yo también creo que es cierto. Mi padre, por ejemplo, me habla de volantines y trompos. De juegos, de muchas alegrías. El tiene un hermano que trabaja en la ciudad. Es médico. Tengo un tío que es médico.

Estudió solo... (*Se queda un rato en silencio.*) ...Claro que eran otros tiempos. (*Indica la campana.*) Esa campana, por ejemplo, me llamó durante ocho años a las clases. Creo que no falté más de dos días en esos ocho años. Tengo una salud de fierro y un hambre de dinosaurio. Menos mal que tenemos el mar para abastecer las ollas. Pero a veces, ni a mi padre campesino, ni a mi tío pescador les va bien. Además que mamá no encuentra a quien vender sus tejidos. Esa campana no volverá a sonar para mí. (*Va a la campana y le da tres toques suaves.*) Yo amo esta campana porque representa el futuro. Un futuro que no voy a vivir entre los libros. (Se aleja cabizbajo.)

PEDRO MARTIN PESCADOR —(*Entra secándose la cara con una toalla.*) ¡Chitas que llueve! Y todo para vender unos cuantos róbalos. En esta casa parece que todos tenemos las cosas pa' guardarlas. La Eugenia no vende sus tejidos, el Juan no vende sus papas, yo... por lo consiguiente: no vendo más que para puro pasear el bote. ¡Parece mentira! Pero a todos nos sucede los mismo. (*Se dirige al público.*) Fíjese que yo tengo como ciento cuarenta y cinco años en esto. Porque de un viaje he heredado años y años de prácticas pesqueras. Tengo la habilidad y el conocimiento de estas aguas. Me gusta el mar, pero también quiero algunas bendiciones materiales. Si yo tuviera a quien vender de un viaje a un precio justo... (*Huele el aire.*) Parece que la Eugenia está haciendo milcaos. Hay un olor rico en la casa. ¿Me permiten? Me voy a pasar el frío junto al fogón de la casa. (*Se aleja secándose el pelo.*)

DESPOJADO JUAN HUILLICHE —¡Aló! ¡Aló! ¿Que no hay nadie por aquí? (*Vuelve a preguntar.*) ¡Aló! ¡Aló! ¿Se puede? (*Dirigiéndose al público*) Parece que no hay nadie. Así era antes. Siempre parecía que no había nadie. Nosotros estábamos antes de Adán en esta tierra. Toda esta tierra era nuestra. El Pueblo Huilliche vivía entre los pumas y los venados. Crecía bajo los alerzales y mañíos. Teníamos los ríos puros, no caía el aserrín matando sus peces. Las Costas de San Juan recibía los canelos en sus propias orillas. El aire pasaba por la selva y llenaba los pulmones con la naturaleza limpia. (*Se *detiene para llamar.*) ¡Aló! ¡Aló! Parece que no hay nadie. Eso he creído siempre. Que no había nadie. Pero un día llegaron los aserraderos, los caminos, la maquinaria, los camiones, y sin decirle aló a nadie se metieron por la selva y nos fueron arrinconando. Traían títulos de dominio sobre nuestros suelos. Los mismos suelos que nacieron junto con nosotros. Porque nadie sabe todavía si el Huilliche fundó la tierra o la tierra fundó al Huilliche. (*Se detiene.*) ¡Aló! ¡Aló!... y cuando nosotros reclamamos llega la autoridad con la fuerza pública a poner todo en orden. El Orden significa que el que tiene título es el dueño de la tierra. Yo no sé si mis hijos seguirán siendo mis hijos. Porque no tengo títulos sobre ellos. (*Se detiene.*) ¡Aló! ¡Aló! Parece que no hay nadie. Pero siempre llega alguien. Hay gente en todas partes. Lo que falta es suelo. Somos un pueblo de minifundistas. Nadie nos toma en cuenta. Producimos apenas para sobrevivir. Claro que si tuviéramos medios seríamos capaces de entregar arvejas, hartas arvejas, corderos, hartos corderos, a la gente del pueblo... a los obreros. Si pudiéramos venderle directamente nuestras cosechas ganaríamos todo el año. ¡Aló! ¡Aló! Parece que no hay nadie. Pero siempre llega alguien... (*Se empieza a alejar.*) ... tiene que haber alguien para el indio Huilliche.

BUSCAMINAS DE ORO PURO —(*Con una barreta al hombro, busca un asiento, se sienta cara al público.*) ¿Saben cómo me dicen estos desgraciados? Buscaminas de Oro Puro... ¡Habrase visto! Y todo porque debo dejar a mi familia y salir en busca del oro de Cucao. A veces hay semanas y semanas en que no cae ni una mísera pepa, pero como Dios no quiere que me muera de hambre, me deja caer de vez en cuando unos granitos. Busco oro porque me cansé de buscar trabajo. Yo también conocí las delicias de la cesantía, del PEM y POJH. A mí no me tiene nadie de balde y por eso dejé mi casa, mi mujer y mis chiquillos para poder llevar cualquier cosa; unos pocos pesos o una explicación por los menos. En esta casa vive Juan Labriego. Un amigo de la vida. Con él anduve por la Argentina y por Punta Arenas en los tiempos de las esquilas. Con él algunas veces nos

ponemos a conversar de nuestros problemas. El tiene
bastantes. Yo tengo otros pocos. Sólo que él está metido
en una organización y por lo menos se ayudan unos con
otros. Parece que no hay nadie en la casa, así que pasaré
otro rato para ver si me ayuda a meterme en la
organización. (*Sale.*)

JUAN LABRIEGO —(*Un campesino. Entra muy confiado,
muy dueño de casa. Canta. Se saca una bota, mete la
mano en ella, la saca, la huele, arrisca la nariz. Se la
pone, se saca la otra y hace lo mismo.*) ¡Ahá! Esta es la
del hoyo. ¡Y manso que ni hoyito que se gasta! Las botas
ya no dan pa' más. (*Se saca la manta, la cuelga y se queda
mirando la cuna.*) ¡Bah! ¡No está la guagua! Deben
haberla llevado a santiguar. (*Dirigiéndose al público*)
Ustedes saben... cabro bonito es fijo que le hacen mal del
ojo. No es culpa de nadie que se parezca a su padre.
Claro que ése no va a padecer lo que yo he padecido y lo
que han padecido los hijos mayores. Imagínense a mis
años y ocurrírsele fabricar un chiquillo... Claro que con
la ayuda de la Eugenita y la mano de Dios que en todo
anda metido. Claro que también debía meterse en la
conciencia de los del pueblo para que paguen como se
debe las papas. ¿Saben cuántos sacos vendí esta semana?
Cuatro. Y apenas a quinientos y que conste que las papas
eran de las mejores. Porque eso sí, pobre seré pero
produzco bueno. (*Llamando a Eugenia*) ¡Eugenia!
¡Eugenia! ¿Dónde diablos se ha metido, señora? (*Entra
Eugenia y los dos niños.*)

EUGENIA —Te traía estos milcaítos recién hechos y un
café para que no se me resfríe.

NIÑOS —¡Hola, papá! ¿Cómo le fue en la ventolera?

JUAN LABRIEGO —Mal. Me di más vueltas que un
mojón en el agua y nada. Pero nada hay más largo que la
esperanza del pobre. Ya vendrán mejores días y
entonces...

NIÑO —Entonces será tarde. Ya no tendré edad para
estudiar.

JUAN LABRIEGO —Y dale conque estudiar. Apréndele a
tu padre...

NIÑO —¡Mansa gracia! Para sembrar papas ni siquiera debí
ir a la escuela. Mi tío sí, mi tío el médico.

JUAN LABRIEGO —Mira, mejor no hablemos de eso, ¿quieres? No hay plata y listo. Sin plata no hay estudio.

EUGENIA —(*Interviniendo*) Y sin estudio no hay futuro.

JUAN LABRIEGO —Tiene que haber algo para mejorar la situación de los pobres.

NIÑA —Casarse con un gringo.

EUGENIA —(*Escandalizada*) Niñita, ¿de dónde sacó esas cosas? Mejor dejen solo a su padre, que viene cansado.

JUAN LABRIEGO —¡Claro! Mira, anda al bote y trae unos embelecos que traje... (*Los niños salen corriendo. Juan se sienta a la mesa a servirse, cuando alguien llama.*)

EUGENIA —¿Quién será? Parece gente conocida.

JUAN LABRIEGO —¡Adelante, amigo!... ¿qué viento se lo trajo por estos lados?

PEDRO MARTIN PESCADOR —(*Sacudiendo la manta*) ¡Por la que llueve don Juan! Y hay un viento que no deja ni caminar.

JUAN LABRIEGO —No me había dado cuenta. Como la casa está calentita. (*Doña Eugenia mientras tanto ha salido a buscar otra taza con café y va poniendo otro plato en la mesa.*)

PEDRO MARTIN PESCADOR —Con mi reumatismo ando apenas. Cualquier día frío me causa molestias. No en vano son ciento cincuenta y cinco años de estar en el mar.

JUAN LABRIEGO —Usted exagera don Pedro Martín Pescador.

PEDRO MARTIN PESCADOR —Nada, estimado amigo. Mi padre se llamaba igual a mi abuelo y a mi bisabuelo. Yo sigo la tradición y mis hijos también. Con esto de ser lo que uno es, el destino pareciera que sólo fuera tirar las redes al mar.

JUAN LABRIEGO —Yo no creo que ése sea el destino para nadie. Tiene que haber algo mejor.

PEDRO MARTIN PESCADOR —A mí me sobra el pescado.

JUAN LABRIEGO —Y a mí las papas.

EUGENIA —(*Entrando*) Y a mí los tejidos.

PEDRO MARTIN PESCADOR —Parece que a todos nos sobran las cosas que producimos.

EUGENIA —Eso amarga a cualquiera. Hoy me he pasado horas buscando un comprador y nada.

PEDRO MARTIN PESCADOR —¡Tiene que haber algo digo yo! (*Alguien llama.*)
EUGENIA —Parece que viene alguien.
JUAN LABRIEGO —¡Que pase!
DESPOJADO JUAN HUILLICHE —(*Entrando*) Denantes vine por estos lados y no encontré a nadie. Me pareció raro porque siempre hay gente en todas partes.
JUAN LABRIEGO —¡Qué tal don Juan Huilliche Despojado! No me diga que también anda con sus problemas de venta.
DESPOJADO JUAN HUILLICHE —Yo no sé cómo lo supo, pero es verdad. No sé cómo hacerlo para vender mis cosas. Pero más que vender me gustaría mucho luchar por los derechos del pueblo Huilliche.
PEDRO MARTIN PESCADOR —Entiendo que ustedes son chilenos por decreto.
DESPOJADO JUAN HUILLICHE —Eso no se puede hacer. Yo tengo mi cultura, mi religión, mis costumbres. Soy un pueblo con identidad propia.
JUAN LABRIEGO —Yo no entiendo mucho eso, pero es como si quisieran que dejara de llamarme Juan Labriego.
PEDRO MARTIN PESCADOR —Me parece correcto. Pero lo que no me parece bien es que no tengamos cómo arreglar nuestros asuntos. Yo veo que todos somos iguales, que tenemos los mismos problemas.
EUGENIA —Yo creo que el problema es uno solo... la gente no tiene plata.
PEDRO MARTIN PESCADOR —Y si la tuviera, nosotros estamos muy desorganizados. Hacía años que no veía a mi vecino.
EUGENIA —Alguien está llamando. (*Se acerca a la puerta y mira.*)
JUAN LABRIEGO —¡Dile que pase! Esta es la casa de todos. Yo lo digo siempre. (*Entra el Buscaminas de Oro Puro.*)
BUSCAMINAS DE ORO PURO —¿Qué dice la familia y la amistad?
TODOS —Bien, y ¿usted?
BUSCAMINAS DE ORO PURO—Más o menos no más. Me paso días y días buscando el metal de las pasiones y nada. Apenas para parar la olla. Lo que me solucionaría

el problema de un viaje es un trabajo estable. Lo malo es que no sé dónde conseguirlo.

JUAN LABRIEGO —¡Aquí pues!

TODOS —¿Qué?

JUAN LABRIEGO —Claro. Nos organizamos en una cuestion que sirva para todos y listo.

PEDRO MARTIN PESCADOR —Pero es que yo soy pescador.

JUAN LABRIEGO —¡Y eso qué!... ¿acaso no es un hambriento más en la tierra?

EUGENIA —¿Y yo?... ¿qué voy a hacer yo si soy artesana?

JUAN LABRIEGO —Hay muchas artesanas esposas de pescadores, campesinos...

BUSCAMINAS DE ORO PURO — ...Y buscadores de oro. (*Entran los niños.*)

NIÑO —Nosotros estamos contentos de verlos juntos. Parecen una familia. Una multisectorial.

NIÑA —Y de todos los sectores.

TODOS —¡UNA MULTISECTORIAL!

JUAN LABRIEGO —(*Dirigiéndose al público*) ¡Se dan cuenta! ¿Quién lo diría? Una organización en mi casa. En la casa de todos. Yo que siempre le he dicho a la Eugenia... (*Se acerca Eugenia y él la abraza.*) ...que ésta es la casa del pueblo. Una multisectorial. Para los pobres campesinos, los pobres pescadores, para los cesantes, las mujeres...

PEDRO MARTIN PESCADOR —Creo que tenemos que hacer algo para celebrar esto. Un encuentro, pero un encuentro bien organizado.

JUAN LABRIEGO —No un torneo para decir lo encachado que somos, sino donde podamos decir cómo vamos a arreglar nuestros problemas.

PEDRO MARTIN PESCADOR —...Porque ya hemos llorado bastante.

DESPOJADO JUAN HUILLICHE —...Y el tiempo de la dignidad ha llegado.

EUGENIA —Me parece que oyera campanas nuevas. Es como si llegara un aire de libertad. ¿No siente como una cosquillita en la nariz?

JUAN LABRIEGO —No. ¿Saben? Me están dando ganas de llorar.

PEDRO MARTIN PESCADOR —Mejor no lo haga,
hermano. Recuerde que es tiempo de agitar las banderas
de los hombres libres.

EUGENIA —De la gente que ha sido capaz de sacudirse el
yugo.

TODOS —¡Que así como el día y la noche se empapan de
tiempo, hemos vivido recopilando experiencia!

> ¡Viva la Multisectorial!
> la vida limpia,
> el aire con claridad,
> la dulce lluvia.
> ¡Viva el sur del país!
> ¡Viva la patria!
> los hombres de trabajo y sus talleres,
> los hombres de trabajo y sus talleres,
> los hombres de trabajo y sus talleres.

FIN

OBRA TEATRAL I

GRUPO DE TEATRO "LITRE"
DEPARTAMENTO LABORAL OBISPADO DE CHILLAN
EQUIPO DE EDUCACION POPULAR,
PROGRAMA NUMERO 2 (1985)

PERSONAJES

JUAN
PEDRO

(De fondo música mejicana. Canción de Amparo Ochoa. Ruido de gente en un bar. Personajes sorprendidos a mitad de una conversación.)

JUAN —¡Usted no me quiso hacerme caso, iñor!... Si yo sabía qu'el Colo andaba chupao. ¡De aónde le iba a ganarle a los uruguayos en su casa! ¡Y eso que allá no les iban a embargar na la recaudación!

PEDRO —Eso es cierto, ah. ¡Cómo andaremos de mal que hasta la jugarreta del fútbol está con problemas! Pero, ¿sabe una cuestión? ¡Es mentira que el peloteo se vaya a acabar! ¡No ve que's parte del circo con que embolinan la perdiz pa'mantener el orden!

JUAN —Ya me salió con el "orden establecío" otra vez. P'tas, el otro día me dejó con la espinita bien metía. Si hasta la vieja me agarró corto en la casa. *(Imitando)* ¡Claro puh! ¡No vi que será mentira tal ve' la que te contó don Pedro! ¡Tenimos que andar colgándolos de los alambres pa'poder alumbrarlos, no los dan ni una oportunidad de trabajar y vos seguís creyendo que a los cabros les van a permitir ser más que nosotros por el estudio!... Y paró, agarró el mocho'e la escoba y se puso a barrer el patio como si quisiera hacer un hoyo pa'enterrar la rabia. P'tas, dije, y ahora resulta que poder o no poder estudiar tamién va a ser parte del mismo queso.

PEDRO —¡Pero claro puh, iñor!... Si este queso está preparao entero con la misma leche. Mire, si lo que pasó es que de repente el hombre empezó a juntarse pa'vivir en grupos grandes, entonces ahí los que se fueron haciendo dueños de algunas cosas enpezaron a crear un orden que les permitiera a ellos mantenerse donde estaban. Acumulando más bienes de los que necesitaban. ¡Explotando a los que no los tenían!

JUAN —Pero es que no puh, compadre. Si eso fuera así, los pobres los habríamos unido pa'reclamar lo que necesitamos.

PEDRO —¿Y? ¿Cómo ahora estamos callaítos? ¿Cualé que hemos podío unirlos? Porque no me vaya a decirme que ahora'stamos bien...

JUAN —Bueno, pero es que ahora... ¡Ah! Güeno es que ahora no los van a escuchar puh.

PEDRO —¿Vio puh, compadre? Si siempre vamos a estar acogotados por alguna cosa que los impide enfrentar el orden pa'cambiarlo por otro más justo. Siempre los tienen metíos en algún problema de necesidades...

JUAN —Sí, pero ahí usté no me va a venirme a mezclar los problemas de escuela de los cabros con el fútbol; o la polla gol con las necesidades que nosotros tenimos...

PEDRO —¡Eso es lo que usté no cacha na toavía, puh, iñor! Mire, pa'verlo más clarito hablemos de algunas de las cuestiones que han inventado ahora último. (*Buscando, pensando*) Por ejemplo... a ver, ¿usté sabe bien lo que son las AFP?...

JUAN —(*Misterioso*) ... Güeno, ¿algo así como la CNI?...

PEDRO —(*Riéndose*) No, compadre, son bichos del mismo saco, pero no son iguales. Las AFP, las UF, el POJ, el PEM, la CNI y todas esas gabelas, son inventos pa'llenarle el bolsillo a los más poderosos, pa'explotar a los más pobres o p'acabar con los que empiezan a denunciar los atropellos. Bueno, pero las AFP principalmente, las inventaron pa'colmar de billete el bolsillo de los dueños de los grandes grupos económicos y de paso controlar a los trabajadores. Con el manejo de nuestra platita quieren manejarlos a nosotros también.

JUAN —Me queda grande, cumpa. No entiendo bien cómo pueden hacer eso cuando siempre los han dicho que ésas son medidas tomadas en beneficio de los trabajadores.

PEDRO —Güeno, y si es así, ¿por qué hay algunos que todavía mantienen el mismo sistema y las mismas cajas de previsión que antes, ah?

JUAN —Mirembé, ¿y quiénes son esos privilegiados oiga?

PEDRO —(*Risita con ironía*) Esa es tarea que le voy a dejarle pa'que averigée usté solito, a ver si se convence...

JUAN —(*Incrédulo*)... ¡No me vaya a decir que son los...!

PEDRO —¡Chante la moto, compadre! Eso tiene que costarle trabajo de averiguarlo pa'que después no se le olvide más.

JUAN —Oiga, p'tas, si ellos no se cambiaron, entonces la cuestión no debe ser na tan güena como dicen.

PEDRO —¡Vaya atinándole a alguna siquiera, puh, iñor! Mire, un trabajador inseguro en la pega puede ser presionado; un trabajador sin seguridad previsional puede ser manejado; un trabajador con poco billete y muchas necesidades se ve limitado, sobre todo cuando la organización sindical ha sido perseguida y debilitada por el pajarraco que usté confundió endenantes y que es hijo del mismo burro llamado orden...

JUAN —(*Interrumpiendo*) Usté dice los de la C...

PEDRO — ¡Esos mismos! Pero no los nombre na ahora porque tenimos que hablar de los ladrones no más, no de los de pistola y cuchillo. Güeno, yo le pegaba la numeraíta pa'que vaya entendiendo cómo fue planificá la cuestión ésta de la previsión. Mire, entre el 73 y el 78 el aporte de los patrones al financiamiento de las pensiones se rebajó a la mitá no más de lo que pagaban antes...

JUAN —¿O sea que antes los patrones tamién tenían que entregar su aporte a la previsión?...

PEDRO —¡Pero claro pues! Si son los que sacan la mascá más gorda. ¡Tienen que ponerse! Bueno, pero sigamos... Antes existían los Consejos Directivos aonde participábamos los trabajadores en la cuestión previsional, pero vinieron y los declararon en receso el mismo año 73 y más encima, después le pasaron a empresas privadas la administración del subsidio de cesantía de la asignación familiar. O sea, los grupos económicos trabajan con platita sacada de nuestro trabajo y más encima tenimos que pagarles pa'que lo hagan. ¿Aónde les van a prestar plata en mejores condiciones?

JUAN —Oiga, pero es que, además, las jubilaciones antes eran harto malas pues.

PEDRO —No serían de lo mejor, pero todas las medidas que le detallé antes ayudaron a crear esa imagen. Lo peor fue que con esa cuestión del ahorro individual destruyeron lo más sano que tenía el sistema antiguo.

JUAN —No cacho muy bien a qué se refiere usté con eso de "lo más sano del sistema antiguo".

PEDRO —Mire, lo primero fue que tomaron medidas pa'deteriorar las cosas con el fin de que algunos, como usté, sin ánimo de ofenderlo...

JUAN —¡Echele no más...!

PEDRO — ...Güeno, pa'que creyeran que la cuestión no servía pa'na. En seguida lo que quiero decir es que lo más sano del otro sistema es que era solidario. Todo iba entrelazado. La plata de los trabajadores activos se juntaba toda y con ella se financiaban las pensiones de los que ya habían cumplido su vida laboral. Además la jubilación de cada uno dependía en mayor medida del tiempo trabajado que de la plata que había juntado, en cambio ahora es todo al revés y mientras no jubilamos nuestra plata la están usando los "Echegoyen" no sé cuantito, pa'comprarse los autitos en que usté los ve o pa'irse de vacaciones a Europa, a descansar del enorme trabajo de cavar la fosa de los trabajadores del país.

JUAN —¡Pucha!... pero si yo creía que esa plata la usaban mientras lo jubilaban, pa'hacer jardines infantiles o casas pa'los allegados.

PEDRO —¡De aónde! No puh, con las AFP la plata la usan los dueños del negocio pa'ganar más plata no más. ¡Y pa'que no aleguemos los ponen a competir en este sistema de ahorro individual. ¡El que junta más plata es el que mejor jubila! Ellos tienen bien claro que unidos podríamos hacer temblar a varios gallitos. De pasaíta, con esta movía, el Estado se lavó las manos y se despreocupó del problema previsional, entregándole el billete en bandeja a los mismos guatones de siempre.

JUAN —Oiga, pero en concretando, falta harto tiempo todavía pa'que podamos saber si el sistema sirve o no sirve, porque los falta reharto todavía pa'jubilar.

PEDRO —¡P'tas, iñor, usté todavía no se convence! Mire, ¿se acuerda de don Santos? El otro día hablaron de él en la radio. El estaba el la AFP Santa María y hace más de un año atrás se enfermó y los médicos del COMPIN, que son los que mandan en la cuestión, dijeron que no podía trabajar más y que tenía que jubilar por invalidez. Adivine qué pasó con él después de eso.

JUAN —¡Ah! Esa sí que me la sé puh, compadre. Mire, la AFP los cobra un 3,6 % de más p'asegurarlos la pensión por invalidez, así es que la AFP vino y le avisó a la compañía de seguros pa'que le pagara la pensión de invalidez a don Santos a partir de la fecha que dijeron los médicos del COMPIN.

PEDRO —Otra vez se puso las pilas al revés puh, compadre. ¡No puh! La compañía se negó a pagar porque no reconoció la invalidez y con varias triquiñuelas, consiguió que a este amigo lo desafiliaran y ahora tiene que tramitar la jubilación por invalidez en su antigua caja, uséase... ¡El S.S.S.!

JUAN —(*Dubitativo*) ¡Aéhhh! (*Suspicaz*). Bueno, ¡pero ahí sí que va a jubilar al tiro...!

PEDRO —¡Nica, nica! Tampoco puh, iñor. Con todas las movías que se ve obligao a hacer del 83 pa'delante, ahora tiene que esperar como un año más, que es lo que se van a demorar en darle la jubilación por el S.S.S.

JUAN —¡O sea que va a pasar como dos años, enfermo, sin sueldo y sin poder hacer ni una otra cosa!

PEDRO —¡Justamente! Ni más ni menos que dos años. ¿Ve pues? ¡Esto lo convencerá que el sistema está al servicio de los que manejan el billete en este país!

JUAN —Bueno, ¡sí, puh!

PEDRO —Y ahora, me podría decir, ¿quién hizo toas estas movías pa'que los sucediera esto?

JUAN —P'tas, eso es re fácil. Si es cuestión de averiguar quiénes son los que mandan y quiénes tienen too el poder en sus manos y ahí va a estar la respuesta.

PEDRO —¡Claro puh, compadre! Y si una de estas movías no les resultan viene el Estado, o sea los que mandan ahora, meten la mano al orden establecío y sacan otro de sus bichos pa'que les ayude a mantener las cosas como están.

JUAN —O sea que estos gallos tienen cualquier movía prepará pa'mantener las cosas tal cual.

PEDRO —¡Claro pues! Si ellos son el Estado ahora, y el Estado tiene que crear sus propios mecanismos de defensa del orden. Bueno, pero no lo picaneo más, iñor, porque si no se le va a calentar el mate. Salú por haber llegado a una conclusión que no tiene que olvidar. Cuando el Estado lo organicemos nosotros va a servir a los intereses de los trabajadores, mientras no ocurra, no tenimos na que esperar de él. ¡Salú, compadrito!

JUAN —¡Salú, compadrito! Y no ne agarre más pa'la palanca. Mire que ahora sí que la voy a sorprender a la Luzmira cuando llegue a la casa y me eche el pelo otra vez.

FIN

DISCRIMINACION A LA POSTRADA

GRUPO AD-MAPU (1985)

PERSONAJES

NAHUEL
ILHUEN
DR. BASCUÑAN
SRTA. MARITZA

(Esta dramatización se desarrolla en un ambiente cerrado, trata de los hechos sucedidos a un hombre mapuche y a su madre. El personaje principal (Nahuel) relata estos hechos desde un rincón del escenario, relatos que son dramatizados en sus partes medulares por los demás actores, finalizando con un monólogo de Nahuel llorando la muerte de su madre. Es una crítica al sistema de sociedad.)

PRIMERA ESCENA

NAHUEL —*(Monólogo; abatido y triste)* ¿Qué les puedo decir?... ¿mi nombre?... ¿y para qué?... si yo sé que no les interesa mi nombre, ni mi historia,... a lo mejor que sí... a lo mejor a alguien quizás le sirva. *(Animándose)* Me llamo Nahuel Marifel Marihual y soy mapuche de una comunidad... una comunidad mapuche como cualquier otra, y les daré a conocer algo que me sucedió a mí, a ellos mis hermanos también, pero no quiero que a ustedes les suceda lo mismo... *(Comienza a recordar.)* Todo comenzó tiempo atrás... ¿fecha?... para qué... si esto ha sucedido siempre, sucedió anteayer, ayer, con mayor razón sucede hoy y quizás suceda mañana también... mi madre se enfermó, fue una enfermedad que la derribó a su lecho, una enfermedad que comenzó a roerle los riñones y a quitarle la vida a pedazos. Mi madre me dijo muchas cosas... muchas cosas... (*Se apaga la luz que ilumina a Nahuel, quedando con una luz tenue. Se ilumina el centro del escenario. La escena se lleva a cabo en una humilde ruca. Ilhuen yace en la cama muy enferma, acompañada de su hijo Nahuel.*)

ILHUEN —Hijo mío, cuando mi vida se apague, cuando muera, deberás avisar a todos tus hermanos, a todos en la comunidad para que me despidan y pueda llevarme hasta mi descanso eterno ese recuerdo, la memoria de mi gente y mostrarle a Gnechen (Dios)... así es mi gente, así es mi pueblo... quiero guardarlos en mi memoria, como uno solo, como un puño en alto que orgulloso y arrogante demuestra su unidad de hermanos.

NAHUEL —Está bien madre, lo haré. Cuanto tú me pidas lo haré y te aseguro que cuando tú te marches de esta vida todos mis hermanos lo sabrán y te despedirán como tú te lo mereces. Pero, mamá, para eso aún falta mucho y no será hoy, ni mañana. ¡Será en un buen tiempo más! 20 años o 30 años más. Aún eres joven, aún tienes muchas cosas que hacer aquí.

ILHUEN —Cómo quisiera acompañarte 20 años más, mi hijo, pero mi madre tierra me llama. Ella ya abre sus brazos para recibirme y yo no puedo desobedecerle. Mi cuerpo ya no resiste de mantenerse en pie, mi vida se apaga y como gente de la tierra pertenezco a ella.

NAHUEL —Está bien, mamá. Yo estoy de acuerdo con lo que tú me dices, pero no es justo que me dejes en estos momentos. Aún no es tiempo, mamá, todavía te necesito mucho.

ILHUEN —No, hijo, ya no me necesitas. Ahora ya eres hombre. Yo he concluido mi trabajo y sé que sabrás hacerle frente a esta vida ingrata... Sólo te pido que en todos tus momentos difíciles te acuerdes de todos los consejos que te dio tu padre... Ahora te quedarás solo, te quedarás huérfano Nahuel, pero sólo de padre y madre... porque tienes a tus hermanos que te ayudarán a salir adelante, sólo te pediré que nunca los traiciones, ni les niegues tu mano cuando te la pidan, ya que si lo haces dejarás de ser mi hijo.

NAHUEL —Tú sabes que yo nunca haré eso... ¿por qué me hablas así?

ILHUEN —Son mis últimos deseos, hijo.

NAHUEL —Haré todo lo que tú me pides, como lo quieras, pero tú no te me vas a morir. Yo voy a hacer cualquier cosa con fin de salvarte de las garras de tu enfermedad, tenemos que luchar contra ella y vencerla.

IHLUEN —Me moriré. Tú no puedes luchar contra la muerte. Ella siempre vencerá, me moriré; por eso aprovecho este momento para despedirme y me voy tranquila, porque sé que tú lo harás bien y sabrás sobrevivir... sé que mis consejos no caerán al vacío y que en ti la semilla que yo he sembrado, germinará y tendrá su fruto... y estaré orgullosa de mi hijo.

NAHUEL —Todo lo cumpliré, mamá, y algo más... tendré muchos hijos, te daré muchos nietos para que te alegren la vida. Una llevará tu nombre; Ilhuen se llamará. Otro, el de mi padre Nahuel, y así... serán muchos. Vendrán uno tras uno; serán ágiles, fuertes y vigorosos. Ya verás que así será, mamá. (*Ilhuen se a quedado dormida con una sonrisa en los labios. Nahuel la cubre con el poncho. Monólogo desafiante.*) Claro que no te morirás, mamá. Eres joven todavía y muy fuerte... yo te llevaré al pueblo al hospital... ahí dicen que hay buenos médicos que sanan a todos los enfermos y que dan muchos remedios. Ya verás, mamá, ya verás que vivirás muchos años más. No permitiré que te vayas tan pronto de mi lado. (*Se apagan las luces.*)

SEGUNDA ESCENA

(*Oficina de un doctor en un hospital; un escritorio y una silla.*)

MARITZA —(*Sentada, revisando una ficha de sus pacientes, pintándose las uñas de las manos, tarareando una canción*) De pronto flash la chica del...

DOCTOR —(*Entrando*) Buenos días.

MARITZA   —(*Se pone de pie rápidamente.*) Buenos días, doctor.

DOCTOR —¿Novedades?

MARITZA —Sí, doctor.

DOCTOR —Vamos viendo, ¿qué es lo que sucede?

MARITZA —La paciente Vargas tuvo un problema digestivo y tuve que hacerle el examen de gastroscopía.

DOCTOR —¿Fue muy grave?

MARITZA —Al parecer no, doctor.

DOCTOR —De acuerdo, le haré una visita.

MARITZA —Sí, doctor.

DOCTOR —Puede continuar con sus quehaceres.

MARITZA —Bien, doctor. (*Se retira. Tocan a la puerta de la oficina; golpes suaves.*)

DOCTOR —¡Sí, adelante!

NAHUEL   —(*Entrando*) Me dijeron que aquí estaba el doctor Bascuñan, ¿sería usted, doctor?

DOCTOR —Así es. A ver, cuénteme, ¿qué es lo que pasa?

NAHUEL —Mire, resulta que tengo a mi madre enferma y me dieron el dato de que usted es muy bueno doctor. Nosotros somos de una comunidad que queda por allá cerca de Chol-Chol. Salimos en carreta ayer en la tarde y llegamos ahora no hace mucho... cómo va a ser tanto que vamos a perder el viaje.

DOCTOR —Bueno, pero me dijo que se habían venido en carreta por lo tanto no creo que estén tan cansados. Pero bueno, cuénteme qué le ha sucedido a su señora madre.

NAHUEL —Hace como un mes y medio que se enfermó y está en cama. Parece que le dan unas puntadas muy fuertes atrás en la cintura y no puede agacharse ni caminar.

DOCTOR —(*Escribiendo indiferente*) ¿Eso es todo?

NAHUEL —Parece que la vida se le estuviera terminando; está flaca, amarilla y muy débil.

DOCTOR —¡Y por qué no la trajo antes, pues hombre!

NAHUEL —Si quise traerla antes y para ello vendí un cordero pero no me pagaron nunca, y tuve que traerla en la carreta porque plata para la micro no tengo.

DOCTOR —Bueno, está bien. Le tomaremos algunos exámenes. Tráigamela el 12 de diciembre a las 8 de la mañana y también me trae una pequeña muestra de orina.

NAHUEL —Pero doctor, ¿no podría ser antes? Mi mamá está muy enferma y un mes es mucho...

DOCTOR —(*Interrumpiendo*) No. No podemos darle otra fecha. Nuestro horario de atención está completo.

NAHUEL —Pero, doctor...

DOCTOR —Buenas tardes.

NAHUEL —Está bien, doctor... (*Aparte. monólogo*) Y así transcurrió el tiempo hasta el 11 de diciembre. Nuevamente salimos en carreta a las 6 de la tarde camino al pueblo, con muchas ilusiones y con muchas esperanzas... Llegamos a las 6 de la mañana... no había nadie. Eramos los primeros... más tarde la llamaron, le tomaron algunos exámenes, orina, glucosuria, hematocrito, sitoscopía y así... unos nombres raros... hasta que por fin nos desocupamos a las 5 y media de la tarde... mi madre débil y pálida... a colgar la carreta y de vuelta a casa... ahora teníamos cita para un mes más tarde, ahí recién sabríamos los resultados de los exámenes. Llegó la fecha indicada. Ilhuen Marihual: un 60% de sus exámenes estaba positivo y debía ser hospitalizada inmediatamente... pero había un problema... no había camas... pero yo podría traerle su payasa y sus pontros... ¡imposible!... pero SI era posible que ella debería esperar sentada a que se desocupe una cama... y por cuanto tiempo... una semana... dos meses... cinco... ocho meses... ¡Por fin! ¡Por fin podría ser atendida!

TERCERA ESCENA

(*Sala de un hospital; Ilhuen se encuentra en su lecho de enferma.*)

MARITZA —(*Entrando*) Buenos días. (*Revisando la ficha clínica; lee.*) Ilhuen Marihual... ¿Cómo amaneció?

ILHUEN —Ma o meno no má, señorita.

MARITZA —¿Y por qué? (*Indiferente*). A ver, páseme su mano. (*Camina y se sienta en la cama.*) Le voy a tomar el pulso y la temperatura. (*Anotando en la ficha*) ¡Creo que tiene fiebre!... ¡38 grados!

ILHUEN —Sí, señorita. Tengo muy caldiá la cabeza, la frente y me pica mucho la cabeza.

MARITZA —¿La cabeza? (*Murmurando*) De veras que no le he lavado la cabeza a esta vieja. Se me había olvidado. Vamos a ver. (*Le revisa la cabeza.*) ¡Ay! ¡Está llena de piojos! ¡Y liendres!. (*Para sí*) Creo que tendré que aplicarle el tratamiento más efectivo. (*Trae unas tijeras y le corta las trenzas. Las tira en un tiesto de basura.*)

ILHUEN —Pero, señorita, ¿por qué me corta el pelo? Si yo sé que lavándome el pelo todos los días se me limpiaría la cabeza... ¡por Dios!... ¿dónde estoy?... llena de piojos, pasando hambre, me tratan mal y no alivio, cada vez estoy peor. Más encima ahora me cortan el pelo... ¿Por qué?

MARITZA —¡Cómo no le voy a cortar el pelo si está toda piojenta! (*Alterada*) ¡Y basta, no estoy de buen humor para estar escuchando llorisqueos... y vamos terminando!

ILHUEN —(*Defendiéndose*) Claro que no po, señorita. Hablaré aunque sea lo último que haga.

MARITZA —¡Cállese le digo!

ILHUEN —No me callaré. Y usted, señorita Maritza, como auxiliar, tiene el deber de escucharme, ¿o no?

MARITZA —Oiga, ¿y quién se cree usted para decirme cuáles son mis deberes? ¿Acaso no es una pobre mapuchita salida de una casa de paja y en medio del barro?

ILHUEN —Claro que salí de una casa de paja y también pude salir del barro, pero soy mucho más limpia y superior a usted.

MARITZA —¿Limpia? ¡Y con la cabeza llena de piojos! Aunque sus piojos tomasen una ducha diaria igual son piojos. ¡Cochina no más!

ILHUEN —¿Cochina? Pero si fue usted misma que me los crió. ¿Acaso no se acuerda que hacía más de dos semanas que usted no me lavaba el pelo?

MARITZA —¿Y se atreve a insultarme? ¡Cállese! Ya me tiene harta. ¿Acaso no puede dejarme en paz? (*La golpea.*) A ver si con esto se queda un rato tranquila. (*Aparece de nuevo Nahuel desde su rincón, caminando lentamente.*)

NAHUEL —Y se quedó tranquila para siempre... ya nunca más reiría, ni nunca más lloraría... pero, ¿por qué?... si reír y llorar es parte de la vida... ¿Acaso ella está muerta?... ¿Y quién la mató?... ¿quién?... ¡Yo, Nahuel, no! ¡Mi gente, no!... ¡El doctor, las enfermeras, el hospital, el huinca, el sistema! ¡Sí! ¡Sí, todos ellos!... ¡Todos ellos! Pero, ¿por qué? ¿Qué somos los mapuches para ustedes, un insecto quizás, algo sin valor? Pero puchas que les gustan sus cosas, ¿no es cierto? Sacan frutos y explotan la cultura. Se reparten los despojos que le han quedado a mi pueblo, después de haberlos desterrado a las peores tierras, quedándose con esas tierras de mis antepasados... Cierto que es bonito un chamanto. Pero, ¿quién los hace? ¿No tienen más valor acaso? ¡Hipócritas! Que evalúan los cacharros, los tejidos, pero en cambio desprecian al pueblo que los contruye! ¡Cínicos! Que rasguñan las entrañas de nuestra madre tierra para coleccionar en sus museos el tesoro de nuestros ancestros, colocándoles valores incalculables, pero luego ignoran y explotan a los herederos presentes de estos tesoros. ¡Dense cuenta de la realidad! No cierren los ojos a las injusticias, la discriminación tantas veces dirigida a nuestras gentes, y tomen conciencia, ustedes los explotados de nuestra patria, que juntos lograremos equilibrar la sociedad.

FIN

Reseñas de Algunos Grupos

Taller "Engranaje"

El taller "Engranaje" se funda en octubre de 1978, como un grupo de trabajo teatral poblacional, y comienza sus actividades en un comedor infantil de la población "Los Copihues" de lo Hermida. Posteriormente funciona en la capilla "Cristo Vencedor", y más tarde se traslada al local denominado "El Barracón", al interior de la misma población. El grupo lo componían inicialmente alrededor de 15 integrantes, la mayoría estudiantes y algunos trabajadores ocasionales. A lo largo de su andar, llegó a reducirse a 5 integrantes los que crearon la mayoría de las obras que incluimos en esta antología, *LCI-LCO Liceo* (1980); *Homenaje a un trabajador* (1980); *Cómo José Silva descrubrió que el Angel de la Guarda existe* (1979).

Los objetivos fundamentales que Engranaje se plantea desde su inicio, incluyen: 1) Mostrar la realidad de la población al interior de la misma, con el propósito de "crear conciencia" sobre ella. 2) Constituirse en una "escuela de monitores" que a través del conocimiento teórico y práctico convierta al propio taller en un centro de estudios sobre teatro popular, expresión y conducción de foros. El proceso de aprendizaje a través de la monitoría interna del grupo debería permitir la extracción de las capacidades creativas individuales, ya que "todos somos un poco artistas", que conduzcan a la producción de obras de autor individual o de creación colectiva.

Con la excepción de dos obras puestas en escena en 1979 (*El Mujeriego y El Angel*) todas las producciones de "Engranaje"son el resultado de la creación colectiva basada en el método de "Investigación-Montaje". La preocupación esencialde "Engranaje" es expresar dramáticamente los problemas vividos por los propios integrantes del grupo, y que tengan relevancia dentro de la problemática poblacional. Las obras producidas incluyen: *Lo llamaban el loco* (1979), que trata del problema de salud en la población; *La pareja joven casada* (1979), sobre los allegados en una

población; *Los trabajadores en septiembre* (1979), sobre la
celabración del 18 de septiembre en los últimos años;
Homenaje a un trabajador (1980), que habla sobre el tema
de los trabajadores vendidos; y *LCI-LCO Liceo*, que trata de
la problemática educacional secundaria en las poblaciones.
El grupo también exploró la situación de los choferes de
microbuses en una obra llamada *Los pantruqueros*.

GRUPO "LA CANTIMPLORA"

Nace a fines de 1981 al interior del centro cultural "El
Roble" de la Parroquia Monserrat en la población Granjas
de Puente Alto. A la disolución de este centro, algunos
integrantes que venían realizando dramatizaciones
cómicas cortas (sketches) decidieron constituirse como
grupo de teatro.

El grupo lo formaban 9 personas inicialmente, entre
obreros de la papelera (Compañía Manufacturera de
Papeles y Cartones), estudiantes universitarios,
secundarios, profesionales, todos habitantes de Puento
Alto.

En la animación de los actos culturales organizados por
el Centro Cultural se veía un tinte sombrío y poco
esperanzador por lo cual "La Cantimplora" decidió
imprimirle un sello alegre.A partir de esa idea, se llegó a la
conclusión de que era posible demostrar algo riéndose. De
esa forma, se derivó a problemas de la cotidianidad y se
inició, en 1982, un trabajo sobre la familia utilizando
narraciones personales de relaciones familiares, donde
llegaron a ciertos temas comunes como el autoritarismo de
los padres e hijos y sus efectos (sumisión y discriminación
de un sexo frente al otro). Esto se expresó en *Uno nunca
sabe*.

Definen su teatro como cotidiano, que busca sensibilizar
al observador frente a las cosas que vive a diario, sin
ánimo de concientizar. Su método de trabajo es la creación
colectiva, donde se distribuyen, después de la creación de la
obra, las tareas de implementación (redacción del texto,
dirección, aspectos técnicos y de difusión). La difusión de
su trabajo ha sido corta pero intensa, presentandose en

muchos encuentros, actos e instancias de convocación poblacional. Otras obras producidas por "La Cantimplora" incluyen una serie de cuadros cortos sobre el alcoholismo en la población (10 minutos) presentados en los talleres de Formación sobre el Problema del Alcoholismo y Drogadicción en Puente Alto, 1982. Cuadros sobre la vida de un club de fútbol (15 minutos), sobre los pequeños acontecimientos de un club de barrio, 1982. *La teleserie* (10 minutos), una sátira de una telenovela venezolana (1982). También se han hecho intentos de profundizar en temas planteados en *Uno nunca sabe,* como es el pololeo.

Grupo Centro Juvenil San Juan Bautista
(Centro Juvenil de La Reina)

Nace como grupo de teatro en 1981, pero con una vida muy corta ya que su única presentación fue *Dios se ha hecho hombre,* realizada ese mismo año. El grupo lo constituían jóvenes estudiantes y trabajadores de Villa la Reina, y estaban ligados al quehacer de la parroquia San Juan Bautista, a través de los grupos juveniles. Desgraciadamente faltó la necesaria coordinación e iniciativa que permitiera la continuidad de la experiencia, ya que este grupo aglutinaba jóvenes de variados talleres, como talleres musicales, plásticos y de reflexión social. La obra *Dios se ha hecho hombre* fue creada como poema dramatizado por Griselda Nuñez, La Batucana, poeta popular de Batuca, y facilitada al monitor José Luis Olivari para su adaptación a puesta en escena colectiva.

El proceso de trabajo fue la animación sin palabras del texto que era interpretado por un narrador y un sonomontaje con instrumentistas en escena. El grupo se planteó como objetivo *denunciar* y a la vez apoyar iniciativas de ayuda a niños del sector, financiando la compra de juguetes y ropa con las presentaciones hechas en vísperas de Navidad.

Después de la desaparición del grupo algunos de sus integrantes continuaban aisladamente realizando alguna labor cultural.

TALLER DE TEATRO DEPA (DEPORTIVO PUENTE ALTO)

Nace como grupo de teatro en noviembre de 1982 y forma parte de la Rama Cultural del Club Deportivo. Este Club es un deportivo amateur, ubicado en Puente alto, cuyos integrantes más jóvenes decidieron darle al club un carácter más formativo y más allá de la práctica y juego del fútbol (deporte principal). Esto motivó el surgimiento de la Rama Cultural del club, la que tiene, además del teatro de adultos, grupos de adolescentes y niños que también crean obras dramáticas sobre sus realidades específicas. Además, la Rama Cultural tiene un grupo de danza folklórica formada por niños.

La obra que incluimos en esta antología, Viva el club, creada y montada en 1982, es el resultado de una inquietud de jugadores e integrantes de la Rama Cultural, que envolvía un cuestionamiento al núcleo de dirigentes, estilo de organización y trabajo del Club Deportivo en general. La obra había sido concebida como un llamado de alerta al club y búsqueda de soluciones.

En este producto dramático se trabajó con un coordinador y asesor del montaje, J. Luis Olivari, y el aporte de escritura y contrucción dramática de la obra hecha por un integrante del grupo, jugador y animador de la Rama Cultural, Alejandro Campusano. El grupo a su vez aportó modificaciones al texto del autor, integrando su experiencia y observaciones de la realidad a la obra. Los integrantes del grupo son en su mayoría jóvenes entre los 22 y 30 años, algunos con estudios universitarios,otros cesantes y muy pocos con trabajo estable. Viven en poblaciones de condición socioeconómica medio-baja.

GRUPO "ARPILLERISTAS"

Grupo de teatro de mujeres arpilleristas de la Zona Oriente.Se inicia en octubre de 1983, a instancias de la agrupaciónde talleres de la zona Oriente (población Villa los Copihuesde Macul, la Faena, Lo Hermida, Nuevo Amanecer). La intención de las mujeres artesanas era narrar sus siete años de vida como arpilleristas organizadas, a través de un lenguaje dramático. Para ello solicitaron el apoyo de un monitor teatral, J. Luis Olivari, quien las coordinó en la indagación y puesta en escena de su problemática. El trabajo aquí presentado, *La realidad,* corresponde a la primera obra del grupo. El proceso de elaboración de esta obra (que en su concepción se aproxima a un sociodrama diagnóstico de las mujeres protagonistas del texto), llevó dos meses de trabajo, a razón de una sesión semanal de dos horas cada una.

El grupo lo conforman mujeres de edades entre los 20 (la más jóven) y los 50 (las mayores), la mayoría son casadas con hijos, y con grandes dificultades de parte de los maridos e hijos,para poder emprender esta actividad.

En cuanto a la obra misma, ésta se encuentra dividida en tres hitos, que corresponden a las escenas de la misma. La primera escena sintetiza el período del hambre mayor (1975-1976). La segunda es el comienzo de la vida organizada (1978), y se le llamó "Compartiendo el trabajo". La tercera y última parte es "Buscando la autonomía y perdiendo el miedo" que corresponde a 1983. En líneas generales la metodología de creación que se utilizó fue proporcionar una tormenta de ideas iniciales, que luego fue convertida en una pauta de improvisación dramática, la cual sirvió para grabar las improvisaciones. Luego estas fueron transcritas y trabajadas por el grupo hasta llegar al texto final. En gran medida se utilizó el manual de Investigación-Montaje en Teatro Popular. La obra se estrenó en diciembre de 1983 en el Instituto Chileno Francés de Cultura de Santiago, dentro de un programa de exposición de arpilleras que hizo la agrupación. Posteriormente se ha seguido mostrando en poblaciones de la Zona Oriente (Lo Hermida y la Faena), con muy buena acogida de público popular.

GRUPO DE TEATRO "DE AHORA"

El grupo de teatro "De Ahora" (teatro del momento) está formado por trabajadores semi-ocasionales y estudiantes universitarios de diferentes poblaciones de Santiago (Villa la Reina, Renca, San Bernardo, Maipú y Quinta Normal).

Nace a mediados de 1980, como un grupo que si bien no pertenece a un lugar poblacional determinado, es un conjunto de personas que se aglutinan en torno a una necesidad común de motivar a la reflexión directa y asequible que se tiene para denunciar. Se supone que tanto el grupo de teatro como público, deberían proponer soluciones y alternativas para superar la crisis.

Se plantea que con el fomento de la práctica teatral y su incorporación como otra herramienta de trabajo para la organización, se está abriendo otro espacio de comunicación y encuentro personal y organizacional. La acción de este grupo se ha volcado a sectores poblacionales y sindicales, como también estudiantiles. Las obras que han presentado han sido en su mayoría "obras de autor", en este caso de Juan Radrigán. Han hecho una adaptación libre de la obra *Los mendigos* del autor español José Ruibal, donde introdujeron escenas creadas colectivamente en torno al tema de la Protesta Nacional vivida en una población. Esta creación la produjeron sobre la base de una propuesta de improvisación llamada E.P.A.C (espacio, personaje, acción conflicto) del director del grupo.

Es un grupo renovado, que ha sufrido una serie de tranformaciones en cuanto a su que hacer y concepciones sobre el teatro. Se ha planteado dentro de un camino de autosuficiencia creativa (obras propias), y una mayor inserción y trabajo de difusión con sectores populares y estudiantiles.

GRUPO DE TEATRO "LOS DE ALVEAR"

El grupo de teatro poblacional "Los de Alvear" nace en marzo de 1982, en la población Digna Rosa de Pudahuel, y lo constituyeron inicialmente 12 personas (trabajadores cesantes y estudiantes de enseñanza media) que pertenecían a diferentes organizaciones vivas del sector como Comprando Juntos, Comité de Cesantes, Ollas Comunes, etc. Han trabajado produciendo obras a pedido de las organizaciones del sector, dondę muestran problemas que a cada organización le interesa denunciar. Esa fue la causa de la formación del grupo, por ello ven el teatro que hacen como una herramienta de formación y difusión. Así han surgido obras como: *Dónde vas libertad* (1982) creación colectiva sin palabras, que trata sobre la historia de un pueblo que sufre y lucha; *La botella* (1983), sobre el problema del alcoholismo en la población; *Los caras sucias* creación del grupo Cashillahueñi de Renca, que trata sobre el problema de la deserción escolar infantil, poblacional, y *El concurso* (1982) creación de uno de los integrantes, que luego fue recreada por todo el grupo. Esta última producción fue presentada en el Festival de Teatro organizado por la Coordinadora Cultural Santa Rosa (1982) y trata de informar sobre las realidad económica del país, a raíz del desconocimiento de los pobladores sobre lo que es la economia social de mercado. Se utilizó la caricatura de personajes conocidos de la televisión como un medio didáctico y entretenido para conocer el modelo económico.

El grupo se planteó una tarea de formación interna, en torno al significado de la herramienta teatral y su papel dentro de una cultura popular. Una de las metas del grupo ha sido ocupar un lugar dentro de las organizaciones del sector, puesto que cumple también una reivindicación de la población, al convertirse en comunicador y educador de las aspiraciones del sector. El grupo ha sido un elemento de apoyo del trabajo organizacional, dentro de una conciencia de autoregulación, participación y nuevo estilo de trabajo.

GRUPO DE TEATRO "LA PUERTA"

Nace en junio de 1982. Sus integrantes iniciales son 5 jóvenes pobladores de Renca, semicesantes, que realizan diferentes actividades en organizaciones poblacionales del sector. Es un grupo que se define como "autónomo", que apoya y mantiene relaciones con las organizaciones sociales y culturales del lugar. Realiza un teatro de investigación social para mostrar conductas populares. Lo hacen porque sienten la necesidad de expresar artística y culturalmente su realidad, como respuesta a una política cultural extranjerizante impuesta en el país. Definen su teatro como documental y revelador de conductas sociales de Renca. Este ha sido enriquecido con el aporte de la metodología del Manual Investigación-Montaje en Teatro Popular. Han creado obras como: *El sindicato de trapo* (1982) sobre los hombres libres; *Tres cuentos pa'un Mapocho* (1982) acerca de los habitantes de la ribera del río Mapocho; *En la vega las papas queman* (1984) sobre el mundo de la vega central en Santiago.

El trabajo de creación del grupo "La Puerta" está compartido entre uno de sus integrantes, Yuri Cáceres y el grupo, donde uno escribe la obra y el resto aporta con investigaciones activas y proposiciones de personajes, situaciones y relatos. Difunden su trabajo en actos culturales y solidarios de su zona, la zona norte, como también en otras zonas.

GRUPO DE TEATRO "RE-EFUGIO"

Nace como grupo de teatro en 1981, a raíz de la presentación de su primera obra *Otoño 81. Urgente... Respondan.* Antes existía como una inquietud dentro del Centro Cultural Alberto Hurtado que funcionaba en el local El Altillo. Con la llegada de un monitor teatral, el actor Juan Cuevas, logra cristalizarse el proyecto. Sus integrantes fueron en su mayoría jóvenes trabajadores ocasionales entre 18 y 25 años, de las poblaciones Los Nogales, La Palma y Santiago, correspondientes a la zona sur y oeste de la capital.

El grupo contó con el apoyo y alero de la parroquia del lugar, la cual no sólo facilitó los medios materiales, sino también estimuló la participación del grupo al interior de las festividades religiosas de su comunidad, llevando presentaciones de sus obras.

El grupo "Re-efugio" se propuso un teatro de denuncia y reflexión cuyas temáticas fueran más allá de lo conocido como problemas típicos poblacionales, e indagaron dentro del mundo de las "verdades no dichas". Así surgieron las temáticas de la prostitución masculina adolescente, el aborto de mujeres estudiantes y la enajenación del fútbol. Todos estos temas constituían problemas aún no resueltos, y que pasan silenciosamente dentro del conjunto de dificultades que aquejan a los sectores populares. Además de esta obra, *Otoño 81. Urgente... Respondan*, "Re-efugio" creó dos obras de creación colectiva de corta duración (10 minutos cada una), y que no tienen título. Una sobre detenidos desaparecidos y otra sobre los medios de comunicación. Estas obras fueron realizadas por encargo de organizaciones para ser presentadas en actos culturales zonales. *Otoño 81. Urgente... Respondan* llevó 5 meses en investigación, escritura, improvisaciones y montaje, y participaron 12 sectores y 8 músicos del grupo musical del Centro Cultural, quienes trabajaron integrándose a la experiencia. La obra fue concebida como una peregrinación de vía crucis, donde concurren relatos testimoniales alternados con canciones que anuncian y comentan los testimonios. Esta única creación mayor del grupo se presentó en 25 funciones dentro y fuera de su sector, con una asistencia promedio de 200 personas. Tuvo destacada participación en el festival de la Expresión Joven en 1981. Hoy el grupo no existe, como también dejó de funcionar el Centro Cultural A. Hurtado, al cual pertenecían sus miembros.

GLOSARIO

¡a la pinta! = ¡perfecto! ¡excelente!

a lo poblete = a lo pobre (generalmente se refiere a comidas)

AFP = Administradoras de Fondos de Pensiones

agarrar pa'l fideo = hacerle bromas a alguien: tomar el pelo

agarrar pa'la palanca = tomar el pelo; hacer bromas

agarrar papa = entusiasmarse

aguantar la pará = aceptar una situación

alaraco(a) = persona que tiende a exagerar las cosas

andar (estar) trancado = estar constipado, estítico

andar con la indiá = expresión racista que quiere decir: estar de mal humor o enojado

andar mal del mate = tener problemas mentales

andar ojo al charqui = andar atento a algo que a uno le interesa

apechugar = enfrentar una situación

apretar (para un lugar) = huir

apretar cuea (cueva) = huir

apretar rajao = huir rápidamente

¡atráquele nomás! = ¡adelante!

botar la neura = relajarse; deshacerse de las tensiones

¿cachai? = ¿comprendes?

cachar = ver; observar; entender

¡cáchate! = ¡mira!

caer a la lona = (en boxeo) ser vencido

cahuín = lío, problema

calentársele a uno el hocico = darle ganas de tomar más

calentársele el mate (a alguien) = agitarse, al hacer mucho esfuerzo

calichera = una excavación para sacar el material de construcción

canutos = un tipo de fideos; término despectivo para referirse a los miembros de la religión evangélica

un cañón de tinto = un vaso de vino tinto

las casitas = el baño

castigarse = úsase en sentido irónico cuando una persona está disfrutando de algo

chacharear de lo lindo = hablar demasiado

chantar la moto = úsase generalmente en imperativo: ¡Chanta la moto!, para decir: ¡un momento!

chantarse = dejar de tomar bebidas alcohólicas

cháchara = conversación

el choncho = especie de lámpara que funciona a base de parafina (kerosene)

chopazo = puñete

choquero = vaso o taza hecho de latas de conserva con una oreja de alambre

chorearse = enojarse

¡chuatas!, ¡chuta! = ¡Reflautas!

¡clarímbamelo! o *¡clarombe!* = por supuesto; viene de "¡Claro!", expresión usada para responder afirmativamente.

CNI = Central Nacional de Informaciones, policía secreta del régimen militar

cocerse = emborracharse

la Colo Colo = una población de Santiago que lleva el nombre del club deportivo Colo Colo

¿cómo le baila? = ¿Cómo le va?

cortar pa'otro lao = irse; hablar sobre algo que no corresponde

darle a uno julepe = darle miedo

dejar con la espina metía = despertar la curiosidad

descarpar = acción de remover la tierra, en la búsqueda de material de construcción

desenguchar = (derivado de buche, desenbuchar) decir lo uno piensa.

Dio = Dios

echar el pelo = bromear; pasar el tiempo hablando cosas triviales o contando chistes.

echar el poto pa las murras (o moras) = acobardarse

echar una pisaíta = tener relaciones sexuales

echarse en las huilas = acobardarse; dejarse estar

embolinar o emborrachar la perdiz = engañar

en denante = hace un rato

encalillarse = endeudarse

enchufarse = comprender lo que se está hablando

engrupir a una persona = tratar de convencer a alguien con ardides y mentiras; engañar

espuelear (a una persona o cosa) = apurarla

estar choriao (o bien choriaíto) = estar molesto por algo; estar aburrido

estar colgao de la viga = no participar en algo

estar como las bolas = estar mal o en malas condiciones

estar de cajón = ser evidente

estar donde las papas queman = estar en una situación conflictiva.

estar el descueve = estar (algo o alguien) en muy buenas condiciones o relaciones

estar en otra onda = tener ideas o actitudes diferentes

estar hinchando = pasar el tiempo hablando tonteras

estrilar = quejarse

fonolas = plancha corrugada hecha de cartón alquitranado que se usa para hacer el techo de las casas en las poblaciones marginales

la gallá = la gente; el pueblo

gallo/galla = un hombre o una mujer

galón = envase de gas licuado

una gamba = cien pesos

gambimedia = ciento cincuenta pesos

giles de la Muni = inspectores de la Municipalidad

los gorilas = los militares

la güeaíta = una cosa o cuestión

güeón, (güevón, hueón, huevón) = Dícese de alguien que hace cosas indebidas; tonto

güevear = término que puede significar varias cosas: pasar el tiempo ocioso, hacer cosas indebidas o bromear.

gustarle a alguien el copete (o copetín) = dícese de una persona que le gusta tomar bebidas alcohólicas, especialmente tomar vino

hacer una vaquita = hacer una colecta para comprar algo entre varias personas

hacerle cototo = hacerle empeño; esforzarse

hacerse el gil = hacerse el tonto

hacerse una paleteá = hacer un favor a alguien

inflar (a alguien) = prestarle atención o darle importancia

ir a una pará = estar de acuerdo; aceptar hacer algo

irse cortao = morirse; eyacular

irse por el alambre = no comer

joder la pita = molestar

llegar cocido = llegar borracho

llevarse echao = pasar el tiempo sentado o acostado sin hacer nada

lomitos a lo poblete = sandwich de carne de lomo "a lo pobre"

llover sobre mojao = repetirse una mala situación u otra similar

una luca (luquita) = un billete de mil pesos

macanear = trabajar

el maga = nombre abreviado para referirse a uno de los clubes deportivos más antiguos de Chile, el Magallanes. Durante los años treinta fue uno de los más importantes.

mandar a la cresta = insultar a alguien; mandar a alguien a un lugar lejano; dícese de una situación que provoca otra peor

el manyi = cosas de comer

mesas = terraplenes de tierra en forma de escalera que se hacen dentro de la calichera (excavación). Cumplen la función de facilitar la subida del material de construcción

meter la piñiñenta = decir algo indebido (meter la pata); acelerar un vehículo

meterle ñeque = hacerle empeño; esforzarse

meterse en un tete = meterse en líos

miguelitos = clavos grandes doblados de tal manera que al ponerlos en el suelo quedan con la punta hacia arriba y rompen los neumáticos de los vehículos

mina = mujer; puede ser novia o no

¡mirembé! = exclamación que expresa sorpresa. Quiere decir: ¡mire que cosa!

una movía = un truco, una acción o idea que se hace para conseguir algo

la Muni = la Municipalidad

¡nica, nica! = ¡claro que no! ¡por supuesto que no!

no aguantar pará = no aceptar nada

la nuge = nombre popularizado de la marca de pasta de zapatos Nugget

pagar el pato = hacer responsable a alguien

papas = mentiras

las papas queman = dícese de una situación muy
    conflictiva o candente

parar las pailas o parar la chala = morirse

parar los carros (o el carro) = expresar desaprobación con lo
    que una persona hace

pararse un resto = (Usase generalmente en imperativo:
    ¡Párate un resto!) ¡Un momento!

pasar (un vehículo) soplete o soplao = pasar muy rápido

pasarlo el descueve = pasarlo muy bien

una pega = un trabajo

pegar en la pera = vivir a expensas de otra persona

pegarle a una cosa (como la carpintería) = tener habilidad
    para hacer algo

pegarse el carril (o los carriles) = jactarse de algo; puede ser
    con el propósito de conseguir algo o congraciarse con
    una persona

pegarse un pique =ir a algún lado; tomar un trago
    (generalmente de vino)

pegarse una arrancaíta (a un lugar) = ir de paso a un lugar
    pegarse la cachá = darse cuenta de algo

peineta de fierro = un rastrillo

pelar (a alguien) = hablar mal de alguien

PEM = Programa del Empleo Mínimo

pencolio = de mala calidad (por ejemplo, la fruta o
    verduras)

peor es mascar laucha = peor es (no tener) nada

picanear = insistir

pilchas = ropas

pillar a alguien volando bajo = pillarlo desprevenido

pilsencita = una cerveza

pitear o pitiar = fumar (tabaco o marihuana)

un pito = un cigarrillo (tabaco o marihuana)

POJH o PO = Programa de Ocupación para Jefes de Hogar,
    programa social de emergencia

ponerse choro (chorito) = ponerse prepotente o
    irrespetuoso

ponerse con algo = contribuir

ponerse las pilas al revés = hacer algo inapropiado; no
    comprender

¡por la chita! = expresión usada para manifestar enfado;
¡Por las reflautas!

¡por la cresta! = exclamación de desaprobación. Equivale a
¡por la mierda!

porotitos con rienda = frijoles con tallarines

¡puchas! o *¡puchas oh!* = expresión usada para expresar
sorpresa, rabia, sentimientos encontrados. Equiva-
lente a: ¡Putas!, pero socialmente más aceptada.

un pucho = un cigarrillo

quedar grande = dícese de algo que uno no comprende

quedar la escoba = producirse una situación difícil o
embarazosa

¡qué conciencia ni qué pelo en los soacos! = ¡No me venga
con cosas raras!

radio casé = radio tocacintas (radio cassette)

rajarse = invitar a otra persona a comer o tomar algo y
luego pagar la cuenta.

revolver el gallinero = molestar, fomentar descontento

roncar (en una situación) = mandar o tener el control de
ella

una rosca = una pelea o discusión

la rosita = la cirrosis

S.S.S. = Servicio de Seguro Social

sacarle la cresta (a alguien) = pegarle muy duro

saco de peras = dícese de una persona que dice no entender
cierta situación; lento para entender las cosas; bobo

sapos = soplones

ser (re)encachao = tener buena apariencia; ser bueno,
bonito, interesante

ser cachiporra = ser farsante o vanidoso; jactarse de lo que
uno tiene

ser care'palo = no tener vergüenza

ser chora (o) = tener mucho desplante o ser atrevido

ser chueco = dícese de una persona en quien no se puede
confiar; desleal

ser guaguas (guagüitas) = ser o comportarse como niños.ser
rasca = ser de mala calidad. Cuando se refiere a
personas se asocia con gustos, actidudes o manera de
pensar del pueblo, de la clase baja

ser lacho = ser enamoradizo

ser ladilla = ser molestoso

ser pelaor(a) (peladora) = dícese de la persona que le gusta hablar mal de la gente

ser penca (o repenca) = dícese de algo de mala calidad o de alguien que hace cosas inapropiadas.

ser pulpo = dícese de los comerciantes que cobran precios excesivos

ser puro grupo = dícese de alguien mentiroso o algo falso

ser volado = dícese de alguien que es drogadicto o que no se concentra en lo que dice o escucha; despistado

subir y bajar (a alguien) a chuchás = insultarlo duramente

subirse al piano = ser irrespetuoso

televito = aficionado a ver televisión

tener (haber) pólvora pa' rato = tener ganas (energías) para continuar haciendo algo

tener hasta piojos = ser muy vivo o inteligente

tener un resto (de algo) = tener algo de dinero u otra cosa

tirar pa' arriba = progresar

tirar pa' arriba con una mina = establecer una buena relación sentimental con una muchacha

tomar la vida con andina = tomar la vida con calma (andina: marca de agua mineral)

tomarse un copete o un pencazo = tomarse un trago (de vino)

tonto pailón = grandulón y bobo

la vara = el pene

venir de las chacras = ser ingenuo

una volá = una cosa o situación; una idea descabellada

un yastá = nombre comercial de ciertas tabletas efervecentes para el malestar estomacal.

Índice General